ENTRE OS
GIGANTES
DE DEUS

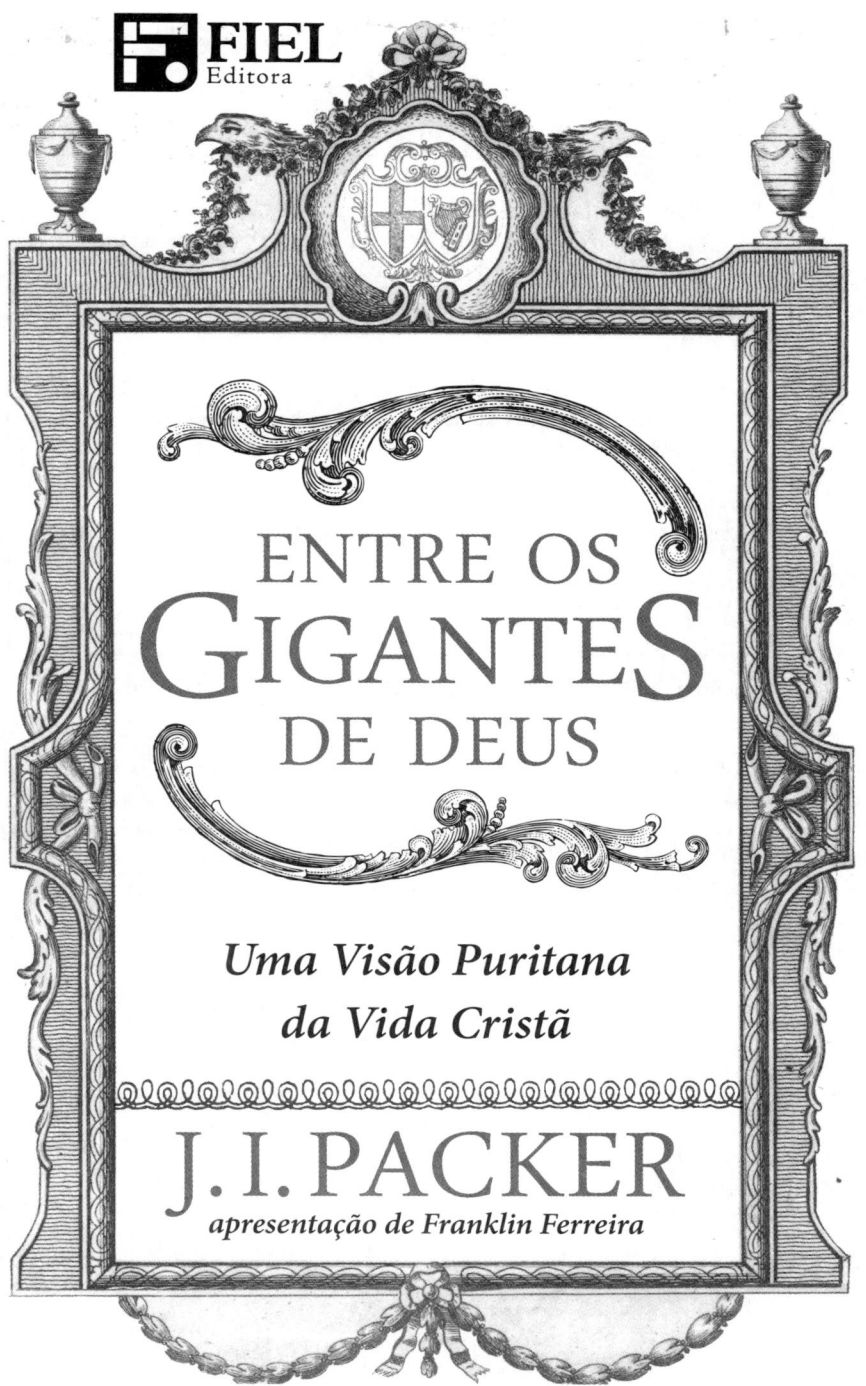

ENTRE OS GIGANTES DE DEUS

Uma Visão Puritana da Vida Cristã

J. I. PACKER

apresentação de Franklin Ferreira

P119e Packer, J. I. (James Innell)
       Entre os gigantes de Deus : uma visão puritana da vida cristã / J. I. Packer ; apresentação de Franklin Ferreira. – São José dos Campos, SP : Fiel, 2016.

       556 p.
       Inclui referências bibliográficas
       Tradução de: A steadfast heart: experiencing God's comfort in life's storms
       ISBN 9788581323398

       1. Puritanos. I. Ferreira, Franklin, 1970-. II. Título.

                                                          CDD: 285.9

       Catalogação na publicação: Mariana C. de Melo Pedrosa – CRB07/6477

Entre os Gigantes de Deus:
uma visão puritana da vida cristã

Traduzido do original em inglês
Among God's Giants: Puritan Vision of the Christian Life
por J. I. Packer
Copyright © 1991 J. I. Packer

■

Publicado originalmente
por Kingsway Publications

Copyright © Editora Fiel 1996
1ª Edição em português: 1996
2ª Edição em português: 2016

Todos os direitos em língua portuguesa reservados à Editora Fiel da Missão Evangélica Literária
PROIBIDA A REPRODUÇÃO DESTE LIVRO POR QUAISQUER MEIOS SEM A PERMISSÃO ESCRITA DOS EDITORES, SALVO EM BREVES CITAÇÕES, COM A INDICAÇÃO DA FONTE.

■

Diretor: Tiago J. Santos Filho
Editor: Tiago J. Santos Filho
Tradutor: Editora Fiel
Revisor 2ª edição: Shirley Lima - Papiro Soluções Textuais
Diagramação: Rubner Durais
Capa: Rubner Durais
ISBN impresso: 978-85-8132-339-8
ISBN e-book: 978-85-8132-381-7

Caixa Postal 1.601
CEP: 12230-971
São José dos Campos, SP
PABX: (12) 3919-9999
www.editorafiel.com.br

Sumário

Apresentação 7

Introdução 13

PERFIL DOS PURITANOS

Capítulo 1 — Por que Precisamos dos Puritanos? 25

Capítulo 2 — O Puritanismo como um Movimento de Reavivamento 49

Capítulo 3 — Os Escritos Práticos dos Puritanos Ingleses 77

OS PURITANOS E A BÍBLIA

Capítulo 4 — John Owen e a Comunicação com Deus 131

Capítulo 5 — Os Puritanos como Intérpretes da Bíblia 157

Capítulo 6 — Consciência Puritana 173

OS PURITANOS E O EVANGELHO

Capítulo 7 — Salvos por seu Precioso Sangue 201

Capítulo 8 — A Doutrina da Justificação: desenvolvimento e declínio entre os puritanos ... 243

Capítulo 9 — O Conceito Puritano acerca da Pregação do Evangelho 267

OS PURITANOS E O ESPÍRITO SANTO

Capítulo 10 — O Testemunho do Espírito no Pensamento Puritano 293

Capítulo 11 — A Espiritualidade de John Owen 313

Capítulo 12 — John Owen e os Dons Espirituais 361

A VIDA CRISTÃ DOS PURITANOS

Capítulo 13 — Os Puritanos e o dia do Senhor 385

Capítulo 14 — Abordagem Puritana à Adoração 405

Capítulo 15 — O Matrimônio e a Família segundo o Pensamento Puritano 427

OS PURITANOS NO MINISTÉRIO

Capítulo 16 — A Pregação dos Puritanos 455

Capítulo 17 — O Evangelismo dos Puritanos 479

Capítulo 18 — Jonathan Edwards e o Reavivamento 513

Conclusão 545

Apresentação

Redescobrindo os puritanos

Quando um livro se torna significativo para você? Quando se torna não apenas imprescindível, mas também uma obra de formação que, desde a primeira leitura, passa a exercer imensa influência sobre sua vida, reflexão e ministério? Quando conceitos e personagens retratados no livro se tornam guias que o acompanharão durante muitos anos?

O livro que você tem em mãos se enquadra nessa categoria. Desde a primeira vez que o li, no início da década de 1990, ele exerceu – e ainda exerce – enorme influência em meu ministério. Aquela era uma época em que apenas uns poucos resumos das obras puritanas eram publicados em português e nós tínhamos muita dificuldade para importar os livros dos Estados Unidos ou da Inglaterra. Ainda não havia as facilidades advindas da internet. Assim, já naquela época, este clássico do erudito anglicano James Packer me apresentou uma cosmovisão cristã ampla, vibrante e audaciosa, calcada na Sagrada Escritura – a partir do movimento puritano.

Entre os gigantes de Deus trata dos puritanos – ministros ingleses e escoceses que, nos séculos XVI e XVII, buscaram purificar a Igreja da

Inglaterra (anglicana) dos vestígios de rituais e costumes "papistas".[1] Para isso, combinavam piedade e disciplina com o desejo de reformar a maior parcela possível da igreja e da sociedade. Eles estavam interessados em ensinar e pregar segundo as Escrituras, apreendendo delas um padrão para a espiritualidade cristã com ênfase na conversão, no viver experimental e na adoração centrada no Deus trino. A grande paixão dos puritanos, conforme se lê na primeira questão do *Breve catecismo de Westminster*, era "glorificar a Deus e se alegrar nele para sempre". Desse movimento, surgiram os presbiterianos, congregacionais e batistas.

Como parte da tradição reformada, os puritanos lutaram para glorificar a Deus em todas as esferas da sociedade: no estudo das Escrituras, no trabalho, no casamento, na família, na pregação, na igreja e no culto, na educação e na ação social. Em todo esse esforço, eles viam Deus no dia a dia e nas coisas simples da vida, evidenciando um extraordinário senso da presença de Deus. Detestavam o moralismo, portando-se de forma alegre e livre, como "novas criaturas". Douglas Wilson, citando C. S. Lewis, escreveu:

> Devemos imaginar esses puritanos como o extremo oposto daqueles que se dizem puritanos hoje; imaginemo-los jovens, intensamente fortes, intelectuais, progressistas, muito atuais. Eles não eram avessos a bebidas com álcool; nem mesmo à cerveja, mas os bispos eram a sua aversão. Puritanos fumavam (na época, eles não sabiam dos efeitos danosos do fumo), bebiam (com moderação), caçavam, praticavam esportes, usavam roupas coloridas, faziam amor com suas

---

[1] Para uma boa compreensão do período puritano, as obras de Christopher Hill ainda são de imensa ajuda: *O eleito de Deus; Oliver Cromwell e a revolução inglesa* (São Paulo: Companhia das Letras, 1990), *O mundo de ponta-cabeça: ideias radicais durante a revolução inglesa de 1640* (São Paulo: Companhia das Letras, 1987), *Origens intelectuais da revolução inglesa* (São Paulo: Martins Fontes, 1992), *A Bíblia inglesa e as revoluções do século XVII* (Rio de Janeiro: Civilização Brasileira, 2003) e *O século das revoluções: 1603-1714* (São Paulo: Unesp, 2012).

esposas, tudo isso para a glória de Deus, o qual os colocou em posição de liberdade.[2]

Os puritanos não eram soberbos, melancólicos ou austeros. Nem mesmo seus adversários os rotulavam assim. Antes, eles interpretavam a vida pela lente ampla da soberania de Deus sobre todas as áreas, afirmando que toda a vida pertence a Deus. Desse modo, sua piedade era, no melhor sentido da palavra, "mundana", percebendo a criação, tal qual João Calvino, como o "belíssimo teatro" da glória de Deus.[3]

Como herdeiros da reforma genebrina do século XVI, os puritanos percebiam que a fé reformada era mais do que um credo; era uma cosmovisão que abrange todas as áreas da vida, e essa convicção os tornou ativos e valentes instrumentos de transformação eclesial e social. Como Christopher Hill afirmou:

> Os homens comentaram amiúde o aparente paradoxo de um sistema baseado na predestinação e que suscita em seus adeptos uma ênfase sobre o esforço e a energia moral. Uma explicação para esse fato postula que, para o calvinista, a fé se revela por si mesma através das obras e que, portanto, o único modo pelo qual o indivíduo poderia ter certeza da própria salvação seria examinar cuidadosamente seu comportamento noite e dia, a fim de ver se ele, de fato, resultava em obras dignas de salvação (...). Os eleitos eram aqueles que se julgavam eleitos, pois possuíam uma fé interior que os fazia sentirem-se livres, quaisquer que fossem suas dificuldades externas.[4]

---

2 Douglas Wilson, "O puritano liberado", em *Jornal Os Puritanos*, ano V, nº 1 (janeiro-fevereiro de 1997), p. 16.

3 João Calvino, *A instituição da religião cristã*. Edição integral de 1559. São Paulo: Unesp, 2008, v. 1, p. 167.

4 Christopher Hill, *O eleito de Deus; Oliver Cromwell e a revolução inglesa* (São Paulo: Companhia das Letras, 1990), p. 196-197. Para o impacto da compreensão reformada da criação e da providência no surgimento das ciências modernas, ver J. Hooykaas, *A religião e o desenvolvimento da ciência moderna* (Brasília: UnB, 1988).

Hill, intensamente interessado no "elã revolucionário" que a doutrina da providência legou aos puritanos, também escreveu:

> Aqueles que mais prontamente aceitaram o calvinismo eram homens cujo modo de vida se caracterizava pela atividade. (...) Amparados, então, por uma visão da vida que os ajudava nas necessidades cotidianas da existência econômica; conscientes daquele liame que os unia aos que compartilhavam de suas convicções; percebendo-se a si mesmos como uma aristocracia do espírito, contra quem os aristocratas deste mundo eram uma nulidade; fortalecidos pelas vitórias terrenas que essa moral ajudava a pôr em execução, como poderiam os puritanos deixar de acreditar que Deus estava com eles e eles com Deus? Ao adotarem essa crença, como poderiam deixar de lutar com todo o seu empenho?[5]

A inabalável convicção dos puritanos na providência de Deus os fazia agir diante de qualquer dificuldade com uma esperança inquebrantável, buscando, de forma alegre, dar-se em autossacrifício, em obediência radical ao Senhor Deus trino.

Os puritanos continuaram a servir a Deus com imensa coragem, mesmo quando foram expulsos da Igreja da Inglaterra, em 1662. Em 1680, na Inglaterra, John Owen, que, no tempo de Oliver Cromwell, havia sido vice-chanceler da Universidade de Oxford e que perdera essa posição com a ascensão de Charles II ao trono inglês, afirmou: "Mesmo que caiamos, a nossa causa será vitoriosa porque Cristo está assentado à mão direita de Deus; o evangelho triunfará, e isso me conforta de forma extraordinária". James Renwick, um pactuante da Escócia que foi martirizado em 17 de fevereiro de 1688, em Edimburgo, disse no dia de seu martírio: "Tem havido dias gloriosos e grandiosos do evangelho nesta terra, mas eles serão nada em com-

---

5 Christopher Hill, *op. cit.*, p. 198, 205.

paração àquilo que haverá no futuro".⁶ Já que o Senhor Jesus Cristo ressuscitou dentre os mortos, eles não seriam derrotados de forma alguma se Deus estivesse ao seu lado.

No fim, os puritanos não conseguiram substituir as estruturas de plausibilidade que o anglicanismo ofereceu à nação inglesa. As estruturas sociais anglicanas permaneceram, em tese, idênticas às do catolicismo romano, expurgado de suas superstições mais escandalosas. Apenas para uma pequena e influente minoria, os puritanos, essa situação não era satisfatória. Mas, ainda que esse pequeno grupo tenha perdido as batalhas públicas que travaram, legaram um testemunho que transformou a Inglaterra e a Escócia em longo prazo, também exercendo imensa influência nas colônias americanas, que vieram a se tornar os Estados Unidos.

Sua herança para a fé cristã foi legar a mais extensa biblioteca de teologia sacra e prática que o protestantismo possui. E essas obras têm em comum uma vigorosa ênfase doutrinária, evangelística e devocional, estruturada num estilo homilético intensamente prático.

Tudo isso e muito mais o leitor encontrará nesta preciosa obra. Então, à leitura!

Soli Deo Gloria!

Franklin Ferreira
Diretor-Geral e Professor de Teologia Sistemática e
História da Igreja do Seminário Martin Bucer,
São José dos Campos-SP

---

6 Iain Murray, *The Puritan Hope; Revival and the Interpretation of Prophecy* (Edinburgh: Banner of Truth, 1998), p. xii. As fontes das frases são: John Owen, *The Use of Faith, if Popery Should Return Upon Us*, p. 507-508, e James Renwick, *A Choice Collection of Prefaces, Lectures, and Sermons*, p. 279.

Introdução

Em uma estreita faixa costeira do norte da Califórnia, crescem as gigantescas sequoias, os maiores seres vivos da face da Terra. Algumas atingem 110 metros de altura, e alguns troncos têm mais de 18 metros de circunferência. Para seu tamanho, não têm muita folhagem; toda a sua força está nos troncos colossais, com a casca de 30 centímetros de espessura, erguendo-se verticalmente quase até a metade de sua altura, antes de estenderem seus galhos. Algumas dessas árvores chegaram a ser queimadas, mas ainda continuam vivas e crescendo. Com muitas centenas de anos de idade, em alguns casos mais de mil, as sequoias causam admiração, deixando-nos como anões e levando-nos a ter consciência de nossa pequenez, como dificilmente qualquer outra coisa faz. Nos dias dos madeireiros da Califórnia, um grande número de sequoias foi, irrefletidamente, derrubado. Mais recentemente, porém, essas árvores passaram a ser apreciadas e preservadas, e os parques de sequoias, atualmente, são revestidos por uma espécie de santidade. Uma estrada de 53 quilômetros que serpenteia através dos bosques de sequoias é, bem apropriadamente, chamada de avenida dos Gigantes.

As sequoias da Califórnia fazem-me pensar nos puritanos da Inglaterra, outro tipo de gigantes que, em nossos dias, estão sendo novamente apreciados. Entre 1550 e 1700, assim como as sequoias, eles também levavam vidas simples, nas quais, espiritualmente falando, o que importava era o crescimento saudável e a resistência ao fogo e às tempestades. Assim como as sequoias atraem os olhares, por se elevarem acima das outras árvores, assim também a santidade amadurecida e a coragem comprovada dos grandes puritanos brilham diante de nós como uma espécie de farol, sobrepujando a estatura da maioria dos cristãos de quase todas as épocas. Isso é especialmente verdadeiro em relação aos cristãos de nossa época, marcada pelo esmagador coletivismo urbano, em que, com frequência, os crentes ocidentais parecem – e, por vezes, até se sentem como – formigas em um formigueiro ou marionetes penduradas em fios.

Por trás da chamada Cortina de Ferro ou nas regiões africanas assoladas pela fome e castigadas pela guerra, a história talvez seja diferente; mas, na Inglaterra e na América do Norte, regiões do mundo que conheço melhor, parece que a afluência de bens, desde a geração passada, tem feito de nós anões incapazes de pensar. Nessa situação, o ensino e o exemplo dos gigantes puritanos têm muito a nos dizer.

Com frequência, a eclesiologia e a política dos puritanos têm sido estudadas, mantidas em sua transição da solidariedade medieval para o individualismo de sua postura não conformista e republicana; essa transição foi realizada de forma relutante e cambaleante, enquanto eles seguiam firmemente suas consciências. No entanto, só recentemente é que a teologia e a espiritualidade (usando a palavra preferida deles, a piedade) dos puritanos passaram a receber maior atenção por parte dos eruditos. Apenas recentemente tem-se notado que ocorreu, durante o século que se seguiu à Reforma, um despertamento devocional por toda a dividida igreja ocidental, e que o puritanismo foi uma das principais expressões (ou até mesmo a principal expressão, em minha opinião) desse reavivamento. Meu próprio interesse pelos puritanos, todavia, sempre esteve centralizado no aspecto da espiritualidade, e os ensaios deste livro são frutos de mais de quarenta anos de pesquisas. Meu interesse, de igual modo, não é meramente acadêmico, embora, segundo espero, não esteja aquém do acadêmico. Os gigantes puritanos têm-me moldado em pelo menos sete sentidos, e o enfoque dos capítulos seguintes pode tornar-se mais claro se eu alistar, desde o início, esses itens de dívida consciente. (Qualquer leitor, a quem esse material pessoal venha a cansar, pode deixar de lê-lo, pois não lhe atribuo qualquer importância intrínseca.)

Primeiro, em uma espécie de crise que me ocorreu pouco depois de minha conversão, John Owen ajudou-me a ser realista (ou seja, nem míope nem destituído de esperança) acerca de minha contínua pecaminosidade e da disciplina da autossuspeita e da mortificação, para as quais, junto com todos os crentes, fui chamado. Já escrevi a esse respeito em outro lugar,[1] razão pela qual repetirei aqui. É suficiente dizer que, sem Owen, eu teria, facilmente, perdido a cabeça e caído no lamaçal do fanatismo místico, e certamente minha visão sobre a vida cristã não seria o que é hoje.

Segundo, alguns anos depois, Owen, usado por Deus, capacitou-me a ver quão coerente e sem ambiguidades é o testemunho bíblico sobre a soberania e a particularidade do amor redentor de Cristo (o que, como é óbvio, também é o amor do Pai e do Espírito Santo – as Pessoas da Trindade estão sempre unidas). As implicações teológicas de trechos como "que me amou e a si mesmo se entregou *por mim*" (Gl 2.20), "Cristo amou a igreja, e a si mesmo se entregou *por ela*" (Ef 5.25), "Deus prova seu próprio amor *para conosco*, pelo fato de ter Cristo morrido *por nós*" (Rm 5.8), além de muitas outras passagens, tornaram-se claras para mim depois de alguns anos de estudo sobre aquilo que agora aprendi a chamar de amiraldismo, através da análise

---

[1] John Owen, *Sin and Temptation*, Introdução, pp. xxv-xxix.

do livro de Owen *A morte da morte na morte de Cristo;* cinco anos depois, escrevi um ensaio com esse título, que faz parte deste livro (também editado sob o título: *O "antigo" evangelho* [Editora Fiel]). Desde então, tomei conhecimento de que poderia ter aprendido a mesma lição, em sua substância, nos sermões de Spurgeon, nos hinos de Toplady ou nos discursos de Bernard sobre o livro de Cantares. Mas, de fato, foi Owen quem a ensinou a mim, e isso tem marcado meu cristianismo tão decisivamente quanto a compreensão que me havia raiado alguns anos antes: a de que a religião da Bíblia está centrada em Deus, e não no homem. Obter uma visão bem enfocada do amor de Cristo altera toda a existência de uma pessoa.

Terceiro, Richard Baxter me convenceu, desde há muito, que a meditação discursiva e regular é uma disciplina imprescindível para a saúde espiritual. Nela, como ele singularmente expressou, "você imita o mais poderoso pregador que ouviu", na aplicação da verdade espiritual a si mesmo, tornando essa verdade motivo de louvor. Essa era a posição unânime dos puritanos e, agora, também é a minha.

Deus sabe que sou um pobre praticante dessa sabedoria, mas, quando meu coração esfria, pelo menos sei do que preciso. Em boa parte do atual ensino sobre a oração, a simples contemplação está "na moda", e falar a nós mesmos diante de Deus é uma atitude "ultrapassada". Sou puritano o bastante para acreditar que esse estilo contemplativo é, principalmente, uma reação contra o formalismo devocional, e resulta, em grande parte, do anti-intelectualismo do século XX e de seu interesse pelo misticismo, em vez de simplesmente basear-se nas Escrituras. Esse estilo moderno de contemplação só teve a perder ao romper com o método de meditação discursiva dos Salmos, proveniente dos Pais da igreja e, mais especificamente, da tradição agostiniana, da qual os puritanos foram herdeiros. O estilo contemplativo não reflete a totalidade da oração bíblica. Quanto a esse particular, a influência puritana me deixa um tanto fora de sintonia com minha época, embora, segundo penso, em meu benefício.

Quarto, Baxter também clareou minha visão sobre o ofício pastoral do ministro ordenado. O que Warfield disse sobre o livro de Lutero *Nascido escravo* (Editora Fiel), eu digo acerca da obra de Baxter *O pastor aprovado* (PES): suas palavras têm mãos e pés. Elas sobem pela gente; vão abrindo caminho até nosso coração e consciência, e não mais se retiram dali. Minha compreensão quanto a ser chamado para pregar o evangelho, ensinar a Bíblia e pastorear almas poderia ter sido apreendida das regras anglicanas usadas em minha ordenação ao ministério; mas, na verdade, ela se cristalizou por meio de meus estudos sobre o ministério de Baxter e sobre seu livro *O pastor aprovado* (que eu chamaria de "O pastor vivificado"). Desde meus dias de estudante, reconheci que era chamado para ser pastor, de acordo com as especificações de Baxter; e minha dedicação subsequente a preleções e à autoria de livros e artigos simplesmente tem definido para mim certos aspectos da maneira como eu deveria desempenhar esse papel. Eu gostaria de ter obtido maior sucesso nesse cumprimento.

Quinto, os puritanos têm-me ensinado a ver e a sentir quão transitória é esta vida, e a pensar nela, com toda a sua rica abundância, essencialmente como o vestiário de uma academia, no qual nos preparamos para o céu, e a considerar a prontidão para morrer como o primeiro passo no aprendizado para a vida. Aqui, mais uma vez, temos uma histórica ênfase cristã – patrística, medieval, reformada, puritana e evangélica –, com a qual o protestantismo que conheço perdeu quase todo o contato. Os puritanos sofreram perseguição sistemática por causa de sua fé; as coisas que hoje para nós fazem parte do conforto do lar eram desconhecidas a eles; a medicina e a cirurgia de seu tempo eram rudimentares; eles não dispunham de aspirina, tranquilizantes, soníferos ou pílulas antidepressivas, tampouco dispunham de qualquer tipo de seguro. Em um mundo no qual mais da metade da população adulta morria ainda na juventude e mais da metade das crianças morria ainda na infância, seus companheiros constantes eram as enfermidades, as aflições, o desconforto, a dor e a morte. Teriam perecido se não tivessem mantido os olhos fixos no céu, reconhecendo que eram como peregrinos que viajavam para a Cidade Celestial.

Credita-se ao dr. Johnson a observação de que, quando um homem sabe que será enforcado no prazo de quinze dias, isso ocupa intensamente seus pensamentos; da mesma forma, a consciência dos puritanos de que, em meio à vida, estamos próximos da morte, apenas a um passo da eternidade, conferia-lhes uma profunda seriedade – calma mas apaixonada – no tocante à questão de como viver, à qual os crentes de nosso mundo ocidental opulento, mimado e mundano raramente conseguem igualar-se. Poucos de nós, penso eu, vivem diariamente à beira da eternidade, conforme viviam conscientemente os puritanos; e, em consequência, perdemos com isso. A extraordinária vivacidade – até mesmo hilaridade (isso mesmo, hilaridade, como podemos detectar nos antigos escritos deles) – em que viviam os puritanos provinha diretamente, como creio, do realismo sem hesitações com que se preparavam para a morte, de tal modo que, a qualquer instante, estavam, por assim dizer, de malas prontas para partir deste mundo. Enfrentar a morte trouxe uma apreciação pela vida que continuava a cada dia; e o conhecimento de que era Deus quem decidia, sem consultá-los, quando o trabalho deles na terra estaria completado trazia grande energia ao próprio trabalho que realizavam, enquanto ainda lhes era dado tempo para prosseguirem trabalhando. À medida que avanço em minha sétima década de vida, na melhor saúde que possivelmente gozarei, sinto-me mais alegre do que posso expressar, por causa daquilo que os crentes puritanos, como Bunyan e Baxter, ensinaram-me sobre a morte. Precisei dessa lição, e os pregadores que tenho ouvido, nestes últimos tempos, não conseguem dar-se conta de seu valor. Modernos escritores evangélicos parecem estar sem noção a respeito desse ensino – exceto no caso de C. S. Lewis e Charles Williams, cujo discernimento sobre essa questão, bem como em muitas outras, sem dúvida é incomum no século XX.

Sexto, os puritanos moldaram minha identidade eclesiástica ao me transmitirem sua visão acerca da *totalidade* da obra de Deus, a que chamaram de "reforma", mas que, hoje, mais provavelmente chamaríamos de "avivamento". Atualmente, como em minha juventude, alguns anglicanos e conservadores (e eu falo como um deles) se preocupam com a ortodoxia, outros com a liturgia e a vida corporativa, outros com a conversão e a instrução individuais, outros com os aspectos da santidade pessoal, outros com as estruturas centrais e congregacionais, outros com os padrões morais em âmbito nacional, outros com o testemunho social compassivo e outros ainda com o avivamento da piedade em meio ao laodiceanismo em que vivemos. Mas cada um desses interesses fica neutralizado, enfraquecido e, finalmente, torna-se trivial se não estiver vinculado a todos os outros. Divididos, eles caem e afundam-se na areia movediça. Tenho visto isso acontecer dentro e fora do movimento anglicano, durante minha vida. Os puritanos me levaram a me preocupar com *todas* essas coisas ao mesmo tempo, por estarem *todas* sustentando umas às outras, e *todas* contribuindo para a honra e a glória de Deus em sua igreja; e estou grato por ser capaz de dizer, no meu íntimo, que todas elas continuam juntas.

Eu poderia ter aprendido esse ideal de uma renovação evangélica global com aquele gênio reformador inglês, ainda pouco apreciado, Thomas Cranmer, ou com o colosso do século XIX, J. C. Ryle (mas dificilmente isso poderia acontecer com qualquer anglicano mais recente, penso eu). Na realidade, porém, obtive praticamente tudo dos puritanos, principalmente de Richard Baxter, a quem devo tanto em outras áreas, conforme já afirmei. Por vezes, seguir o vislumbre de um anglicano reformista me colocou em posições nas quais parecia que eu não concordava com ninguém; e não creio que meu juízo sobre questões específicas sempre tenha sido perfeito, mas, olhando em retrospecto, estou certo de que a liderança abrangente, não sectária, dada por Baxter, era a correta. Continuo a ser grato por isso, e espero que essa gratidão dure por toda a vida.

Sétimo, os puritanos me fizeram perceber que toda teologia também é espiritualidade, no sentido de exercer influência, boa ou má, positiva ou negativa, no relacionamento ou na falta de relacionamento das pessoas com Deus. Se nossa teologia não nos reaviva a consciência nem amolece o coração, é porque endurece a ambos; se não encoraja o compromisso da fé, reforça o desinteresse que é próprio da incredulidade; se deixa de promover a humildade, inevitavelmente nutre o orgulho. Assim, aquele que expõe teologia em público, seja formalmente, no púlpito ou pela imprensa, ou informalmente, em sua poltrona, deve pensar muito sobre o efeito que seus pensamentos terão sobre o povo de Deus e outras pessoas. Os teólogos são chamados para atuar como os oficiais de tratamento de água e os engenheiros hidráulicos da igreja; é tarefa deles cuidar para que a pura verdade de Deus flua com abundância para onde se fizer necessário, bem como filtrar qualquer poluição intromissora que possa prejudicar a saúde. O fato de os institutos bíblicos, seminários e faculdades teológicas estarem distanciados das questões sociais e da verdadeira vida da igreja contribui para o esquecimento dessa chamada, e a atuação dos profissionais de ensino nessas instituições, em minha época, tem sido negligente no tocante às responsabilidades relativas à igreja e ao mundo. De fato, qualquer pessoa poderia aprender a natureza dessa responsabilidade com os Pais da igreja, com Lutero, Calvino ou até mesmo com Karl Barth, à sua maneira peculiar; mas, a mim, foi dado aprendê-la levando em conta como os puritanos punham em bom "uso" (aplicação) cada "doutrina" (verdade) que conheciam, como base para a vida. Em retrospecto, parece-me que, desde o começo, em virtude dessa influência puritana que tive, todas as minhas declarações teológicas, sobre qualquer tema, realmente têm tratado da espiritualidade (ou seja, têm sido ensinamentos para a vida cristã), de tal forma que agora não sou mais capaz de falar ou escrever de outro modo. Quer saber se estou satisfeito? Francamente, sim. É bom sofrer dessa feliz incapacidade.

O primeiro e, a meu ver, mais fascinante livro cristão escrito por C. S. Lewis foi uma alegoria bunyanesca, *The Pilgrim's Regress* (O regresso do peregrino, de 1933). Ali, ele delineou a força de atração do que chamava de "Doce Desejo e Alegria", a saber, o sabor do transcendental na vida diária, que atinge o coração como se fosse um golpe, quando a pessoa experimenta e desfruta das coisas, revelando-se, em última análise, como um anelo não satisfeito por quaisquer realidades ou relacionamentos criados, mas amenizado somente no abandono de si mesmo no amor do Criador, em Cristo. Conforme Lewis sabia, diferentes estímulos disparam esse desejo em diferentes pessoas; quanto a si mesmo, ele falava sobre "o cheiro de uma fogueira, o sonido de patos-selvagens que passam voando baixo, o título de *The Well at the World's End*, as linhas iniciais de *Kubla Khan*, as teias de aranha de fim de verão, o ruído das ondas na praia".[2] A meu ver, nenhum desses itens produz pleno efeito, embora eu entenda como podiam funcionar para Lewis e para outros; quanto a mim, posso falar sobre os cenários de árvores, de cataratas, de locomotivas a vapor; do gosto do molho *curry* ou do caranguejo, de partes de peças musicais de Bach, Beethoven, Brahms, Bruckner e Wagner, e de certos momentos de improvisação e de maravilhas arquitetônicas em meus registros de performances de Wilhelm Furtwängler, Edwin Fischer e Otto Klemperer; de ocasionais sublimidades de Jelly-Roll Morton, Bubber

---

2 C. S. Lewis, *The Pilgrim's Regress*, Prefácio, p. 9.

Miley e Louis Armstrong, além de – e por isso levanto essa questão – alguns toques retóricos que, para mim, são repetidamente espirituais nas obras dos cinco escritores que já citei: o próprio Lewis, Williams e (você já deve estar esperando) o seráfico Baxter, o sonhador Bunyan e o gigantesco Owen. Forma e conteúdo, embora distintos, estão ligados entre si, e aqui também eu os ligo dizendo que, ao escreverem dessa forma, não menos do que aquilo que fizeram, tais autores encheram seus livros com a pessoa de Deus, fazendo-me desejá-lo mais e mais, na medida em que o aproximavam de mim. Que esse material seja, para mim, tão significativo em seu estilo quanto o é em sua substância, parece-me ser uma situação peculiarmente feliz. Talvez a experiência do leitor não se ajuste à minha (o pesado idioma latinizado que Owen usou agrada a poucos); entretanto, pode haver algo em sua experiência que possibilite a você me entender melhor, e eu gostaria que você conhecesse plenamente as razões pelas quais exalto os gigantes puritanos.

Espero que estes capítulos possam estimulá-lo, pois neles compartilho descobertas que me têm estimulado por quarenta anos. Eles não consistem somente de história e de teologia histórica; pelo menos quanto a seu alvo, esses ensaios exibem espiritualidade, como qualquer outra coisa que já escrevi, pois enfocam pontos nos quais, conforme entendo, os puritanos eram gigantes em comparação a nós, gigantes de cuja ajuda carecemos, se quisermos crescer. Aprender com os heróis do passado cristão, sob qualquer aspecto, é uma importante dimensão daquele companheirismo edificante, cujo nome apropriado é comunhão dos santos. Os grandes puritanos, embora já falecidos, continuam falando conosco por meio de seus escritos, dizendo-nos coisas que, em nossos dias, precisamos ouvir com muita urgência. Nos capítulos que se seguem, procuro colocar diante de você algumas dessas coisas.

PERFIL DOS PURITANOS

PARTE 1

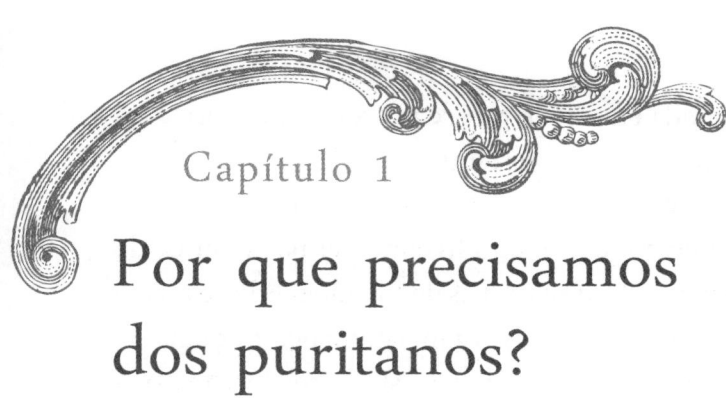

Capítulo 1

Por que precisamos dos puritanos?

1

O hipismo é conhecido como o esporte dos reis. O esporte do "atira lama", porém, conta com ampla adesão. Ridicularizar os puritanos, em particular, há muito é passatempo popular nos dois lados do Atlântico, e a imagem que a maioria das pessoas tem do puritanismo ainda contém bastante da sujeira deformadora que necessita ser raspada.

"Puritano", como um nome, era, de fato, lama desde o começo. Cunhada cedo, nos anos 1560, sempre foi um palavra satírica e ofensiva, subentendendo mau humor, censura, presunção e, em certa medida, hipocrisia, acima e além de sua implicação básica de descontentamento, motivado pela religião, em relação àquilo que era visto como a laodicense e comprometedora Igreja da Inglaterra de Elisabeth (também conhecida como Isabel). Mais tarde, a palavra ganhou a conotação política adicional de quem era contrário à monarquia Stuart e favorável a algum tipo de republicanismo; sua primeira referência, contudo, ainda era àquilo que se via como uma forma estranha, furiosa e feia de religião protestante.

Na Inglaterra, o sentimento antipuritano disparou no tempo da Restauração e, desde então, tem fluído livremente; na América do Norte, edificou-se lentamente após os dias de Jonathan Edwards para atingir seu zênite cem anos atrás, na Nova Inglaterra pós-puritana.

No último meio século, porém, alguns estudiosos têm removido, meticulosamente, essa lama. E, da mesma forma que os afrescos de Michelangelo na Capela Sistina têm cores pouco familiares depois que os restauradores removeram o verniz escuro, assim também a imagem convencional dos puritanos foi radicalmente recuperada, ao menos para os informados. (Aliás, o conhecimento hoje viaja lentamente em certas regiões.) Ensinados por Perry Miller, William Haller, Marshall Knappen, Percy Scholes, Edmund Morgan e uma série de pesquisadores mais recentes, pessoas bem informadas agora reconhecem que os puritanos típicos não eram homens selvagens ou ferozes, monstruosos fanáticos religiosos ou extremistas sociais, mas pessoas sóbrias e conscienciosas, além de cidadãos cultos, pessoas de princípio, decididas e disciplinadas, excepcionais nas virtudes domésticas e desprovidas de grandes defeitos, exceto a tendência de usar muitas palavras ao dizer qualquer coisa importante, a Deus ou ao homem. Enfim, está sendo consertado o engano.

Mas, mesmo assim, a sugestão de que *necessitamos* dos puritanos – nós, ocidentais do final do século XX, com toda a nossa sofisticação e maestria de técnica tanto no campo secular quanto no sagrado – poderá erguer algumas sobrancelhas. Permanece a crença de que os puritanos, mesmo que fossem, de fato, cidadãos responsáveis, eram ao mesmo tempo cômicos e patéticos, sendo ingênuos e supersticiosos, superescrupulosos, mestres nos pequenos detalhes e incapazes ou relutantes em relaxar. Pergunta-se: O que, então, esses zelotes nos poderiam dar do que precisamos ter?

A resposta é, em uma palavra, maturidade. A maturidade é uma composição de sabedoria, boa vontade, maleabilidade e criatividade. Os puritanos exemplificavam a maturidade; nós, não. Um líder bem viajado, um americano nativo, declarou que o protestantismo norte-americano, centrado no homem, manipulador, orientado pelo sucesso, autoindulgente e sentimental como é, patentemente, mede cinco mil quilômetros de largura e um centímetro de profundidade. Somos anões espirituais. Os puritanos, em contraste, como um corpo, eram gigantes. Eram grandes almas servindo a um grande Deus. Neles, a paixão sóbria e a terna compaixão se combinavam. Visionários e práticos, idealistas e também realistas, dirigidos por objetivos e metódicos, eram grandes crentes, grandes esperançosos, grandes realizadores e grandes sofredores.

Mas seus sofrimentos, de ambos os lados do oceano (na velha Inglaterra, pelas autoridades, e, na Nova Inglaterra, pelo clima), os temperaram e amadureceram até que ganharam uma estatura nada menos do que heroica. Conforto e luxo, como nossa afluência hoje nos traz, não conduzem à maturidade; privação e luta, sim, e as batalhas dos puritanos contra os desertos evangélico e climático, onde Deus os colocou, produziram virilidade de caráter, inviolável e inquebrantável, erguendo-se acima de desânimo e temores, para os quais os verdadeiros precedentes e modelos são homens como Moisés e Neemias, e Pedro depois do Pentecoste, e o apóstolo Paulo.

A guerra espiritual fez dos puritanos o que eles foram. Eles aceitaram o antagonismo como seu chamado, vendo a si mesmos como os soldados peregrinos de seu Senhor, exatamente como na alegoria de Bunyan, sem esperarem poder avançar um só passo sem a oposição de uma espécie ou de outra. John Geree, em seu folheto "O caráter de um velho puritano inglês ou inconformista" (1646), afirma: "Toda a sua vida, ele a tinha como uma guerra em que Cristo era seu capitão; suas armas eram as orações e as lágrimas. A cruz, seu estandarte; e sua palavra [lema], *Vincit qui patitur* [aquele que sofre conquista]".[1]

Os puritanos perderam, em certa medida, toda batalha pública em que lutaram. Aqueles que ficaram na Inglaterra não mudaram a igreja da Inglaterra como esperavam fazer, nem reavivaram mais do que uma minoria de seus partidários, sendo, eventualmente, conduzidos para fora do anglicanismo por meio de calculada pressão sobre suas consciências. Aqueles que atravessaram o Atlântico falharam em estabelecer a Nova Jerusalém na Nova Inglaterra; nos primeiros cinquenta anos, suas pequenas colônias mal sobreviveram, segurando-se por um fio. Mas a vitória moral e espiritual que os puritanos conquistaram, ao permanecerem dóceis, pacíficos, pacientes, obedientes e esperançosos sob contínuas e aparentemente intoleráveis pressões e frustrações, confere-lhes lugar de alta honra no *hall* de fama dos crentes, no qual Hebreus 11 é a primeira galeria. Foi dessa constante experiência de forno que se forjou sua maturidade, e sua sabedoria relativa ao discipulado foi refinada. George Whitefield, o evangelista, escreveu sobre eles como segue:

> Ministros nunca escrevem ou pregam tão bem como quando estão debaixo da cruz; o Espírito de Cristo e de glória paira então sobre eles. Foi isso, sem dúvida, que fez dos puritanos as lâmpadas ardentes e brilhantes. Quando expulsos pelo sombrio Ato Bartolomeu (o Ato de Uniformidade de 1662) e removidos de seus respectivos cargos para irem pregar em celeiros e nos campos, nas rodovias e nas sebes, eles escreveram e pregaram como homens de autoridade. Embora mortos, eles ainda falam por meio de seus escritos; uma unção peculiar lhes atende nessa mesma hora...[2]

---

1 Gordon S. Wakefield, *Puritan Devotion*, p. x.
2 George Whitefield, *Works*, IV:306ss.

Essas palavras vêm do prefácio de uma reedição dos trabalhos de Bunyan que surgiu em 1767; mas a unção continua, a autoridade ainda é sentida e a amadurecida sabedoria permanece empolgante, como todos os modernos leitores do puritanismo cedo descobrem por si mesmos. Por meio do legado dessa literatura, hoje os puritanos podem ajudar-nos na direção da maturidade que eles conheceram e da qual tanto precisamos.

2

De que maneiras podemos fazer isso? Deixe-me sugerir alguns pontos específicos.

Primeiro, há lições para nós *na integração de sua vida diária*. Como seu cristianismo era totalmente abrangente, assim seu viver era uma unidade. Hoje, chamaríamos seu estilo de vida de "holístico": toda conscientização, atividade e prazer, todo "emprego das criaturas" e desenvolvimento de poderes pessoais e criatividade, integravam-se na única finalidade de honrar a Deus, apreciando todos os seus dons e tornando tudo em "santidade ao Senhor". Para eles, não havia disjunção entre o sagrado e o secular; toda a criação, até onde conheciam, era sagrada, e todas as atividades, de qualquer tipo, deveriam ser santificadas, ou seja, feitas para a glória de Deus. Assim, em seu ardor elevado aos céus, os puritanos tornaram-se homens e mulheres de ordem, sóbrios e simples, de oração, decididos e práticos. Viam a vida como um todo, integravam a contemplação com a ação, o culto com o trabalho, o labor com o descanso, o amor a Deus com o amor ao próximo e a si mesmo, a identidade pessoal com a social e um amplo espectro de responsabilidades relacionadas umas com as outras, de forma totalmente consciente e pensada.

Nessa minuciosidade, eram extremos, diga-se, muito mais rigorosos do que somos, mas, ao misturarem toda a variedade de deveres cristãos expostos na Escritura, eram extremamente equilibrados. Viviam com "método" (poderíamos dizer, com uma regra de vida), planejando e dividindo seu tempo com cuidado, nem tanto para afastar as coisas ruins quanto para ter a certeza de incluir todas as coisas boas e importantes – a sabedoria necessária, tanto naquela época quanto agora, para as pessoas ocupadas! Hoje, como tendemos a viver sem planejamento, ao acaso, em uma série de compartimentos que não se comunicam, sentindo-nos, portanto, sufocados e distraídos a maior parte do tempo, poderíamos aprender muito com os puritanos nesse aspecto.

Segundo, há lições para nós *na qualidade de sua experiência espiritual*. Na comunhão dos puritanos com Deus, assim como Jesus era central, a Sagrada Escritura era suprema. Pela Escritura, como a Palavra de instrução de Deus sobre o relacionamento divino-humano, buscavam viver – e aqui também eram conscienciosamente metódicos. Reconhecendo-se como criaturas de pensamento, afeição e vontade, e sabendo que o caminho de Deus até o coração (a vontade) é pela cabeça humana (a mente), os puritanos praticavam meditação, discursiva e sistemática, em toda a amplitude da verdade bíblica, conforme a viam aplicando a si mesmos. A meditação puritana na Escritura se modelava pelo sermão puritano; na meditação, o puritano buscaria sondar e desafiar seu coração, guiar suas afeições para odiar o pecado e amar a justiça, e encorajar a si mesmo com as promessas de Deus, assim como os pregadores puritanos o fariam do púlpito. Essa piedade racional, resoluta e apaixonada era consciente sem se tornar obsessiva, dirigida pela lei sem cair no legalismo e expressiva da liberdade cristã sem vergonhosos deslizes para a licenciosidade. Os puritanos sabiam que a Escritura é a regra inalterada da santidade, e eles nunca se permitiram esquecer isso.

Conhecendo também a desonestidade e a falsidade dos corações humanos decaídos, cultivavam a humildade e a autossuspeita como atitudes constantes, examinando-se regularmente, em busca de eventuais pontos ocultos e males internos furtivos. Por isso não poderiam ser chamados de mórbidos ou introspectivos; pelo contrário, descobriram a disciplina do autoexame pela Escritura (não é o mesmo que introspecção, notemos), seguida da disciplina da confissão e do abandono do pecado e da renovação da gratidão a Cristo por sua misericórdia perdoadora como fonte de grande gozo e paz interiores. Hoje, nós que sabemos, à nossa custa, que temos mentes não esclarecidas, afeições incontroladas e vontades instáveis no que se refere a servir a Deus, e que, com frequência, vemo-nos subjugados por um romantismo emocional e irracional, disfarçado de superespiritualidade, muito nos beneficiaríamos do exemplo dos puritanos também nesse ponto.

Terceiro, há lições para nós *em sua paixão pela ação eficaz*. Embora os puritanos, como todos os humanos, tivessem seus sonhos do que poderiam e deveriam ser, não eram definitivamente o tipo de gente que denominaríamos "sonhadores"! Não tinham tempo para o ócio do preguiçoso ou da pessoa passiva que deixa para os outros a atitude de mudar o mundo. Foram homens de ação no modelo puro reformado – ativistas de cruzada sem qualquer autoconfiança; trabalhadores para Deus que dependiam sumamente de que Deus trabalhasse neles e através deles, e que sempre davam a Deus a glória por qualquer coisa que faziam e que, em retrospecto, lhes parecesse correta; homens bem-dotados que oravam com afinco para que Deus os capacitasse a usar seus poderes, não para a autoexibição, mas para a glória dele. Nenhum deles queria ser revolucionário na igreja ou no Estado, embora alguns, com certa relutância, tenham ostentado essa condição; todos eles, entretanto, desejavam ser agentes eficazes de mudança para Deus, onde quer que se exigisse mudança. Assim, Cromwell e seu exército faziam longas e fortes orações antes de cada batalha, os pregadores pronunciavam extensas e fortes orações particulares antes de se aventurarem no púlpito e os leigos proferiam longas e fortes orações antes de enfrentar qualquer assunto relevante (casamento, negócios, investimentos maiores ou qualquer outra coisa).

Hoje, porém, os cristãos ocidentais se veem, em geral, desprovidos de paixão, passivos e, teme-se, sem oração. Cultivando um sistema que envolve a piedade pessoal num casulo pietista, deixam os assuntos públicos seguirem seu próprio curso, e nem esperam ou buscam exercer influência para além de seu próprio círculo cristão. Enquanto os puritanos oravam e lutavam por uma Inglaterra e uma Nova Inglaterra santas – sentindo que, onde o privilégio é negligenciado e a infidelidade reina, o juízo nacional está sob ameaça –, os cristãos modernos alegremente se acomodam com a convencional respeitabilidade social e, agindo assim, não buscam nada mais. É óbvio que, a esta altura, também os puritanos têm muito a nos ensinar.

Quarto, há lições para nós *em seu programa para a estabilidade da família*. Não seria demais dizer que os puritanos criaram a família cristã no mundo de língua inglesa. A ética puritana do casamento consistia em primeiro se procurar um parceiro não por quem se estivesse perdidamente apaixonado naquele momento, mas a quem se pudesse amar continuamente como seu melhor amigo por toda a vida, procedendo com a ajuda de Deus nessa prática. A ética puritana de criação de filhos consistia em treinar as crianças no caminho que deveriam seguir, cuidar de seus corpos e almas em conjunto e educá-los para uma vida adulta sóbria, santa e socialmente útil. A ética puritana da vida no lar baseava-se em manter a ordem, a cortesia e o culto em família.

Boa vontade, paciência, consistência e uma atitude encorajadora eram vistas como as virtudes domésticas essenciais. Numa era de desconfortos rotineiros, medicina rudimentar sem anestésicos e lutos frequentes (a maioria das famílias perdia tantos filhos quantos eram aqueles que criava), com a média de longevidade pouco abaixo dos 30 anos, além das dificuldades econômicas presentes na vida de quase todos, salvo dos príncipes mercantes e dos aristocratas rurais, a vida familiar era uma escola para o caráter em todos os sentidos. A fortaleza com que os puritanos resistiam à bem conhecida tentação de aliviar a pressão do mundo através da violência no lar, lutando para honrar a Deus apesar de tudo, merece grande elogio. Em casa, os puritanos mostravam-se maduros, aceitando as dificuldades e decepções de forma realista, como provenientes de Deus, e recusando-se a desanimar ou amargurar-se diante de qualquer uma delas. Também era em casa, em primeira instância, que o leigo puritano praticava o evangelismo e o ministério. "Ele se esforçava para tornar sua família uma igreja", escreveu Geree, "... lutando para que os que nascessem nela pudessem nascer novamente em Deus".[3] Numa era em que a vida em família tornou-se árida até mesmo entre os cristãos, com cônjuges covardes tomando o curso da separação em vez do trabalho e pais narcisistas estragando materialmente seus filhos, enquanto os negligenciavam espiritualmente, há, mais uma vez, muito a aprender nos caminhos bem diferentes dos puritanos.

Quinto, há lições a serem aprendidas em *seu senso de valor humano*. Ao crerem num grande Deus (o Deus da Escritura, não diminuído nem domesticado), eles conquistaram um vívido senso de grandeza acerca das questões morais, da eternidade e da alma humana. O sentimento de Hamlet "Que obra é o homem!" é bastante puritano; a maravilha da individualidade humana era algo que eles sentiam de forma pungente. Embora, sob a influência de sua herança medieval, que lhes dizia que o erro não tem direitos, não conseguissem, em todos os casos, respeitar aqueles que se diferenciavam deles publicamente, sua apreciação pela dignidade humana como criatura feita para ser amiga de Deus era in-

---

[3] Wakefield, *loc. cit*. Não se pode evitar pensar na senhora casada que veio dizer a D. L. Moody que pensava ter sido chamada para ser uma pregadora. "A senhora tem filhos em casa?", perguntou Moody. "Sim, seis." "Aí está sua congregação; vá em frente!"

tensa, assim como o era seu senso de beleza e nobreza da santidade humana. Atualmente, no formigueiro urbano coletivo em que a maioria de nós vive, o senso da significação eterna individual se encontra muito desgastado e, nesse ponto, o espírito puritano é um corretivo do qual podemos beneficiar-nos imensamente.

Sexto, há lições a serem aprendidas com os puritanos em relação *ao ideal de renovação da igreja*. Na verdade, "renovação" não era uma palavra que eles costumassem usar; eles falavam apenas de "reformação" e "reforma", termos que sugerem às nossas mentes do século XX uma preocupação que se limita ao aspecto exterior da ortodoxia, ordem, formas de culto e códigos disciplinares da igreja. Mas, quando os puritanos pregavam, publicavam e oravam pela "reformação", tinham em mente não apenas isso, mas de fato muito mais.

Na capa da edição original de *The Reformed Pastor* (publicado, no Brasil, sob o título *O pastor aprovado*, pela PES), de Richard Baxter, a palavra "reformado" foi impressa com um tipo de letra bem maior do que as outras; e não se precisa ler muito para descobrir que, para Baxter, um pastor "reformado" não era alguém que fazia campanha pelo calvinismo, mas aquele cujo ministério como pregador, professor, catequista e modelo para seu povo demonstrasse ser, como se diria, "avivado" ou "renovado". A essência desse tipo de "reforma" era um enriquecimento da compreensão da verdade de Deus, um despertar das afeições dirigidas a Deus, o aumento do ardor da devoção e mais amor, alegria e firmeza de objetivo cristão no chamado e na vida de cada um. Nessa mesma linha, o ideal para a igreja era que, por intermédio de clérigos "reformados", cada congregação, em sua totalidade, viesse a se tornar "reformada" – trazida, sim, pela graça de Deus a um estado que chamaríamos de avivamento sem desordem, de modo a se tornar verdadeira e completamente convertida, teologicamente ortodoxa e saudável, espiritualmente alerta e esperançosa, em termos de caráter, sábia e madura, eticamente empreendedora e obediente, e humilde mas alegremente certa de sua salvação. Esse era, em geral, o alvo a que o ministério pastoral puritano visava, tanto nas paróquias inglesas quanto nas igrejas "reunidas" do tipo congregacional, as quais se multiplicaram em meados do século XVII.

A preocupação dos puritanos com o despertamento espiritual em comunidades nos escapa, até certo ponto, por seu institucionalismo. Tendemos a pensar no ardor do avivamento como sempre impondo-se sobre a ordem estabelecida, enquanto os puritanos visualizavam a "reforma" em nível congregacional como proveniente de um estilo disciplinado por meio de pregação, catequismo e fiel trabalho espiritual por parte do pastor. O clericalismo, com sua supressão da iniciativa leiga, era, sem dúvida, uma limitação puritana que se voltou contra eles quando o ciúme leigo, finalmente, veio à tona com o exército de Cromwell, no quacrismo e no vasto submundo sectarista dos tempos da Comunidade Britânica. A outra face da moeda, porém, era a nobreza do perfil do pastor que os puritanos desenvolveram – pregador do evangelho e professor da Bíblia, pastor e médico de almas, catequista e conselheiro, treinador e disciplinador, tudo em um só. Dos ideais e objetivos puritanos para a vida da igreja, os quais eram inquestionável e permanentemente certos, e de seus padrões para o clero, os quais eram desafiadora e inquisitivamente elevados, ainda há muito que os cristãos modernos podem e devem levar a sério.

Essas são apenas algumas das maneiras mais óbvias como os puritanos podem ajudar-nos nestes dias.

3

Essa exaltação da grandeza dos puritanos pode deixar céticos alguns leitores. Mas isso, segundo já indicado, ajusta-se plenamente à reavaliação extensiva do puritanismo pelos eruditos históricos. Cerca de cinquenta anos atrás, o estudo acadêmico do puritanismo atravessou uma linha divisória com o descobrimento de que houve algo como uma cultura tipicamente puritana – e uma rica cultura, na verdade – acima e além das reações puritanas contra certas facetas da cultura medieval e renascentista. O antigo pressuposto, de que os puritanos de ambos os lados do Atlântico eram caracteristicamente mórbidos, obsessivos, incultos e pouco inteligentes, já foi deixado para trás. O desinteresse satírico para com o modo de vida dos puritanos cedeu lugar a uma atenção simpática, e o aproveitamento das crenças e dos ideais puritanos tem-se tornado uma indústria acadêmica caseira de impressionante vigor, conforme hoje se vê.

A América do Norte tem liderado essa mudança com quatro livros publicados em dois anos, os quais asseguraram que os estudos sobre os puritanos nunca mais seriam os mesmos. Essas obras foram: *The Rise of Puritanism* (O avanço do puritanismo), de William Haller (Columbia University Press: Nova Iorque, 1938); *Puritanism and Liberty* (Puritanismo e liberdade), de A. S. P. Woodhouse (Macmillan: Londres, 1938; Woodhouse ensinava em Toronto, Canadá); *Tudor Puritanism* (O puritanismo na época de Tudor), de M. M. Knappen (Chicago University Press: Chicago, 1939); e *The New England Mind* (A mentalidade da Nova Inglaterra), volume 1: *The Seventeenth Century* (O século XVII), de Perry Miller (Harvard University Press: Cambridge, MA., 1939). Muitos livros lançados na década de 1930, ou mais tarde, têm confirmado a posição do puritanismo que aqueles quatro livros expuseram, e o quadro geral que então emergiu é como mostraremos a seguir.

O puritanismo, em seu cerne, foi um movimento espiritual apaixonadamente preocupado com Deus e com a piedade cristã. Começou na Inglaterra, com William Tyndale, o tradutor da Bíblia, contemporâneo de Lutero, uma geração antes de haver sido cunhada a palavra "puritano", e continuou até o final do século XVII, algumas décadas depois de o termo "puritano" haver caído em desuso. Para sua formação, contribuíram o biblicismo reformista de Tyndale; a piedade de coração e consciência de John Bradford; o zelo de John Knox pela honra de Deus nas igrejas nacionais; a paixão pela competência pastoral evangélica, que se via em John Hooper, Edward Dering e Richard Greenham; a visão das Sagradas Escrituras como o "princípio regulador" da adoração e da boa ordem da igreja, que incendiava Thomas Cartwright; o antirromanismo, o antiarminianismo, o antissocinianismo e o calvinismo antinomiano defendidos por John Owen e pelos padrões da declaração de Westminster; o interesse ético abrangente que atingiu seu apogeu na monumental obra de Richard Baxter, *Christian Directory* (Diretrizes cristãs); e o propósito de popularizar e tornar práticos os ensinos da Bíblia, os quais tomaram conta de Perkins e Bunyan, além de outros. O puritanismo foi, essencialmente, um movimento em prol da reforma eclesiástica, da renovação pastoral e do evangelismo, bem como em prol do avivamento espiritual; além disso – de fato, como uma expressão direta de seu zelo pela honra de Deus –, também foi uma visão global, uma plena filosofia cristã; em termos intelectuais, foi um medievalismo renovado segundo os moldes protestantes e, em termos de espiritualidade, um monasticismo reformado, embora desligado dos mosteiros e dos votos monásticos.

O alvo dos puritanos era completar aquilo que fora iniciado pela Reforma inglesa: terminar de reformar a adoração anglicana, introduzir uma disciplina eclesiástica eficaz nas paróquias anglicanas, estabelecer a retidão nos campos político, doméstico e socioeconômico, e converter todos os cidadãos ingleses a uma vigorosa fé evangélica. Por meio da pregação e do ensino do evangelho, bem como da santificação de todas as artes, ciências e habilidades, a Inglaterra teria de se tornar uma terra de santos, um modelo e protótipo de piedade coletiva, e, como tal, um meio para toda a humanidade ser abençoada.

Assim foi o sonho puritano, desenvolvido sob monarcas como Elisabeth, Tiago e Carlos, chegando a florescer no período de interregno, quando o trono estava vago, antes de murchar no negro túnel da perseguição entre 1660 (Restauração da Monarquia) e 1689 (Tolerância). Esse sonho gerou os gigantes com os quais este livro se ocupa.

4

Confesso que este capítulo consiste em pura advocacia, sem máscara e sem pejo. Procuro aqui comprovar a reivindicação de que os puritanos podem ensinar-nos lições que muito precisamos aprender. Desejo seguir um pouco mais minha linha de argumentação.

A esta altura, deveria estar patente que os grandes pastores-teólogos puritanos – Owen, Baxter, Goodwin, Howe, Perkins, Sibbes, Brooks, Watson, Gurnall, Flavel, Bunyan, Manton e outros como eles – foram homens de extraordinários poderes intelectuais e discernimento espiritual. Neles, os hábitos mentais, promovidos por uma sóbria erudição, estavam vinculados a um zelo flamejante por Deus e a uma detalhada familiaridade com o coração humano. Todas as suas obras revelam essa fusão ímpar de dons e graças. Em seu pensamento e posicionamento, eram radicalmente teocêntricos. Sua apreciação pela majestade soberana de Deus era profunda, e sua reverência no manuseio da Palavra escrita de Deus era notória e constante. Eram homens pacientes, determinados e metódicos no exame das Escrituras, e seu domínio sobre os vários ramos e elos de ligação, na teia da verdade revelada, era firme e claro. Compreendiam ricamente o lidar de Deus com os homens, a glória de Cristo, o Mediador e a obra do Espírito Santo no crente e na igreja.

Ademais, seu conhecimento não era apenas um mero conhecimento teórico da ortodoxia. Eles procuravam "reduzir à prática" (expressão usada por eles mesmos) tudo quanto Deus lhes havia ensinado. Subjugavam a própria consciência à Palavra de Deus, disciplinando-se a fim de sujeitarem todas as suas atividades ao escrutínio bíblico, demandando uma justificação teológica, distinta do que seria apenas pragmático, para tudo que faziam. Aplicavam seu entendimento a respeito da mente de Deus a cada aspecto da vida, considerando a igreja, a família, o Estado, as artes e as ciências, o mundo do comércio e da indústria, como tão importantes quanto as devoções individuais do crente e também como várias esferas nas quais Deus deve ser servido e honrado. Eles viam a vida como um todo, pois consideravam seu Criador o Senhor de cada área da vida, e o propósito deles era que a "santidade ao Senhor" fosse o lema que pudesse ser escrito sobre todo o seu viver.

Mas isso ainda não era tudo. Conhecendo a Deus, eles também conheciam o ser humano. Eles viam o homem como um ser nobre em sua origem, feito à imagem de Deus para gerenciar a terra criada por Deus, mas agora tragicamente embrutecido e brutalizado pelo pecado. Encaravam o pecado sob a tríplice luz da lei, do senhorio e da santidade de Deus, por isso viam-no como transgressão e culpa, como rebelião e usurpação, como imundície, corrupção e incapacidade para praticar o bem. Ao verem isso e conhecerem os caminhos mediante os quais o Espírito conduz os pecadores à fé e à nova vida em Cristo, guiando os santos, por um lado, a crescerem à imagem de seu Salvador, e, por outro, a aprenderem sua total dependência da graça, os grandes puritanos tornaram-se pastores notáveis. A profundidade e a unção de suas exposições "práticas e vivenciadas", apresentadas no púlpito, eram tão notáveis quanto sua habilidade no estudo e na aplicação do remédio espiritual às almas enfermas. A partir das Escrituras, eles mapearam o terreno, muitas vezes confuso, da vida de fé e de comunhão com Deus, e isso de forma bem completa (ver os quadros da obra *O peregrino* [Editora Fiel]). Destacavam-se sua agudeza e sabedoria, ao discernirem a enfermidade espiritual, prescrevendo os remédios bíblicos apropriados. Eles permanecem como os pastores clássicos do protestantismo, do mesmo modo que homens como Whitefield e Spurgeon se destacam como os evangelistas clássicos.

Ora, é aqui, na frente de batalha pastoral, que os crentes evangélicos de hoje mais precisam de ajuda. O número de pastores, ao que parece, tem aumentado nos anos recentes, e tem-se desenvolvido renovado interesse pelas antigas veredas da teologia evangélica. Devemos ser gratos a Deus por isso. Mas nem todo o zelo evangélico está calcado no conhecimento, e nem sempre as virtudes e os valores da vida cristã bíblica se tornam claros como devem. Três grupos em particular, no mundo evangélico atual, parecem precisar do tipo de ajuda que os puritanos, como os conhecemos por meio de seus escritos, estão singularmente qualificados a dar. A esses três grupos, denomino de *experimentalistas infatigáveis, intelectualistas entrincheirados* e *desviados descontentes*. Como é óbvio, eles não formam grupos organizados que emitem suas opiniões, mas são pessoas dotadas de mentalidades características, encontradas com muita frequência. Agora, vamos considerá-los sucessivamente.

Aqueles que chamo de *experimentalistas infatigáveis* formam um gênero familiar, a ponto de os observadores serem algumas vezes tentados a definir o evangelicalismo com base neles. Sua postura é a de casualidade e impaciência, sempre à procura de novidades, entretenimentos e "pontos altos", valorizando mais os sentimentos fortes que os pensamentos profundos. Eles não apreciam o estudo sólido, o autoexame realizado com humildade, a meditação disciplinada e o trabalho árduo e não espetacular em suas atividades e orações. Concebem a vida cristã como uma série de extraordinárias experiências animadoras, e não como uma vida de constante retidão racional. Salientam, continuamente, temas como alegria, paz, felicidade, satisfação e descanso da alma, sem contrabalancear com o descontentamento divino de Romanos 9, com a luta da fé citada no Salmo 73 ou com o desânimo dos Salmos 42, 88 e 102. Por causa da influência deles, a jovialidade espontânea dos extrovertidos passa a ser confundida com a vida cristã saudável, ao passo que santos de temperamento menos sanguíneo e mais complexo são repelidos quase como inaceitáveis, por não poderem explodir de vivacidade, segundo a maneira por eles prescrita. Em seu desassossego, essas pessoas exuberantes tornam-se crédulas até à ingenuidade, raciocinando que, quanto mais estranha e chocante for uma experiência, mais divina, sobrenatural e espiritual ela será; essas pessoas jamais pensam no valor da virtude bíblica da constância.

Na tentativa de defender esses defeitos, não adianta apelar para a prática de técnicas de aconselhamento especializado, as quais os evangélicos extrovertidos têm desenvolvido com propósitos pastorais nos anos recentes; pois a vida espiritual é fomentada e a maturidade espiritual é produzida, não por meio de técnicas, mas pela verdade; e se nossas técnicas tiverem sido formadas em termos de alguma noção defeituosa a respeito da verdade a ser transmitida e do alvo a ser alcançado, não poderão tornar-nos pastores melhores ou crentes melhores do que éramos. A razão pela qual esses experimentalistas infatigáveis são unilaterais é o fato de terem sido vitimados por certa forma de mundanismo, por um individualismo antropocêntrico e antirracional, que reduz a vida cristã a uma viagem egoísta em busca de sensações. Esses santos carecem daquela forma de ministério maduro em que se especializou a tradição puritana.

Quais ênfases puritanas podem firmar e estabelecer esses experimentalistas infatigáveis? Em primeiro lugar, a ênfase sobre o teocentrismo como um requisito divino, que é a base da disciplina da autonegação. Em segundo, a insistência na primazia da mente e na impossibilidade de obediência à verdade bíblica que ainda não foi entendida. Em terceiro, a necessidade de humildade, paciência e perseverança durante todo o tempo, bem como o reconhecimento de que o ministério principal do Espírito Santo não consiste em conferir experiências emocionantes, mas em criar em nós o caráter cristão. Em quarto, o fato de que Deus, com frequência, nos prova, e que os sentimentos sobem e descem, submetendo-nos a um enfadonho desgaste emocional. Em quinto, o destaque de que a adoração ao Senhor é a atividade primária da vida. Em sexto, a ênfase na necessidade de fazermos regularmente um autoexame por meio das Escrituras, segundo os termos de Salmos 139.23, 24. Em sétimo, a percepção de que o sofrimento santificador é parte ampla do plano de Deus para o crescimento de seus filhos na graça. Nenhuma tradição do ensinamento cristão administra esse forte remédio com mais habilidade do que os puritanos, os quais, ao aplicarem-no em suas vidas, nutriram um caráter cristão admiravelmente vigoroso e resistente, durante um século ou mais, conforme já vimos.

Pensemos agora nos *intelectualistas entrincheirados* que existem no mundo evangélico: um segundo gênero familiar, embora não tão comum quanto o anterior. Alguns parecem vitimados por um temperamento inseguro e por complexos de inferioridade; outros parecem estar reagindo com orgulho ou dor contra as tolices do experimentalismo, segundo têm-no percebido; mas, seja qual for a origem de sua síndrome, o padrão de comportamento pelo qual a exprimem é distinto e característico. Eles se apresentam constantemente como crentes rígidos, argumentativos, críticos, campeões da verdade de Deus e para quem a ortodoxia é tudo. Dedicam-se, incansavelmente, à tarefa de sustentar e defender a própria visão de alguma verdade, sejam eles calvinistas ou arminianos, dispensacionalistas ou pentecostais, reformistas nacionais ou separatistas da igreja livre, ou seja lá o que for. Há pouco calor humano neles; quanto a relacionamentos pessoais, eles são remotos; as experiências não significam muito para eles; seu grande propósito é vencer a batalha da correção de ideias.

Percebem, com muita razão, que, em nossa cultura antirracionalista, que se volta para os sentimentos e busca gratificação imediata, o conhecimento conceitual das coisas divinas é subestimado e, com grande paixão, procuram equilibrar esse ponto. Eles entendem bem a prioridade do intelecto; a dificuldade é que o intelectualismo, que se expressa por meio de intermináveis campanhas em prol de sua própria maneira de pensar, é quase tudo ou tudo que podem oferecer, pois, de fato, isso é quase tudo ou tudo que possuem. Esses também, segundo aconselho, precisam ser influenciados pela herança puritana, se quiserem amadurecer.

Essa última declaração pode soar paradoxal, pois não teria escapado à atenção do leitor para quem o perfil traçado acima corresponde àquilo que muitos continuam supondo ter sido o puritano típico. Mas, quando indagamos quais ênfases estão contidas na tradição puritana a fim de contrabalançar o intelectualismo árido, surge uma série de pontos que devem ser considerados.

Primeiro, a verdadeira religião afeta tanto os sentimentos quanto o intelecto. Citando Richard Baxter, é essencialmente o "trabalho do coração".

Segundo, a verdade teológica deve ser posta em prática. William Perkins definia a teologia como a ciência do viver de modo abençoado para sempre; William Ames chamava-a de a ciência do viver para Deus.

Terceiro, o conhecimento conceitual mata, se não passar do mero conhecimento do conceito para a experiência da realidade – assim, o conhecimento acerca de Deus deve tornar-se relacionamento pessoal com o próprio Deus.

Quarto, a fé e o arrependimento, resultando numa vida de amor e santidade, ou seja, de gratidão expressa por meio da boa vontade e das boas obras, são atitudes explicitamente exigidas pelo evangelho.

Quinto, o Espírito nos foi dado a fim de nos guiar a um íntimo companheirismo com outros crentes em Cristo.

Sexto, a disciplina da meditação discursiva tem por finalidade manter-nos ardorosos e dispostos à adoração em nosso relacionamento de amor com Deus.

Sétimo, é irreverente e escandaloso alguém tornar-se um agitador e causar divisão na igreja, e ordinariamente é nada mais do que um orgulho espiritual, sob a forma intelectual, que impele os homens a criarem partidos e cisões. Os grandes puritanos eram tão humildes e calorosos de coração quanto eram dotados de ideias claras, voltados tanto para as pessoas quanto para as Escrituras, tão apaixonados pela paz quanto pela verdade. Decerto, eles diagnosticariam os resolutos intelectualistas evangélicos de nossos dias como pessoas espiritualmente subdesenvolvidas, não por causa de seu zelo pelo estilo de palavras sãs, mas pela ausência de zelo quanto a qualquer outra coisa; e o impulso do ensino dos puritanos acerca da verdade divina na vida dos homens continua sendo poderoso para amadurecer essas almas, para que se tornem seres humanos bem-formados e maduros.

Finalmente, volto-me para aqueles a quem denomino *desviados descontentes*: os feridos e os desistentes do moderno movimento evangélico, muitos dos quais agora voltam-se contra ele, a fim de denunciá-lo como uma perversão neurótica do cristianismo. Aqui também temos um gênero que é bastante conhecido. É lamentável pensar nessa gente, tanto por seu grande número quanto por suas experiências, as quais, até o presente, lançam descrédito quanto ao nosso evangelicalismo. Quem são eles? São pessoas que, no passado, viam-se como evangélicos ou por terem recebido formação evangélica ou por terem passado por uma professa conversão, na esfera de influência evangélica, mas que acabaram desiludidas com o ponto de vista evangélico, voltando-lhe as costas e sentindo que este os enganara. Alguns o abandonam por razões intelectuais, julgando que o ensino a eles ministrado mostrou-se tão simplista que suas mentes foram sufocadas, deixando-as tão fora de contato com a realidade que chegava a ser algo desonesto, ainda que isso não ocorresse de forma intencional. Outros saíram do movimento porque foram levados a esperar que, como crentes, desfrutariam de saúde, riquezas materiais, circunstâncias sem perturbações, imunidade aos problemas de relacionamento, traições, fracassos e equívocos em suas decisões – em suma, que viveriam em um mar de rosas de facilidades, que os levaria, felizes, para o céu. Mas, com o tempo, essas expectativas grandiosas foram refutadas pelos acontecimentos. Magoados e irados, por se sentirem traídos em sua confiança, agora acusam o evangelicalismo que conheceram de haver falhado e de havê-los enganado; assim, ressentidos, desistem; e é pela misericórdia que não acusam nem abandonam o próprio Deus.

O evangelicalismo moderno tem muito a explicar pelo número de casos desse tipo que tem ocasionado em anos recentes, devido ao desenvolvimento de uma espécie de ingenuidade mental e por criar expectativas nada realistas. Mas aqui, de novo, o evangelicalismo mais sóbrio, mais profundo e mais sábio dos gigantes puritanos pode cumprir função corretiva e terapêutica em nosso meio, se ao menos quisermos ouvir sua mensagem.

O que os puritanos têm a nos dizer que poderia servir para curar as feridas dos descontentes causadas pelas loucuras do moderno movimento evangélico? Qualquer pessoa que leia os escritos dos autores puritanos descobrirá neles muita coisa que ajuda nessa questão. Em geral, os autores puritanos falam, em primeiro lugar, sobre o *mistério de Deus*: que nosso Deus é pequeno demais; que o Deus real não pode ser confinado numa caixa conceitual criada pelo homem, de modo a ser inteiramente entendido; e que ele era, é e sempre será, admiravelmente inescrutável em seu trato com aqueles que nele confiam e o amam, de tal maneira que "perdas e sofrimentos", ou seja, perplexidades e desapontamentos em relação às esperanças particulares que as pessoas afagam, devem ser aceitos como um elemento repetitivo na vida de comunhão com Deus. Além disso, em segundo lugar, essas coisas nos falam acerca do amor de Deus: um amor que redime, converte, santifica e, finalmente, glorifica os pecadores; que o Calvário foi o único local, em toda a história da humanidade, em que esse amor foi revelado de modo pleno e sem ambiguidades; e que, em relação à nossa própria situação, podemos estar certos de que nada pode separar-nos desse amor (Rm 8.38,39), embora nenhuma situação neste mundo jamais estará isenta das moscas no unguento (Ec 10.1) e dos espinhos no leito.

Assim, ao desenvolverem o tema do amor divino, os puritanos nos falam, em terceiro lugar, da salvação de Deus: que Cristo, o mesmo que apagou nossos pecados e nos conferiu o perdão divino, está nos conduzindo neste mundo a uma glória para a qual, desde agora, estamos sendo preparados mediante a instilação do desejo por ela e pela capacidade de desfrutá-la; e que a santidade, aqui, na forma de serviço consagrado e de obediência amorosa e perseverante, é a autoestrada para a felicidade no outro mundo.

Depois disso, eles nos falam, em quarto lugar, do *conflito espiritual*, ou seja, as muitas maneiras pelas quais o mundo, a carne e o diabo buscam derrotar-nos. Em quinto lugar, falam sobre a proteção de Deus, por meio da qual ele controla e santifica o conflito, permitindo, com frequência, que um mal afete nossas vidas para, assim, escudar-nos de males maiores. E, em sexto lugar, eles nos falam sobre a *glória* de Deus, que é nosso privilégio promover, por nossa celebração de sua graça, por comprovar seu poder nos tempos de dificuldade e pressão, resignando-nos totalmente com sua boa vontade, fazendo dele nossa alegria e deleite durante todo o tempo.

Ao ministrarem essas preciosas verdades bíblicas, os puritanos nos forneceram os recursos necessários para enfrentarmos "as setas ultrajantes do infortúnio"; além disso, ofereceram aos feridos o discernimento quanto ao que lhes sucedera, permitindo-lhes se elevarem acima dos ressentimentos e das reações de autocompaixão, o que pode devolver-lhes, por completo, a saúde espiritual. Os sermões puritanos mostram que os problemas acerca da providência não são uma novidade; o século XVII teve um bom número de feridos espirituais, santos que haviam pensado em termos simplistas e esperado de forma não realista, e então sentiram-se desapontados, descontentes, deprimidos e desesperados. O ministério dos puritanos para nós, quanto a esse ponto, é simplesmente o resumo do que diziam constantemente, a fim de animar e encorajar os espíritos feridos, no meio de sua própria gente.

Penso que a resposta à nossa pergunta inicial – Por que precisamos dos puritanos? – agora ficou bastante clara, e concluo meu argumento neste ponto. Eu, que devo mais aos puritanos do que a quaisquer outros teólogos cujas obras já li, e sei que continuo precisando deles, tenho procurado persuadi-lo de que você também precisa deles. Obter sucesso nisso, confesso, me deixaria tomado de alegria, principalmente por amor ao leitor e por amor ao Senhor. Mas isso também é algo que devo deixar aos cuidados de Deus. Nesse ínterim, continuemos a explorar juntos a herança que os puritanos nos legaram. Há muito mais ouro a ser desenterrado daí do que fui capaz de mencionar.

Capítulo 2

O puritanismo como um movimento de reavivamento

1

Começo oferecendo definições, em primeiro lugar do puritanismo e, depois, do avivamento, como alicerce do que tenho a dizer.

Defino puritanismo como o movimento dos séculos XVI e XVII, na Inglaterra, que procurava reformar e renovar profundamente a igreja da Inglaterra, além do que era permitido pelo Acordo Elisabetano. "Puritano" era um termo vago, de uso desprezível, que, entre os anos de 1564 e 1642 (essas datas exatas foram fornecidas por Thomas Fuller e Richard Baxter),[1] foi aplicado extensivamente a pelo menos cinco grupos de pessoas – em primeiro lugar, ao clero, que mostrava escrúpulo em relação a certas cerimônias e frases do *Livro de orações*; em segundo, aos defensores do programa de reformas entre os presbiterianos, ventilado por Thomas Cartwright e pela *Admoestação ao Parlamento*, em 1572; em terceiro, aos clérigos e aos leigos, não neces-

---

1 Ver as citações em Basil Hall, "Puritanism: the Problem of Definition", *Studies in Church History II*, editado por E. J. Cuming (Nelson, Londres, 1965), pp. 288 ss.

sariamente inconformistas, que praticavam a séria piedade calvinista; em quarto, aos "calvinistas rígidos",[2] que aplaudiam o Sínodo de Dort e que foram alcunhados de "puritanos doutrinários" por outros anglicanos que não concordavam com eles; em quinto, a certos grupos da nobreza que exibiam respeito público pelas questões relacionadas a Deus, pelas leis da Inglaterra e pelos direitos dos súditos comuns.[3]

O professor George e sua esposa têm argumentado que "a palavra 'puritano' é o 'x' de uma equação cultural e social; não tem significado além daquele que lhe foi dado por certos manipuladores de uma álgebra de insultos".[4] De fato, porém, havia uma realidade específica, embora complexa e multifacetada, que se relacionava a todos os usos desse "nome odioso". Tratava-se de um movimento liderado pelo clero, o qual, por mais de um século, manteve-se unido, recebendo um senso de identidade profundo demais para que fosse destruído por divergências de julgamento sobre as questões de governo e de política. E isso mediante três coisas: a primeira era um conjunto de convicções compartilhadas, de caráter bíblico e calvinista, por um lado acerca da fé e da prática cristãs, e, por outro, acerca da vida congregacional e do ofício pastoral; a segunda era o sentimento que eles compartilhavam de serem chamados para trabalhar para a glória de Deus na igreja da Inglaterra, eliminando o

---

2 A descrição dos puritanos como "calvinistas rígidos" apareceu inicialmente impressa na obra de M. Antonius de Dominis, *The Cause of his Return, out of England* (Roma, 1623), p. 31. Entretanto, tal descrição já havia sido feita em um documento particular escrito por John Overall, professor de teologia em Cambridge, em algum momento entre 1610 e 1619. Nesse documento, Overall contrasta as doutrinas dos "*Remonstrantes* ou Arminianos com as dos *Contrarremonstrantes* ou puritanos"; ver H. C. Porter, *Reformation and Reaction in Tudor Cambridge* (Cambridge University Press, Cambridge, 1958), p. 410. William Perkins, o principal teólogo puritano das duas últimas décadas do reinado de Elizabeth, e a maioria deles, se não todos, que receberam o título de "puritanos" por outras razões quaisquer, naquele tempo, de fato asseveraram aquilo que Dominis chamava de calvinismo rígido; ver Porter, op. cit., cap. XII.

3 Ver C. Hill, *Society and Puritanism in Pre-Revolutionary England* (Mercury Books, Londres, 1966), pp. 20-28, especialmente a parte *Memoirs of the Life of Colonel Hutchinson*, redigido por Lucy Hutchinson, p. 27.

4 C. H. e K. George, *The Protestant Mind of the English Reformation 1570-1640* (Princeton University Press, Princeton, 1961), p. 6; cf. pp. 397-410.

papismo de sua adoração, a jurisdição do prelado no governo e a irreligiosidade pagã dentre seus membros, atingindo, assim, o padrão neotestamentário de uma verdadeira e autêntica vida eclesiástica;[5] a terceira era uma literatura em comum, catequética, evangelística e devocional, com estilo homilético e ênfase experimental em todos os aspectos. Dos cerca de cem autores que produziram essa literatura, William Perkins, que faleceu em 1602, foi o mais formativo, e Richard Baxter, cuja carreira como autor devocional teve início com o livro *Saints' Everlasting Rest* (O descanso eterno dos santos), em 1649, foi o que mais se destacou entre eles. Assim foi o puritanismo que nos cumpre discutir.

Quanto ao termo "reavivamento", defino-o como uma obra de Deus, por meio de seu Espírito, através de sua Palavra, que traz os espiritualmente mortos a uma fé viva em Cristo, renovando a vida interior dos crentes negligentes e apáticos. Em um reavivamento, Deus renova as coisas antigas, conferindo poder novo à lei e ao evangelho, e produz renovado despertamento espiritual naqueles cujos corações e consciências tenham estado cegos, endurecidos ou frios. Dito isso, observa-se que um reavivamento anima ou reanima as igrejas cristãs, para que exerçam impacto espiritual e moral sobre as comunidades. Isso envolve um reavivar inicial, seguido por um estado de manutenção do reavivamento, enquanto perdurar a visitação divina.

---

5 Observe o comentário feito por G. F. Nuttall, em *Visible Saints: The Congregational Way*, 1640-1660 (Basil Blackwell, Oxford, 1957), p. 3, a respeito dos primeiros congregacionais: "Por trás da aparente e desproporcional preocupação com as formas de governo, havia um ardente desejo de redescobrir o âmago do cristianismo do Novo Testamento. Esse cristianismo, como parece razoável crer, viria a se vestir e se expressar nas mesmas formas em que originalmente aparecera". B. R. White demonstrou, de modo convincente, em *The English Separarist Tradition* (Oxford University Press, Oxford, 1971), que o separatismo na Inglaterra desenvolveu-se a partir da gama de ideias puritanas acerca do modelo de vida congregacional apresentado no Novo Testamento, e que nada de decisivo deveu aos anabatistas; dessa forma, ele justificou a outra declaração feita pelo dr. Nutall, em sua obra *The Holy Spirit in Puritan Faith and Experience* (Basil Blackwell, Oxford, 1946), p. 9: "O fato de eles tomarem sua posição final como separatistas deixou intocável grande parte das ideias e dos ideais que ainda tinham em comum com os puritanos mais conservadores, dos quais procederam. Nesse sentido mais amplo, devemos afirmar que o puritanismo deve incluir o "separatismo", ainda que, em seus próprios dias, os separatistas não tenham sido chamados de puritanos.

Tomando os primeiros capítulos do livro de Atos como paradigma e relacionando-os ao restante do Novo Testamento, que, manifestamente, resulta de um tempo de reavivamento, podemos listar, como sinais de reavivamento: um impressionante senso da presença de Deus e da verdade do evangelho; um profundo senso de pecado, que leva a um profundo arrependimento com a aceitação, de todo o coração, do Cristo glorificado, amoroso e perdoador; um testemunho desimpedido quanto ao poder e à glória de Cristo, com uma poderosa liberdade de expressão, demonstrando uma poderosa liberdade de espírito; a alegria no Senhor, o amor por seu povo e o temor de pecar.

Pelo lado divino, há uma intensificação e um aceleramento da obra da graça, de tal modo que os homens são tocados pela Palavra de Deus e rapidamente transformados pelo Espírito, tornando-se apropriado, sob os aspectos pastoral e teológico, batizar os convertidos adultos assim que professam a fé. Naturalmente, é verdade que pode haver reavivamentos individuais, sem qualquer movimento comunitário, e que não pode haver movimentos comunitários a não ser que os indivíduos sejam reavivados. Não obstante, se seguirmos o livro de Atos como nosso modelo, poderemos definir o reavivamento como um fenômeno essencialmente coletivo, em que Deus, em sua soberania, exibe seu braço, visita seu povo, amplia seu reino e glorifica seu nome.

2

Cumpre-me observar que, embora esses pontos tenham sido extraídos diretamente da Bíblia, também são, em sentido real, pontos tipicamente puritanos, se não por outra razão, pelo fato de boa parte deles encontrar-se na teologia do reavivamento prenunciada pelo grande Jonathan Edwards, acerca de quem Perry Miller disse com muita propriedade: "O puritanismo é o que Edwards foi".⁶ Em outra ocasião, já escrevi que a compreensão sobre o reavivamento, contida nos escritos de Edwards, entre seus 30 e 40 anos, é sua mais importante contribuição particular para a teologia evangélica atual, pois continua a ser o estudo clássico sobre o assunto;⁷ mas, no momento, isso está além do meu objetivo.

Por mais de dois séculos, desde que surgiu em cena a obra *History of the Puritans* (A história dos puritanos), de Daniel Neal (quatro volumes, 1732-1738), tem-se compreendido o movimento puritano em termos da luta de poder que ocorreu entre a igreja e o Estado. Naturalmente, esse quadro faz parte da verdade, embora deixe um tanto vaga a questão dos motivos dos puritanos. Na citação a seguir, contudo, o Dr. Irvonwy Morgan supre o que faltava:

> A questão essencial para se entenderem os puritanos é que eles, antes de qualquer coisa, foram pregadores (...). Quaisquer que fossem os esforços exigidos em suas tentativas de reformar o mundo por meio da igreja e, ainda que tais esforços fossem frustrados pelos líderes da igreja, o que os mantinha unidos, o que os sustentava em sua luta e lhes dava forças para prosseguir era a consciência de terem sido chamados para pregar o evangelho.⁸

Aventuro-me a sugerir que, para uma compreensão realmente adequada, precisamos esperar pelo dia em que sua história será contada como um relato de reavivamento, quando, então, o conflito eclesiástico, que, até agora, tem sido reputado como a chave para a interpretação da questão, será reconhecido como apenas subserviente

---

6 Perry Miller, Jonathan Edwards (William Sloane Associates, Nova Iorque, 1949), p. 194; cf. p. 62: "A mais simples e precisa definição acerca da mente de Edwards é que ela representava o puritanismo revestido do idioma da psicologia empírica".

7 "Jonathan Edwards and Revival", ver capítulo 19.

8 Irvonwy Morgan, *The Godly Preachers of the Elizabethan Church* (Epworth Press, Londres, 1965), p. 11.

ao propósito mais amplo dos puritanos – e, registre-se, uma realização parcial – de uma nação espiritualmente renovada. Ainda não chegou o dia em que essa história pode ser contada do modo devido. A análise sobre a pregação, o ensino, a piedade, a atuação pastoral e a experiência espiritual puritana já teve início,[9] mas muito ainda terá de avançar, pois a avaliação teológica desse material está imatura,[10] e ainda não foi reunido todo o material atinente a esse assunto.

O objetivo limitado desta obra é simplesmente tornar crível a declaração de que o puritanismo foi, em seu âmago, um movimento de reavivamento espiritual (como o dos frades, o dos Lolardos e a própria Reforma Protestante, que os puritanos declaradamente buscavam completar). Ao estabelecer esse ponto, confirma-se a necessidade de se estudar o puritanismo nos termos acima propostos, e talvez até se torne um incentivo para esse estudo. Assim, neste ponto de minha exposição, estabeleço três fatos gerais, conforme segue.

O primeiro deles é que o *reavivamento espiritual era central naquilo que os puritanos professavam estar buscando*. De modo notável, esse fato raramente é destacado e, muitas vezes, é até mesmo ignorado. Por quê? Poderíamos sugerir pelo menos três razões. Primeira: os puritanos não buscavam o reavivamento isoladamente de uma busca por

---

9 Ver, por exemplo, William Haller, *The Rise of Puritanism* (Columbia University Press, Nova Iorque, 1938; Nuttall, *The Holy Spirit...*; G. S. Wakefield, *Puritan Devotion* (Epworth Press, Londres, 1957); N. Pettit, *The Heart Prepared* (Yale University Press, New Haven, 1966); as obras de C. H. e K. George e Irvonwy Morgan, citadas anteriormente (notas 4 e 8); O. Watkins, *The Puritan Experience* (Routledge and Kegan Paul, Londres, 1972); Peter Lewis, *The Genius of Puritanism* (Carey Publications, Hayward's Heath, 1977); C. E. Hambrick-Stowe, *The Practice of Piety* (University of North Carolina Press, Chapel Hill, 1982); C. L. Cohen, *God's Caress* (Oxford University Press, Nova Iorque, 1986).

10 Compare as interpretações inteiramente opostas da relação teológica entre o puritanismo e o anglicanismo apresentadas por C. H. e K. George, op. cit., e J. F. H. New, *Anglican and Puritan-The Basis of Their Opposition 1558-1640* (A. and C. Black, Londres, 1964). A obra de C. H. e K. George mostra anglicanos e puritanos em substancial harmonia, enquanto J. F. H. New fala de "dois grupos com princípios... completamente diferentes" (p. III). O que essa extraordinária divergência deixa evidente é a natureza rudimentar dos estudos acerca desse assunto. Esse fato também foi refletido na paradoxal argumentação de R. T. Kendall, a qual afirmava que a teologia puritana, elaborada com a finalidade de ser calvinista, transformara-se, em meio século, num legalismo arminiano, sem que ninguém percebesse (*Calvin and English Calvinism to 1649*, Oxford University Press, Oxford, 1979).

uma ordem eclesiástica mais bíblica; os historiadores profissionais e os evangélicos pietistas tendem a supor (não sei dizer o motivo) que essas são questões distintas ou mesmo contrastantes, das quais os homens não se ocupam simultaneamente. Segunda: a busca puritana pelo reavivamento era alvo de escárnio naquele tempo, não sendo levada a sério (é isso que a história do vocábulo "puritano" nos revela), e os estudiosos mais recentes têm incorrido no mesmo erro de não levarem a sério essa busca. Terceiro: os puritanos não usavam a palavra "reavivamento" como o termo técnico para indicar aquilo que procuravam, mas expressavam seus objetivos totalmente nos termos do vocábulo "reforma". Por exemplo, quando Richard Baxter publicou, em 1656, sua obra clássica sobre o ministério, *The Reformed Pastor* (O pastor aprovado), o que ele queria dar a entender com o adjetivo "reformado" não tinha tons doutrinários calvinistas (embora ele assumisse essa posição, pelo menos em sentido geral). O que ele queria dar a entender era uma renovação no vigor, no zelo e no propósito; em outras palavras, "reavivado", conforme o próprio livro deixa claro. Quando Baxter escreveu: "Se aprouvesse a Deus reformar o ministério, estabelecendo os ministros em seus deveres de maneira zelosa e fiel, certamente o povo seria reformado",[11] o que ele entendia por "reformado" era, uma vez mais, o que expressaríamos por "reavivado". Mas os historiadores e os evangélicos (novamente, não sei dizer o motivo) regularmente concebem a ideia de "reforma" na igreja apenas como uma questão que envolve exterioridades, doutrinas publicamente professadas e ordem eclesiástica publicamente estabelecida, sem qualquer alusão à renovação interior do coração e da vida; assim, perdem de vista as dimensões espirituais do alvo da "reforma" que os reformadores e os puritanos sempre buscaram.

Se, contudo, indagarmos por que, durante todo o reinado da rainha Elisabeth, os puritanos pregaram, escreveram e solicitaram que a ação

---

11 *Reliquiae Baxterianae*, editado por M. Sylvester (Londres, 1696), primeira paginação, p. 115.

oficial produzisse um ministério piedoso e competente;[12] por que os puritanos introduziram e apoiaram as reuniões para fins de exposição bíblica, chamadas de "profecias", as quais Elisabeth havia suprimido;[13] por que, através de preleções e incumbências, os puritanos tentaram estabelecer o próprio grupo de pregadores eruditos e piedosos por toda a Inglaterra; por que encorajavam constantemente os ricos a financiarem jovens promissores a estudarem nas universidades, no preparo para o ministério; por que os doadores puritanos compraram direitos e dotações de patrocínio (padroados e transferências de bens eclesiásticos das mãos de particulares) depois de 1625, até que Laud os impediu por meios legais;[14] por que a Comissão Parlamentar em favor de Ministros Despojados, em 1642, e as Comissões de Ejetores (para despedir cleros incompetentes), dos dias de Cromwell, e a de Testadores (para examinar candidatos ao ministério), em 1654, foram organizadas – se, em suma, perguntarmos por que a preocupação com um ministério de qualidade realmente evangélica sempre foi a primeira na lista de prioridades dos puritanos –, a resposta será clara como a luz solar. Conforme disse Baxter: "Todas as igrejas permanecem ou caem conforme o ministério permanece de pé ou cai, não em termos de riquezas ou grandiosidades mundanas, mas em conhecimento, no zelo e na aptidão para sua obra".[15] Os puritanos queriam, acima de qualquer coisa, ver a igreja na Inglaterra "elevar-se" espiritualmente; e sabiam que isso jamais aconteceria enquanto estivesse destituída de um ministério renovado.

---

12 Ver os documentos (números 14, 19-21) impressos por H. C. Porter em *Puritanism in Tudor England* (Macmillan, Londres, 1970), pp. 180, 217-227.

13 A respeito da prática de profetizar, ver Morgan, op. cit., Capítulo III, e *Elizabethan Puritanism*, editado por L. J. Trinterud (Oxford University Press, Nova Iorque, 1971), pp. 191ss., em que se encontra impressa a "Norma norueguesa a respeito do profetizar".

14 A respeito dos feudatários, ver I. M. Calder, *Activities of Puritan Faction of the Church of England 1625-1633* (SPCK, Londres, 1957); Haller, op. cit., pp. 80ss.; Irvonwy Morgan, *Prince Charles' Puritan Chaplain* (George Allen and Unwin, Londres, 1957), pp. 174-83.

15 *Reliquiae Baxterianae*, loc. cit.

Portanto, a questão não era, conforme William Haller frequentemente dá a entender,[16] que, depois de 1570, o clero puritano se teria voltado para a pregação e para o trabalho pastoral como um meio para atingir o alvo de edificar um laicato forte o bastante para garantir mudanças na ordem eclesiástica, o que, na época, não se podia fazer mediante ações diretas. Antes, a verdade é que, conforme deixou claro Edward Dering,[17] em um sermão que se parecia com os de John Knox, diante da rainha Elisabeth, em 1570, ou conforme disse a *Admoestação*, de 1572 (para não continuarmos buscando fontes), a finalidade à qual toda a ordem eclesiástica servia, na opinião dos puritanos (e a razão por que a igreja teria de ser desarraigada de tudo quanto fosse supersticioso, ilusório e abafador do Espírito), era a glória de Deus, por meio da salvação dos pecadores e da formação de congregações vivas, nas quais os crentes se encontrassem com Deus. E, com a expressão "a salvação de pecadores", os puritanos não indicavam somente a conversão, mas também o crescimento na comunhão, na vida espiritual e numa obediência consagrada – em suma, a *santidade* (pois os puritanos usavam esse grande vocábulo em sentido tão amplo que incluía todos os aspectos e dimensões da vida cristã piedosa). Mas, sem um ministério que fosse "poderoso", "árduo" (laborioso) e "útil" – as três grandes qualificações puritanas quanto a um bom clero –, a santidade entre o povo inglês jamais seria uma realidade. Eis por que, durante mais de um século, o clero puritano desgastou-se na pregação e nos cuidados pastorais. A causa a que serviam não visava tanto à reconstrução, mas ao reavivamento.

Isso nos conduz ao segundo fato, ou seja, o de que o *reavivamento pessoal era o tema central da literatura devocional dos puritanos*. Quase no final de um tratado de 1.143 páginas, intitulado *Christian*

---

16 Haller, op. cit., pp. 5, 173 etc.
17 "O sermão de Dering, que teve pelo menos 12 edições durante a vida de Elizabeth, encontra-se impresso em *Elizabethan Puritanism*, pp. 138ss. O *Admonition* foi reimpresso em *Puritan Manifestoes*, editado por W. H. Frere e C. E. Douglas (SPCK, Londres, 1907), pp. 57ss.

Directory (Diretrizes cristãs) (subtítulo *A Sum of Practical Theology and Cases of Conscience. Directing Christians, how to use their knowledge and faith. How to improve all helps and means, and to perform all duties. How to overcome temptations, and to escape or mortify every sin*), Richard Baxter chega ao capítulo "Casos eclesiásticos de consciência", número 174: "Quais livros, especialmente de teologia, alguém deveria escolher se, por falta de dinheiro ou de tempo, pudesse ler apenas alguns?". Em resposta, lista o que ele chamou de "a mais ínfima ou menor das bibliotecas que é tolerável": Bíblia, concordância, comentário, catecismos, algo sobre as doutrinas do evangelho e "tantos escritores ingleses práticos e emotivos quantos sejam possíveis". E listou cerca de sessenta deles, todos puritanos, à exceção apenas de três. Então, reiterou: "tantos quantos sejam possíveis".[18] O que nos ocupa agora a atenção é precisamente essa literatura, para a qual o próprio Baxter tanto contribuiu: *Christian Directory* (Diretrizes cristãs), *Saint's Everlasting Rest* (O descanso eterno dos santos), *Call to the Unconverted* (publicado no Brasil sob o título Convite para viver [Editora Fiel]), *Life of Faith* (Vida de fé), *Dying Thoughts* (Pensamentos à beira da morte) e diversos outros.

Qual o conteúdo desses livros? Principalmente sermões que explicam as Escrituras por meio do método tipicamente puritano de "doutrina, razão e uso" – proposição, confirmação e aplicação. Esses sermões eram ligados a tratados formais, pois os puritanos usavam de grande amplitude ao desenvolverem as várias linhas de pensamento teológico ou aplicativo que os textos sugeriam, "demorando-se" por semanas a fio sobre eles, enquanto iam extraindo deles suas conclusões. Os escritores eram chamados "emotivos" e "práticos" porque, tanto na palavra escrita quanto no púlpito, utilizavam-se das palavras de um modo que visava não só informar, mas também fazer os homens sentirem a força da verdade, mostrando-lhes como deveriam

---

18 Richard Baxter, *Pratical Works of Richard Baxter* (George Virtue, Londres, 1838), I:731, 732, cf. p. 57.

reagir diante dela. Os comentários sobre esses tratados homiléticos podem ser descritos, de forma geral, nas palavras de John Downame, como aquela

> parte da teologia que consiste mais em experiência e prática do que em teoria e aplicação; e que tende mais à santificação do coração do que à informação da mente e ao aumento do conhecimento; e ao estímulo de tudo que for voltado à prática do que se sabe serem os deveres de uma vida piedosa, bem como à manifestação dos frutos da fé em uma nova obediência.[19]

As categorias específicas dos livros puritanos incluem:

1 – *Livros evangelísticos*, que tratam do pecado e da redenção, do arrependimento e da fé, da conversão e da regeneração. Thomas Goodwin e Philip Nye, em 1656, escreveram em seu prefácio ao livro de Thomas Hooker *The Application of Redemption* (A redenção aplicada): "Tem sido uma das glórias da religião protestante a renovação da doutrina da conversão salvadora e da nova criatura produzida por ela, mas, de maneira mais eminente, Deus tem lançado a honra sobre os ministros e pregadores desta nação, renomados no estrangeiro por sua busca mais exata e por suas descobertas a esse respeito". A teologia puritana de fato tem sido chamada de teologia da regeneração por causa de sua plena orientação sobre esse tema. Muitos livros abordam diretamente essa questão, como (nomeando apenas alguns) *The Doctrine of Faith* (A doutrina da fé), de John Rogers (1627), *Treatise on Faith* (Tratado de fé), de Ezekiel Culverwell (1623), *Treatise of the Nature and Practice of Repentance* (Tratado da natureza e prática do arrependimento), de Perkins (1593), *Bruised Reed* (Cana quebrada), de Richard Sibbes (1630), *The New Birth* (O novo nascimento), de William Whateley (1618), e *Method of Grace* (Método da graça), de

---

19 John Downame, *A Guide to Godlynesse* (1622), Epístola Dedicatória.

John Flavel (1681), todos eles abundantes em exortações e convites para os homens buscarem ao Senhor, enquanto ele ainda pode ser achado. Ademais, os escritores puritanos criaram o "despertamento persuasivo",[20] ou seja, aquilo que chamaríamos de "folheto" evangelístico, se é que "folheto" é um termo apropriado para livros com cerca de quarenta mil palavras! O livro de Richard Baxter *Call to the Unconverted to Turn and Live... from the Living God*, de 1658, que vendeu vinte mil cópias em um ano, sendo posteriormente traduzido para o francês, o holandês e o idioma ameríndio (além do português, sob o título "Convite para viver" [Editora Fiel]), foi uma obra pioneira nesse aspecto, seguida, em 1672, pelo lançamento de Joseph Alleine, *Alarm to the Unconverted* (Um guia seguro para o céu [PES]), que se subsidiou no livro de Baxter e, de acordo com Calamy, setenta mil cópias do livro de Alleine circularam no espaço de uma geração.[21] Ademais, como resposta a uma situação em que eram numerosos os crentes nominais e os "evangélicos hipócritas", os puritanos escreveram muita coisa cujo propósito era quebrar o verniz de religiosidade, alertando-os para sua necessidade de uma graça renovadora. A essa classe, pertencem livros como *Mystery of Self-Deceiving* (O mistério do autoengano), de Daniel Dyke (1614), *Parable of the Ten Virgins* (Parábola das dez virgens), de Thomas Shepard (1659), e *The Almost Christian: or the False-Professor Tried and Cast* (O quase-cristão: ou o falso professo, julgado e condenado), de Matthew Meade (1662).

Não podemos fazer aqui uma análise desse corpo de escritos evangélicos, mas é possível dizer, com segurança, que, ao proclamarem o evangelho da graça gratuita de Deus, os puritanos nada deixaram a desejar, em comparação com os padrões de qualquer outra época, anterior ou posterior. A crença deles, como filhos da

---

20 Baxter, *Works*, 11:501.

21 Edmund Calamy, *An Abridgement of Mr. Baxter History... With an Account of many... Ministers who were ejected...* (Londres, 1702), p. 313. "Nenhum livro em língua inglesa (exceto a Bíblia) lhe pode ser equiparado quanto ao número de cópias distribuídas."

Reforma, de que todo o conteúdo das Escrituras consiste em lei ou evangelho, levou-os a uma riquíssima exploração de ambos. É falsa a sugestão frequentemente feita de que havia algo de legalista na ênfase que davam à necessidade de uma "obra preparatória" de contrição e humilhação pelo pecado, antes de os homens poderem aproximar-se de Cristo. Como o homem caído, por natureza, ama o pecado, o único ponto que salientavam (e, admite-se, em favor disso labutavam, conforme exigiam as necessidades de seus leitores) era: psicologicamente, é impossível para o homem abraçar a Cristo, de todo o coração, como Salvador (sendo salvo não somente da penalidade do pecado, mas também do poder do pecado), sem ser levado, em primeiro lugar, a odiar o pecado e anelar ser liberto. A "obra preparatória" visa meramente à criação desse estado mental. De forma geral, a explicação puritana sobre a conversão como o ato de o homem voltar-se para Deus – o que é também o ato de Deus ao fazer com que o homem se volte para ele – parece espelhar precisamente o que o Novo Testamento diz.

2 – *Livros casuísticos*, que decifram os padrões de conduta estabelecidos na lei de Deus, a fim de que os crentes possam viver com boa consciência, sabendo que estão cumprindo a vontade de Deus. O século que se seguiu à Reforma Protestante foi um importante período de "questões religiosas", igualmente entre os católicos romanos e os protestantes. Mas, enquanto a casuística dos jesuítas servia de norma para os padrões no confessionário, a dos puritanos era utilizada pelos crentes comuns na vida diária. Perkins foi o pioneiro nessa atividade, reformando, sistematicamente, por meio da Bíblia, a herança medieval sobre a consciência e as boas obras; e a maior parte do conteúdo de sua obra de três volumes (1616-1618) revela tratar de "questões religiosas".[22] A maciça obra de Baxter, *Directory*, sumariava o trabalho

---

22 Uma grande coletânea desse material foi impressa em William Perkins, editado por Ian Breward (Sutton Courtenay Press, Appleford, 1970). Breward discute a casuística de Perkins, pp. 58-80.

de duas gerações nesse campo. Entre Perkins e Baxter, há certa quantidade de livros menores, como *Plaine and Familiar Exposition of the Ten Commandments* (Uma exposição clara dos Dez Mandamentos), de John Dod e Thomas Cleaver (1603), com 19 edições em 32 anos, além de muitos estudos sobre áreas particulares, em que surgem problemas de conduta correta, tal como, atualmente, sucede (casamento e família; trabalho; ocultismo; uso dos bens materiais; mordomia da verdade etc.). Todo esse material continua sendo muito impressionante em relação à profundeza de seu discernimento, tanto acerca do ensino bíblico quanto dos paralogismos do coração humano.

3 – *Livros parentéticos*, escritos para "consolar" (ou seja, fortalecer e encorajar), conferindo ao crente motivos e recursos para uma "obediência com júbilo", baseada numa "certeza triunfante". Nessa categoria, há incontáveis volumes que "abrem" temas do evangelho – o amor de Deus, a obra de Cristo, o ministério renovador do Espírito e a promessa de salvação feita ao crente pelas três pessoas da Trindade no pacto da graça. Aventuro-me a afirmar que a riqueza desses estudos continua sem paralelo, embora se mostrem antiquados e de difícil manejo quanto à sua forma. A essa categoria, também pertencem livros que abordam diretamente a questão da segurança; livros planejados para ajudar crentes em estados de ansiedade, morbidez e sequidão ("desamparo") a discernir a genuinidade de sua fé e a realidade de sua posição na graça, em face de sentimentos de desespero e ante a tentação de se considerarem perdidos. Esses livros foram escritos porque, em todo o período dos puritanos, houve muitas almas perturbadas que precisavam de ajuda dessa natureza. Em muitas mentes, encontravam-se emaranhadas perguntas como: "O que devo fazer para ser salvo?", "Estou entre os eleitos?" ou "Estou em estado de graça?" Um dos principais pontos fortes dos escritos e das atividades pastorais dos puritanos era a habilidade com que essas indagações foram distinguidas, eliminando, assim, a grande confusão que havia a

respeito delas. A pioneira nesse terreno foi a obra de Perkins: *Tratado quanto à declaração sobre o homem, Quer esteja em estado de condenação ou em estado de graça; Àqueles, como sair a tempo da condenação, e a estes, como discernir e perseverar na graça até o fim* (1586). Mas o estudo clássico talvez tenha sido *The Christian's Great Interest* (A grande preocupação do cristão), escrito pelo escocês William Guthrie, obra que John Owen tanto admirava.

Em suma, essa era a literatura devocional dos puritanos. Poderíamos usar *O peregrino*, de John Bunyan, como exemplo do alcance e do conteúdo dessa literatura. William Haller, que escreveu em 1938 e que continua como a melhor introdução a essa literatura, refere-se à sua "extraordinária vitalidade",[23] e há abundantes testemunhos contemporâneos quanto à sua utilidade. O próprio Baxter, quando tinha cerca de 15 anos, registrou:

> Um pobre mascate chegou diante da porta... Meu pai comprou dele o livro do Dr. Sibbs, *Bruised Reed* (Cana quebrada). Isso abriu o amor de Deus diante de mim, conferindo-me uma apreensão mais vívida do mistério da redenção; oh, quanto me sentia grato e devedor a Jesus Cristo... Depois disso, tivemos um servo com uma pequena parte das obras do Sr. Perkins: *Repentance* (Arrependimento), *Art of Living and Dying Well* (A arte de viver e morrer bem) e *The Government of the Tongue* (Governando a língua). A leitura dessas obras trouxe-me informação e confirmação (...) a leitura da obra do Sr. Ezekiel Culverwell, *Treatise on Faith* (Tratado sobre a fé), me fez um grande bem, e muitos outros livros excelentes se tornaram meus mestres e consoladores. O uso que Deus fez de livros, além de ministros, para benefício de minha alma, deixou-me demasiadamente afeiçoado a bons livros. Lembro-me como, no início, foi agradável a leitura do breve *Treatise of the Right Knowledge of Christ Crucified* (Tratado do correto conhe-

---

23 Haller, op. cit., p. ix.

cimento sobre o Cristo Crucificado), do Sr. Perkins, e de sua obra *Exposition of the Creed* (Exposição do credo), porquanto esses livros me ensinaram como viver pela fé em Cristo.[24]

Esse é um testemunho dentre muitos que poderíamos mencionar. Essa literatura, como um todo, é notavelmente homogênea, e seu propósito é constante – induzir à fé, ao arrependimento, à certeza da salvação, ao zelo jubiloso na vida de peregrinação, ao conflito e às boas obras a que os santos são chamados; em outras palavras, serve para criar e sustentar uma condição espiritual cujo nome mais apropriado é reavivamento pessoal.

Esses dois fatos que temos considerado até este ponto – a centralidade do reavivamento no propósito dos puritanos e o reavivamento pessoal como o grande enfoque da literatura puritana – levam-nos a um terceiro fato: *o ministério dos pastores puritanos, sob a direção de Deus, produziu um reavivamento*. Só nesses termos podemos descrever adequadamente a notável bênção derramada por todo o século XVII até a época da Restauração.

O padrão adotado no ministério puritano era dado pelas Escrituras e pelo livro de cerimônias, chamado *Livro de orações comuns*, o qual descreve o clero como chamados "para serem mensageiros, vigias e mordomos do Senhor; para ensinarem e advertirem, para alimentarem e suprirem a família do Senhor; para buscarem as ovelhas de Cristo que estão dispersas". Com base nos registros sobre a vida dos ministros puritanos[25] e nos ideais estabelecidos pelo livro de Baxter *O pastor aprovado*[26] (para não continuarmos com a lista),

---

24 *Reliquiae Baxterianae*, primeira paginação, pp. 3, 4. Haller chama *Bruised Reed* de "talvez a mais eficiente asseveração que qualquer pregador elaborou a respeito do elemento dinâmico na moralidade puritana" (op. cit., p. 160).

25 O principal biógrafo dos puritanos foi Samuel Clarke, amigo de Baxter, cujas obras e escritos Haller descreve, op. cit., pp. 102ss., pp. 423ss.

26 A edição de *The Reformed Pastor* preparada por William Brown foi reimpressa em 1974, com uma introdução feita por J. I. Packer (Banner of Truth, Londres).

podemos ver com bastante clareza como essa chamada era entendida e cumprida. Muitos daqueles pastores foram homens de grandes dotes e de notável unção; sua pregação era "poderosa", em todos os sentidos, e seu ministério de aconselhamento, como "médicos da alma", transformou muitas vidas destroçadas. Ilustrando isso, bem como a maneira como foram aumentando, ao longo dos anos, os frutos desse ministério fiel, oferecemos vislumbres de três desses homens em ação.

Richard Greenham, pastor pioneiro, foi designado para Dry Drayton, a 11 quilômetros de Cambridge, entre 1570 e 1590. Ele trabalhou arduamente. Levantava-se diariamente às quatro da madrugada e, toda segunda, terça, quarta e sexta-feira, pregava um sermão ao romper do dia, a fim de poder dirigir-se a seu rebanho antes de se dispersar nos campos; aos domingos, pregava duas vezes e, além disso, catequizava as crianças da congregação todo domingo à noite e quinta-feira de manhã. Estudava pela manhã, visitava os enfermos durante a tarde ou percorria os campos "a fim de conversar com seus vizinhos quando estavam trabalhando com o arado". Seu biógrafo, Henry Holland, nos diz que, em sua pregação, Greenham "era tão zeloso e fazia esforços tão extraordinários que, em geral, sua camisa estava sempre molhada de suor, como se tivesse sido mergulhada na água, de tal modo que, assim que descia do púlpito, tinha de trocar de camisa".[27] Também foi um conselheiro pastoral de incomum habilidade. "Com grande experiência e sendo excelente mestre para aliviar e consolar consciências angustiadas", escreveu Holland, "ele era procurado por gente de perto e de longe, que gemia por causa de aflições espirituais e tentações (...) a fama desse médico espiritual espalhou-se de tal maneira que muitos mandavam buscá-lo, e o Senhor

---

27 Samuel Clarke, *Lives of Thirty-two English Divines* (terceira edição, 1677), pp. 12-13; citado do prefácio de Henry Holland, "To the Reader", prefixado à obra de Richard Greenham, *Works* (1599). Há narrativas a respeito de Greenham em M. M. Knappen, *Tudor Puritanism* (University of Chicago Press, Chicago, 1939), pp. 382-386, e em Porter, *Reformation and Reaction...*, pp. 216-218.

agradou-se em abençoar seus labores, de modo que, por seu conhecimento e experiência, muitos foram restaurados à alegria e à certeza da salvação". Seus amigos esperavam que escrevesse um livro sobre a arte do aconselhamento, mas ele nunca fez isso; não obstante, transmitiu oralmente boa parte de seu conhecimento a outros homens. Em uma carta a seu superior, descreveu seu ministério como "pregar Cristo crucificado para mim mesmo e para as pessoas interioranas",[28] e o conteúdo de suas *Obras*, publicadas postumamente (um volume com mais de oitocentas páginas), demonstra bem isso. Contudo, a despeito de toda a sua piedade, discernimento, mensagem evangélica e trabalho árduo, seu ministério foi potencialmente infrutífero. Outros, fora de sua congregação, foram abençoados por meio dele, mas não a sua própria gente. "Greenham tinha pastos verdejantes, mas seu rebanho era magro", essa foi uma frase que se tornou comum entre os piedosos. "Não percebo qualquer bem realizado por meu ministério, senão no caso de uma família",[29] foi o que ele disse a seu sucessor, de acordo com Holland. Na Inglaterra rural dos dias de Greenham, havia muito terreno para ser arado; era tempo de semeadura, mas o tempo da colheita ainda estava por vir.

Passemos agora a examinar o caso de Richard Fairclough, pastor de Mells, uma aldeia em Somerset, entre 1647 e 1662, amigo do grande John Howe, o qual pregou o sermão de seu funeral, conforme Fairclough havia pedido em seu testamento. É do sermão de Howe que extraímos as sentenças a seguir.

> Logo foi notada a estrela que surgira, a qual fez com que uma obscura aldeia se tornasse um lugar famoso; de muitos quilômetros ao redor, para ali concorria muita gente, e jamais vi um auditório tão repleto como algumas vezes tive a oportunidade de ver (...) o que usualmen-

---

28 *A Parte of a Register*, 1593, p. 87.
29 Holland, "To the Reader".

te acompanhava seu ministério muito frutífero. Oh! Como aquela congregação compungia-se diante de seu santo fervor! Em algumas ocasiões, suas orações, seus sermões e outras atividades ministeriais, além de comoventes, tinham uma estranha pungência e autoridade; em outras, contudo, eram suaves, gentis, doces. Assim, era difícil resistir ao poder e ao espírito com que ele falava. Os efeitos correspondiam de perto a esse poder, pois aqueles crentes tornaram-se um povo muito iluminado, conhecedor, judicioso, reformado, religioso. Seus labores aqui foram quase incríveis. Além de seus exercícios usuais no dia do Senhor, em oração, na leitura da Bíblia, na pregação, na catequese, na administração das ordenanças, ele aparecia em público cinco dias por semana, algumas vezes pela manhã, orando e pregando de forma expositiva sobre alguma porção das Escrituras e sempre contava com uma congregação considerável. No entanto, ainda encontrava tempo não somente para visitar os enfermos (oportunidades que aproveitava com grande zelo), mas também, continuamente, todas as famílias que estavam a seus cuidados; e dialogava pessoal e coletivamente com todos aqueles com quem lhe era possível, esforçando-se por entender o estado presente de suas almas, dedicando-se à instrução, à repreensão, à admoestação, à exortação e ao encorajamento, conforme fosse o caso. Fazia tudo isso com facilidade e prazer inimagináveis, pois colocava nisso toda a sua alma. Todos os dias, durante muitos anos, costumava levantar-se às três horas da madrugada, ou mesmo mais cedo, para estar a sós com Deus (o que era seu maior deleite), enquanto outros dormiam (...).[30]

---

30 John Howe, *Works* (Frederick Westley e A. H. Davis, Londres, 1832), p. 971. É importante notar que o pai de Fairclough, Samuel, pastor de Kedington, a 27 quilômetros de Cambridge, de 1627 a 1662, realizou um ministério do mesmo caráter, "pregando quatro vezes por semana; duas vezes no domingo, uma preleção na quinta (que era frequentada por todos os ministros que residiam em muitos quilômetros ao redor) e um sermão no sábado à noite, em sua própria casa; e pessoas de todo o país vinham para ouvi-lo (Calamy, op. cit., p. 254). Sua igreja ficava "tão cheia que, embora fosse ampla e espaçosa, para uma pequena vila, não havia possibilidade de alguém entrar, a não ser chegando algumas horas antes de começar o culto; e, em geral, um grande número de pessoas se agrupava do lado de fora, muitas vindo de lugares distantes (algumas de mais de 30 quilômetros de distância)" (Clarke, *The Lives of Sundry*

O estilo de vida era essencialmente o mesmo de Greenham, mas agora a colheita começava a ser feita.

Finalmente, consideremos rapidamente Richard Baxter, ministro em Kidderminster entre 1641 e 1660, com uma interrupção de cinco anos durante a Guerra Civil. Kidderminster era uma aldeia com aproximadamente dois mil habitantes adultos e, ao que parece, quase todos se converteram sob o seu ministério. Segundo Baxter, ele os encontrara como "um povo ignorante, rude e libertino, em sua maior parte... e praticamente nunca tinham ouvido uma pregação séria entre eles". Mas seu ministério foi admiravelmente abençoado.

> Quando iniciei meus labores, dei atenção especial a todos que estivessem humilhados, reformados ou convertidos; mas, quando eu já havia trabalhado por bastante tempo, agradou a Deus que os convertidos fossem tantos que nem me restava tempo para essas observações particulares (...) famílias e um número considerável de pessoas ao mesmo tempo chegavam e cresciam espiritualmente; eu nem sabia como.

Eis o retrospecto de Baxter sobre o que estava sucedendo.

> Usualmente, a congregação vivia cheia, pelo que tivemos de construir cinco galerias, depois que ali cheguei. [O templo abrigava cerca de mil pessoas, sem as galerias.] Nossas reuniões particulares também eram muito concorridas. No dia do Senhor, não se via qualquer desordem nas ruas, mas podia-se ouvir uma centena de famílias entoando salmos e repetindo sermões, quando se passava pelas ruas. Em poucas palavras, quando ali cheguei pela primeira vez, havia cerca de uma

---

Eminent Persons in this later Age, 1683, p. 187). Ele também foi um homem que, nas palavras de Calamy, "catequizou jovens e velhos; visitava todos de sua igreja no decorrer de um mês, indagando acerca do estado de suas almas, aconselhando e orientando-os sempre que havia oportunidade".

família em cada rua que adorava a Deus e invocava o seu nome; e, quando saí dali, em algumas ruas, em quaisquer de seus lados, não havia uma única família que não o louvasse, ou que, por meio de sua piedade professa e séria, não nos desse esperança de sua sinceridade. Entre as piores famílias, cujos membros estavam à frente de tavernas ou cervejarias, ainda assim usualmente algumas pessoas na casa pareciam ser religiosas (...). Quando organizei entre eles conferências pessoais e catequese, houve pouquíssimas famílias, em toda a cidade, que se recusaram a vir e participar. [Baxter as convidara para o visitarem, em sua casa.] Poucas famílias encerraram sua visita a mim sem verterem algumas lágrimas, ou parecendo ser sérias candidatas a uma vida piedosa.[31]

Aquilo a que Baxter se referia era a prática que descreveu e elogiou no livro *O pastor aprovado*. Essa prática, que Fairclough também seguia (segundo ouvimos de Howe), consistia em visitar sistematicamente as famílias, com o propósito de tratar espiritualmente cada uma delas. Baxter visitava sete ou oito famílias por dia, duas vezes por semana, e sua meta era visitar todas as oitocentas famílias de sua congregação todos os anos.

> Inicialmente, eu as ouvia recitarem as palavras do catecismo [ele usava o Breve Catecismo de Westminster] e, então, examinava as respostas quanto ao seu sentido, e, finalmente, exortava as famílias, com toda a capacidade de raciocínio e veemência, a fim de que tais estudos resultassem em sentimento e prática. Eu passava cerca de uma hora com cada família.

Seu testemunho quanto ao valor dessa prática é enfático: "Descobri que, até então, nunca havíamos tomado um curso mais direto

---

31 *Reliquiae Baxterianae*, primeira paginação, pp. 84ss.

para demolir os reinos das trevas (...) Descobri mais sinais externos de sucesso com a maioria das pessoas do que com toda a minha pregação pública a elas".[32]

Seu retrospecto continua:

> Alguns dos homens simples compreenderam com competência o corpo das doutrinas teológicas. Alguns deles mostravam-se tão aptos em suas orações que poucos ministros se igualavam a eles. Um grande número era capaz de orar de forma muito louvável, com seus familiares e com outras pessoas. Sua atitude mental e a inocência de suas vidas, todavia, ainda eram mais dignas de louvor do que suas habilidades. Os mestres de piedade séria geralmente tinham mentes e posturas humildes (...).

Então, escrevendo em 1665, ele disse que, a despeito da intensa pressão antipuritana, exercida contra eles por muitos anos, desde que os deixara, "nenhum deles, até onde já ouvi dizer... desviou-se ou esqueceu-se de sua retidão".[33] Seu comentário final foi: "Oh, quem sou eu... que Deus me tenha assim encorajado tão ricamente, quando os instrutores reverendos, em minha juventude, labutaram por cinquenta anos em uma localidade, e dificilmente puderam dizer que haviam conseguido a conversão de uma ou duas pessoas em suas congregações!"[34] Mas, nesse interregno, chegou a colheita há muito esperada. Meu comentário final é: Isso não era um reavivamento? Nesse aspecto, o comentário de Baxter sobre a religiosidade no período de Cromwell é de profundo interesse. Segundo suas palavras, em 1665:

---

32 Baxter, *Works*, IV:359 (*Reformed Pastor*, editado por W. Brown, p. 43, com mudanças nos tempos verbais).

33 *Reliquiae Baxterianae*, primeira paginação, p. 86.

34 Ibid., p. 85.

Preciso dar este testemunho fiel quanto àqueles tempos, pois, pelo que soube, onde antes havia um pregador útil e piedoso, passou a haver entre seis a dez deles; e, considerando várias localidades, conjecturo se havia aumento proporcional de pessoas deveras piedosas (...) onde os ministros tinham excelentes aptidões e vidas santas, buscando o bem das almas, sendo totalmente devotos, dedicando seu tempo, forças e bens a esse fim, não considerando demasiado qualquer preço ou custo; houve muitos convertidos a uma piedade séria. Deus abençoou tão maravilhosamente os esforços de seus fiéis e unânimes ministros que, não fora por causa da facção dos prelatistas e por causa das facções dos sectários levianos e turbulentos, juntamente com alguma preguiça e egoísmo de muitos que estão no ministério, não fora por causa desses impedimentos, a Inglaterra já estaria bem perto de se tornar uma terra de santos, um padrão de santidade para o mundo inteiro, o inigualável paraíso na terra. Nunca foram perdidas e espezinhadas tantas boas oportunidades para santificar uma nação, como se tem visto ultimamente nesta terra! Ai daqueles que têm sido a causa disso. [Ele se referia aos trágicos eventos que se seguiram à Restauração.][35]

Neste estudo, defini como minha tarefa tornar crível a reivindicação de que o puritanismo foi um movimento reavivalista. Creio que as evidências que tenho apresentado comprovam isso. Maiores estudos sobre o ministério puritano na Inglaterra do século XVII, nas linhas do livro de Irvonwy Morgan, *The Godly Preachers of the Elizabethan Church* (Pregadores piedosos da Igreja Elisabetana), ao meu ver confirmam a conclusão de que, em meados daquele século, houve, na Inglaterra, uma obra da graça em andamento, tão potente e profunda quanto foi no conhecido movimento wesleyano um século mais tarde. Decerto, era idêntica, em ambos os períodos, a compreensão do evangelho e dos princípios de seu ministério, se excetuarmos as

---
35 Ibid., pp. 96, 97.

esquisitices da teologia de John Wesley, que ele mesmo chamava, equivocadamente, de arminianismo, em deferência às tradições da família Wesley, mas que pode ter melhor classificação como calvinismo inconsistente.[36] Estudos recentes sobre o reavivamento evangélico têm salientado sua dívida em relação ao puritanismo;[37] e foi Whitefield, amigo do autêntico puritano nascido fora de época, Jonathan Edwards, que escreveu, em 1767: "Durante os últimos trinta anos, tenho observado que, quanto mais a verdadeira e vital religião tem sido reavivada em nossa pátria ou no estrangeiro [o que, para ele, significava a Inglaterra e a América do Norte], mais os antigos escritos dos puritanos têm sido procurados".[38] De igual modo, é interessante o fato de que foi o próprio Whitefield quem escreveu em seu diário, em 1743, sobre sua visita a Kidderminster: "Senti-me muitíssimo reanimado ao descobrir que um doce sabor da doutrina, das obras e da disciplina do Sr. Baxter tem permanecido até hoje".[39] Os movimentos puritano e evangélico precisam ser estudados em conjunto; seus elos de ligação são muito mais poderosos e numerosos do que, em geral, se percebe. Naturalmente, a grande diferença é que, após duas gerações, o reavivamento evangélico tornou-se socialmente aceitável, enquanto os homens da chamada Restauração espalharam e apagaram sistematicamente as fogueiras do cristianismo puritano, como parte de sua rejeição pública à ordem revolucionária. Estudos mais profundos, segundo creio, confirmariam o juízo feito por Baxter, o

---

36 Por causa da ênfase de Wesley acerca da soberania de Deus no novo nascimento. Ver o relato de Charles Simeon sobre sua conversa com Wesley em 20 de dezembro de 1784 (data apresentada no *Diário* de Wesley), em *Horae Homileticae* (Samuel Holdsworth, Londres, 1832), citado em meu livro *Evangelização e soberania de Deus* (Edições Vida Nova, São Paulo). Ver também G. Croft Cell, *The Rediscovery of John Wesley* (Henry Holt and Co., Nova Iorque, 1935).

37 Ver Robert C. Monk, *John Wesley: His Puritan Heritage* (Abingdon Press, Nashville, 1966), e comparar com John Walsh, "Origins of the Evangelical Revival" em *Essays in Modern English Church History*, editado por G. V. Bennett e J. D. Walsh (A. and C. Black, Londres, 1966), pp. 132ss., especialmente pp. 154ss.

38 George Whitefield, *Works* (Londres, 1772), IV:306, 307.

39 Ibid., II:47.

qual foi alicerçado sobre um conhecimento muito mais amplo acerca do estado da religião cristã na Inglaterra da década de 1650 do que o conhecimento que temos: "Nunca tão boas oportunidades para santificar uma nação foram perdidas e espezinhadas".

A bem da verdade, nada aconteceu na Inglaterra puritana que fosse tão espetacular quanto o reavivamento *Sixmilewater*, em Antrim, na época de 1620 – aquele "brilhante e quente lampejo de sol do evangelho" –, conforme Robert Fleming o chamava,[40] quando o desvairado James Glendinning falava sobre a lei e assustava os homens, mesmo sem saber como pregar o evangelho, de maneira que Robert Blair e outros tinham de fazê-lo por ele; não aconteceu nada tão extraordinário quanto o que houve naquela segunda-feira, em 1631, na Kirk o'Shotts, quando, por uma hora e meia, um meio acanhado John Livingstone pregou como nunca – nem antes nem depois dessa ocasião –, e quinhentas pessoas posteriormente testificaram que se haviam convertido, ou, pelo menos, que sua vida cristã havia sido transformada pelo poder que acompanhara as palavras dele. É certo que houve também aquele inesquecível dia de preleção, em Dedham, por volta de 1620, quando o grande John Rogers pressionou seus ouvintes por estarem negligenciando a Bíblia:

> Ele personificava Deus para o povo, dizendo-lhes: "Bem, tenho-vos confiado há tanto tempo a minha Bíblia (...) ela jaz na casa deste ou daquele, coberta de poeira e teias de aranha; e não vos incomodais em dar-lhe ouvidos. É assim que usais a minha Bíblia? Bem, não tereis mais a minha Bíblia". E ele tomou a Bíblia de sua almofada, como se estivesse se retirando, e imediatamente voltou-se para eles e personificou o povo diante de Deus, caindo de joelhos, clamando e rogando de

---

[40] Citado de Robert Fleming, *The Fulfilling of the Scriptures*, por T. Hamilton, que narra a história de *Sixmilewater* em sua obra *History of the Irish Presbyterian Church* (T. and T. Clark, Edimburgo), pp. 42-44. Ver também John Gillies, *Historical Colletions of Accounts of Revivals* (Banner of Truth, Edimburgo, 1981), pp. 202ss.

maneira bastante veemente: "Senhor, o que quer que faças conosco, não tires a Bíblia de nós; mata nossos filhos, queima as nossas casas, destrói os nossos bens, mas poupa-nos a tua Bíblia, não tires de nós a tua Bíblia". Então, novamente personificou Deus para o povo, dizendo: "Vós dizeis assim? Bem, eu vos testarei um pouco mais; e aqui está a minha Bíblia para vós. Verei como a usareis; se a amareis mais... se a observareis mais... e se a colocareis mais em prática, vivendo de acordo com ela".

A essa altura, segundo Thomas Goodwin, que presenciou a cena e contou a John Howe (cujas palavras tenho citado), todo o povo que estava no templo desmanchou-se em lágrimas; e o próprio Goodwin, "quando saiu, pendurou-se por um quarto de hora no pescoço de seu cavalo, chorando, antes que tivesse forças para montar, tão estranha era a impressão que caíra sobre ele e também sobre todos os ouvintes, após terem sido repreendidos por negligenciarem a Bíblia".[41] No entanto, em geral, o reavivamento puritano parece ter sido uma obra comparativamente sossegada e ordeira, excetuando-se o fanatismo ocorrido entre os anos de 1640 e 1660, quando o movimento atingiu seu auge.

3

Obteríamos maiores luzes sobre o reavivamento puritano mediante um estudo da teologia puritana; em particular, um estudo sobre seu interesse e sua concentração sem precedentes no ministério do Espírito Santo;[42] e também mediante uma revisão na adoração pu-

---

41 Howe, *Works*, pp. 1.084, 1.085.
42 Ver Nuttall, *The Holy Spirit...*, especialmente o Capítulo 1, e esta citação de B. B. Warfield: "A doutrina do Espírito Santo é uma doutrina exclusivamente da Reforma, mais particularmente da doutrina reformada, e mais especialmente ainda é uma doutrina puritana. É a pura verdade dizer que a mente dos puritanos estava quase totalmente ocupada pelo estudo da obra do Espírito Santo, e encontrou sua mais

ritana, com sua ênfase no "trabalho de coração", na espontaneidade, no cântico de hinos e salmos, nas orações impulsionadas pelo Espírito, assinaladas pela "familiaridade, inteireza e emotividade"; pela pregação "simples, insistente e direta" acerca do pecado e da graça, capaz de "abrir" a consciência e, então, derramar sobre ela o bálsamo do evangelho.[43] A teologia e o culto dos puritanos, à medida que se desenvolveram, mostraram, de forma crescente, seu caráter tanto de produto quanto de auxílio ao reavivamento. Num estudo mais abrangente dos anais do ministério puritano, receberíamos novas luzes sobre o movimento, conforme já se disse. Por exemplo, seria fascinante aprender mais a respeito de homens como Elkanah Wales, de Pudsey, o qual "foi considerado o mais bem-sucedido pregador na conversão de almas, por todo o país", embora, juntamente com Greenham e tantos outros desde então, obtivesse maior êxito entre "estranhos e ouvintes eventuais do que entre sua própria gente";[44] ou a respeito do pregador itinerante Henry Oasland, de Bewdley, "o qual cavalgava de lugar em lugar, pregando com fervor e ganhando muitas almas para Deus";[45] ou acerca de Thomas Tregoss, de St. Mabe, em West Cornwall, que "datava sua conversão depois de já estar no ministério por algum tempo... e que também sofreu pela causa do *inconformismo*";[46] ou acerca de Samuel Annesley, avô materno de John Wesley, a quem o parlamento "introduziu" em Cliffe (Kent), em

---

elevada expressão em exposições dogmáticas e práticas acerca dos vários aspectos dessa doutrina" (nota introdutória à obra de A. Kuyper, *The Work of the Holy Spirit*, Funk and Wagnalls, Nova Iorque, 1900, pp. xxxiii, xxviii).

43 Ver Horton Davies, *The Worship of the English Puritans* (Dacre Press, Londres, 1948), e *Westminster Directory for the Publick Worship of God*. Por exemplo, a respeito de "plenitude" e "afeição" que eram almejadas na oração pública, ver Richard Baxter, *Reformed Liturgy*, em *Works*, I:922ss. A respeito dos ideais puritanos na pregação, ver Perkins, *The Art of Prophesying*, em *William Perkins*, pp. 325ss, e muitas outras passagens em *The Reformed Pastor*.

44 Calamy, op. cit., p. 442.

45 Ibid., p. 343.

46 Ibid., p. 308, baseando-se em uma biografia de Tregoss publicada em 1671 e resumida na obra de Clarke *Lives of Sundry Eminent Persons*.

substituição a um ministro que havia sido escandaloso mas popular, e cuja congregação, ressentida diante da troca, atacou-o "com foices e pedras, ameaçando-o de morte", em face do que ele prometeu deixá-los assim que estivessem prontos a aceitar outro ministro de sua própria categoria, e que, após "o povo haver sido grandemente reformado, e seus labores terem obtido notável sucesso", manteve a palavra e partiu, "a fim de que qualquer aparente leviandade de sua parte não fosse considerada um escândalo para seus novos convertidos";[47] ou a respeito de Thomas Lye, o evangelista de crianças, que continuou a ser lembrado por mais de quarenta anos depois de ter terminado seu ministério, por sua "excelente habilidade de catequizar os jovens, aos quais, por meio de muitos artifícios, conseguia deleitar para que obtivessem conhecimento sobre as melhores coisas".[48] Esses homens (e, literalmente, houve centenas deles) foram ministros reavivalistas que trabalharam em tempos de reavivamento, e o relato sobre suas vidas nos conduziria diretamente ao âmago do movimento puritano. Mas, nesse caso, este livro ficaria volumoso demais. Todavia, meu argumento está apresentado, e me considero satisfeito.

---

47 Ibid., p. 214.
48 Ibid., pp. 197, 198.

Capítulo 3

Os escritos práticos dos puritanos ingleses

A obra de Richard Baxter *Christian Directory* (Diretrizes cristãs), escrita em 1664-1665 e impressa em 1673, continha, no parecer dos primeiros editores de Baxter, "talvez o melhor corpo de teologia prática disponível em nossa própria língua ou em qualquer outra".[1] Em sua "Advertência" de abertura, Baxter afirmou que escrevera, em parte, a fim de que "os ministros mais jovens, mais despreparados e mais inexperientes contassem com um prontuário para ajudá-los em decisões e orientações práticas sobre os assuntos que tinham necessidade de abordar".[2] Sob o título "Casos eclesiásticos de consciência", ele tratou, conforme se viu no capítulo anterior, de questões práticas, das quais os ministros mais jovens podiam precisar; e, quando respondia à questão 174 – "Quais livros, especialmente de teologia, alguém deveria escolher se, por falta de dinheiro ou de tempo, pudesse ler apenas alguns?",[3] alistando "a mais ínfima ou me-

---

1 Richard Baxter, *Practical Works of Richard Baxter* (George Virtue, Londres, 1838), prefácio do editor (1707), p. xiii. Neste livro, todas as citações de Baxter, extraídas de *Works*, referem-se a essa edição.
2 Ibid., I:4.
3 Ibid., I:731.

nor das bibliotecas que é tolerável", referia-se à pequena biblioteca dos jovens ministros. Sua resposta, enunciada segundo o estilo puritano padrão, consistia em seis itens; e o sexto, depois da Bíblia, de uma concordância, de um comentário, de alguns catecismos ingleses e de alguns livros ingleses sobre a doutrina da graça, foi o seguinte: "Tantos escritores ingleses práticos e emotivos quantos sejam possíveis". E listou cerca de sessenta deles (!), repetindo: "Tantos quantos sejam possíveis".[4] Sua repetição enfática e a dimensão de sua lista[5] são eventos notáveis. É claro que ele via pouca esperança para os jovens ministros que não se estribassem nos "escritores ingleses práticos e emotivos".

Ele não os recomendava somente aos ministros. Na carta-dedicatória prefixada ao primeiro livro que escreveu, intitulado *The Saints' Everlasting Rest* (O descanso eterno dos santos, 1649, um sucesso de livraria, com 844 páginas, reimpresso anualmente nos dez

---

4 Ibid., I:732.

5 Alguns autores e livros da lista de Baxter são: Richard Alleine, William Gurnall, John Preston, Richard Sibbes, Robert Bolton, William Whateley, Edward Reyner, Wilham Scudder, Simon Ford, John Howe – *The Blessedness of the Righteous*, George Swinnock, William Gouge, (Lewis Bayly) *The Practice of Piety*, (Richard Allestree) *The Whole Duty of Man*, Henry Hammond – *A Practical Catechism*, John Pearson – *Exposition of the Creed*, George Downame – *A Treatise of Prayer* ("a respeito da Oração do Pai-Nosso"), John Dod (e Thomas Cleaver) – *The Ten Commandments*, Lancelot Andrewes – *The Ten Commandments*, John Brinsley – *The True Watch and Rule of Life*, Richard Greenham, Arthur Hildersam, Anthony Burgess, William Perkins, Robert Harris, Jeremiah Burroughs, Thomas Hooker, William Pink, John Downame – *The Christian Warfare*, Richard Rogers, John Rogers – *The Doctrine of Faith* e *A Treatise of Love*, John Stoughton, Thomas Taylor, Edward Elton, Daniel Dyke, Jeremiah Dyke, John Ball – *A Treatise of Faith* e *The Covenant of Grace*, Ezequiel Culverwell – *A Treatise of Faith*, Nathaniel Ranew, *Faithful Teate*, Samuel Shaw, John Rawlet, John Janeway, Thomas Vincent, Thomas Doolittle, Samuel Ward, William Fenner, Samuel Rutherford – *Letters*, Joseph Alleine – *The Life and Death of* (escrito por sua esposa, Theodosia Alleine) e *An Alarm to the Unconverted*, Samuel Clark – *The Marrow of Ecclesiastical History* (duas partes) e *A General Martyrology* (essas duas obras eram principalmente biográficas; Baxter se refere a elas chamando-as apenas de "As vidas" de Clark), *The Morning Exercise at (St. Giles) Cripplegate*, *The Morning Exercise at (St.) Giles in the Fields*, Benjamin Baxter, George Hopkins – *Salvation from Sin*, Edward Reynolds, Matthew Mead, Richard Vines, Henry Smith, Samuel Smith, Thomas Smith, William Strong, Joseph Symonds. É interessante constatar que, presentes nessa lista, encontram-se alguns anglicanos não puritanos (Allestree, Hammond, Andrewes, Pearson); e surpreendente que dela estão ausentes John Owen, Thomas Goodwin, Thomas Watson e Thomas Brooks, os quais, na época em que Baxter escreveu *Christian Directory*, eram reconhecidos como "fervorosos escritores práticos". Mas é evidente que a lista foi preparada de forma rápida e não tinha o propósito de ser recebida como completa.

primeiros anos de publicação), Baxter exortou sua congregação em Kidderminster: "Leiam muito os escritos de nossos antigos e firmes teólogos".[6] Ele estava aludindo a esses mesmos escritores "práticos e emotivos". A recomendação para que lessem tais escritores, muitas vezes feita com elogios particulares, surge com frequência nos livros devocionais de Baxter, os quais foram escritos com o propósito de aumentar esse corpo literário. "Esforcei-me por adaptar tudo, ou quase tudo, em sua matéria e exposição, à capacidade do povo comum", escreveu ele no prefácio de seu sermão sobre a soberania absoluta de Cristo (1654).

> E, embora, pela importância do assunto, seja tão necessário para os eruditos quanto para as pessoas comuns, foi principalmente para estas que eu o publiquei; e preferiria que o mesmo fosse contado entre aqueles livros que são levados pelo país inteiro, de porta em porta, pelos mascates, e não entre aqueles livros que ficam empilhados nas prateleiras dos livreiros, ou postos nas bibliotecas dos mais eruditos teólogos. E, para o mesmo fim, eu designaria a maioria de meus esforços literários publicados se Deus me concedesse tempo e habilidade (...).[7]

O próprio Baxter havia aprendido a exercer a fé em Cristo alicerçado no livro de Sibbes, *Bruised Reed* (Cana quebrada), vendido a seu pai na entrada da casa, por um mascate, um quarto de século antes,[8] e ele não podia conceber utilidade maior para seus próprios livros do que se pudessem cumprir exatamente esse tipo de ministério. Aqui, novamente, encontramos uma indicação do valor que ele via nos "escritores práticos e emotivos".

---

6 Baxter, *Works*, III:2.
7 Ibid., IV:797.
8 *Reliquiae Baxterianae*, editado por M. Sylvester (Londres, 1696), primeira paginação, pp. 3, 4.

Minha presente tarefa consiste em introduzir ou reintroduzir esses homens em um mundo cristão que habitualmente os negligencia. Eles foram populares e valorizados em seus dias e por mais de dois séculos; contudo, agora, são quase totalmente desconhecidos. O interesse pelo puritanismo, despertado nos últimos cinquenta anos, é de natureza principalmente acadêmica, e parece que não são muitos os crentes que estão lendo as reimpressões de suas obras agora disponíveis.[9] Acredito que essa negligência nos empobrece de forma significativa e eu gostaria de ver o fim dessa situação.

Chamarei a esses "escritores práticos e emotivos" de puritanos, como todos fazem. Mas devemos notar que esse uso vem do século XVIII,[10] não representando uma descrição que lhes fosse contemporânea. Estabelecendo distinção no campo da teologia prática, delinear alguém como *puritano* consiste em usar esse termo de maneira que não corresponde a quaisquer de suas aplicações no período em que se tornou corrente (1564-1642).[11] Nesse período, ser chamado de "puritano" era um insulto, a indicar um dos dois ou ambos os males: o elitismo da "igreja pura" ou o espírito de censura pedante – duas formas desagradáveis de orgulho. Assim carregada, a palavra foi aplicada desdenhosamente aos possíveis reformadores da igreja nacional e aos crentes piedosos em geral, como o pai de Richard Baxter, o qual foi escarnecido como puritano por seus vizinhos, porque preferia ficar dentro de casa nos domingos à tarde, a fim de ler a Bíblia e orar com seus familiares, a dançar ou jogar na praça da vila.[12] À parte dos obscuros anabatistas de Londres, sobre os quais John Stowe tinha ouvido, pessoas que, de acordo com seu relato, chamavam a si mesmas

---

9 Ver o catálogo de *Banner of Truth Trust*, no qual aparecem os nomes de Owen, Sibbes, Goodwin, Gurnall, Baxter, Brooks, Flavel e outros.

10 Ver a citação de Whitefield, p. 33.

11 Ver p. 17.

12 *Reliquiae Baxterianae*, primeira paginação, p. 2.

de "puritanos, as ovelhas imaculadas do Senhor",[13] ninguém jamais reivindicou esse nome; e William Perkins, a figura patriarcal entre os "escritores práticos e emotivos", rejeitava o título por ser "vil".[14] Sem dúvida, é um título escorregadio, difícil de manusear. R. T. Kendall observou, com justiça, que, "se alguém aceitar o termo 'puritano', então também deve, para ser coerente, ou reajustar a definição para ser aplicada a um homem por vez, ou então, se estiver lidando com uma tradição, começar com uma definição e terminar com a outra". Kendall preferia chamar a escola dos "escritores práticos e emotivos" de "predestinados experimentais" – o que é uma descrição apropriada.[15] Para efeito de conveniência, porém, aderirei à descrição convencional desses escritores como "puritanos".

A melhor introdução a esses "escritores práticos e emotivos" é sua história, que, agora, passarei a relatar de forma sucinta. Essa história, de fato, não é bem conhecida. Bem mais conhecido é o fato de que, desde 1564, o rótulo "puritano" estava sendo aplicado aos que advogavam uma reforma mais externa na igreja da Inglaterra. Uma hoste de historiadores, por mais de dois séculos, tem definido puritanismo segundo esses termos. G. M. Trevelyan, por exemplo, mostrou-se típico quando explicou o puritanismo como "a religião de todos aqueles que desejavam ou 'purificar' os costumes da igreja organizada, livrando-a das máculas do papado, ou adorar em separado da igreja organizada, segundo essas formas 'purificadas'".[16] Porém, raramente tem-se reconhecido que a agitação eclesiástica dos puritanos foi apenas um aspecto de um movimento religioso integral, cujo centro era o evangelismo e o crescimento cristão. Esse movimento pastoral, ao qual

---

13 *Three Sixteenth-Century Chronicles*, editado por J. M. Gardiner (Camden Society, Londres, 1880), p. 143.
14 William Perkins, *Works* (1609), III: 15.
15 R. T. Kendall, *Calvin and English Calvinism to 1649* (Oxford University Press, Oxford, 1979), pp. 6-90.
16 G. W. Trevelyan, *England Under the Stuarts* (19ª. edição, Methuen, Londres, 1947), p. 50. A afirmação é vaga; os separatistas não chamavam a si mesmos de puritanos, e também não foram assim chamados na época de Elizabeth e dos Stuarts.

se aliavam conformistas e inconformistas, anglicanos, presbiterianos, independentes, batistas e erastianos, não se caracterizava por ser espetacular, conforme, em geral, são os movimentos pastorais. Nunca adquiriu para si mesmo um nome partidário, e sua história nunca foi adequadamente escrita. Essa história narraria um reavivamento espiritual que começou pequeno, mas que foi ganhando ímpeto por quase um século, até que as contramedidas da Restauração o abafaram. De forma sucinta, a história é como segue.

1

Dez anos depois do Acordo Elisabetano, a igreja da Inglaterra já se encontrava em má situação. Em primeiro lugar, faltava-lhe dinheiro. As expoliações reais e aristocráticas, na época da Reforma, haviam deixado muitas localidades tão empobrecidas que não conseguiam nem mesmo sustentar um pároco. Em segundo lugar, faltava-lhe pessoal habilitado. As perseguições de Maria, a Sanguinária, tinham aniquilado seus protestantes convictos; o Juramento de Lealdade, imposto pela rainha Elisabeth, desnudara-a de seus papistas convictos; a maior parte do clero que restara era composta por homens de poucas habilidades e sem quaisquer convicções claras. Muitos desses párocos eram conhecidos como homens imorais. As casas pastorais eram ocupadas por muitos não credenciados, e alguns artesãos despreparados foram ordenados, por falta de pessoas com melhor qualificação, para ler os rituais aos domingos, enquanto prosseguiam em seus negócios nos dias de semana. Em muitas igrejas, não havia sido pregado um único sermão por vários anos. E os bispos seguidores de Elisabeth não conseguiam atrair jovens universitários ao ministério, em número suficiente, para reverter esse quadro.

A ignorância dos clérigos em meados do século XVI pode ser aquilatada pelos registros do pastor Hooper, sobre as condições de sua congregação, no ano de 1551. A seus clérigos, foram feitas as seguintes perguntas:

1) Quantos são os mandamentos?
2) Onde são encontrados?
3) Repita-os.
4) Quais são os artigos que tratam da fé cristã?
5) Repita-os.
6) Prove-os pelas Escrituras.
7) Recite a oração do Pai-Nosso.
8) Como você sabe que essa é a oração do Senhor?
9) Onde ela se encontra?

Dentre os 311 homens examinados, apenas cinquenta puderam responder a essas perguntas, dos quais 19 mostraram-se "medíocres". Dez não conheciam a oração do Pai-Nosso, e oito não conseguiram responder a nenhuma das perguntas.[17]

Nada aconteceu entre os anos de 1551 e 1570 para melhorar essa situação; bem ao contrário, os melhores elementos tanto do lado protestante quanto do lado papista haviam sido varridos. Os únicos protagonistas competentes da religião reformada, na Inglaterra, foram os exilados da perseguição da rainha Maria e, dentre eles, os que não se tornaram pastores ou deões se estabeleceram nas universidades (Oxford e Cambridge) ou em Londres. Provavelmente nenhum se dirigiu ao interior. Apesar de toda a diferença que houvera na religião cristã, na Inglaterra, durante vinte anos, a reforma doutrinária da igreja inglesa pode nunca ter acontecido. Nos dias de Eduardo VI e, novamente, nos dias posteriores à rainha Maria, houve um movimento superficial entre largas faixas da comunidade, que as havia aproximado do protestantismo; mas, por volta de 1570, já se tornara claro que isso pouco mais era

---
17 *Later Writings of John Hooper* (Parker Society, Cambridge, 1842), p. 151.

que uma violenta reação ao papismo. A doutrina da justificação pela fé era praticamente desconhecida, as superstições eram generalizadas e profundamente arraigadas, tal como sucedera no século anterior. Os ingleses talvez professassem uma religião protestante reformada e talvez frequentassem obedientemente a igreja aos domingos (era ilegal não fazê-lo), mas a Inglaterra não era convertida.

Em fevereiro de 1570, Edward Dering, um célebre e jovem líder puritano, ao pregar diante da rainha Elisabeth, dirigiu-se claramente a ela sobre essa questão.

> Em primeiro lugar, desejo falar sobre vossos beneficiários. Eis que alguns deles estão corrompidos por apropriações ilícitas, outros por confissões, outros por pensões, outros já perderam seus bens e utensílios. Considere vossos patrocinadores. Eis que alguns deles estão vendendo as propriedades, outros as estão transformando em fazendas, alguns as guardam para seus filhos, outros dão-nas a jovens, outros a militares, e poucos buscam pastores bem preparados. Considerai vossos ministros, e alguns deles se ocupam nisto, e outros, naquilo; alguns são guarda-costas, outros são rufiões, alguns são mascates e caçadores, outros são jogadores de dados ou de baralho, alguns são guias cegos que nada podem ver, e outros são cães mudos que não ladram.
>
> No entanto, enquanto vão sendo cometidas todas essas corrupções, vós, de cuja mão Deus haverá de requerer, sentais-vos quieta e inabalada. Que os homens façam o que lhes pareça melhor! Visto que isso, provavelmente, não afeta vosso governo, estais tão contente em deixar as coisas como estão.[18]

O que Dering lamentava não era a falta de repercussão na igreja anglicana em relação ao que se passava em Genebra, e, sim, a estéril

---

18 Edward Dering, *Works* (1597), p. 27; Trinterud, *Elizabethan Puritanism* (Oxford University Press, Nova Iorque, 1971), p. 1.590.

situação pastoral e a recusa da rainha Elisabeth em tomar qualquer providência a esse respeito. "Ela tem por hábito ouvir, com muita paciência, discursos amargos e suficientemente cortantes",[19] esse foi o testemunho de Cox sobre ela, em 1571; e não há dúvida de que ela não se deixou abalar em sua inatividade pelas denúncias de Dering. A única reação dela ao sermão foi suspendê-lo do direito de pregar.

Não é fácil ver o que Elisabeth poderia ter feito para corrigir essa situação, ainda que quisesse fazê-lo; mas a verdade é que ela não se dispunha a agir. Por razões políticas, ela queria que os clérigos fossem homens apagados, sem iniciativa, que se limitassem a manter o *status quo*. Porém, aqueles que buscavam a conversão dos ingleses e a glória de Deus na igreja da Inglaterra não podiam, conscientemente, quedar-se inertes, conforme ela estava fazendo. Porém, o que era requerido da parte deles em sua busca por reavivamento espiritual? O que deveriam fazer? Qual deveria ser a estratégia deles? A essas indagações, diferentes respostas têm sido dadas.

Alguns, liderados pelos veteranos exilados pela rainha Maria, já estavam em campanha em prol da remoção de quatro costumes do *Livro de Oração*: a sobrepeliz dos clérigos; a aliança de noivado; o sinal da cruz na testa por ocasião do ato de batismo; e o ato de se ajoelhar no momento da santa comunhão. A objeção a esses costumes era que, além de não gozarem da sanção escriturística, pareciam endossar as superstições medievais que ensinavam que o clero era composto por sacerdotes mediadores, que o casamento era um sacramento, que o batismo incluía um aspecto mágico e que a transubstanciação era verdadeira. Pensava-se que, se esses acréscimos fossem tirados, Deus seria honrado e o cristianismo básico poderia ser mais bem-apreciado.

Então, após a deposição de Thomas Cartwright, professor de teologia de Lady Margaret, em Cambridge, em 1570, por ele estar defendendo ideias presbiterianas em suas preleções sobre o livro

---

[19] *Zurich Letters*, 1558-1579 (Parker Society, Cambridge, 1842), p. 2.360.

de Atos, teve início uma agitação a favor de um presbiterianismo radical na igreja anglicana de Elisabeth, por meio de um decreto parlamentar. Alguns jovens tomaram a iniciativa, e a rigidez teórica e a argumentação arrogante que usualmente aparecem quando os jovens revolucionários assumem a liderança passaram a dominar todo o quadro. A obra "Admoestação ao Parlamento", de John Field e Thomas Wilcocks, que conquistou para seus autores um ano de condenação às galés, foi o manifesto desse movimento. Também nesse caso, o pressuposto era de que a honra de Deus e a piedade inglesa seriam significativamente fomentadas por meio dessas modificações. Edwin Sandys, arcebispo de Iorque, que fora exilado por ordem da rainha Maria e sempre se mostrara um valoroso protestante, não via com bons olhos esses agitadores protestantes. "Novos oradores estão surgindo entre nós", escreveu a Bullinger, em Zurique, em 1573:

> (...) jovens tolos que, enquanto desprezam a autoridade, não admitindo superiores, estão buscando a total derrubada e o desarraigamento de toda a nossa estrutura eclesiástica, e esforçam-se por moldar para nós não sei qual nova plataforma eclesiástica, para que fiqueis mais bem-familiarizados com a questão inteira, aceitai este sumário da questão, reduzido quanto a certos particulares:
> 1. Os magistrados civis não têm autoridade quanto a questões eclesiásticas. Eles são apenas membros da igreja, e o governo desta deve ser entregue ao clero.
> 2. A igreja de Cristo não admite outro governo senão o do presbitério, a saber, dos ministros, anciãos e diáconos.
> 3. Os títulos e a autoridade dos arcebispos, dos arcediáconos, dos chanceleres, dos comissários, além de outros títulos e dignitários de igual categoria, deveriam ser todos removidos da igreja de Cristo.
> 4. Cada localidade deveria ter seu próprio presbitério.
> 5. A escolha dos ministros necessariamente cabe ao povo.

6. Os bens, possessões, terras, proventos, títulos, honrarias, autoridades e todas as outras coisas relativas aos pastores ou às catedrais, que agora lhes pertencem por direito, deveriam ser removidos prontamente e para sempre.
7. Ninguém deveria ter permissão de pregar se não fosse pastor de uma congregação; e esse deveria pregar a seu próprio rebanho, e a ninguém mais (...).

Sandys opinou que "nada disso contribuirá para o proveito e a paz da igreja, mas para sua ruína e confusão. Tire-se a autoridade e o povo se precipitará de cabeça em tudo quanto é ruim. Tire-se o patrimônio da igreja e serão igualmente tiradas não somente a sã erudição, mas também a própria religião".[20]

Decerto Sandys tinha razão ao pensar que, na Inglaterra que ele conhecia, quando a maior parte da população era composta de analfabetos, vítimas da ignorância e da superstição, o programa da reforma presbiteriana, quaisquer que fossem seus motivos e garantias, era dogmático, impraticável e inimigo da causa da piedade. O que a Inglaterra realmente precisava não era do presbiterianismo, mas de cuidados pastorais, o que significava, mais precisamente, pastores que cuidassem de seus rebanhos. Defensores do presbiterianismo continuaram a surgir de forma intermitente nos vinte anos seguintes, mas nunca criaram uma base sólida de opinião pública quanto a serem os mais indicados na busca da santificação da Inglaterra – pelo contrário; e os grosseiros folhetos de Marprelate, de 1588 e 1589, finalmente destruíram o crédito moral deles. Difamar os dignitários, conforme aquelas publicações faziam, não servia de fórmula para conquistar almas! Mas houve um evento, em 1570, que mostrou o caminho frutífero a ser tomado.

Em 24 de novembro daquele ano, o "Abraão" da escola de pastores e escritores "práticos e emotivos" deixou sua Mesopotâmia e

---
20 Ibid., pp. 295ss.

partiu para a terra prometida. Seu nome era Richard Greenham, um homem que renunciara à sua posição de professor em Pembroke Hall, em Cambridge, a fim de se tornar o ministro de Dry Drayton, cerca de 11 quilômetros distante da cidade. Ele foi o pioneiro dos pastores reformados do tipo de Baxter; e o primeiro homem realmente apto, até onde somos capazes de julgar, a se empenhar, de forma autenticamente apostólica, na tarefa de fazer o evangelho lançar raízes na Inglaterra rural. Já vimos um pouco sobre seus labores.[21] Ele conquistou para si grande reputação como conselheiro pastoral ou (conforme ele mesmo concebia) médico espiritual, de modo que se tornou motivo de lamentação permanente para seus amigos o fato de não ter "deixado para a posteridade um comentário sobre aquelas enfermidades específicas, para as quais Deus o tornara um instrumento de cura, e quais os meios por ele usados para efetivar essa cura". Citamos, a seguir, as palavras de Henry Holland, biógrafo de Greenham, sobre esse tema:

> O tratamento e a cura das almas aflitas são um grande mistério, e poucos têm-se esforçado por converter essa questão em qualquer boa forma de arte ou por nos dar qualquer bom método prático (...) carentes de arte e de boa experiência, percebemos que o perigo é maior; pois, de modo incerto, costumamos adivinhar sobre como aplicar bons remédios e discursos aos enfermos, em vez de sabermos como proceder de modo certo e bem fundamentado na prática. Se um médico profissional pode dizer, em verdade, no que tange à sua profissão, *Vita brevis* etc., mais certamente um médico espiritual pode prefixar esse aforismo a todo esse mistério que temos nas mãos. Pois, quanto a isso, o erudito piedoso sabe que é muito mais difícil julgar quais causas secretas fomentam a desordem oculta da alma; e aí torna-se muito mais perigoso prosseguir com base apenas na experiência, sem qualquer arte e habilidade (...).

---
21 Ver p. 420.

Esse reverendo homem de Deus, M. [= Mestre] Greenham, foi, durante sua vida, um homem muito promissor e poderia ter dado regras melhores para seus discípulos desconhecidos (...).[22]

Greenham nunca escreveu o tratado sobre aconselhamento pastoral que seus amigos desejavam (a coletânea de quarenta páginas, de Holland, sobre "Conselhos sérios e observações piedosas", o primeiro tópico das *Obras* de Greenham, mostra-nos qual poderia ter sido o alcance e o ímpeto dessa obra). Todavia, Greenham fez a segunda melhor coisa que podia ou, talvez, a melhor: treinou muitos da próxima geração de pastores. Os pastores recém-consagrados viviam na casa dele e estudavam com ele, na qualidade de aprendizes; ministros locais e visitantes, vindos de longe, regularmente juntavam-se a ele na refeição do meio-dia; e assim, nas palavras de Holland, Greenham "foi um instrumento especial e um meio dirigido por Deus para encorajar e instruir a muitos jovens piedosos e bem treinados, no santo serviço de Cristo, na obra do ministério".

Embora estabelecido em Dry Drayton, Greenham continuou a exercer considerável influência sobre a universidade, com a qual mantinha íntimo contato. Podemos encontrá-lo no púlpito da grande Igreja de St. Mary, em 1589, investindo contra um dos folhetos Marprelate que atacava os bispos, dizendo que "a tendência desse folheto é ridicularizar o pecado, ao passo que o pecado deveria ser exposto como odioso". Ele se opunha constantemente aos agitadores presbiterianos de Cambridge. A atitude deles, afirmava-lhes, era "equivalente a colocar o telhado antes de construir os alicerces". "Alguns, ignorando como reformar-se, preferem falar em reformar a igreja."[23] "Alguns atarefam-se na disciplina eclesiástica, mas mostram-se míopes quanto às suas corrupções pessoais."[24]

---

22 "To the Reader", prefaciado a Richard Greenham, *Works* (1599).
23 Ibid., p. 204.
24 Ibid., p. I.

Toda a influência de Greenham em Cambridge tinha por alvo promover a religiosidade pessoal e a paz na igreja, ser contrário ao pecado e às facções. Qualquer coisa que laborasse contra o amor e a paz cristãos era lamentada e atacada por ele, mesmo quando simpatizasse com os pontos de vista expressos. Em sua prática pessoal, ele foi um inconformista no que dizia respeito às quatro cerimônias detestáveis; e simpatizava com a visão da reforma presbiteriana; mas nunca fez disso uma demanda. Tudo que ele solicitava era liberdade para obedecer à sua consciência e para pregar o evangelho à sua gente. Em 1573, o bispo Cox o convocou porque ele não usava a sobrepeliz; em resposta, Greenham redigiu uma justificativa completa de sua posição. Ele se professou relutante em argumentar acerca de tal questão:

> Percebo, por experiência própria, que as diferenças de opinião causam a alienação dos afetos. Além disso, essas questões têm sido e continuam sendo debatidas entre os piedosos eruditos, enquanto eu, um solitário e pobre campesino, tendo-me ocupado diariamente, pelo espaço desses três anos passados, em pregar a Cristo crucificado, para mim mesmo e para meus aldeões, não me sinto nem um pouco disposto a argumentar contigo (...).[25]

Ele não nutria dúvidas quanto à sua própria posição: "Não posso nem quero usar a sobrepeliz; não a aceito, nem o livro de comunhão". Mas, quando enfrentava a questão "Qual é seu julgamento sobre tantos homens bons e eruditos que acham que podem tolerar essas cerimônias?", ele não se comprometia:

> Reverencio os verdadeiros anunciadores dos mistérios de Deus, bem como suas vidas piedosas; mas não os julgo em razão de ceri-

---

25 *A Parte of a Register* (1593), p. 87 (grifo meu).

mônias, porquanto podem usá-las para honra do Senhor, tal como desejo não ser julgado por rejeitar tais cerimônias, pois rejeito-as para honrar ao Senhor.[26]

Em conclusão, ele gentilmente lembrou o bispo de que o critério bíblico para aquilatar os ministros de Cristo não é a conformidade cerimonial. Citando o trecho de Mateus 7.15,16, ele prosseguiu:

> Nosso Mestre celestial nos deixou o verdadeiro sinal, nossa herança comum, mediante a qual seus verdadeiros servos podem ser discernidos de outros (...) Esse tipo de teste, conforme até aqui tendes usado somente comigo, eu não tenho repelido; assim, confio que, enquanto eu permanecer de pé, vós vos contentareis com isso.[27]

Em outras palavras, ele simplesmente pedia para ser julgado de acordo com a qualidade de seu ministério pastoral e para ser deixado em paz, a fim de poder desempenhá-lo. Nesse aspecto, ele era um típico pastor da nova geração de pastores puritanos, a quem ele conduziu contra as trevas espirituais da Inglaterra rural. Alguns desses pastores eram inconformistas, mas muitos estavam satisfeitos com a estrutura existente da igreja estabelecida e deploravam somente a falta de pastores. Exemplos típicos eram Laurence Chaderton, Richard Sibbes, William Perkins e Robert Bolton. Os membros dessa irmandade de mestres "práticos e emotivos" e de médicos espirituais não eram afetados por pontos de vista individuais sobre problemas referentes a normas eclesiásticas.

Nos cinquenta anos que se seguiram, Cambridge produziu muitos médicos espirituais nos moldes de Greenham. O Christ's College foi o berço deles. Dering esteve em Christ's College inicialmente

---

26 Ibid., p. 89.
27 Ibid., p. 90.

como estudante universitário e então, a partir de 1560, como professor. Laurence Chaderton, que se tornara protestante durante seu tempo como estudante universitário, foi professor por quase duas décadas antes de se tornar Primeiro-Mestre da nova fundação de Sir Walter Mildmay, o Emmanuel College, em 1584. Chaderton fazia uma preleção por semana na Igreja de São Clemente, e isso durante cinquenta anos. Aos 82 anos, quando resolveu deixar de pregar, recebeu cartas de quarenta clérigos implorando-lhe que não parasse e testificando que deviam sua conversão ao ministério dele. Segundo nos conta Fuller, foi Chaderton quem, ao pregar por duas horas inteiras, teve seu pedido de desculpas recebido aos gritos pela congregação, que dizia: *"Por favor, senhor, prossiga, prossiga"*.[28] Richard Rogers, "um outro Greenham",[29] pastor em Wethersfield desde 1574, e Arthur Hildersam, pregador durante quarenta anos em Ashby-de-la-Zouch e mentor de William Gouge e John Preston, foram homens do Christ's College. Também o foi William Perkins, pupilo de Chaderton, que se convertera quando ainda era estudante universitário, vindo a se tornar professor em 1584. Paul Baynes, outro elemento do Christ's College que sucedeu Perkins, quando de sua morte, em 1602, como preletor semanal na grande Igreja de Santo André, foi o pregador no dia da conversão de Richard Sibbes, o qual pregou quando da conversão de John Cotton, que, por sua vez, pregou por ocasião da conversão de John Preston. Quando Thomas Goodwin entrou no Christ's College, em 1613, com a idade de 12 anos, esse colégio ufanava-se de "seis professores que eram grandes tutores e professavam a religião da maneira mais estrita possível, chamados, então, de 'puritanos'".[30] Um sermão fúnebre sobre o arrependimento, feito por Bainbridge, o mestre, logo tornou-se o meio para a conversão do

---

28 Thomas Fuller, *The Worthies of England* (1662), p. 117.
29 Stephen Egerton, "To the Reader", prefaciado a Richard Rogers, *Seven Treatises* (1603).
30 Citado de William Haller, *The Rise of Puritanism* (Columbia University Press, Nova Iorque, 1938), p. 75.

próprio Goodwin. Chaderton, Rogers, Hildersam, Perkins, Gouge, Baynes, Sibbes, Cotton, Preston e Goodwin foram todos considerados exemplos entre os pastores evangelistas "práticos e emotivos". Assim, foi progredindo o movimento de Cambridge, mantendo a profundidade espiritual e assumindo cada vez maior força numérica.

Lamentavelmente, embora não constituísse surpresa, os jovens que procuravam tomar como exemplo essas figuras patriarcais encontravam dificuldades para encontrar incumbências pastorais. Podemos facilmente imaginar que poucos patrocinadores, naqueles tempos, dispunham-se a oferecer incumbência a pregadores de retidão e de arrependimento que fossem tão ousados e descomprometidos quanto aqueles homens procuravam ser. Um apelo feito ao parlamento inglês em 1586, por parte de alguns estudantes de Cambridge, clamava por providências quanto a essa questão:

> Não se pode negar que, no presente, esta nossa universidade floresce em toda forma de boa literatura, tanto em tempos passados como até agora, louvado seja Deus por isso; contudo, não pode ser negado que aqueles entre nós que têm preferido estudar as Sagradas Escrituras, preparando-se para o santo ministério, encontram uma entrada mais estreita na igreja de Deus, sendo o nosso trabalho menos procurado do que em tempos anteriores, o que é lamentável sob essa graciosa luz do evangelho. Existem agora, em nossa universidade de Cambridge (...), homens capazes, dotados de dons para ensinar às pessoas e uma necessidade de ensino bastante comum, como parcialmente conhecemos por experiência própria e, em parte, pelas queixas gerais do povo. Apesar disso, quão poucos dentre nós são chamados a fazer esse trabalho sob condições justas e equitativas, em vez de ministros despreparados – a própria escória da população –, que são favorecidos, para a ruína de milhares de almas, a vergonha da igreja de Deus e a total ruína da erudição. Pois, se nós mesmos usamos algum meio para

ter acesso a um pastorado, a cobiça dos patronos, em sua maior parte, é tamanha e tão insaciável que não há como chegarmos lá senão através da simonia, do perjúrio e, posteriormente, da quase mendicância. Assim, apesar de haver tão grande carência de obreiros, ficamos ociosos o dia inteiro, pois quase ninguém dá valor a nossos labores, tão lamentável é o estado desta nossa igreja nesta época.[31]

Não foi tomada, entretanto, qualquer providência oficial, mas patrocinadores particulares proveram, em muitas congregações, postos de pregação para aqueles jovens puritanos. Assim se espalhou a influência do evangelho por toda a Inglaterra, nos dias dos monarcas Elisabeth, Tiago e Carlos.

2

Toda corrente de pensamentos precisa contar com sua própria literatura, e o puritanismo pastoral não era exceção a essa regra. Perkins, um erudito dotado com a aptidão da clareza e da simplicidade, foi pioneiro quanto a esse particular. Em 1589, a fim de promover a piedade puritana, ele iniciou uma série de livros populares, escritos em estilo de sermão, com os seguintes títulos: *Um tratado com o propósito de ser uma declaração para mostrar se um homem está em estado de condenação ou no estado de graça* (1589); *Uma cadeia dourada* (1590: uma projeção calvinista do plano de salvação); *Abandonos espirituais* (1591); *Um caso de consciência... como um homem pode saber se é filho de Deus ou não* (1592); *Dois tratados: sobre a natureza e a prática do arrependimento, sobre o conflito entre a carne e o espírito* (1593); e muitos outros (na coletânea das obras de Perkins, as quais preenchem três volumes, há 47 itens separados).

---

31 *The Seconde Parte of a Register*, editado por Albert Peel (Cambridge University Press, Cambridge, 1915), 11:185, 186.

Outros seguiram o exemplo de Perkins. Richard Rogers produziu uma obra extensa: *Sete tratados... que conduzem e guiam à verdadeira felicidade, tanto nesta vida como na vida futura... A prática do cristianismo... na qual, mais particularmente, os crentes verdadeiros podem compreender como levar uma vida piedosa e confortável a cada dia* (1603; quinta edição, 1630; versão abreviada, intitulada *A prática do cristianismo ou Epítome de sete tratados*, 1618). John Downame também escreveu um volume intitulado *The Christian Warfare* (A luta cristã, 1604). As *Obras* de Greenham apareceram em formato volumoso, em 1599; as de Perkins, em 1608-1609; as de Dering começaram a ser vendidas em 1597. As obras volumosas destinavam-se às estantes dos ministros, mas, para os leigos, logo surgiram pequenos volumes (como livros de bolso) em abundância: as obras separadas de Perkins, já mencionadas; os dois livros que constituíam o dote da Sra. Bunyan, o livro de Arthur Dent, *The Plain Man's Pathway to Heaven* (O caminho plano do homem ao céu, 1601), e o de Lewis Bayly, *The Practice of Piety* (A prática da piedade, quadragésima edição, 1640); *Os dez mandamentos*, de John Dod e Robert Cleaver (1602, décima nona edição, 1635); e um vasto número de sermões expositivos em séries e por tópicos. Até essa produção ter início, a Inglaterra não dispunha de literatura devocional digna de menção; daí, escrevendo no nível de entendimento dos leigos, o mesmo nível com que pregavam, os pastores logo se tornaram capazes de atrair um grande número de leitores; e a influência de suas obras publicadas na primeira metade do século XVII foi profunda e de longo alcance.

Um senso do impacto produzido pelos livros puritanos, durante duas gerações, pode ser percebido se compararmos o ministério de Greenham, em Dry Drayton, com o ministério de Baxter, em Kidderminster. Greenham labutou por vinte anos (1570-1590), claramente sem obter frutos; Baxter trabalhou por 14 anos (1641-1642, 1647-1660), em uma situação na qual antes "dificilmente houve qualquer pregação vívida e séria", e viu a maior parte da aldeia, composta por aproximadamente oitocentas famílias, com dois mil adultos ao todo, fazer significativa profissão de fé. Ele disse: "Oh, quem sou eu (...) que Deus me tenha assim encorajado tão ricamente, quando os instrutores reverendos, em minha juventude, labutaram por cinquenta anos em uma localidade, e dificilmente puderam dizer que haviam conseguido a conversão de uma ou duas pessoas em suas congregações!".[32] Os meios usados foram essencialmente os mesmos em ambos os casos. Baxter também podia dizer, em verdade, que ele passava o tempo "pregando Cristo crucificado, para mim mesmo e para meus aldeões", e isso tanto no púlpito quanto no trato pessoal. Mas a Inglaterra de Baxter, sob a influência de pregações puritanas e de escritos religiosos por duas gerações, tornou-se um país diferente do que era nos dias de Greenham. O terreno pedregoso fora arado, a semente havia sido semeada fielmente por várias décadas, e agora era chegado o tempo da colheita. Em ministérios como o de Baxter, estava finalmente tendo cumprimento a visão das comunidades convertidas, a qual havia impulsionado homens como Greenham e Rogers às suas tarefas pastorais.

Embora, espiritualmente falando, o sol da colheita tenha brilhado em muitas regiões da Inglaterra durante o governo de Oliver Cromwell, logo voltaram nuvens tempestuosas, e a história dos "escritores ingleses práticos e emotivos" não se encerrou de modo feliz, mas em meio a sombras muito escuras. Os puritanos, que haviam chegado a ocupar posição de poder durante a década de 1640, apesar de toda a sua unidade quanto à questão religiosa individual, não conseguiam concordar politicamente (razão pela qual Cromwell precisou tornar-se um ditador relutante, contrariamente ao que ele e a maior parte do povo desejavam). Além disso, embora estivessem unidos na busca pela glória de Deus e de sua igreja, eles não concordavam no campo eclesiástico (o que levou Cromwell a estabelecer um arranjo

---

32 *Reliquiae Baxterianae*, primeira paginação, p. 85.

francamente pluralista e independente, do tipo não episcopal, não sociniano e não romanista, o que satisfez a bem poucos).

Outrossim, a excentricidade e o fanatismo surgiram para transtornar os planos dos puritanos. Como os pastores haviam enfatizado que a consciência deveria ser controlada pela Palavra de Deus, os líderes leigos agora citavam as Escrituras a fim de encontrar apoio para os impulsos da luz interior. Como os pastores haviam ensinado a arte de se viver na terra, à luz da eternidade, os zelotes agora sonhavam em ver o reino dos céus estabelecido na Inglaterra do século XVII. Como os puritanos haviam exaltado o ofício do pregador, o qual declara a mente de Deus com base em sua Palavra escrita, o povo agora considerava inspirado todo homem ousado e desinibido que propalasse suas opiniões em público. Como os pregadores haviam explicado que a erudição sem o Espírito Santo não bastava para conferir o conhecimento bíblico, agora a educação era concebida como algo inapropriado para a compreensão do significado das Escrituras. E, quando os pastores puritanos, com educação universitária e teologicamente eruditos, falavam contra essas tendências, os quacres, os ranters, os muggletonianos e vários outros diziam que os puritanos estavam abafando o Espírito.

Baxter via algo satânico na participação da imprensa em tudo isso: em 1653, ele escreveu: "Confesso que estou apreensivo diante da exuberante abundância de licenciosidade da imprensa nestes últimos dias; vejo isso como o desígnio do inimigo em sepultar e avassalar aqueles escritos sensatos, piedosos e excelentes, que antes eram lidos tão comumente pelas pessoas".[33] Confusão e instabilidade, de natureza tanto política quanto espiritual, estavam se espalhando; o reavivamento puritano estava se consumindo. E, com a morte de Cromwell, tudo parecia ter fugido ao controle. A restauração da monarquia e da igreja anglicana era a reação inevitável, e foi isso que aconteceu em 1660.

---

33 Baxter, *Works*, 11:885, 886.

Para os pastores, o resultado foi a miséria. O vingativo Código de Clarendon, impulsionado pelo temor, expulsou-os e reprimiu-os. O ministério que eles mantinham conscientemente fora da igreja da Inglaterra foi declarado ilegal e, assim, eles foram lançados nos cárceres. E presenciaram a igreja anglicana render-se à permissividade, ao legalismo e à frouxidão na fé e na moral, enquanto o país cegamente festejava seu monarca folgazão. Os grandes teólogos-pastores – John Owen, Thomas Goodwin, John Howe, Richard Baxter, Stephen Charnock – escreveram uma parte significativa de seu melhor material durante aqueles anos, e as admiráveis alegorias de Bunyan também datam desse período. Mas, como os pastores não podiam considerar a igreja da Inglaterra totalmente restaurada, as universidades cerraram as portas para eles e para os jovens não conformistas, o que significava que não poderiam mais, efetivamente, reproduzir elementos de sua elevada estirpe. Por isso, o movimento não conformista organizado, que reapareceu quando veio a tolerância (1689), estava em um nível inferior ao puritanismo que o antecedera. E, quando faleceu John Howe, o último dos gigantes, em 1705, o puritanismo chegou ao fim.

3

Entre os escritores devocionais puritanos, Richard Baxter, desde o começo, foi reconhecido como notável pela sublimidade de seus assuntos e de seus modos. Clareza e energia, ordem e ardor, sabedoria e calor humano, amplitude e profundidade, fidelidade ministerial e autoridade magisterial podiam ser vistos em todas as suas produções "práticas e emotivas". Seu primeiro livro, *The Saints' Everlasting Rest* (O descanso eterno dos santos), que ele começara a escrever a fim de dirigir seus pensamentos ao alto, quando pensava estar no leito de morte, foi um grande sucesso. E isso não somente porque o livro se concentrava, sem reservas, naquilo que é central à piedade que ele vivia e ensinava, a saber, a esperança da glória que lhe fortalecia o coração, mas também porque o ímpeto sublime de sua retórica transcendia a qualquer coisa que os estilistas puritanos haviam conseguido até então (1649). A prosa puritana, do período elisabetano, como quase todo o resto da prosa elisabetana, era trivial; os escritores do início do século XVII, como Richard Sibbes, Robert Bolton e John Preston, tinham um estilo mais vívido e colorido; mas a grande eloquência de Baxter, que ele conseguia verter para a página escrita, deixava seus companheiros à sombra. Seu livro *Of Rest* (Do descanso), conforme ele costumava chamá-lo, tornou-se best-seller, elevando-o, da noite para o dia, à posição de escritor de grande proeminência nas questões relacionadas à vida espiritual.

O idoso James Usher, cronólogo da Bíblia, figura exponencial da erudição e ex-arcebispo de Armagh, concordava de coração com a escola "prática e emotiva", e muito apreciava a qualidade de Baxter como expositor da verdade devocional. Encontrando-se com Baxter em Londres, em 1654, ele lhe apresentou um projeto para a promoção do cristianismo bíblico na Inglaterra, entendendo que Baxter era quem estava mais qualificado para levar isso a efeito.

> No breve encontro que tive com aquele erudito e reverendo servo de Cristo, o Sr. Usher, ele insistiu comigo, do começo ao fim do encontro, que eu redigisse diretrizes para as diversas fileiras de cristãos professos, dando a cada um sua porção. Começaria pelos não convertidos, passaria aos bebês em Cristo e, então, aos crentes fortes; adicionando uma ajuda especial contra os vários pecados a que são inclinados. Diante de sua espontaneidade em nosso primeiro encontro, percebi que isso já estava em sua mente. Então, retruquei que isso já fora feito por muitos, e que sua falta de familiaridade com minhas fraquezas deve tê-lo feito pensar que eu estivesse mais

preparado para essa tarefa do que de fato estou. Isso não o satisfez, entretanto, e ele insistiu em seu pedido.[34]

Três anos mais tarde, quando Usher já havia falecido, Baxter assumiu a tarefa. E, em 1657, escreveu:

(...) resolvi, com a ajuda divina, proceder na seguinte ordem: primeiro, falar aos impenitentes e pecadores não convertidos, que nem ao menos se propuseram ainda a se voltar para Deus. Para esses, conforme pensei, uma persuasão despertadora é o meio mais necessário. Meu próximo trabalho deve ser dirigido àqueles que já têm algum propósito de se voltar para Deus e já caminham nessa direção, a fim de guiá-los a uma completa e verdadeira conversão, para que não abortem na hora do nascimento. A terceira parte deve consistir em orientações para os crentes mais fracos, recém-convertidos, a fim de que se firmem, cresçam e perseverem. A quarta parte conterá orientações para crentes desviados ou caídos em pecado, a fim de se recuperarem de modo seguro. Além disso, tenciono algumas breves persuasões e orientações contra alguns erros peculiares da época e contra alguns pecados comuns mas mortíferos. Quanto às orientações para as consciências duvidosas e perturbadas, a essa altura isso já tem sido feito.[35] E, então, a porção final destina-se mais especialmente às famílias, conferindo normas quanto aos deveres relativos a cada relacionamento.[36]

Seguindo esse esquema, Baxter publicou, nos poucos anos seguintes, estas obras: *A Treatise on Conversion* (Um tratado sobre a conversão) (1657); *A Call to the Unconverted* (Convite para viver – Editora Fiel) (1658); *Directions and Persuasions to a Sound Conversion*

---

34 Ibid., II:501.
35 Ele se refere a *The Right Method for a Settled Peace of Conscience* (1653).
36 *Loc. cit.*

(Orientações e persuasões para uma conversão integral) (1658); *Directions for Weak, Distempered Christians* (Orientações para cristãos fracos e desordenados) (1669); *Crucifying the World by the Cross of Christ* (Crucificando o mundo pela cruz de Cristo) (1658); *Catholic Unity* (A unidade universal) (1659); *Self-Denial* (Autonegação) (1660); *The Vain Religion of the Fonnal Hypocrite Detected* (Detectando a religião vã do hipócrita formal) (1660); *The Mischiefs of Self-ignorance* (Os malefícios da autoignorância) (1662); *The Divine Life* (A vida divina) (1664); *The Life of Faith* (A vida de fé) (1670). Ao mesmo tempo, o vade-mécum da família tornou-se o enorme *Christian Directory* (Diretrizes cristãs) (1673), "talvez o melhor corpo de teologia prática disponível em nossa própria língua ou em qualquer outra", além do volume mais breve: *Poor Man's Family Book* (Livro familiar do homem simples) (1674) e do *The Catechizing of Families* (O doutrinamento das famílias) (1683). Essa série é o ponto culminante dos escritos devocionais dos puritanos, servindo de conveniente ponto de orientação para aqueles que queiram investigar o vasto ensino espiritual dos puritanos.

4

Nossa pesquisa histórica tem indicado o alvo geral e o caráter daquilo que os mestres ingleses "práticos e emotivos" escreveram. Segue-se, agora, uma introdução do leitor a esses mestres e a seus livros. Dois pontos gerais nos servirão de guia para uma correta abordagem.

Em primeiro lugar, devemos considerar que a teologia prática dos puritanos era objeto de inveja entre os protestantes europeus. Pois, lutando em defesa de sua vida teológica diante da contrarreforma romanista, divididos e despedaçados por guerras incessantes, com seus pensadores mais ilustres totalmente ocupados com a controvérsia, as igrejas luteranas e reformadas nunca foram livres para pensar em profundidade. Escreveu Baxter na "Advertência" de seu *Christian Directory* (Diretrizes cristãs):

> Já faz muito tempo que vários teólogos estrangeiros subscreveram uma petição no sentido de que os ingleses lhes dessem um sumário, em latim, de nossa teologia prática, o qual foi enviado pelo Sr. [John] Dury, e doze de nossos grandes teólogos escreveram ao Sr. Usher, a fim de que lhes desse uma forma ou método. Mas o trabalho nunca chegou a ser realizado entre eles. E também se tem dito que o sr. [George] Downame, quando finalmente assumiu o encargo, veio a falecer. Se isso tivesse sido feito, eu teria sido poupado da tarefa, mas, como não o foi, então preparei este ensaio.[37]

O valor que as igrejas do continente europeu atribuíam à teologia prática dos puritanos transparece em certo número de traduções que foram feitas dessas obras. O livro *The Pratice of Piety* (A prática da piedade) foi traduzido para vários idiomas europeus. As obras de Perkins, em inglês, foram traduzidas para latim, holandês, espanhol, irlandês e o galês.[38] Baxter foi lido em lugares distantes, como Polônia e Hungria,[39] e, sobre as traduções de suas obras, escreveu em 1691:

> Cerca de doze delas foram traduzidas para a língua alemã, e os luteranos dizem que a tradução é boa. Algumas delas foram traduzidas para o francês; outra para o idioma dos índios da Nova Inglaterra, por Sr. John Eliot[s]. Multidões afirmam que essas traduções têm servido de meio para conversão, ou de mais informação, confirmação e consolo. E o principal benefício que espero para o mundo, por meio dessas obras, advirá depois de minha morte.[40]

---

37 Ibid., 1:4.
38 "The Printer to the Reader", prefaciado a Perkins, *Works*, I (1608).
39 Baxter, *Works*, II:983.
40 Richard Baxter's Penitent Confession (1691), prefácio.

O livro traduzido para o idioma indígena norte-americano foi o *Call to the Unconverted* (*Convite para viver* – Editora Fiel), o "despertamento persuasivo", acerca do qual Baxter escreveu:

> Em pouco mais de um ano, cerca de vinte mil exemplares dessa obra foram impressos com o meu consentimento e mais dez mil foram impressos desde então, além de milhares de outras impressões não autorizadas. Pela misericórdia de Deus, tenho sido informado que famílias inteiras converteram-se por meio desse livreto, ao qual, inicialmente, eu não dei grande valor. E, como se tudo isso não fosse misericórdia suficiente para mim, na Inglaterra, na Escócia e na Irlanda, Deus (visto que eu fora silenciado) enviou sua mensagem a muitas pessoas além-mar. Pois, tendo o Sr. Eliot impresso a Bíblia na língua dos índios, em seguida traduziu esse livro. Todavia, Deus ainda queria fazer maior uso dele; pois o Sr. Stoop, pastor da igreja francesa em Londres, tendo sido expulso dali por haver caído no desprazer de seus superiores, agradou-se em traduzi-lo para o francês mais culto e em imprimi-lo. Espero que o livro não seja inútil ali nem na Alemanha, onde foi impresso em holandês.[41]

O reconhecimento de que os escritos práticos dos puritanos eram tão valorizados naquela época, por toda a Europa (sem mencionar Escócia e Nova Inglaterra), deveria preparar-nos para valorizá-los igualmente hoje.

Em segundo lugar, deveríamos considerar que essa literatura devocional, embora popular no sentido de haver sido expressa em linguagem simples, sem pressupor qualquer conhecimento técnico, não é popular no sentido de ser crua, ou frívola, ou teologicamente inepta, nem mal-informada, ou maldigerida ou incompetente em qualquer sentido. O esnobismo moderno da erudição (em que os

---

41 *Reliquiae Baxterianae*, primeira paginação, p. 115.

eruditos profissionais recusam-se a simplificar seus escritos) e dos escritores populares (dos quais se espera que se desculpem por não serem eruditos profissionais) não era uma síndrome no século XVII. Os autores puritanos eram homens eruditos, determinados, bem-versados e bem-instruídos, que seguiam a tradição de Perkins, a quem Thomas Fuller, com toda a razão, elogiou como pioneiro em "humilhar as especulações altaneiras dos filósofos, reduzindo-as às questões da prática e da moral",[42] mas que, em sua própria época, também era conhecido por toda a Europa Ocidental como um teólogo reformado de alto nível, da qualidade de Teodoro Beza. Para os clérigos puritanos, trazer para o nível das pessoas comuns o que eles sabiam sobre Deus, em forma de sermões ou de páginas impressas, parecia ser o privilégio supremo e o principal dever deles; e consideravam seus escritos práticos – material homilético, em sua maior parte – tão importantes quanto qualquer outra coisa que escreviam.

Conforme todo mundo sabe, os puritanos eram grandes controversistas em questões de doutrina e de ordem eclesiástica, vendo isso como um aspecto essencial de seu ministério. Os pastores, diziam eles, têm a responsabilidade de repreender a heresia e de defender a verdade, a fim de que seus rebanhos não sejam enganados e, portanto, debilitados, se não algo pior. A verdade bíblica nutre, enquanto o erro humano mata; assim, os pastores espirituais devem defender a doutrina bíblica a todo custo. Conforme John Owen expôs a questão:

> Cabe a eles [ou seja, aos pastores] preservar a verdade ou a doutrina do evangelho recebida e professada na igreja, defendendo-a contra toda oposição. Essa é uma das principais metas do ministério (...). E a negligência pecaminosa desse dever é que tem sido a causa da maioria das heresias e dos erros perniciosos que têm infestado e arruinado a igreja. Muitos deles cujo dever é preservar intacta a doutrina do evan-

---

42 Thomas Fuller, *The Holy and Profane State*, editado por J. Nichols (Thomas Tegg, Londres, 1841), p. 81.

gelho na profissão pública têm falado "coisas pervertidas para arrastar os discípulos atrás deles". Bispos, presbíteros e mestres públicos têm sido os cabeças das heresias. Assim, esse dever, especialmente em nossa época, em que as verdades fundamentais do evangelho estão sendo impugnadas de todos os lados e por todo tipo de adversários, não pode ser de forma alguma negligenciado.[43]

Mas a controvérsia, embora fosse uma necessidade dolorosa quando algum erro perigoso se aproximava, não serviu senão de profilaxia contra o mal. Somente a exposição direta e a aplicação da verdade poderiam edificar de forma positiva. Por conseguinte, não é de se estranhar que os intelectuais e os acadêmicos puritanos tenham concentrado seus esforços na produção de escritos práticos, considerando-os a coroa de suas realizações e esperando que se mostrassem mais úteis do que qualquer outra coisa que faziam.

Ao reconhecermos que, por trás da mencionada simplicidade dos livros práticos dos puritanos, jazem o cuidado e a competência de teólogos brilhantes e profundamente eruditos, deveríamos conferir a essa literatura seu verdadeiro valor.

Os livros servem para a comunicação entre os autores e os leitores, e o que esses autores têm para comunicar depende de quem e do que eles mesmos são. Cinco qualidades positivas faziam dos autores puritanos o que eles eram, outorgando-lhes a mensagem que até hoje têm para seus leitores modernos.

Em primeiro lugar, conforme vimos, eles eram *médicos da alma*. Davam valor à verdade revelada de Deus por causa de seu poder curador na vida dos pecadores; e as discussões puramente teóricas pareciam-lhes falsas diante da verdadeira natureza da teologia. Per-

---

43 John Owen, *Works*, editado por William Goold (Johnstone and Hunter, Edimburgo, 1850-53), XVI:81, 82. Os primeiros 16 volumes dessa edição foram reimpressos fotograficamente por *The Banner of Truth Trust*, 1965-68.

kins falou por todos eles ao definir a teologia como "a ciência do viver de forma abençoada para sempre".[44] "A vida bem-aventurada tem origem no conhecimento de Deus, João 17.3", acrescentou ele. Isso posto, a teologia é algo essencialmente prático, sendo estudada com mais qualidade se tivermos em mira uma finalidade clara e prática ou existencialista. As observações de Baxter sobre sua má saúde, no início da vida adulta, são significativas aqui:

> Assim, por muito tempo, com um dos ouvidos estive à espera do meu chamamento pela morte e, com o outro, estive ocupado com os questionamentos de uma consciência em dúvida! Desde então, descobri que esse método de Deus é muito sábio, e que nenhum outro tenderia tanto a me beneficiar. Fixei-me nesse método em meus estudos e, desde então, tenho visto quão benéfico ele é, embora na ocasião não estivesse satisfeito comigo mesmo. Esse método fez-me buscar, em primeiro lugar, o Reino de Deus e sua justiça, e a me ocupar com a única coisa realmente necessária, procurando determinar, antes de tudo, meu alvo principal, pelo qual me envolvi na escolha e na continuidade de todos os outros estudos, mas sempre tendo em foco esse meu alvo.
>
> Portanto, a teologia não foi levada adiante apenas no mesmo nível dos demais estudos, mas sempre ocupou, entre eles, o primeiro e principal lugar. E isso me fez estudar, acima de tudo, a teologia *prática*, nos livros mais *práticos*, em uma ordem *prática*; fazendo tudo *propositalmente*, com vistas a informar e transformar *minha própria alma*. De modo que eu já havia lido uma grande quantidade de nossos tratados práticos em inglês antes de ter lido quaisquer outros manuais de teologia, incluindo o de *Ursine* e o de *Amesius* (...).[45]

---

44 Perkins, *Works*, 1:11.

45 *Reliquiae Baxterianae*, primeira paginação, p. 5. "Ursino" é Zacarias Ursinus, *The Summe of Christian Religion* (1587), um comentário a respeito de *Heidelberg Catechism*, do qual ele era um dos autores. "Amesius" é William Ames, *The Marrow of Sacred Divinity* (1643), uma tradução de *Medulla Theologiae* (1623).

Em outras oportunidades, Baxter recomendou a mesma ordem de estudos para outros crentes e, ao fazê-lo, indicou os escritores "práticos e emotivos" como um todo. A verdade divina revelada, asseveravam esses escritores, visa a uma prática saudável. Logo, essa verdade é estudada com mais qualidade de maneira prática, razão pela qual os pastores devem pregá-la e ensiná-la dessa forma. Deve-se obedecer à doutrina bíblica; a verdade não deve meramente ser reconhecida, mas posta em ação, no sentido de praticarmos aquilo que requer. Assim, o teólogo mais bíblico será também o teólogo mais prático, e vice-versa; e o estilo de pregação com aplicações práticas e desafios a cada passo será a maneira mais bíblica de ensinar teologia.

Diziam os puritanos que a verdade, uma vez que se obedece a ela, *cura*. Esse conceito é justo porque todos nós estamos espiritualmente doentes — doentes por causa do pecado, que é uma doença do coração; uma doença desgastante e fatal. As pessoas que ainda não se converteram estão mortalmente enfermas; aqueles que chegaram a conhecer a Cristo, tendo nascido do alto, ainda têm partes doentes, mas vão melhorando gradualmente, conforme a obra da graça vai atuando sobre suas vidas. No entanto, a igreja é como um hospital em que ninguém se cura por completo, e qualquer um pode piorar de saúde a qualquer momento. Os pastores, não menos que outros crentes, são enfraquecidos por meio das pressões do mundo, da carne e do diabo, com seus atrativos de vantagens econômicas, prazeres e orgulho, e, conforme veremos mais claramente, eles precisam reconhecer que os médicos espirituais continuam enfermos e feridos, precisando aplicar, a si mesmos e às ovelhas que apascentam em nome de Cristo, os remédios recomendados na Bíblia. Todos os crentes precisam da verdade bíblica como remédio para suas almas, não importa em que estágio se encontrem; e a administração desse medicamento consiste em aceitá-lo e tomá-lo. A capacidade de aplicar terapeuticamente a verdade de Deus pressupõe a habilidade de diagnosticar a enfermidade espiritual, e essa capacidade de diagnosticar é aprendida tanto por se detectarem quanto por não se perderem de vista o próprio pecado e as fraquezas. A frequência com que os pastores puritanos lamentavam sua própria pecaminosidade não deve ser desprezada, como se fosse um costume cultural corriqueiro. Na verdade, isso assegurava a seus primeiros ouvintes e leitores, assim como a nós, que eles sabiam do que estavam falando quando "rasgavam" a consciência (termo usado por eles), diagnosticavam as enfermidades espirituais e prescreviam o tratamento de orientações bíblicas para a cura. Seus autoexame e autorreconhecimento diante de Deus representavam grande parte do segredo da habilidade com que sondavam os corações, descobriam os pecados e mostravam como o poder curador de Cristo pode libertar dos males morais e espirituais.

Em segundo lugar, eles eram *expositores à consciência dos homens*. Seus escritos práticos sempre foram exposições da Bíblia, voltadas à finalidade para a qual as Escrituras são proveitosas: "Para o ensino, para a repreensão, para a correção, para a educação [treinamento] na justiça" (2Tm 3.16). A hermenêutica dos puritanos, aprendida na própria Bíblia (mais precisamente, com base no uso que o Novo Testamento faz do Antigo Testamento), via a Palavra escrita como aquela que nos mostra a natureza e as relações mútuas entre Deus e os homens, a maneira pela qual o relacionamento alicerçado sobre o pacto de amor torna-se real em Cristo e de que modo o crente deve vivenciar esse relacionamento, uma vez que se torne real.

O método expositivo dos puritanos consistia primeiro em apresentar as doutrinas – os princípios concernentes ao relacionamento entre Deus e os homens – presentes nos textos escolhidos e, em seguida, aplicar esses princípios. Essa era a razão para esses escritores serem chamados "práticos". Suas aplicações eram dirigidas à consciência dos homens, ou seja, às razões práticas de autojulgamento, em que a mente pesava as questões do dever, do merecimento e do relacionamento real com Deus, a cada momento da vida. Os puritanos criam que essa era a maneira bíblica de expor as Escrituras e confiavam que o Espírito Santo a honrasse, conferindo compreensão e convicção sobre a verdade divina daquilo que era ensinado, disparando o processo de autojulgamento e exigindo reações favoráveis e apropriadas ao veredicto assim obtido. Essas reações davam-se por todo o largo âmbito da fé, da esperança e do amor; do arrependimento, da humildade e da autodesconfiança; da autonegação, da autodevoção e da obediência; do louvor, das ações de graça, da adoração e da petição, sem falar nos vários "afetos" da disposição (não simplesmente ondas de emoção passageira, mas inclinações fixas do coração com um toque de sentimentos) que contribuem para que o crente realmente se apegue a Deus e tenha comunhão com ele. A ênfase na importância dessas disposições e seus esforços constantes para evocá-las e fortalecê-las (alegria, tristeza, desejo, temor e assim por diante, tudo direcionado a seus objetivos apropriados) explicavam por que esses escritores foram chamados de "emotivos".

Embutida na hermenêutica puritana e defendida de forma tão bem-sucedida pelos reformadores, a ponto de seus sucessores ingleses a considerarem comprovada, havia a crença de que a justificação pela fé através de Cristo, mediante a graça, é o prisma pelo qual as Escrituras devem passar, a fim de que possamos ver, com clareza, a luz e a verdade que reservam para nós. William Tyndale, que, quanto a isso e a muitas outras questões, com grande razão, pode ser chamado de avô da teologia prática do puritanos, declarou a respeito desse assunto:

> Esses dois pontos, a saber, (1) a lei espiritualmente interpretada, considerando tudo pecado condenável se não procede de um amor sincero e proveniente do fundo do coração (...) e (2) que as promessas são dadas a uma alma arrependida que tem sede e clama por essas promessas, devido à misericórdia paternal de Deus, mediante a fé

somente, sem qualquer merecimento por feitos ou méritos, mas somente por causa de Cristo, e pelos méritos das obras dele (...) pontos que, segundo digo, se forem gravados no teu coração, serão as chaves que abrem toda a Escritura diante de ti (...).[46]

Seguem-se orientações acerca do estudo das Escrituras. Tyndale mencionou os trechos de 2 Timóteo 3.16, Romanos 15.4 e 1 Coríntios 10.11, e então prosseguiu:

> Portanto, conforme ledes as Escrituras, buscai ali primeiramente a lei conforme Deus nos ordenou: e, em segundo lugar, as *promessas* em Cristo Jesus, nosso Senhor. Em seguida, buscai os *exemplos*, primeiro sobre a salvação: como Deus purifica a todos quantos se submetem a andar em seus caminhos, por meio de tribulações, jamais permitindo que qualquer daqueles que se apegam às suas promessas venha a perecer. E, finalmente, observai os *exemplos* acerca de como devemos temer a carne, a fim de que não venhamos a pecar; em outras palavras, como Deus permite que os pecadores ímpios e iníquos continuem em sua iniquidade, pois eles endurecem seus corações contra a verdade, e Deus os destrói totalmente.[47]

E novamente instrui ele: "A fim de que tomeis as histórias e as vidas contidas na Bíblia como exemplos firmes e indubitáveis de que Deus assim tratará conosco, até o fim do mundo".[48]

Dizia Tyndale que, quando esses princípios são aplicados, a Bíblia interpreta a si mesma: "As Escrituras dão testemunho de si mesmas, e sempre se explicam por meio de algum outro texto".[49]

---

46 William Tyndale, *Doctrinal Treatises* (Parker Society, Cambridge, 1848), pp. 464, 465.
47 Ibid., p. 399.
48 Ibid., p. 463.
49 Ibid., p. 320.

A chave é a justificação pela fé; e a porta (como já deveríamos esperar) é a epístola aos Romanos. Tyndale refere-se a ela como "uma luz e um caminho para a Bíblia inteira"; e traduz o veredicto de Lutero a esse respeito: "Uma luz fulgurante e suficiente para iluminar a Escritura toda".[50] Esses princípios de exegese foram transmitidos à fraternidade puritana por Perkins, o qual lançou a ideia de que, se alguém estudasse a epístola aos Romanos, prosseguindo então com o evangelho de João, teria a chave para a compreensão da Bíblia em sua totalidade.[51] A análise nos mostra que esses princípios passaram a ter valor virtualmente axiomático em toda a exegese dos puritanos.

As explicações dadas pelos puritanos sobre a fé – a fé que produz a justificação e pela qual o crente vive a cada dia – não são idênticas em todos os aspectos. Todos esses escritores concordam que a fé não é a mera crença nos fatos conhecidos; mas, quando procuram mostrar no que mais ela consiste, então suas definições divergem um pouco. Perkins, sabendo como os reformadores se alicerçavam nas Escrituras para correlacionar a fé com o testemunho do Espírito sobre as promessas divinas, encontrava a essência da fé no senso de segurança aplicatória, que ele via como um exercício da mente; Ames, discípulo de Perkins, sabendo como os reformadores também se valiam das Escrituras para apresentar o Cristo vivo, crucificado e ressuscitado, como o objeto da fé, e, evidentemente, influenciado pela posição dos voluntaristas quanto à fé dos arminianos, contra os quais ele constantemente debatia, encontrava a essência da fé no ato de receber e depender de Cristo em termos de relações pessoais e de pacto, que ele via como um exercício da vontade. A maior parte das exposições dos puritanos, depois de Ames,

---

50 Ibid., p. 484.
51 Perkins, *Works*, 11:650, 651.

e mesmo antes dele, incluía ambos esses elementos.[52] Mas todos os puritanos encaravam a fé como algo que envolve a consciência, o julgamento de si mesmo na presença de Deus à luz da verdade bíblica, razão pela qual estruturavam todas as suas exposições bíblicas, com a finalidade de induzir e nutrir a fé, como discursos e apelos contínuos endereçados à consciência. Típico como indicação de sua disciplina mental consciente é o exemplo das diretrizes baixadas por John Owen, no início de seu volumoso e complexo tratado sobre *A doutrina da justificação pela fé*:

> Trata-se do direcionamento prático da consciência dos homens, em sua aplicação a Deus por meio de Jesus Cristo. O manuseio dessa doutrina tem apenas esse desígnio – a libertação da maldição devido à apostasia e a realização da paz com Deus. Não podemos tratar de modo seguro e útil essa doutrina senão *no que tange às próprias finalidades para as quais ela foi declarada e para o que ela é aplicada nas Escrituras*. Desse modo, não deveríamos, em todos os nossos discursos sobre o assunto, desistir de dar atenção a esse caso, com vistas à sua solução. Pois nosso dever não é mostrar a curiosidade das noções ou as sutilezas das disputas, mas dirigir, satisfazer e conferir paz às consciências dos homens.[53]

---

52 Ver, por exemplo, a resposta à pergunta 72 no *Westminster Larger Catechism*: "A fé justificadora é uma graça salvadora operada no coração do pecador, pelo Espírito Santo e pela Palavra de Deus. Por meio dela, o pecador é convencido de seu pecado e miséria e de sua incapacidade, assim como de todas as demais criaturas, para ser restaurado e sair de seu estado de condenação, com a finalidade não apenas de concordar com a verdade do evangelho, mas também de *receber* e *descansar* em Cristo e sua justiça, que lhe são oferecidos no evangelho, para o perdão de seus pecados e para que ele seja aceito e reputado como justo aos olhos de Deus, para a salvação" (ênfase minha). No Capítulo XIV, artigo II, o referido catecismo complementa: "Pela fé, o cristão, por causa da autoridade do próprio Deus falando em sua Palavra, crê ser verdade tudo o que é revelado nas Escrituras e age de maneira diferente, de acordo com o conteúdo de cada passagem em particular, prestando obediência aos mandamentos, tremendo diante das ameaças e abraçando as promessas de Deus para esta e para a vida por vir. Porém, os principais atos da fé salvadora são o *aceitar*, o *receber* e o *descansar* em Cristo somente, para justificação, santificação e vida eterna, por causa dos méritos da aliança da graça" (ênfase minha).

53 Owen, *Works*, V:8 (ênfase minha).

Não somente em relação à justificação, mas também a todos os outros pontos, do começo ao fim, a exposição dos puritanos sobre o enfoque, o exercício e os frutos da fé era estruturada em termos da recepção da Palavra de Deus pela consciência. Mediante a luz das Escrituras, a consciência percebe como Deus vê o homem e como, por intermédio de Cristo, o homem chega a se relacionar com ele pelo pacto da misericórdia. Eis por que os escritores puritanos eram regularmente chamados de "experimentais", e eis o que eles mesmos entendiam quando falavam sobre a "experiência" do crente. Eles não usavam o termo para designar todos os estados de consciência e de emotividade; mas usavam-no com cuidadosa precisão, a fim de indicar tudo que está envolvido na vida de fé, mediante o exercitar da consciência alicerçada na Palavra de Deus. E, quando falavam sobre experiência nesse sentido, não tomavam sua própria experiência como ponto de referência; antes, liam a Bíblia como livro de experiência normativa e de doutrina normativa. E aqui, de fato, estavam seguindo um discernimento que é um tesouro peculiar no biblicismo de Agostinho, visto no próprio Agostinho, em Bernardo de Clairvaux, nos puritanos originais e nos puritanos posteriores, como C. H. Spurgeon e Martyn Lloyd-Jones.

O que os agostinianos percebem, mas outros, com frequência, não conseguem ver, é que aqueles documentos bíblicos, nos quais os autores narram suas experiências, devem ser aceitos como padrões de experiência espiritual, assim como são modelos da verdade divina. Eles devem ser expostos de uma forma que saliente e reforce tanto uma coisa quanto a outra. Se, em particular, o ensino apostólico deve ser tido como definitivo, outro tanto deve ser dito acerca da experiência dos apóstolos, porquanto eles regularmente expunham sua doutrina em termos de seu efeito sobre suas próprias vidas e da reação de sua própria consciência a essas doutrinas. De forma reiterada, a mensagem e a experiência deles são apresentadas em função uma da outra. (Pensemos em Romanos, 2 Coríntios, Gálatas, Filipenses e 1 João, em particular, como ilustrações desse fato.) Essa é uma questão sobre a qual também é apropriado dizer: "Aquilo que Deus ajuntou não o separe o homem".

Quanto a isso, os puritanos foram bons exemplos. Ao estudarem as epístolas do Novo Testamento, os Salmos e os "exemplos" de fé e fidelidade, bem como seus opostos, em ambos os Testamentos, eles edificaram, paralelamente às suas completas formulações da *doutrina* da graça, formulações plenas sobre a *experiência* distintiva da fé, que essa doutrina tenciona produzir. Assim como aprenderam a refutar heresias e a corrigir afirmações equivocadas, que distorcem o evangelho apostólico, também aprenderam a diagnosticar as doenças da alma e a prescrever o respectivo tratamento. Não eram como médicos charlatães, ou "empíricos cegos", conforme Holland os descreveu; tal tipo de pregador serve mais como ameaça à terapia da alma do que o médico charlatão na medicina para o corpo. Eram como médicos autênticos, munidos de base teórica apropriada para seus diagnósticos e para os remédios que propunham. Aqueles que veem os reformadores como os que deram à igreja suas formulações clássicas sobre a doutrina da graça divina e salvadora deveriam saudar os puritanos como expositores clássicos da aplicação dessa doutrina às necessidades espirituais dos homens, e isso devido à sua compreensão acerca da natureza da fé e da consciência. Se os reformadores foram teólogos clássicos, então os puritanos foram pastores e guias espirituais clássicos, conforme logo constata quem se põe a ler seus escritos.

Em terceiro lugar, os puritanos eram *educadores da mente*. Esse ponto relaciona-se ao método de ensino deles. Nos séculos XVI e XVII, muito se pensava sobre a teoria da educação, e os pastores puritanos, em seu todo, contavam com uma técnica educacional bem planejada, que passamos agora a examinar de forma sucinta.

O ponto de partida deles era que a mente precisa ser iluminada e instruída, antes que a fé e a obediência se tornem possíveis. Escreveu Baxter: "A ignorância é quase todo o erro". E uma de suas máximas favoritas no que toca à pregação era "primeiro a luz, depois o calor". Calor sem luz ou paixão no púlpito sem precisão pedagógica seriam coisas inúteis para quem quer que fosse. Um sinal seguro de falta de sinceridade era a indisposição demonstrada por certos frequentadores dos cultos em aprender sobre a fé e em aceitar a instrução dada por meio dos sermões. "Se vocês quiserem converter-se um dia, então esforcem-se para adquirir o verdadeiro conhecimento", costumava dizer Baxter à classe de obreiros de sua congregação. E, quando eles se comportavam como o faz uma congregação moderna, objetando: "Não somos eruditos, e por isso Deus não requererá grande conhecimento de nossa parte", então ele respondia:

(1) Toda pessoa dotada de uma alma capaz de fazer questionamentos deveria conhecer o Deus que a criou e para qual finalidade deveria viver; e também deveria conhecer o caminho para sua felicidade eterna, tanto quanto os eruditos. Vocês não têm almas a serem ganhas ou perdidas tanto quanto os eruditos? (2) Deus deixou clara para vocês sua vontade em sua Palavra; ele lhes tem dado mestres e muitos outros meios, de tal modo que vocês não terão desculpa se forem ignorantes; vocês devem saber como ser crentes, mesmo que não sejam eruditos. Vocês poderão chegar ao céu usando o inglês, embora não tenham conhecimento do hebraico ou do grego; mas, nas trevas da ignorância, vocês jamais chegarão lá. (3) Portanto, se pensam que podem justificar-se diante da sua falta de conhecimento, então também pensam que podem justificar-se diante da falta de amor e de obediência, pois essas virtudes não podem existir sem o conhecimento. Se ao menos vocês estivessem dispostos a obter o conhecimento de Deus e da realidade celeste, assim como estão dispostos a conhecer as artes de seus

negócios, vocês já teriam começado há muito tempo, não poupando esforços nem dores para obter esse conhecimento. Vocês pensam que sete anos é pouco para aprender sua profissão, mas não querem dedicar um dia, em cada sete, para aprender com diligência as questões atinentes à salvação de suas almas.[54]

E novamente: "Se o céu é elevado demais para vocês pensarem nele e se prepararem para ele, então é elevado demais para vocês chegarem a possuí-lo".[55]

Todos os puritanos consideravam o sentimento religioso e as emoções piedosas, sem o conhecimento, algo pior que a inutilidade. Somente quando a verdade era experimentada é que a emoção era desejável a eles. Quando os homens sentiam a verdade e obedeciam a ela, isso resultava da atuação do Espírito de Deus, mas, quando os homens se deixavam arrastar por sentimentos sem conhecimento, então isso era um sinal firme de que o diabo estava trabalhando; pois sentimentos divorciados do conhecimento, quando os homens se sentem impelidos a agir em meio às trevas mentais, é algo tão ruinoso para a alma quanto o é o conhecimento desacompanhado da obediência. Assim, o ensino da verdade era a primeira tarefa de um pastor, tal como o aprendizado era a tarefa do leigo.

Mas como a verdade era ensinada por eles? Principalmente do púlpito, mediante a análise e a aplicação sistemática de textos bíblicos, ou seja, as declarações do Espírito Santo. O método básico foi firmado por Perkins em seu livro *Art of Prophecying* (A arte de profetizar). O pregador deveria apresentar seu texto, tornando-se o porta-voz de sua mensagem. Inicialmente, deveria parafraseá-lo, contextualizando-o e salientando sua estrutura e as partes componentes, ou seja, "dividindo-o" – tudo para se certificar de que os ouvintes compreen-

---

54 Baxter, *Works*, II:481, 482.
55 Ibid., II:527.

deriam o sentido e o escopo geral do autor bíblico. Em seguida, o pregador deveria extrair uma ou mais proposições doutrinárias que o texto asseverasse, deixasse subentendido, conjecturasse ou exemplificasse. Arthur Hildersam, por exemplo, extraiu de Salmos 51.1,2 as três seguintes "doutrinas":

> (1) O povo de Deus, em todas as suas angústias, deve recorrer a Deus por meio da oração, buscando consolo; (2) o perdão dos pecados é mais desejável do que o livramento dos piores juízos que nos possam sobrevir; (3) os melhores entre os servos de Deus não têm outra base de esperança de achar favor diante de Deus, quanto ao perdão de seus pecados, exceto na misericórdia do Senhor.[56]

John Owen, ao falar da segunda metade de Romanos 8.13, levantou estas três doutrinas:

> (1) Os mais excelentes crentes, que, sem dúvida, estão livres do poder condenador do pecado, ainda assim, todos os dias de suas vidas, devem mortificar o poder interior do pecado; (2) somente o Espírito Santo (...) é idôneo para essa obra; (3) O vigor, o poder e o consolo de nossa vida espiritual dependem de nossa mortificação quanto às obras da carne.[57]

O livro *Convite para viver*, de Baxter (Editora Fiel), é uma extensa exposição de sete doutrinas, derivadas de Ezequiel 33.11:

> É uma lei imutável de Deus que os ímpios viverão, se ao menos se voltarem para o Senhor; Deus alegra-se na conversão e na salvação dos homens, mas não na morte ou na condenação deles. Essa é uma ver-

---

56 Arthur Hildersam, *CLII Lectures upon Psalm LI* (1642) pp. 55, 56.
57 Owen, *Works*, VI:7ss.

> dade indiscutível que Deus tem confirmado solenemente, por meio de um juramento; o Senhor reitera suas ordens e persuasões para que os ímpios se arrependam; o Senhor condescende em arrazoar sobre o caso diante deles, perguntando aos ímpios: Por que quereis morrer? Se, depois disso, os ímpios não se volverem para Deus, não será culpa de Deus se perecerem, mas deles mesmos (...) eles morrem porque querem morrer.[58]

As doutrinas, uma vez declaradas, deveriam ser "provadas" mediante maior análise do texto, além de apelos a outros trechos bíblicos; precisavam ser "aclaradas", a fim de evitar mal-entendidos e dificuldades, e ser "confirmadas" contra as objeções que poderiam surgir na mente dos ouvintes. A "doutrina" deveria conduzir à aplicação ou ao "uso". Em geral, isso era subdividido em vários "usos" particulares, como o uso de informações, quando a verdade era aplicada para instruir a mente e moldar o juízo, de tal modo que o homem pudesse aprender a moldar suas ideias e opiniões à mente revelada de Deus; o uso de exortações ou dissuasões, quando se mostrava aos ouvintes, à luz da doutrina, o que deveriam ou não fazer; o uso de lamentação e persuasão, por meio do qual o pregador buscava impressionar seus ouvintes sobre a cega insensatez daqueles que não respondiam favoravelmente à graça de Deus, conforme ela transparecia na doutrina, despertando-os para tirar proveito dela; o uso da consolação, quando ele mostrava que a doutrina é a resposta para a dúvida ou a incerteza; o uso de testes ou autoexames, por meio dos quais o pregador exortava sua congregação a aquilatar a própria condição espiritual à luz da doutrina ensinada (a qual podia revelar as marcas de um homem regenerado ou algum privilégio ou dever cristão); e assim por diante. Os pormenores desse método expositivo podiam variar, mas sempre tinham origem no tema doutrinário, em conjunto com a respectiva

---

58 Baxter, *Works*, 11:509.

aplicação. Sentenciou John Owen: "Seria um sermão estranho aquele que fosse destituído de doutrina e aplicação".[59]

A aplicação sempre deve ser relevante, pois, de outra forma, será apenas uma dramatização vazia; e, como as congregações reúnem pessoas em muitas condições espirituais distintas, uma ampla gama de aplicações deve ser feita constantemente. Deve haver alguma aplicação adequada a cada tipo de ouvinte. Perkins ofereceu aos pregadores um leque pastoral com sete aspectos quanto ao planejamento das aplicações.[60] Diz ele que, em primeiro lugar, existem os "incrédulos, que são ignorantes e não querem aprender" – com esses, a estratégia deve consistir em "repreendê-los quanto a algum pecado notório, a fim de que, compungidos no coração e aterrorizados, eles se disponham a aprender". Em segundo lugar, "alguns dispõem-se a aprender, mas não têm conhecimento básico" – esses precisam ser ensinados quanto ao evangelho básico, de preferência pelo uso de um catecismo de perguntas e respostas (o meio de instrução favorito entre os puritanos), como suplementação dos sermões. Em terceiro lugar, "alguns já têm conhecimento, mas ainda não se humilharam" – esses precisam ouvir como a lei de Deus os condena. Em quarto lugar, "alguns já se humilharam" – esses precisam ouvir "a doutrina da fé e do arrependimento, bem como os consolos do evangelho". Em quinto lugar, "alguns, de fato, creem" – esses precisam fundamentar-se nos seguintes pontos: (a) no evangelho, no que toca a justificação, santificação e perseverança; (b) na lei sem a maldição, por meio do que podem ser ensinados a produzir fruto sob a forma de uma nova obediência, adequada ao arrependimento". Em sexto lugar, "alguns estão caídos" da verdadeira fé ou da verdadeira retidão – esses precisam "da doutrina que confronta decisivamente seu erro (...) demonstrada e inculcada [ou calcada neles], em conjunto com a doutrina do arrependimento, e

---

59 Owen, *Works*, XXIV:218.
60 Perkins, *Works*, 11:665ss.

isso em meio ao amor fraternal". Em sétimo lugar, "há pessoas mistas; as assembleias de nossas igrejas são um povo misto". (Isso era verdade em especial nos dias dos puritanos, quando a frequência à igreja era exigida por lei, nos dias da rainha Elisabeth, sob pena de multa de um xelim, na primeira instância, e mais, se houvesse repetição da ofensa. Essa lei, cujo propósito era arrancar de suas tocas os católicos hesitantes, dava aos ministros audiência cativa, mas nem sempre atenta.) O que fazer nesse caso? Os pregadores deviam empregar todas as formas de aplicação, de modo regular. Cada aplicação atenderia a certo tipo de ouvinte, e a fonte de material de aplicação jamais se esgotava. Muitas formas e níveis de aplicação do tipo "voltando ao lar" (essa expressão era usada por Alexander Whyte) podiam ser extraídas, por inferência, de quaisquer textos que o pregador estivesse empregando.

Visto serem assim as coisas, visto que tantos pontos distintos de doutrina podem ser extraídos de cada texto e visto que as doutrinas, uma vez introduzidas, segundo se pensava, requeriam uma exposição plena e completa para não serem mal interpretadas, os pregadores puritanos às vezes "demoravam-se" em uma única passagem durante meses ou até mesmo anos. Na página impressa, o resultado parece incrível ao leitor moderno; a exaustiva lista de títulos e subtítulos numerados, diante da qual a pessoa facilmente perde o rumo, chega a ser cansativa. Uma das razões pelas quais, a princípio, essas exposições nos derrubam é que eram controladas por um interesse muito mais intenso pela Bíblia, como um todo, do que aquele a que estamos acostumados. Enquanto damos atenção ao fluxo de cada passagem, com um mínimo de referência a outros trechos, os expositores puritanos laboravam incansavelmente, a fim de mostrar como cada passagem reflete e está ligada ao ensino do restante da Palavra de Deus. Uma segunda razão que nos espanta é que nosso modo de apresentar um tópico qualquer consiste em supor a total ignorância a seu respeito, construindo indutivamente a partir daí; o método puritano, porém, consistia em supor algum conhecimento prévio sobre o assunto e, então, dividi-lo, mediante a análise de cada parte, para a compreensão do todo. O ensino de Peter Ramus, educador francês protestante do século XVI, de que a análise dicotômica era a melhor maneira de se compreender qualquer assunto, levou muitos mestres puritanos a "dividir" os textos e extrair temas ao pregarem no púlpito, na crença de que isso tornaria tudo mais claro e de mais fácil memorização. Talvez isso se passasse com seus próprios ouvintes, mas não há como negar que, para nós, é tarefa inicialmente difícil acompanhar as pregações escritas dos puritanos. Mas, se anotarmos a sequência dos títulos enquanto lemos, seremos ajudados, de modo significativo, a perceber a estrutura de suas exposições.

O método analítico dos puritanos justifica a extensão de suas exposições – seis mil páginas de pregação, em formato de bolso, sobre Jó (Joseph Caryl); duas mil páginas de pregação, em formato maior, sobre Hebreus (John Owen); cento e cinquenta e dois sermões sobre Salmos 51.1-7 (Hildersam); mais de oitocentas páginas em letras pequenas (em todas as edições modernas) sobre Efésios 6.10-20 (William Gurnall, no livro *The Christian Complete Armour* (A armadura completa do cristão), entre outros. O que impulsionava os puritanos a estudos tão longos era sua paixão pela inteireza, pois procuravam extrair todas as doutrinas e desenvolver todas as aplicações de seus textos. Como é óbvio, uma vez que começassem a extrair implicações e aplicações, era difícil parar. No entanto, eles apresentavam uma grande variedade de assuntos com o mínimo de repetição; a impressão de que começavam pelo meio do assunto, e não pelo início, logo é vencida, e o interesse, uma vez adquirido, não se desvanece. Você duvida disso? Então prove e veja!

Em quarto lugar, os puritanos eram *inculcadores da verdade*. Esse ponto está associado ao modo como usavam as palavras. Eles voltavam as costas para a afetação e a elegância que emprestavam fama aos pregadores "espirituosos", em Oxford, Cambridge e no palácio. Em suas mensagens, prefeririam um estilo claro e direto; solene, mas vívido e simples. A simplicidade com que falavam se fazia acompanhar de poder. Perkins provocava comentários a seu respeito em Cambridge ao pregar dessa maneira simples e lúcida. Alguns que o ouviam classificavam-no como "um sujeito vazio e estéril, intelectual mediano".[61] Mas, quando Thomas Goodwin entrou em Cambridge, em 1613, notou que a memória sobre o ministério de Perkins continuava bem viva, embora o próprio Perkins já estivesse morto há 11 anos. A princípio, Goodwin resolveu que se tornaria um pregador "espirituoso", como o dr. Senhouse, da Catedral de São João, cujos sermões eram a "miscelânea mais eminente de toda espécie de floreios que podiam ser encontrados em qualquer dos pais, poetas, historiadores e comentadores, ou de qualquer escrito floreado e elegante que existisse". Após a sua conversão, contudo, ele renunciou a essa espécie de exibicionismo.

> Cheguei a adotar o princípio de que eu pregaria de forma totalmente íntegra e sã, com palavras sóbrias, sem qualquer ar de espirituosidade ou vaidade de eloquência (...) e tenho prosseguido nesse propósito e nessa prática por todos estes sessenta anos [Goodwin escrevia já no fim de sua vida]. Tenho pregado o que tenho julgado ser verdadeiramente edificante, visando levar meus ouvintes à conversão e à vida eterna.[62]

Isso era típico. Os puritanos, como um todo, sabiam que a tarefa do pregador é exibir a graça de Cristo, e não sua própria erudição, esboçando seus sermões de modo a beneficiar outras pessoas, e não a fim de serem aplaudidos. Assim, a prédica deles girava em torno dos três "erres" da religião bíblica – ruína, redenção e regeneração –,

---

61 Edward Bagshawe, "Life and Death of Mr. Bolton" (junto com *Mr. Bolton's Four Last Things*, 1632).
62 Thomas Goodwin, *Works*, editado por J. Miller (James Nichol, Londres, 1861), II:lxiv, lxv.

revestindo essas verdades do evangelho com as vívidas roupagens da mais sincera simplicidade.

No prefácio de seu livro *Treatise on Conversion* (Tratado sobre a conversão), Richard Baxter procurou desarmar os escarnecedores do "estilo claro", explicando acerca dos sermões que compõem o tratado: "Eu precisava pregar não somente para um auditório popular, mas também para a parcela mais ignorante e menos sóbria do auditório". E continuou:

> As palavras mais simples formam a oratória mais útil quanto às questões mais graves. É certo que as palavras bem elaboradas servem de ornamento, e a delicadeza no seu uso serve de deleite, mas, quando essas coisas estão unidas, é difícil para o ouvinte ou leitor observar o ornamento e a delicadeza sem se desviar do assunto (...) e ouvir ou ler um discurso esmerado, conciso e pomposo, sem sofrer dano; pois isso usualmente impede a devida operação do argumento, não o deixando chegar ao coração, reduzindo-o à fantasia, parecendo fazê-lo tão leviano quanto o estilo. Não costumamos nos deter em cumprimentos ou em outros detalhes semelhantes ao corrermos para apagar um incêndio, nem pedimos auxílio aos homens por meio de um discurso eloquente. Quando vemos um homem cair no fogo ou na água, não ficamos a usar de cerimônias para tirá-lo dali. Nunca esquecerei o prazer de minha alma quando Deus primeiramente aqueceu meu coração com essas questões, quando comecei a viver um cristianismo sério. Quando li um livro como os *Sermões*, do bispo [Lancelot] Andrewes, ou ouvi tal tipo de pregação, não senti qualquer vida neles, pois pareceu-me que estavam brincando com as coisas sagradas. Somente o *pregador claro e diretamente franco* é que me pareceu sentir de fato a importância do que dizia, falando com vida, com luz e com gravidade; e esse tipo de escrito era notavelmente agradável à minha alma (...). Contudo, devo confessar que, embora eu possa digerir melhor a

exatidão e a brevidade do que podia fazê-lo anos atrás, também dou o mesmo valor à seriedade e à simplicidade; e, ao ler ou ouvir, sinto desprezo pelo estilo floreado, por considerá-lo uma insensatez orgulhosa, que tem sabor de leviandade, que tende a fazer evaporarem-se as verdades mais profundas, reduzindo-as todas a meras fantasias, impedindo-as de chegar até o coração. Assim como um ator ou um dançarino rústico diferem de um soldado ou de um rei, assim diferem esses pregadores dos autênticos e fiéis ministros de Cristo; assim como, no púlpito, mais se parecem com atores do que com pregadores, assim também usualmente seus ouvintes divertem-se com os sermões que ouvem, em vez de darem atenção à mensagem enviada pelo Deus do céu, acerca da vida ou da morte de suas almas.[63]

O estilo "nobre e negligente" de Baxter, do qual a citação acima exibe alguns toques, não nos deveria fazer pensar que a prosa dos puritanos era desmazelada. O estilo latinizado de Owen era tortuosamente exato, tal como o de Goodwin era "familiar" e ácido. Baxter e Bunyan escreviam com vigor e pungência, com pouca ou nenhuma prosa desde os seus dias tem conseguido igualar-se, quanto menos superar. E William Perkins, Richard Sibbes, Thomas Watson, Thomas Brooks, Thomas Watson e William Gurnall (para não mencionarmos outros) foram modelos de plena lucidez; e todos eles, à exceção de Perkins, recheavam seus escritos com vívidas analogias e ilustrações. De acordo com os padrões da época, a franqueza caseira deles não era considerada eloquente, mas representou um estilo deliberadamente escolhido, cuja base lógica foi expressa por John Flavel:

> Um estilo "crucificado" é o que melhor se adapta a um Cristo crucificado. A prudência prefere termos sólidos, e não floreados. As palavras são meras servas das ideias. Uma chave de ferro que esteja ajustada à

---

63 Baxter, *Works*, 11:399.

fechadura é mais útil do que uma chave de ouro que não abre a porta do tesouro. A prudência rejeita mil palavras enfeitadas em troca de uma só que seja capaz de penetrar a consciência e atingir o coração.[64]

É possível ver que a clareza de palavras dos puritanos funciona desse modo para os leitores modernos, tal como para os contemporâneos daqueles escritores. E nós também a acolhemos como um canal para a unção e o poder divinos, perdoando os ocasionais lapsos de dispersividade e redundância. "Confesso que minha memória, vez ou outra, esquece passagens que eu já havia escrito, e, nesse esquecimento, acabo escrevendo-as de novo; mas não dou muita importância a isso", declarou Baxter com cativante candura. "Reiterar a mesma coisa é segurança para o leitor; e por que isso deveria ser lamentado por mim?"[65] A isso, não há como responder.

Em quinto lugar, os puritanos eram *homens do Espírito*; amavam o Senhor, eram guardadores de sua lei e se desgastavam em seu serviço. E essas sempre foram, em todos os tempos, as três principais facetas da vida verdadeiramente cheia do Espírito.

Em seu livro *O pastor aprovado*, Baxter inicia com uma exortação aos pastores evangélicos a pregarem para si mesmos, e não só para seus ouvintes.[66]

> Vigiem a si mesmos, e verifiquem se vocês não se encontram desprovidos da graça salvadora que oferecem aos outros. Tomem cuidado também para que suas virtudes estejam vigorosas e sejam exercitadas regularmente, e que, antes de pregarem aos outros, preguem a si mesmos os sermões que vocês preparam. Portanto, vigiem seus próprios

---

64 *The Works of John Flavel* (Banner of Truth, Edimburgo, 1968), VI:572.
65 Baxter, *Works*, II:400.
66 Richard Baxter, *The Reformed Pastor*, editado por William Brown (Banner of Truth, Edimburgo, 1974), pp. 53-64.

corações; não deem lugar a concupiscências, paixões e inclinações mundanas; mantenham a vida de fé, amor e zelo; gastem muito tempo a sós em comunhão com Deus (...) vigiem a si mesmos para que seu exemplo não venha a anular o que vocês têm asseverado com seus lábios. Da mesma forma que devemos nos esforçar por pregar bem, também devemos nos esforçar por viver bem. Devemos ponderar e ponderar de novo, não somente sobre como pregar, mas também sobre como viver – para, dessa forma, melhor favorecer a salvação das pessoas à nossa volta.

E foi exatamente isso que os grandes mestres puritanos fizeram; e os escritos deles dão abundante testemunho da qualidade de sua vida cristã. Escreveu John Owen: "Um homem só prega bem um sermão para os outros quando também o prega para sua própria alma. E aquele que não se alimenta nem aproveita do alimento que provê a outros dificilmente torna-o saboroso a seus ouvintes; sim, ele só sabe que o alimento que oferece não é venenoso se ele mesmo o tiver provado. Se a Palavra não exercer seu poder em nós, não conseguirá sair de nós com poder".[67] Perkins disse: "Palavras boas são inúteis quando não há uma vida boa. Que os ministros não pensem que suas palavras douradas produzirão tanto o bem quanto suas vidas erradas causarão o mal (...) Assim como nenhum homem é mais digno de honra que um santo e erudito ministro, ninguém é mais desprezível neste mundo, ninguém é mais miserável quanto qualquer outro, do que aquele que, por meio de sua vida frouxa e lasciva, escandaliza seu ensino".[68] Calvino já dissera, de forma ríspida: "Seria melhor que ele [o pregador] quebrasse o pescoço ao subir ao púlpito se não se esforça por ser o primeiro a seguir a Deus".[69]

---

67 Owen, *Works*, XVI:76.
68 Citado de John Brown, *Puritan Preaching in England* (Hodder and Stoughton, Londres, 1900), p. 66.
69 Citado de T. H. L. Parker, *The Oracles of God* (Lutterworth Press, Londres, 1947), p. 60.

Os mestres puritanos viam nisso uma verdade e agiam de maneira apropriada. Acima de tudo, eram homens santos, e a autoridade que suas páginas impressas trazem é a autoridade não só das Escrituras, por si mesmas, como a Palavra de Deus, mas também das Escrituras como o poder de Deus, sob a forma de experiência pessoal, as quais eles reconheciam como instrumento de iluminação e aplicação do Espírito Santo. Acerca da doutrina da justificação, escreveu Owen:

> Para aquele que quer tratá-la como deve, requer-se que pese em sua própria mente e experiência tudo quanto afirma, não ousando propor a outros aquilo que ele mesmo não observa nos recessos mais íntimos de sua mente, em seus encontros mais íntimos com Deus, em seus encontros inesperados com o perigo, em suas profundas aflições, em seus preparativos para a morte e em seus mais humildes pensamentos acerca da infinita distância que há entre Deus e ele mesmo.[70]

Conforme os puritanos percebiam, o mesmo se aplica a todas as doutrinas. De acordo com isso, o que aqueles pregadores endereçavam aos corações e às consciências de seus ouvintes resultava do exercício de seus próprios corações e consciências, em todos os pontos da verdade que eles tinham para ensinar. Assim, eles cumpriam a fórmula paulina: "Falamos na presença de Deus, com sinceridade e da parte do próprio Deus" (2 Co 2.17).

É difícil descrever, por meio de palavras, a autoridade espiritual, mas podemos reconhecê-la quando a encontramos. Ela é um produto composto de fidelidade consciente à Bíblia, de vívida percepção da realidade e da grandiosidade de Deus, do inflexível desejo de honrar e agradar ao Senhor, de profundo autoexame e de radical autonegação, da adoração íntima a Cristo, da compaixão generosa para com os homens e da simplicidade franca, ensinada e operada

---

70 Owen, *Works*, V:4.

por Deus, adulta em seu conhecimento, embora infantil quanto à sua sinceridade. O homem de Deus enche-se de autoridade quando se verga diante da autoridade de Deus; e o padrão do poder de Deus, que nele se manifesta, é o padrão batismal de ser sobrenaturalmente levantado de debaixo das pressões que são sentidas como se fossem a própria morte.

Os grandes puritanos vivenciavam esse padrão em sua própria época, enquanto batalhavam contra a má saúde, a distração das circunstâncias e das aflições, e, acima de tudo, contra seus próprios corações preguiçosos, para que pudessem pregar o evangelho "com vida, luz e poder". E nós, que lemos, três séculos e meio mais tarde, aquilo que eles prepararam para dizer em seus próprios púlpitos (pois já vimos que quase todo o material dos puritanos tinha natureza homilética), descobrimos que a autoridade deles continua a chegar até nós. Os reformadores deixaram para a igreja exposições magistrais acerca daquilo que nosso Deus gracioso faz por nós; o legado puritano são declarações igualmente autoritativas daquilo que o mesmo Deus faz em nós. Examinar as obras dos "escritores ingleses práticos e emotivos" é como penetrar em um mundo novo. Pois a nossa visão é aclarada, nossos pensamentos são expurgados, nossos corações são despertados; somos humilhados, instruídos, reavivados, revigorados, quebrantados até o arrependimento e elevados até a mais firme segurança. Não existe experiência mais salutar! As igrejas e os crentes de hoje se assemelham muito aos laodicenses: são complacentes, sonolentos, superficiais, tolos. Precisamos de reavivamento. O que devemos fazer? Abrir as janelas de nossas almas para que sopre o ar fresco do século XVII, conforme sugiro, é o curso mais sábio possível.

OS PURITANOS E A BÍBLIA

PARTE 2

Capítulo 4

John Owen e a comunicação com Deus

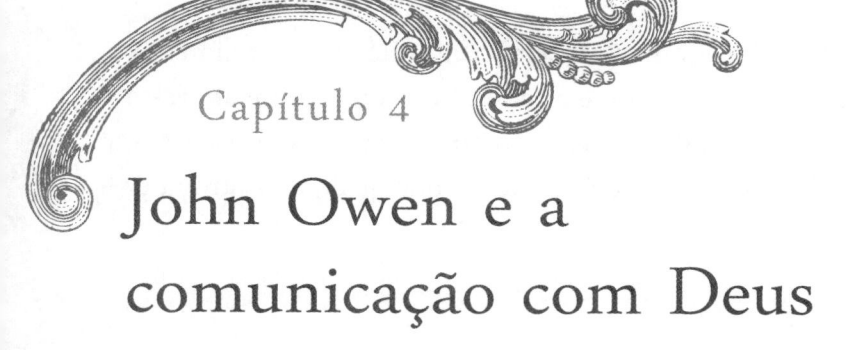

1

Quem foi John Owen? Seu nome já figurou neste livro (e ainda aparecerá muitas outras vezes) e seu perfil será bem apresentado no Capítulo 12. Aqui, preciso dizer que, por consenso, ele não apenas foi o mais versátil, como também o maior dos teólogos puritanos. Por causa de sua solidez, profundidade, consistência e majestade em apresentar, por meio das Escrituras, os caminhos de Deus à humanidade pecaminosa, ninguém se iguala a ele. Em cada tópico que abordou, à parte dos limites que impôs sobre sínodos e magistrados, ele se postou no cerne da principal corrente puritana, totalmente em sintonia com os padrões de Westminster e com o desenvolvido ideal de piedade. Todos os meus escritos sobre Owen evidenciam essa afirmação. Em sua própria época, ele era visto como o principal baluarte da Inglaterra e o campeão da ortodoxia evangélica reformada. Ele não duvidava de que Deus lhe havia conferido essa posição. Seu interesse, todavia, era ampliar e aprofundar o discernimento quanto à realidade confessada pela ortodoxia. E o que permeou tudo que ele escreveu era a humilde consciência de que seu entendimento, embora verdadeiro (conforme ele mesmo acreditava), mostrava-se inadequado àquela realidade. Nisso, como na maioria dos aspectos, ele se assemelhava mais a João Calvino do que qualquer outro líder puritano.

2

Se o título que dei a este capítulo fosse redigido de acordo com a linguagem de Owen, isso me daria o direito de explorar todo o campo da obra do Espírito Santo na aplicação da redenção; isso porque John Owen usava a palavra "comunicação" para incluir cada benefício divino concedido ao ser humano. Contudo, estou usando a palavra em seu sentido moderno e restrito; e o que me proponho a explorar é a explicação de John Owen sobre a comunicação *cognitiva* da parte de Deus ao homem – em outras palavras, sua doutrina do Espírito e da Palavra, sua resposta à seguinte indagação: como Deus leva os homens a entenderem e a compreenderem o mundo das realidades espirituais?

Conceder entendimento espiritual, naturalmente, não é uma finalidade em si mesma; conforme Owen reconhecia, essa dádiva sempre deve ser vista e avaliada como um meio para alguma coisa além – conhecer a Deus e desfrutar dele. Todavia, trata-se de uma questão que, em si mesma, pode ser claramente delimitada em termos da comunicação procedente da mente de Deus e destinada às mentes humanas. De fato, era nesses termos que Owen via e discutia a questão, e não em termos das categorias formais de revelação, inspiração, iluminação e interpretação, as quais eram – como são – as divisões comuns usadas como tópicos nos compêndios de teologia. É claro que Owen fez uso dessas categorias, mas o objeto de seu interesse era o ato comunicativo de Deus, como um todo. À semelhança do que fez Calvino, o que se destaca em sua apresentação era a maneira orgânica como entrelaçava esses temas. Essa apresentação continha a ideia de que Deus, ao tornar sua mente conhecida aos pecadores, provia um campo amplo e dinâmico no qual podia trabalhar.

Até onde sei, Owen não frisou em parte alguma o ponto em que a imagem de Deus, segundo a qual o homem foi criado, envolve a capacidade de receber as comunicações enviadas pelo Criador – e corresponder a elas. No entanto, essa ideia é um pressuposto constante em sua insistência, por um lado, de que a imagem de Deus, em Adão, foi um estado real de conformidade responsiva para com a vontade revelada de Deus, e, por outro, de que Deus nos confere o conhecimento de sua mente ao fazer nossas mentes funcionarem. "Visto que somos homens, Deus nos instruirá quanto à sua mente e à sua vontade, através das faculdades racionais de nossas almas."[1] Ao lado de todos os teólogos reformados de seus dias e, certamente, em harmonia com a Bíblia, Owen pressupunha afinidade e correspondência diretas entre a mente divina e a mente humana, de tal forma que Deus é capaz de falar conosco por meio de palavras, e nós, dentro dos limites de sua própria autorrevelação, podemos compreendê-lo em nossos pensamentos. Mas não que possamos, de fato e em qualquer sentido, medir a Deus – Deus mede totalmente o homem, mas nunca o contrário. Não podemos perscrutar o mistério de seu Ser (nesse sentido, ele é totalmente incompreensível para nós), havendo muitas "coisas encobertas" (Dt 29.29) em seus planos, as quais ele nunca nos revela. Além disso, podemos ter plena certeza de que, independentemente do estágio de nossa peregrinação, muitas das coisas que ele nos tem dito ainda não conseguimos entender. Porém, até onde nossos pensamentos correspondem ao que Deus diz sobre si mesmo, eles são autênticos, constituindo um real conhecimento acerca dele, um conhecimento que se revela fundamental para nosso

---

1 John Owen, *Works*, IV:4ss.; 118ss.; XVI:281ss.

verdadeiro relacionamento com ele. Nesse sentido, Owen, tal como Calvino, aparece em cena como racionalista cristão, o qual teria condenado, sem hesitação, o irracionalismo da ideia neo-ortodoxa de um "conhecimento" de Deus derivado de encontros não comunicativos com ele. Owen, pois, teria dito que a base de nosso conhecimento de Deus está em nosso conhecimento a respeito de Deus, e que esse conhecimento nos foi dado pelo próprio Deus, mediante seu autotestemunho verbal.

Entretanto, tal como a principal corrente de pensadores reformados, Owen via nisso um problema. O pecado que em nós habita, o impulso contra Deus embutido na humanidade, é nosso legado adâmico, que envolve consequências tanto mentais quanto comportamentais. Esse impulso produz certa indiferença universal diante da verdade e da realidade espirituais, ao que o Novo Testamento chama de dureza e de cegueira de coração. Meras instruções racionais, pois mostram-se ineficazes; somente a iluminação do Espírito Santo, abrindo nossos corações para a Palavra de Deus e abrindo a Palavra de Deus para nossos corações, pode produzir a compreensão convicta e o consentimento daquilo que Deus nos declara. Além de Owen, nenhum dos mestres puritanos era dotado de senso tão agudo quanto às trágicas trevas e à perversão da mente humana decaída e, portanto, quanto à absoluta necessidade de que o Espírito atuasse, igualmente, sobre o pregador e mestre tanto quanto sobre o ouvinte e o estudante, se tivesse de ocorrer uma comunicação eficaz da realidade divina.

Convém analisarmos o conceito de Owen sobre as comunicações divinas, seguindo cinco subtítulos: 1) a outorga da revelação; 2) a inspiração das Escrituras; 3) a autenticação das Escrituras; 4) o estabelecimento da fé nas Escrituras; 5) a interpretação das Escrituras. Cada um desses subtítulos cobre aquilo que Owen via como um elemento distinto, no conjunto de atividades por meio do qual o Espírito Santo introduz em nós os pensamentos que estão na mente de Deus.

As fontes são principalmente três. A primeira delas, publicada em 1658, intitula-se *A respeito da origem divina, da autoridade, da luz e do poder autoevidentes das Escrituras, com uma resposta à pergunta sobre como podemos saber que as Escrituras são a Palavra de Deus*. A segunda e a terceira pertencem a uma série de tratados, dentre os quais o primeiro foi *Pneumatologia: A Discourse Concerning the Holy Spirit* (Pneumatologia: um discurso sobre o Espírito Santo) (1674). Nesse tratado, Owen avançou sistematicamente através de todo o material bíblico concernente à terceira pessoa da trindade. Os dois tratados que nos dizem respeito, o segundo e o terceiro da série de Owen, e também de nossas fontes informativas, são: *A razão da fé ou uma resposta à pergunta: Por quais motivos cremos que as Escrituras são a Palavra de Deus, com as causas e a natureza da fé com a qual assim cremos* (1677) e *Causas, métodos e meios de entendermos a mente de Deus da maneira como é revelada em sua Palavra, com a segurança que há nela, e uma declaração da perspicácia das Escrituras, com os meios externos de interpretação delas* (1678).[2] Todas essas obras ocasionalmente atacam os teólogos iluministas e racionalistas, mas sua tendência polêmica é principalmente antirromanista. Owen escreveu para derrubar as seguintes contenções do romanismo: em primeiro lugar, a fé nas Escrituras, como Palavra de Deus, deve estar alicerçada na autenticação tradicional da igreja; em segundo, o cristão não deve tentar interpretar a Bíblia por si mesmo, mas deixar que a igreja organizada faça isso por ele. O alvo de Owen era mostrar que pertence ao ofício revelado e prometido pelo Espírito Santo tanto conduzir o povo de Deus à fé na Bíblia como sendo de origem divina quanto guiá-lo à compreensão das Escrituras como lei de vida e mensagem de salvação. Porém, como nesses tratados seu método de frisar esses pontos era, como sempre, expositivo, por meio de apelos aos textos sagrados, e, como os próprios tratados eram construtivos e edificantes quanto a seu propósito

---

2 Ver Capítulo 4, nota 43.

principal e o tom polêmico era praticamente nulo (algo comum nos escritos de Owen, embora não em sua época), é fácil alguém lê-los sem ao menos perceber seu propósito de controvérsia. Notemos que eu não disse que era fácil ler essas obras! – isso não seria verdadeiro; contudo, aventuro-me a dizer que o trabalho envolvido em estudar esses tratados, escritos em estilo tediante, será bastante compensador.

Em nossos dias, não há dúvida acerca da importância dos temas abordados por Owen. A doutrina da revelação é o cadinho; a evangélica e histórica crença na comunicação verbal de Deus por meio da Bíblia está sendo negligenciada. Poderia Owen, o maior teólogo britânico de seu tempo, se não mesmo de todos os tempos, ajudar-nos a recuperar e restabelecer a verdade? Ou ele mesmo seria vulnerável à crítica? Uma das características do cenário teológico contemporâneo é a polêmica lançada por Karl Barth e alguns de seus seguidores contra os expositores da ortodoxia reformada do século XVII, porque estes, segundo alegam, abreviaram sua doutrina da divina comunicação ao "congelarem" o Espírito Santo nas Escrituras. A queixa de Barth é que, tendo começado bem, ao asseverarem a origem divina das Escrituras, esses teólogos permitiram que o racionalismo invadisse sua exposição bíblica e sua teologia, porquanto não levaram em conta, de forma efetiva, a doutrina do Espírito como Senhor e Instrutor, mediante a Palavra escrita. Como a própria doutrina de Barth a respeito das Escrituras torna inteiramente problemática a natureza divina da Bíblia, e suas interpretações teológicas parecem ter sido injetadas reiteradamente no texto, em vez de extraídas dele, qualquer um sente-se simplesmente tentado a dizer: "Médico, cura-te a ti mesmo", deixando a questão nesse ponto. Mas a crítica é séria, feita com boa-fé; e, se ela é válida, a ponto de censurar Owen, o qual, independentemente do que mais tenha sido, sem dúvida foi um dos principais teólogos reformados, certamente essa crítica limita a extensão em que ele poderia nos ajudar. Mas tal crítica é válida? Será interessante averiguar, à medida que formos prosseguindo. De fato, descobriremos que essa crítica, aplicada a Owen, é totalmente indevida, pois o ponto em que Barth considera deficientes as noções de Owen é precisamente aquele no qual Owen se mostrava mais habilidoso.

3

Passemos, então, a examinar a primeira de nossas subdivisões: *a outorga da revelação*. Normalmente, Owen usava o termo "revelação" para significar qualquer comunicação informativa e imediata da parte de Deus, desvendando coisas que, de outra forma, não poderiam ser conhecidas. Tais comunicações, diz Owen, foram transmitidas a seus receptores por meio de uma voz ou de uma impressão interior, acompanhada, algumas vezes, de algum sonho ou visão. Owen reunia todas as revelações dessa ordem sob o título de *profecia*, definindo um "profeta" como "aquele que costumava receber revelações divinas".[3] Também afirmava que os patriarcas, depois de Adão, que receberam revelações divinas foram "guiados por um espírito profético" e, por isso, com bastante razão, podem ser chamados de profetas, como Abraão o foi, em Gênesis 20.7.

A outorga dessas revelações foi obra do Espírito Santo, o qual é "o autor imediato de todas as revelações divinas",[4] restando claro, através das narrativas, que elas trazem consigo a certeza de sua própria origem divina. Elas evidenciam por si mesmas que são mensagens enviadas por Deus e, portanto, requerem absoluta aceitação e obediência, por mais inexplicável que pareça ser seu conteúdo, como, por exemplo, quando foi ordenado a Abraão que sacrificasse seu próprio filho, Isaque. (A natureza dessa qualidade autoevidenciadora será

---

3 Ibid., III:128.
4 Ibid., III:197.

analisada em seção posterior.) Adão, Abraão, Moisés e todos os outros aos quais veio a Palavra de Deus não precisaram perguntar qual era a fonte das mensagens recebidas. Eles sabiam – ou seja, estavam seguros em sua convicção e não duvidavam – que tais mensagens vinham de Deus; e, por isso, agiram em consonância com elas. Assim, pela fé, eles obtiveram bom testemunho.

Na maioria dos casos, as revelações dadas aos profetas não visava primariamente a eles mesmos, mas a outras pessoas; os profetas receberam a incumbência de anunciá-las a seus destinatários. Owen reconhecia, assim como nós, que os profetas eram tanto receptores quanto anunciadores da Palavra. Conforme ele mesmo disse: "Os profetas são os intérpretes, os declaradores da palavra, da mente, da vontade ou dos oráculos de Deus, para outras pessoas".[5] Pela providência de Deus, as revelações que "serviam para o uso geral da igreja"[6] ficaram registradas por escrito, começando, assim, a se avolumarem as Escrituras do Antigo Testamento, até atingirem o tamanho atual. Um processo similar produziu o Novo Testamento: o Espírito capacitou os apóstolos a "receberem, compreenderem e declararem, de modo infalível, o inteiro conselho de Deus em Cristo",[7] para, então, escreverem aquilo que sabiam, com vistas à instrução das gerações posteriores. Em uma passagem em que rebate o romanismo, Owen deixa claro que um registro escrito, em distinção às meras tradições orais, sempre será necessário se as revelações divinas tiverem de ser preservadas da corrupção e das perdas:

> Antes de encarregar os homens de escreverem a sua Palavra, Deus fez um experimento no mundo: quão bons guardiães de sua revelação eram os homens, por meio de suas tradições. Dentro de algumas

---

5 Ibid., III:130.
6 Ibid., IV:11.
7 Ibid., 111:197, proveniente de uma exposição sobre João 16.13-15.

centenas de anos após o dilúvio, todo o conhecimento sobre Deus, mediante a astúcia de Satanás e a vaidade da mente dos homens, a qual é incalculável, já se havia perdido de tal modo que nada, salvo a criação de um mundo novo ou o aparecimento de uma igreja mediante novas revelações, poderia ter preservado esse conhecimento. Após aquele grande teste, não sei dizer o que mais seria possível esperar das tradições.[8]

Mas, uma vez que as Escrituras estavam registradas e que o testemunho profético e apostólico sobre Cristo estava terminado, não havia mais necessidade de revelar novas verdades de forma particular; e Owen não acreditava que tivessem sido dadas quaisquer novas revelações. Ele se opunha ao "entusiasmo" daqueles que, à semelhança dos quacres, depositavam sua confiança em supostas revelações dadas à parte e que vão além da Palavra de Deus. Em uma obra escrita em latim, Owen chamou os quacres de *fanatici*, "fanáticos", por causa da atitude deles. E não tardou em lhes apresentar o antigo dilema de que, se "as revelações particulares" deles concordam com a Bíblia, então são desnecessárias; e, se discordam da Bíblia, então são falsas.

Em tudo isso, Owen estava seguindo a vereda da exposição reformada de Calvino, nada havendo de novo em seus argumentos.

Isso posto, avançamos para nosso segundo tópico: *a inspiração das Escrituras*. Aqui, uma vez mais, a linha seguida por Owen era o padrão de ensino reformado da época. Ele definia a "inspiração" como o sopro do Espírito Santo no íntimo dos homens, mediante o qual as revelações eram dadas, recebidas e transmitidas de modo oral ou escrito. Os instrumentos humanos da inspiração, afirma Owen, mostram-se passivos nesse processo, no sentido de não serem os originadores; embora suas mentes mostrem-se ativas em um sentido psicológico, eles sofrem a ação do Espírito ou, de forma mais simples,

---

[8] Ibid., XVI:334.

como diz Owen, eles são "atuados" pelo Espírito ou "movidos pelo Espírito Santo" (2 Pe 1.21). Aqui, podemos citar algumas afirmações de Owen ao expor esse texto de Pedro. O Espírito, diz ele,

> preparou-os [os profetas] para receberem as impressões que lhes eram dadas, e confirmou a memória deles para as reterem. Mas não os iluminou nem despertou suas mentes a ponto de lhes dar pleno entendimento sobre tudo quanto lhes fora declarado. Na inspiração que receberam, havia mais do que eram capazes de sondar [Owen estava pensando na assertiva, em 1 Pedro 1.10,11, de que os próprios profetas não entendiam todo o significado de suas próprias palavras acerca de Cristo]. Porém, ele elevou e preparou suas mentes de tal modo que foram capazes de receber e reter a impressão das coisas que lhes foram comunicadas. Assim como um homem dedilha as cordas de um instrumento musical para que recebam corretamente as impressões de seus dedos e, assim, produzam os sons melódicos que ele tenciona (...) Ele mesmo atuou sobre as faculdades dos profetas, fazendo uso deles para que expressassem as palavras dele, e não seus próprios conceitos.[9]

Com isso, podemos comparar a explicação de Owen sobre a obra do Espírito Santo ao inspirar as Escrituras Sagradas:

> Por conseguinte, houve três coisas que contribuíram para essa obra: (a) a inspiração das mentes desses profetas, com o conhecimento e a apreensão das coisas que lhes foram comunicadas; (b) a sugestão de palavras, para poderem expressar o que suas mentes concebiam; (c) a orientação dada às suas mãos, para que registrassem as palavras sugeridas; ou às suas línguas, para proferirem as palavras àqueles por meio de quem eles escreveram, assim como Baruque, que escreveu as

---

9 Ibid., III:132, 133.

profecias ditadas por Jeremias (Jr 36.4, 18). Se qualquer dessas coisas faltasse, as Escrituras jamais poderiam ser absolutamente divinas e infalíveis.

Essa combinação de iniciativa e controle divinos não significou, todavia, que a personalidade ou as características humanas dos escritores sagrados tenham sido ignoradas:

> O Espírito Santo, em sua obra sobre a mente dos homens, não os força, nem age de modo contrário à sua natureza, mas vai ao encontro de suas aptidões e qualificações a fim de usá-las e agir sobre elas (...) assim, as palavras que ele lhes sugere são aquelas a que estão acostumados, levando-os a usarem as expressões que lhes são familiares (...) Também podemos admitir que eles usavam suas próprias habilidades e seu próprio entendimento na escolha de palavras e expressões. Pois o pregador buscava encontrar palavras agradáveis (Ec 12.10). Mas o Espírito Santo, que conhece a mente e as habilidades dos homens mais intimamente do que os próprios homens, guiava, agia e operava neles de tal modo que as palavras que eles selecionavam eram, decerto, diretamente enviadas da parte dele, como se ele lhes tivesse falado por meio de uma voz audível.[10]

As obras dos autores bíblicos, por conseguinte, têm Deus como seu autor primário.

> As leis que eles tornaram conhecidas, as doutrinas que ensinaram, as instruções que deram, os fatos que registraram, as promessas de Cristo, as promessas do evangelho que eles revelaram e anunciaram, coisa alguma vinha deles mesmos, nem fora concebida em suas mentes, tampouco criada em seus raciocínios, nem fora retida na me-

---

10 Ibid., III: 144, 145.

mória com base no que já tinham ouvido, nem mesmo haviam sido antes compreendidas por eles (1 Pe 1.10, 11). Tudo lhes vinha imediatamente da parte de Deus; na recepção dessas coisas, eles apenas concorriam passivamente com suas faculdades racionais.[11]

A inspiração das Escrituras é tanto substancial quanto verbal: Deus não lhes conferia apenas as ideias, mas também as próprias palavras. "Quanto à doutrina contida nelas [nas Escrituras] e quanto às palavras mediante as quais a doutrina foi entregue, tudo veio diretamente de Deus; o que as Escrituras dizem é Deus quem o diz. Ele fala nas Escrituras e por meio das Escrituras."[12] Nesse sentido e de acordo com essa explicação, deveríamos acolher a Bíblia como a Palavra de Deus, "a revelação sobrenatural e imediata da mente dele para nós".[13] Sendo a Palavra de Deus, a Escritura Sagrada é objeto primário e direto da fé, tal como as revelações dadas aos patriarcas e os inspirados sermões dos profetas e apóstolos foram objeto direto e primário da fé para seus recebedores originais.

A fé, diz Owen, tem a natureza de concordar com um testemunho; a fé cristã, que floresce ao concordar com o pacto de Deus, que confia em suas promessas e que crê em seu Filho, tem como raiz a conformidade à verdade evangélica e ao testemunho de Deus. Portanto, a Bíblia não é "humana", mas "divina". A fé "humana", depositada em qualquer coisa, consiste em concordar com o testemunho humano; a fé "divina" é o concordar com o testemunho divino. Não é suficiente ter a fé humana nos artigos do credo cristão ou na apresentação evangélica de Cristo. Nesse tipo de fé, a conformidade é fundamentada em alguma forma de confirmação humana, como, por exemplo, da igreja ou de eruditos ou de santos, ou sobre um juízo racional de

---

11 Ibid., XVI:298.
12 Ibid., XVI:306.
13 Ibid., IV:15.

probabilidades. Tal fé não é necessariamente instável, como também não é o que Deus requer. A fé que Deus requer é a fé divina que tem origem no reconhecimento de que a base sobre a qual repousa a confissão cristã – ou seja, o testemunho das Escrituras – é o infalível testemunho que Deus presta acerca de si mesmo. A base da fé divina na verdade divina ensinada na Bíblia é, dessa maneira, o fato da "origem divina" da Bíblia; essa é também a origem de sua autoridade (ou seja, conforme Owen a definia, seu "poder de ordenar e exigir obediência em nome de Deus").[14] As Escrituras têm a autoridade de Deus porque simplesmente ele é o autor delas; são as suas declarações, sua própria Palavra escrita.

Quando Owen se referia à "origem divina" das Escrituras, dava a entender não apenas que Deus *proferiu* o conteúdo delas desde há muito, quando causou a escrita de suas palavras, mas também dava a entender que hoje ele *fala* o mesmo conteúdo: as Escrituras permanecem como a declaração contemporânea de Deus dirigida a cada geração. Assim, a fé que é "divina, sobrenatural e infalível", citando um trio bem conhecido de adjetivos, a verdadeira fé cristã, ou seja, algo distinto da atitude de aquiescência convencional, que é menos que a fé divina, repousa no reconhecimento de que aquilo que as Escrituras dizem é Deus quem o diz, aqui e agora, em aplicação direta a todos aqueles a quem as Escrituras chegam. Os argumentos racionais, alicerçados nos fatos relativos à Bíblia – sua antiguidade, sua preservação, sua unidade interior de mensagem e desígnio, sua confirmação histórica na igreja e em seus efeitos transformadores, aonde quer que ela chegue –, podem servir para remover dúvidas que perturbam os crentes, bem como para trazer os incrédulos, ainda que com certa relutância, a "firmes opiniões, juízos e persuasão" – uma convicção provável e até mesmo certa – "de que as Escrituras vieram de Deus".[15]

---

14 Ibid., XVI:308.
15 Ibid., IV:45.

No entanto, isso, quando muito, é apenas a mera fé humana, razão pela qual não se mostra adequada. Deus requer a fé divina na verdade e na autoridade de sua Palavra escrita, e isso só vem pelo reconhecimento de que ela nos foi dada, tal como foram dados os oráculos proféticos, sob a rubrica do "assim diz o Senhor".

Owen fez a questão soar como se a fé salvadora em Cristo, desde a era apostólica, em todos os casos, tenha dependido necessariamente da fé anterior na origem divina das Escrituras. Perguntamos: Será que Owen realmente quis dizer isso? Era sua opinião que ninguém poderia crer de modo salvador enquanto não conhecesse e aceitasse a Bíblia? E o que Owen diria do fato de alguns, atualmente, evidenciarem aquela fé em Cristo, que é "divina, sobrenatural e infalível", ao mesmo tempo que não professam compartilhar plenamente da fé na "origem divina" das Escrituras?

Temos a resposta às duas primeiras perguntas ao notar que a preocupação de Owen com a controvérsia explica sua maneira de se expressar. Contra a equivocada tese romanista de que a base correta da fé em Cristo é o testemunho da igreja – o testemunho humano –, Owen insistia em que a base apropriada da fé é o testemunho bíblico – o testemunho divino. Ele falava contra o pano de fundo de sua própria época – época em que havia Bíblias disponíveis para todos, a inspiração plenária e a veracidade das Escrituras ainda não eram desafiadas e a única questão em foco era decidir se a fé deveria repousar diretamente sobre o testemunho bíblico ou não. Se fosse indagado a um homem se poderia chegar à verdadeira fé salvadora, com base em uma explicação acurada da mensagem bíblica que não se baseava na própria Bíblia (como, algumas vezes, os missionários no estrangeiro ou os apologetas em sua própria pátria faziam), Owen, sem dúvida, replicava que, diante da soberania beneficente de Deus, tal coisa bem poderia ocorrer, embora não fosse essa a situação que ele discutia em seus escritos, os quais ora examinamos.

Quanto à terceira resposta, Owen, em termos de seus princípios, podia estabelecer três pontos, cada qual tendendo a mostrar que, quando uma pessoa que dá evidências, de outras maneiras, de ter a fé salvadora em Cristo afirma não aceitar a "origem divina" das Escrituras, a reivindicação não deveria ser levada tão a sério. (Os instintos de Owen provavelmente o levariam a iniciar a resposta frisando o ponto de vista oposto, ou seja, de que a dúvida acerca da "origem divina" das Escrituras é algo tão anômalo em um crente que isso sugere que os duvidosos provavelmente são hipócritas! – mas seus princípios também o impeliriam a defender a tese que estamos advogando aqui.)

Primeiro, Owen poderia observar que o único Cristo que existe é o Cristo da Bíblia, e que a fé nesse Cristo necessariamente pressupõe a fé, pelo menos, na substância daquilo que as Escrituras dizem a respeito dele – o que não difere muito de dizer que a verdadeira fé no verdadeiro Cristo repousa sobre a fé na verdade divina de boa parte da Bíblia.

Segundo, poderia salientar que, no próprio Novo Testamento, a fé em Cristo é apresentada como consequente e dependente de receber a mensagem apostólica como a própria palavra divina da verdade (Rm 10.14-17; Cl 1.4-7; 1 Ts 1.5-10; 2.13), e que o Novo Testamento é a substância dessa mensagem apostólica, na forma escrita.

Terceiro, ele poderia frisar o ponto no qual o ministério do Espírito, ao iluminar os pecadores para receberem o homem Jesus como o Salvador divino e as Escrituras humanas como a Palavra de Deus, é um único ministério. Ele também poderia dizer que, de fato, os corações aos quais o Espírito dá testemunho do poder salvador de Jesus recebem testemunho similar sobre a "origem divina" das Escrituras, embora a confusão e a fraqueza mental, advindas da pecaminosidade do próprio coração, fomentadas pelas ideias anticristãs ao seu redor, em uma época de incredulidade, possam impedir a expressão intelectual adequada a esse testemunho. Owen certamente ter-se-ia demorado sobre o efeito debilitador desse pecado intelectual assediante, como o fez em suas obras no que diz respeito a erros atinentes a outras doutrinas; mas não há razão para atribuirmos a ele o conceito de que um homem com ideias confusas sobre a infalibilidade da Bíblia não pode ser um crente, sob hipótese nenhuma.

4

Mas como ocorre a fé na "Palavra de Deus escrita"? Isso nos leva aos dois temas seguintes, em que o primeiro, tal como o terceiro em nossa ordem geral, trata da *autenticação das Escrituras*.

O Espírito Santo, o Autor das Escrituras, diz Owen, faz sua obra ser recebida com a fé divina de que a Bíblia é a Palavra de Deus, por meio de dupla operação: seu testemunho externo e seu testemunho interno. Esta última é a "operação interior do Espírito Santo na mente dos homens, capacitando-os a crer", enquanto a outra é a "obra externa do mesmo Espírito, dando evidências, através das Escrituras, de sua própria origem divina".[16] A primeira pressupõe a segunda e com ela se relaciona, e ambas pertencem à declaração da doutrina reformada clássica, sendo Calvino o primeiro a dar-lhe proeminência em suas *Institutas*, citando o testemunho do Espírito como a base da fé nas Escrituras. Ao afirmar essa doutrina, contradizendo a igreja de Roma, que enfatiza o testemunho externo da igreja, Calvino frisou o testemunho interno do Espírito, sem dar atenção específica ao testemunho externo do Espírito, o qual corresponde ao testemunho interno no coração do crente. O que distingue Owen na apresentação dessa doutrina, em comparação a Calvino, é a ênfase que o primeiro deu ao testemunho externo do Espírito. Sua doutrina, assim, fala de um duplo testemunho do Espírito Santo quanto às Escrituras; o efeito da exposição que Owen

---
16 Ibid., IV:102.

fez da doutrina consiste em extrair e tornar evidente o que ficara implícito na exposição de Calvino, nos pontos em que as declarações a respeito desse tema não foram plenamente desenvolvidas.[17] Passemos agora a falar do testemunho externo do Espírito.

Owen escreveu: "Nisso consiste o testemunho que o Espírito dá à Palavra de Deus: sendo o Espírito Santo o autor imediato de toda a Escritura, ali e por meio dela presta testemunho acerca de sua verdade e de sua origem, por meio das marcas de autoridade e veracidade divinas expressas nas Escrituras, evidenciando esses fatos por meio de seu poder e eficácia".[18] Por esse intermédio, "as Escrituras do Antigo e do Novo Testamento manifestam-se, de forma abundante e inequívoca, como a Palavra do Deus vivo".[19]

Como o Espírito produz esse efeito? Por meio de uma tríplice atividade. Primeiro, confere às Escrituras a permanente qualidade de *luz*. Owen apelava para as referências bíblicas que apresentam a Bíblia como "uma candeia que brilha em lugar tenebroso" (2 Pe 1.10); uma "lâmpada" para os pés dos homens e uma "luz" para o caminho deles (Sl 119.105), uma palavra que fornece "luz" (v. 130) e outras passagens similares. Quando falava em luz, Owen indicava aquilo que dispersa as trevas, iluminando os homens e o meio ambiente. A luz, por sua natureza, evidencia a si mesma. "Seja uma luz pequena e desprezível; se ela brilha, despedindo seus raios e lampejos em lugar escuro, ainda assim evidenciará a si mesma".[20] As Escrituras, por meio da ação que o Espírito Santo se comprometeu a realizar, "brilham" constantemente, fornecendo luz e discernimento espirituais sobre o que alguém é aos olhos de Deus, sobre quem é Jesus Cristo, tanto em si mesmo quanto em relação ao homem, e, finalmente, no sentido

---

17 Owen cita a declaração clássica de Calvino a respeito do testemunho interno do Espírito, *Institutes*, I:vii:5; IV:68, 69.
18 Ibid., IV:72, 73.
19 Ibid., XVI:307.
20 Ibid., XVI:320.

mais amplo e mais inclusivo, ou seja, como alguém deve viver. Assim, as Escrituras evidenciam sua origem divina.

Segundo, o Espírito torna as Escrituras *poderosas*, a fim de produzir efeitos espirituais. Elas evidenciam sua origem divina por meio da ruptura e da recriação de vidas humanas. Owen, nesse sentido, citava as descrições bíblicas da Palavra de Deus como "viva e eficaz", a qual tem "poder para vos edificar" e é "o poder de Deus" (Hb 4.12; At 20.31; 1 Co 1.18).

Terceiro, o Espírito Santo faz as Escrituras caírem sobre a consciência das pessoas como uma palavra *pessoalmente endereçada* a cada uma pelo próprio Deus, evocando a admiração e o senso de estar na presença de Deus e sob a vista dele. Owen falava desse aspecto quando se referia à "majestade" das Escrituras. Ele escreveu: "O Espírito Santo, ao falar através da Palavra, conferindo-lhe virtude, eficácia, majestade e autoridade, proporciona-nos o testemunho em torno do qual gira nossa fé".[21]

Dessa forma, por meio da ação do Espírito Santo, as Escrituras se evidenciam e se autenticam como a Palavra de Deus. "Não deveríamos descansar, finalmente, nessa *to theion* [qualidade divina] que acompanha a verdadeira voz de Deus, evidenciando-se e dando à alma uma certeza que está acima de qualquer possibilidade de engano?".[22]

O que Owen diz aqui talvez seja mais direto do que sua linguagem revela à primeira vista. Seu argumento é simplesmente que a iluminação ímpar e o poder convencedor com que as Escrituras canônicas se apresentam aos homens são o "testemunho público do Espírito Santo, dado a todos, a respeito da Palavra, pela Palavra e na

---

21 Ibid., XVI:328.
22 Ibid. XVI:318; cf. viii:537: "Cremos nas Escrituras não porque os ministros do evangelho nos têm levado a aceitá-la ou por nos terem dito que ela é de Deus, mas porque nós mesmos temos ouvido e percebido Deus falar através dela. O Espírito resplandece em nossa mente por intermédio da luz da Palavra e fala audivelmente a nossos corações pelo poder dela, contando-nos de maneira evidente de quem é a Palavra. Dessa forma, o Espírito nos leva a submeter-nos à autoridade divina".

Palavra".²³ Parte da distinção dos livros canônicos jaz no fato de que esse testemunho os acompanha constantemente: "Não temo afirmar que, em cada livro das Escrituras, existem... aqueles sinais e critérios divinos que bastam para distingui-los de quaisquer outros escritos, testificando sobre sua autoridade divina às mentes e consciências dos crentes".²⁴ Em termos desse testemunho, desse constante fluxo de luz e poder, é que, de acordo com Owen, a qualidade autoevidenciadora da Bíblia e de sua mensagem deveria ser descrita e explicada. A Bíblia, com todas as mensagens e revelações de Deus, reveste-se dessa qualidade; assim, aqueles que são alcançados por qualquer parte da Palavra escrita têm o dever de recebê-la e a ela obedecer, pois deixar de fazê-lo é sempre pecado. (Como prova, Owen citava, entre outros, os textos de Deuteronômio 31.11-13; Lucas 16.31; 2 Pedro 1.16-21.)

Isso nos leva ao quarto tópico: *o estabelecimento da fé nas Escrituras*. O testemunho interno do Espírito Santo, mediante o qual o testemunho externo vem a ser reconhecido e recebido, conforme explicou Owen, não é uma voz interior que revela fatos até então desconhecidos ou que não possam ser conhecidos (por exemplo, uma revelação particular), nem é alguma convicção irracional, sem base objetiva, que chega à pessoa de forma repentina; antes, é uma atividade de iluminação interior, por meio da qual a cegueira espiritual da natureza humana é removida, o véu é retirado dos olhos de seu coração, seu orgulho e seus preconceitos são igualmente quebrantados, e a pessoa recebe tanto a compreensão quanto o "gosto" (Hb 5.14) das realidades espirituais. Conforme diz Owen, é disso que o Novo Testamento fala ao usar o verbo "revelar" em textos como Mateus 11.25-27 e Efésios 1.17-19, sendo também o que o apóstolo João tinha em mente quando falou do Espírito como uma "unção" que nos "ensina a respeito de todas as coisas" (1 Jo 2.27).

---

23 Ibid., XVI:328.
24 Ibid., IV:107.

O sinal dessa compreensão é que as Escrituras tornam-se coerentes; para o homem iluminado pelo Espírito, as Escrituras não parecem mais uma série de assuntos isolados, como pareciam antes de sua conversão, mas, "sob o benefício dessa assistência, todas as porções da Bíblia, em sua harmonia e correspondência, todas as suas verdades em seu poder e necessidade, conjugam-se para prestar evidências umas às outras, e todas elas prestam evidências quanto ao todo".[25] Um texto ajusta-se a outro texto, Escritura harmoniza-se com a Escritura, e o testemunho unificado da Bíblia torna-se evidente. A experiência do "gosto" ou "deleite" pelas realidades espirituais é algo imediato e inefável. Owen assim a descreve:

> Ele [o Espírito] dá aos crentes um senso espiritual do poder e da realidade das coisas cridas, por meio das quais a fé é fortemente estabelecida (...) E, em face dessa experiência espiritual, nossa percepção das coisas espirituais muitas vezes é expressa mediante os atos dos sentidos, como provar, ver, tatear e outros meios que nos põem em contato com as coisas materiais. E, quando os crentes atingem esse ponto, descobrem a sabedoria, a bondade e a autoridade de Deus tão presentes com eles, que não necessitam de qualquer argumento ou motivo para persuadi-los ou confirmá-los na fé. E, considerando que "essa experiência espiritual que os crentes obtêm por meio do Espírito Santo é tal que não possa ser racionalmente justificada, vendo que aqueles que a têm recebido não podem explicá-la plenamente e vendo que aqueles que não a têm recebido não podem entendê-la, tampouco podem entender a eficácia que ela tem para dar segurança e firmar a mente, concluímos que essa experiência só pode ser julgada por aqueles que 'têm suas faculdades exercitadas para discernir não somente o bem, mas também o mal'. Isso pertence ao testemunho subjetivo, interno, do Espírito Santo".[26]

---

25 Ibid., XVI:327.
26 Ibid., IV:64.

Além disso, o Espírito preserva aqueles a quem ilumina contra a tentação de duvidar da divindade das Escrituras, independentemente da origem de tal tentação – concupiscência, incredulidade, pressão de argumentos opostos, declínio do senso da presença de Deus e de sua autoridade ou qualquer outra enfermidade espiritual. Tudo isso cabe ao testemunho interno do Espírito, conforme Owen o descreveu. Na verdade, ele apresentou a mais rica exposição que conheço sobre esse assunto.

Logo, a base sobre a qual temos fé nas Escrituras como a Palavra de Deus é o testemunho externo do Espírito quanto à origem divina da Bíblia, o qual constantemente é dado nas Escrituras; e a razão para assim crermos é "que o Espírito Santo iluminou nossas mentes e produziu em nós a fé, capacitando-nos a crer nas Escrituras".[27] A maneira simples de conduzirmos outras pessoas a uma fé idêntica consiste em permitirmos que entrem em contato com a mensagem da Bíblia, a fim de que o Espírito cumpra em relação a elas o mesmo ministério. Conforme Owen escreveu, apresentar "argumentos racionais" não foi o método que os apóstolos adotaram para convencer os homens de que a mensagem pregada por eles era divina; mas os ouvintes foram convencidos pela pregação da "Palavra propriamente dita, mediante a evidência e a demonstração do Espírito, pelo poder que deixava manifesta a autoridade de Deus na Bíblia. E os ouvintes, ao se prostrarem, reconheciam que Deus estava realmente presente na Palavra" (1 Co 2.4,5; 14.25,26).[28]

5

Assim, chegamos ao nosso tópico final: *a interpretação das Escrituras*.

O primeiro ponto de Owen, a respeito desse tema, é o padrão protestante de que as Escrituras são claras, no sentido de que todo

---

27 Ibid., IV:60.
28 Ibid., IV:103.

crente que usar dos meios da graça, como é seu dever, pode aprender tudo que se faz necessário acerca da vida e da piedade. Entretanto, essa fórmula não é garantia de que alguém que estude sozinho sua Bíblia possa aprender tudo mediante uma leitura isolada. Owen deixou isso bem claro ao listar os meios primários da graça, dizendo que o estudo pessoal da Bíblia pressupõe aqueles recursos conferidos pela vida de comunhão com a comunidade cristã, a saber, a pregação pública da Palavra e a discussão informal com os outros crentes. Owen dava grande ênfase à pregação, vendo-a como o principal meio determinado à igreja para a instrução do povo de Deus. E, acerca da discussão informal, escreveu:

> A instrução mútua entre os crentes, sobre a mente de Deus, com base nas Escrituras, também é algo requerido (...) assim, quando nosso Salvador encontrou seus discípulos falando sobre as coisas de Deus à beira do caminho, fazendo ele o papel de um homem qualquer, instruiu-os sobre o sentido das Escrituras (Lc 24.26,27,32). Mas a negligência quanto a esse dever no mundo, que é tão grande a ponto de a própria menção ao assunto ou a mais ínfima tentativa de realizá-lo despertarem reprimendas e zombarias, é uma das causas da grande ignorância e das trevas que ainda nos cercam por todos os lados.[29]

Essa pode ser uma palavra bem oportuna em nossos dias. Somente no contexto do aprendizado coletivo das Escrituras por parte da igreja, formal ou informalmente, é que Owen esperava que o crente obtivesse correto entendimento sobre os ensinamentos da Bíblia.

Mas isso nunca é fácil. Males espirituais, tais como orgulho, paixão corrupta, preguiça, mente entenebrecida, tradicionalismo e racionalizações pecaminosas, estorvam nosso progresso; e esses males só podem ser detectados e vencidos através dos meios espirituais.

---

29 Ibid., IV:13.

Assim, em um capítulo deveras sondador,[30] Owen, depois de abordar a necessidade de uma leitura cuidadosa e meditativa do texto da Bíblia, em grande e pequena quantidades, faz uma lista dos meios "espirituais" necessários para melhor entender as Escrituras. Sem falar da necessidade de nos familiarizarmos com seu pano de fundo linguístico e cultural, de consultarmos os comentários e a história da exposição bíblica, ele lista a oração constante, pedindo luz; o desejo de experimentar o poder de qualquer verdade que tenhamos aprendido; a prática consciente da obediência a toda verdade já conhecida; e uma vida de adoração na igreja local. Embora redigido no usual estilo monótono (monótono até mesmo para ele!), que Owen utilizava quando escrevia sobre as Escrituras, esse capítulo de sua obra é uma verdadeira dinamite, e merece ser lido e relido por todos aqueles que desejam provar, por si mesmos, a clareza das Santas Escrituras.

Quanto ao conteúdo e à arrumação do texto bíblico, segundo Owen os via, pouco pode ser dito aqui. Owen contemplava a Bíblia como se fosse uma paisagem, e parte do encanto e do impacto que atinge o contemplador jaz na falta de ordem em seu arranjo. "O Espírito Santo, nas Escrituras, não reduziu nem dispôs suas doutrinas ou verdades sobrenaturais de acordo com qualquer sistema, ordem ou método", embora "exista, em algumas das epístolas de Paulo, especialmente naquela aos Romanos, certa disposição metódica sobre as mais importantes doutrinas do evangelho".[31] Em geral, Owen via as Escrituras como formadas por doutrinas (fatos acerca de Deus) e exemplos de sua aplicação – os princípios doutrinários interpretando as narrativas, e as narrativas ilustrando os princípios doutrinários. Owen insistia em que o arranjo dos livros bíblicos é, na verdade, mais prático e útil do que qualquer outro arranjo, pois nos impulsiona ao tipo certo de estudo meditativo, defendendo-nos contra a tentação

---
30 Ibid., "Causes, Ways and Means", cap. 7; IV:199-209.
31 Ibid., IV:188.

de cairmos no orgulho intelectual baseado no conhecimento doutrinário. Assim, a verdade, conforme figura na Bíblia, já se encontra em "posição" de exercer "poder e eficácia", e a demanda de ajustamento a seu estilo e arranjo coloca os estudantes na "postura" correta para aceitá-la e tirar proveito dela de maneira prática. Enquanto esperamos em Deus em oração, a mensagem santa vai sendo conhecida e aplicada a nós, em todo o seu poder convertedor e transformador.

Owen frisou esse ponto de modo incisivo, respondendo à queixa de que a Bíblia é obscura porque "não foi distribuída de acordo com temas comuns" (ou seja, em tópicos distintos, cada qual exaustivamente exposto em um só lugar); antes, requer que recolhamos suas verdades "dentre uma coletânea de histórias, profecias, orações, cânticos, cartas (...)". Ele escreveu:

> Uma *proposição sistemática de doutrinas*, verdades ou artigos de fé, conforme alguns requerem, não teria atendido às grandes finalidades das próprias Escrituras. Tudo que esse suposto benefício nos daria é que seríamos mais facilmente levados a uma *compreensão metódica* das verdades assim propostas; mas corremos o risco de conseguir isso sem nos tornarmos mais parecidos com Deus. A finalidade primordial das Escrituras é de outra natureza. Essa finalidade é gerar na mente dos homens a fé, o temor, a obediência e a reverência a Deus, tornando-os santos e justos. Com esse fim, toda verdade é ensinada nas Escrituras tal como deve ser. Se alguém espera que as Escrituras deveriam ter sido escritas levando em conta opiniões, noções e especulações, a fim de tornar os homens habilidosos e espertos, capazes de falar e disputar, esse alguém está equivocado. A Bíblia nos foi dada para nos tornar *humildes, santos* e *sábios* quanto às realidades espirituais; para nos dirigir quanto a nossos *deveres*, libertar-nos de nossas *tentações*, consolar-nos em nossas *tribulações* e fazer-nos amar a Deus e viver para ele (...) Com esse propósito, há, de для-

ma gloriosa, mais poder e eficácia em uma *epístola*, em um *salmo* ou em um *capítulo* do que em todos os escritos dos homens (...) Aquele que ainda não teve essa experiência desconhece o poder de Deus nas Escrituras (...) algumas vezes uma passagem ocasional em um relato, uma palavra ou uma expressão contribui mais para excitar a fé e o amor em nossas almas do que um volume de argumentos dos mais eruditos (...).[32]

Assim, Deus comunica-se conosco levando em conta a saúde de nossas almas. Se agora perguntássemos o que exatamente Deus nos comunica, a resposta imediata seria: o conhecimento de nós mesmos e de Cristo, conforme se vê na *Confissão de Westminster* ou no livro de Bunyan *O peregrino*. Porém, não podemos ampliar aqui essa resposta.[33]

6

Diz a quarta pergunta do *Catecismo de Westminster*: "Como se sabe que as Escrituras são a Palavra de Deus?". A resposta é:

As Escrituras se manifestam como a Palavra de Deus, por meio de sua majestade e pureza; pelo consenso de todas as suas porções e pelo escopo de sua totalidade, que é dar toda a glória a Deus; por sua luz e poder para convencer e converter os pecadores, para consolar e edifi-

---

32 Ibid., IV:188-190.
33 "O objetivo da Palavra é instruir-nos no conhecimento de Deus em Cristo" (I:65). "Quando, nas Escrituras, somos conduzidos a abençoadas visões da glória de Cristo, então encontramos alimento para nossas almas na Palavra da verdade, experimentamos quão gracioso é o Senhor, e a Escritura se torna plena de refrigério para nós, tal como uma fonte de água viva." A interpretação de Owen a respeito das Escrituras é rigorosa e decididamente cristocêntrica (embora seja à maneira de Calvino, mais do que à maneira de Barth); pois Owen vê a Cristo como, ontologicamente, o único Salvador e, epistemologicamente, como a única e plena manifestação da glória de Deus para nós; e Deus deseja que todos aqueles a quem ele ensina vejam e honrem a Cristo do modo como ele mesmo o faz.

car os crentes na salvação. Mas o Espírito de Deus, ao dar testemunho nas Escrituras e através delas, no coração do homem, é o único capaz de persuadir plenamente os homens de que a Bíblia é a Palavra de Deus.

A doutrina de Owen a respeito da comunicação divina, conforme temos visto, simplesmente reafirma essa posição. O fato de essa doutrina ser bíblica, sugestiva e espiritual, em elevado grau, dificilmente será colocado em dúvida. Que a crítica de Karl Barth não se aplica a Owen (nem, de fato, aos teólogos de Westminster), essa é uma questão evidente. Dificilmente alguém terá exposto a doutrina do Espírito de maneira mais completa ou dinâmica, tornando a Palavra conhecida ao povo de Deus, do que Owen.

Quais lições esse estudo reserva para nós? Ele nos faz lembrar que as Escrituras sempre são a melhor comprovação de si mesmas e que, mais do que qualquer quantidade de argumentos, pregar a verdade bíblica, mediante o poder do Espírito Santo, contribui para produzir fé na inspiração da Bíblia e nas realidades divinas que as Escrituras proclamam. Esse estudo também nos desafia a perguntarmos a nós mesmos se, em nossa própria busca e ensino das Escrituras, estamos honrando o Espírito Santo como deveríamos. Quando surgem problemas de interpretação, quanto e quão intensamente oramos? E nós, que pregamos, somos inteiramente homens da Palavra? É nossa glória, como mestres evangélicos, recusar-nos a fazer qualquer coisa além de expor e aplicar a Palavra de Deus? Que nosso estudo sobre a doutrina da comunicação divina, ensinada por Owen, renove nosso zelo para cumprirmos esse ministério e também renove nossa confiança em que, pela graça de Deus, tal ministério há de ser frutífero.

Capítulo 5

Os puritanos como intérpretes da Bíblia

Abrimos este capítulo com a narrativa de John Howe sobre um episódio que lhe foi descrito pelo dr. Thomas Goodwin. Disse Howe que Goodwin, em seus dias de estudante,

> muito tendo ouvido a respeito do sr. Rogers, de Dedham [John Rogers, um dos primeiros pregadores puritanos], fez uma viagem (...) a fim de ouvi-lo pregar (...) O sr. Rogers falou sobre a questão das Escrituras. E, no sermão, fez uma censura às pessoas por negligenciarem a Bíblia (...) e personificou Deus diante do povo, dizendo-lhes: "Bem, tenho-vos confiado há tanto tempo a minha Bíblia (...) ela jaz na casa deste ou daquele, coberta de poeira e teias de aranha; e não vos incomodais em lhe dar ouvidos. É assim que usais a minha Bíblia? Bem, não tereis mais a minha Bíblia". E ele tomou a Bíblia de sua almofada, como quem estivesse se retirando; mas, imediatamente, voltou-se para eles e personificou o povo diante de Deus, caindo de joelhos, clamando e rogando da maneira mais veemente: "Senhor, o que quer que faças conosco, não tires a Bíblia de nós; mata nossos filhos, queima nossas casas, destrói nossos bens, mas poupa-nos tua Bíblia, não tires

de nós tua Bíblia". Então, novamente personificou Deus para o povo, dizendo: "Vós dizeis assim? Bem, eu vos testarei um pouco mais; e aqui está a minha Bíblia para vós. Verei como a usareis; se a amareis mais (...) se a observareis mais (...) e se a colocareis mais em prática, vivendo de acordo com ela". Por meio dessa encenação (conforme o doutor me contou), o sr. Rogers deixou a congregação em uma tão estranha postura que todo o povo que estava no templo desmanchou-se em lágrimas; e o sr. Goodwin me disse que ele mesmo, quando saiu, pendurou-se por um quarto de hora ao pescoço de seu cavalo, chorando, antes que tivesse forças para montar, tão estranha era a impressão que caíra sobre ele, bem como sobre todos os ouvintes, após terem sido repreendidos por negligenciarem a Bíblia.[1]

Esse episódio nos leva ao próprio âmago do puritanismo. A reação da congregação mostra que Rogers estava atingindo suas consciências em seu ponto mais sensível. O puritanismo era, acima de tudo, um movimento em favor da Bíblia. Para os puritanos, a Bíblia era realmente a mais preciosa possessão no mundo. Suas mais profundas convicções eram que a reverência a Deus leva à reverência à Bíblia, e que servir a Deus significa obedecer à Bíblia. No parecer deles, pois, não pode haver insulto maior ao Criador do que negligenciar sua Palavra escrita; por outro lado, não pode haver um ato de homenagem a Deus mais autêntico do que prezar a Bíblia e estudá-la cuidadosamente, e então vivenciar seus ensinamentos e anunciá-los. Uma intensa veneração pelas Escrituras, como a Palavra viva do Deus vivo, e um devotado interesse em saber e cumprir tudo quanto ela prescreve eram o selo de autenticidade do puritanismo.

Nossa tarefa aqui é estudar os princípios e métodos, bem como aquilatar a qualidade da interpretação bíblica dos puritanos. O material informativo, em forma de manuais hermenêuticos e sermões, e de

---

1 John Howe, *Works*, pp. 1.084, 1.085.

tratados e comentários, é abundante. Podemos sondar indiscriminadamente essas fontes, a respeito de qualquer assunto, e constataremos que os puritanos eram virtualmente unânimes no que afirmavam.

Três declarações gerais sobre como os puritanos enfrentavam a tarefa de interpretação podem ser feitas de imediato.

Antes de tudo, os exegetas puritanos eram pré-modernos, no sentido de que não traziam para a Bíblia o forte senso de diferença e distância entre culturas e épocas, que hoje tanto faz parte da perspectiva moderna; também não traziam consigo ideias imaginárias de evolução religiosa que deformam boa parte da moderna erudição bíblica e distorcem tanto seu trabalho expositivo. Em vez de se sentirem distantes dos personagens bíblicos e de suas experiências, por causa dos muitos séculos que os separavam, os puritanos se sentiam bem próximos deles, por pertencerem à mesma raça humana que conhecera, temera e tivera comunhão com o mesmo Deus imutável, e por se debaterem essencialmente com os mesmos problemas espirituais. (Seria isso sabedoria? Sim!)

Em segundo lugar, a exegese gramático-histórica de textos por parte dos puritanos, embora algumas vezes expressa de forma ingênua, mostrava-se notavelmente competente. Isso logo pode ser percebido por qualquer pessoa que venha a ler, por exemplo, o grande comentário expositivo de Matthew Henry, sobre a Bíblia inteira.

Em terceiro lugar, os puritanos faziam exegese da Bíblia a fim de melhor aplicá-la; e, como a aplicação era o âmago de seu interesse, essa era, igualmente, a força mais poderosa deles. Dois pressupostos norteavam sua abordagem da interpretação bíblica e seis regras sumariavam seu método.

O primeiro pressuposto fala sobre *a natureza das Escrituras*. Para os puritanos, a Bíblia, em seu todo e em suas partes, era o pronunciamento de Deus: a palavra de Deus posta em forma escrita, sua mente aberta e seus pensamentos declarados para a instrução dos homens. O conteúdo das Escrituras é a verdade eterna de Deus, pois o processo histórico que a Bíblia registra e interpreta é apenas o desdobramento temporal do eterno plano de Deus, traçado antes da criação do mundo. Nesse sentido, "o que nossa Bíblia tem declarado por escrito é apenas a síntese extraída das Escrituras do coração de Deus, onde estavam escritas desde a eternidade".[2] Aquilo que foi transmitido através de tão grande multiplicidade de autores humanos, sob tão diferentes circunstâncias e personagens, em uma tão grande variedade de estilos e formas literárias, deve ser acolhido e estudado como a expressão unificada de uma única mente divina, uma revelação completa e coerente, embora complexa, da vontade e do propósito de Deus. Para os teólogos puritanos, Deus é quem havia proferido as profecias, registrado as narrativas, exposto as doutrinas, declarado os louvores, anotado as visões que compõem a Bíblia. Eles também sabiam que as Escrituras devem ser lidas não apenas como palavras que Deus disse há muito tempo, por ocasião da inspiração dos livros bíblicos, mas como palavras que Deus continua falando a cada leitor de cada geração. "A cada linha que leres, pensa que Deus está falando contigo", declarou Thomas Watson[3] – pois, de fato, Deus está falando. O que a Bíblia diz é Deus quem o diz.

Assim como a mente de Deus é inescrutável, há profundezas ilimitadas nas Escrituras: "Os tesouros da verdade ali armazenados são inexauríveis".[4] Sempre será verdade que, segundo as famosas palavras atribuídas a John Robinson, "o Senhor ainda tem muitas verdades a desvendar em sua santa Palavra". Na qualidade de intérpretes, nunca chegaremos aos pensamentos mais profundos de Deus, nem devemos imaginar que poderia ser de outro modo. "Nunca te julgues dotado de

---

2 Thomas Goodwin, *Works*, IX:28.
3 Thomas Watson, *A Body of Divinity* (Banner of Truth, Londres, 1958), p. 25.
4 John Owen, *Works*, IV:205.

conhecimento suficiente; estuda a Palavra ainda mais plenamente."⁵ Deus mantém nossa humildade mediante a "contínua dependência dele, ensinando e revelando a si mesmo através da Palavra, jamais levando alguma alma a ponto de esgotar tudo que pode ser extraído e descoberto por meio de sua Palavra".⁶ Com frequência, os puritanos ecoaram a observação feita por Agostinho: assim como há baixios na Bíblia que podem ser vadeados por uma ovelha, há profundezas em que um elefante pode nadar – profundezas que os homens mais eruditos e piedosos ainda precisam sondar. Todos os crentes, portanto, devem aproximar-se do estudo da Bíblia cônscios de que sabem bem pouco, desejando aprender mais e olhando para o próprio Deus, para que ele desvende sua própria Palavra.

Isso nos leva ao segundo pressuposto, que diz respeito ao *assunto das Escrituras*. "Qual é o ensino principal das Escrituras?", essa é a terceira pergunta do *Breve catecismo*. E a resposta é: "Aquilo em que o homem deve crer acerca de Deus e quais deveres Deus requer do homem". Consideremos as implicações dessa resposta. Antes de tudo, a Bíblia nos ensina o que devemos crer acerca de Deus – em outras palavras, apresenta-nos verdades espirituais relacionadas às realidades espirituais. Essas verdades estão fora do alcance da mente caída e somente o Espírito Santo pode capacitar-nos a discerni-las. Assim, cumpre-nos desconfiar de nós mesmos, confessando nossa incapacidade e cegueira naturais quanto a esse campo e invocando a ajuda do Espírito a fim de que interprete para nós as Escrituras. "Foi o Espírito quem escreveu essa palavra", disse Goodwin,

> portanto nenhum homem (ou homens), com seu próprio entendimento, pode compreender as Escrituras sem a ajuda daquele secretário celeste (...) Foi ele quem ocultou os tesouros do conheci-

---

5   Goodwin, *Works*, V:537.
6   Owen, *Works*, V1:69.

mento naquele campo, e somente ele sabe onde estão enterrados esses tesouros. Logo, quão proveitoso é, por meio da oração, destrancar o coração de Deus, obtendo a chave do conhecimento que abre o escritório de Deus, permitindo-nos examinar todas as suas anotações e todos os seus documentos![7]

De modo menos singular, porém mais categórico, Owen salientou o mesmo fato:

> Suponho, e isso pode ser fixado como um princípio comum do cristianismo, que a oração fervorosa e constante, suplicando a ajuda divina do Espírito Santo, é um meio indispensável para chegarmos ao conhecimento da mente de Deus nas Escrituras; e que, sem isso, todos os demais meios de nada nos adiantarão.[8]

Baxter dizia: "Antes e depois de você ter lido a Bíblia, ore fervorosamente a fim de que o Espírito, que a escreveu, explique-a a você e o guie à verdade".[9]

Além disso, as Escrituras ensinam qual é nosso dever. Suas instruções devem ser postas em prática. Elas devem ser estudadas com o propósito de colocarmos em ordem nossa vida. E Deus só tornará próspero nosso estudo se continuamente nos esforçarmos para viver aquilo que tivermos aprendido. Então, nosso conhecimento será expandido e aprofundado; de outra forma, tudo resultará em palavreado estéril e erro mental. Disse Owen:

> Não sobreviverá a verdadeira noção das santas verdades do evangelho se estiverem divorciadas de uma conversação santa. Assim

---

7 Goodwin, *Works*, IV:302.
8 Owen, *Works*, IV:203.
9 Richard Baxter, *Works*, I:478.

como aprendemos tudo com a finalidade de praticar, também aprendemos muito por meio da prática (...) E só assim poderemos ter a certeza de que aquilo que aprendemos e sabemos corresponde, de fato, à verdade. Por isso, nosso Salvador nos disse: "Se alguém quiser fazer a vontade dele, conhecerá a respeito da doutrina, se ela é de Deus ou se eu falo por mim mesmo" (Jo 7.17) (...) Por esse meio, os estudantes serão continuamente levados a um maior grau de conhecimento. Pois nossa mente é capaz de receber contínuos suprimentos de luz e conhecimento, cada vez mais brilhantes, enquanto estivermos neste mundo, se estivermos nos aprimorando para o devido fim e em obediência a Deus. Sem isso, contudo, a mente logo fica saturada com conceitos, impedindo qualquer torrente proveniente da fome da verdade.[10]

Aquele que quiser interpretar corretamente a Bíblia deve ser homem dotado de espírito reverente, humilde, dado à oração, disposto a aprender e obediente; de outro modo, independentemente de quanto sua mente esteja "saturada de conceitos", ele jamais chegará a compreender as realidades espirituais.

Passemos agora a estudar a abordagem puritana quanto à tarefa da interpretação propriamente dita. Seus princípios normativos podem ser sumariados por meio dos seguintes pontos:

1) Interprete as Escrituras *literal e gramaticalmente*. Os reformadores – opondo-se à depreciação medieval do significado "literal" das Escrituras, a qual defendia os vários sentidos "espirituais" (alegóricos) – haviam insistido em que o sentido literal, ou seja, o sentido tencionado, natural e gramatical, é o único que as Escrituras têm; de acordo com esse sentido é que devemos procurar fazer uma exposição da Bíblia, dispensando cuidadosa atenção ao contexto e à gramática de cada afirmação. Os puritanos concordavam plenamente com isso.

---

10 Owen, *Works*, IV:206.

Se você quiser compreender o verdadeiro significado (...) de algum trecho controvertido, então examine com cuidado sua coerência, objetivo e contexto.[11]

Nelas [as Escrituras], não há outro sentido além daquele contido nas palavras que materialmente lhe constituem (...) Na interpretação dos pensamentos de quem quer que seja, é mister que as *palavras* ditas ou escritas sejam corretamente compreendidas; e isso não poderemos fazer imediatamente, a menos que entendamos a *linguagem* na qual esse alguém fala, como também as *expressões idiomáticas* dessa língua, com o uso comum e a intenção de sua *fraseologia* e expressões (...) Em quantos erros, equívocos e perplexidades muitos expositores têm sido lançados por causa da ignorância desses *idiomas originais* (...) especialmente aqueles que aderem, teimosamente, a *uma só tradução*, o que pode ser demonstrado por exemplos incontáveis.[12]

Naturalmente, há lugares, nas Escrituras, em que se usa uma linguagem alegórica. Todos os puritanos consideravam o livro *Cantares de Salomão* um desses casos típicos, e James Durham nos oferece algumas interessantes observações sobre essa questão:

Admito que há aqui um sentido literal; mas afirmo que o sentido literal não é aquilo que primeiro se deve buscar, como nas Escrituras históricas, mas sim aquilo que tem um sentido espiritual, transmitido por meio dessa linguagem alegórica e figurada; esse é o verdadeiro sentido desse livro de Cantares, pois um sentido literal (conforme definido por Rivet, com base em certos eruditos) é aquele que flui de tal lugar das Escrituras, conforme tencionou o Espírito nas palavras, usadas literal ou figuradamente, e deve ser depreendido de todo o complexo de expressões, conforme é evidente na exposição das parábolas, das alegorias e das Escrituras figurativas.

---

11 William Bridge, *Works* (Thomas Tegg, Londres, 1845), I:454.
12 Owen, *Works*, IV:215.

Contudo, Durham observa que isso é algo bem diferente da alegorização ilegítima, da qual os intérpretes medievais se fizeram responsáveis. Porquanto "há um imenso abismo entre a exposição alegórica das Escrituras e a exposição das Escrituras alegóricas".[13] Durham só pregava alegoricamente quando tinha razão para pensar que estava expondo alguma alegoria bíblica.

2) Interprete as Escrituras de modo *consistente e harmônico*. Se a Bíblia é a Palavra de Deus, a expressão da mente divina, tudo que ela diz tem de ser verdadeiro, não podendo haver qualquer contradição real entre suas várias partes. Logo, ficar explorando contradições aparentes, assevera Bridge, mostra grande irreverência. E prossegue:

> Vocês sabem o que sucedeu a Moisés quando ele viu dois homens brigando, um egípcio e outro israelita; ele matou o egípcio. Mas, quando viu dois hebreus brigando, então ele quis apartá-los, pois eram irmãos. Mas por que fez isso, não foi por ser um homem bom e afável? O mesmo sucede no caso de um crente de coração afável. Quando vê a Bíblia lutando com um egípcio, um autor pagão ou um apócrifo, ele vem e mata o pagão, o egípcio ou o apócrifo; mas, quando vê dois textos bíblicos em oposição (aparente, mas não verdadeira), então diz: "Oh! Esses são irmãos e podem ser reconciliados; esforçar-me-ei para reconciliar um ao outro. Mas, quando alguém tira proveito das aparentes diferenças das Escrituras para dizer "Vocês estão vendo as contradições existentes neste livro?", deixando, ao mesmo tempo, de procurar reconciliá-las, isso prova toda a corrupção da natureza humana, que se manifesta sob a forma de malícia contra a Palavra do Senhor. Portanto, cuidado com isso.[14]

Esse é um pensamento espantoso, bem como um diagnóstico acurado.

---

13 James Durham, *Exposition of the Song of Solomon* (George King, Aberdeen, 1840), p. 28.
14 Bridge, *Works*, I:459.

Como a Bíblia é a expressão unificada da mente divina, segue-se que "sua regra infalível de interpretação é a própria Bíblia; portanto, quando há alguma dúvida sobre o verdadeiro e pleno significado de qualquer texto bíblico, esse significado deve ser buscado e conhecido por meio de outros textos que falem com maior clareza".[15] Dois princípios são extraídos desse ponto: (1) O que é obscuro deve ser interpretado à luz do que é claro. Segundo Owen, "nesse caso, a regra é que não damos qualquer sentido a uma passagem difícil ou obscura da Bíblia, senão aquele que é.... harmônico com outras expressões e testemunhos claros. Pois criar sentidos peculiares a partir de um texto, sem a confirmação de outros textos, é uma prática curiosa e perigosa";[16] (2) As ambiguidades periféricas devem ser interpretadas em harmonia com as certezas fundamentais. Logo, nenhuma exposição de qualquer texto estará certa se não "concordar com os princípios cristãos, com os pontos do catecismo estabelecidos no Credo, com a oração do Pai-Nosso, com os Dez Mandamentos e com a doutrina das ordenanças".[17] Esses dois princípios, juntos, formam a regra de interpretação comumente conhecida como "a analogia da fé", uma expressão tomada por empréstimo de Romanos 12.6 (provavelmente não com o sentido que Paulo lhe deu).

Essas duas regras dizem respeito à forma das Escrituras, enquanto as próximas quatro têm a ver com sua matéria e conteúdo.

3) Interprete as Escrituras *teocêntrica* e *doutrinariamente*. A Bíblia é um livro doutrinário que nos ensina sobre Deus e sobre as coisas criadas, em relação a ele. Bridge ressalta isso desenvolvendo a ilustração bíblica de um espelho, usada por Tiago:

---

15 *Westminster Confession*, I:ix.
16 Owen, *Works*, IV:197.
17 Richard Bernard, *The Faithful Shepherd* (1607), p. 28.

> Quando você olha para um espelho, vê três coisas: o espelho, a si mesmo e todas as outras coisas, pessoas, móveis ou quadros que estejam na sala. Assim também, quando examinamos a Bíblia, vemos ali verdades acerca de Deus e de Cristo. Deus é visto acima de tudo, Cristo também é visto; e vemos também a nós mesmos e nosso rosto sujo; também vemos as criaturas que estão no mesmo aposento conosco (...).[18]

Além disso, as Escrituras ensinam uma visão teocêntrica. Enquanto o homem caído vê a si mesmo como o centro do universo, a Bíblia nos mostra Deus no centro de tudo, e pinta todas as criaturas, incluindo o homem, em sua devida perspectiva – o homem existe por meio de Deus e para Deus. Um dos pontos em que os puritanos mais podem ajudar-nos é a recuperação desse ponto de vista teocêntrico da Bíblia, que eles defendiam com tanta firmeza.

4) Interprete a Bíblia *cristológica* e *evangelicamente*. Cristo é o verdadeiro tema das Escrituras: tudo ali foi escrito para testificar sobre Ele. Ele é "a súmula de toda a Bíblia, profetizada, tipificada, prefigurada, demonstrada, que se acha em cada página, praticamente em cada linha, pois as Escrituras são, por assim dizer, as roupas de nenê que envolvem o menino Jesus".[19] Portanto:

> Tenha Jesus Cristo diante de seus olhos ao examinar a Bíblia, como seu fim, escopo e substância. O que são as Escrituras, senão, por assim dizer, os "cueiros" espirituais do santo menino Jesus? (1) Cristo é a verdade e a substância de todos os tipos e sombras. (2) Cristo é a substância e a matéria do pacto da graça e de toda a sua administração; sob o Antigo Testamento, Cristo estava oculto; sob o Novo Pacto, foi revelado. (3) Cristo é o centro e o ponto de convergência de

---

18 Bridge, *Works*, I:411.
19 Thomas Adams, *Works* (James Nichol, Edimburgo, 1861-62), III:224.

todas as promessas; pois nele as promessas de Deus acham o sim e o amém. (4) Cristo é a realidade simbolizada, selada e exibida nas ordenanças do Antigo e do Novo Testamentos. (5) As genealogias bíblicas são usadas para nos conduzir à verdadeira linhagem de Cristo. (6) As cronologias da Bíblia mostram-nos os tempos e as épocas de Cristo. (7) As leis bíblicas são nosso mestre-escola para nos levar a Cristo: as leis morais, corrigindo; as leis cerimoniais, apontando. (8) O evangelho da Bíblia é a luz de Cristo, mediante a qual nós o ouvimos e o seguimos (...) as cordas do amor de Cristo, por meio das quais somos enlaçados em uma doce união e comunhão com ele; sim, o próprio poder de Deus para a salvação de todo aquele que crê em Cristo Jesus. Portanto, devemos pensar em Cristo como a substância, a essência, a alma e o escopo de toda a Bíblia.[20]

Somente aqueles que escavam os escritos expositivos de autores como Owen, Goodwin e Sibbes conseguem apreciar quão ricamente os puritanos aplicavam esse princípio evangélico de exegese.

5) Interprete as Escrituras de modo *experimental* e *prático*. De certo ângulo, a Bíblia é um livro de experiências espirituais, e os puritanos exploravam essa dimensão com profundidade e discernimento. Os temas de *O peregrino* servem de indícios desse fato – a fé, a dúvida, a tentação, o desespero, o temor, a esperança, a luta contra o pecado, os ataques de Satanás, os cumes da alegria espiritual, os ermos do senso de abandono espiritual. A Bíblia também é um livro prático, dirigindo-se ao homem em sua situação concreta, conforme ele está diante de Deus – culpado, vil e impotente –, e dizendo-lhe em que deve crer e o que deve fazer para o bem-estar de sua alma. Os puritanos reconheciam que essa orientação prática deve ser característica da exposição das Escrituras. As doutrinas devem ser ensinadas do mesmo ponto de vista como são apresentadas

---

20 Issac Ambrose, *Works* (1701), p. 201.

na Bíblia, e devem ser aplicadas com o mesmo propósito ensinado na Bíblia. Owen, conforme vimos, destaca isso ao iniciar sua análise da doutrina da justificação:

> Trata-se do direcionamento prático da consciência dos homens, em sua aplicação a Deus, por meio de Jesus Cristo, visando à libertação da maldição decorrente do estado de apóstata e à paz com ele (...) o manuseio dessa doutrina tem apenas esse desígnio (...). E, apesar de não podermos tratar, de modo seguro e útil, essa doutrina, senão no que tange à mesma finalidade para a qual foi declarada e para o que é aplicada nas Escrituras, não deveríamos desistir de dar atenção a esse caso, com vistas à sua solução, em todos os nossos discursos sobre o assunto. Pois nosso dever não é satisfazer a curiosidade sobre noções ou sutilezas das disputas, mas dirigir, satisfazer e conferir paz à consciência dos homens.[21]

A negligência a essa regra, na era dos puritanos, produziu muita irresponsabilidade no manuseio das doutrinas das Sagradas Escrituras; mas os grandes mestres puritanos observavam-na de modo coerente, e seus escritos, em consequência, eram "práticos e experimentais" (uma expressão que lhes era comum), no melhor e mais edificador sentido.

6) Interprete as Escrituras com *uma aplicação fiel e realista*. A aplicação deriva da própria Bíblia; assim, a indicação dos "usos" de doutrinas faz parte da obra de exposição bíblica. Interpretar quer dizer tornar as Escrituras significativas e relevantes àqueles a quem o pregador se dirige, e o trabalho não terá terminado enquanto não tiver sido mostrada a relevância da doutrina, "para o ensino, para a repreensão, para a correção, para a educação na justiça" (2 Tm 3.16). Os "usos-padrão" (tipos de aplicação) consistiam no uso de infor-

---

21 Owen, *Works*, V:8.

mações, mediante o qual o ponto doutrinário em foco era aplicado e suas implicações eram extraídas, a fim de moldar os juízos e as atitudes dos homens em consonância com a mente de Deus; o uso de exortações, convocando-os à ação; o uso de consolação, quando, então, a doutrina aparecia como resposta às dúvidas e incertezas; o uso de perguntas para autoexame, uma chamada para aquilatar e medir as condições espirituais da pessoa à luz da doutrina ensinada (talvez as marcas de um homem regenerado ou a natureza de algum privilégio ou dever cristãos). A aplicação deve ser realista; o expositor deve notar que a Bíblia dirige-se aos homens, onde eles estiverem. A aplicação feita ontem talvez não corresponda à condição de hoje. "É um zelo barato aquele que clama contra erros antiquados ou coisas que hoje estão fora de uso e de prática. Cumpre-nos considerar o que a época presente requer."[22] Para um expositor fazer uma aplicação da Bíblia de modo relevante, sondador e edificante (em distinção a uma aplicação desajeitada, imprópria ou confusa), sem dúvida está envolvido em

> um trabalho difícil, que requer grande prudência, zelo e meditação; e, para o homem natural e corrupto, isso será recebido como algo desagradável [essa consideração tenta um mensageiro de Deus a poupar seus golpes, pois nenhum homem normal gosta de ofender ao próximo]; mas o pastor deve esforçar-se para realizar tal obra de modo que seus ouvintes percebam que a Palavra de Deus é viva e poderosa, capaz de discernir os pensamentos e intuitos do coração; e que, se estiver presente alguma pessoa incrédula ou ignorante, ela terá os segredos de seu coração desvendados, dando, então, glória a Deus.[23]

---

22 Thomas Manton, *Works* (James Nisbett, Londres, 1871), V:103.
23 *Westminster Directory for Publick Worship of God* (1645), "Of the Preaching of the Word", em *The Confession of Faith...* (Free Presbyterian Publications, Glasgow, 1973), p. 380.

A fim de aplicar as Escrituras de forma realista, é preciso saber o que se passa na cabeça e no coração do homem; e os puritanos insistiam que aqueles que quisessem ser expositores precisavam conhecer as pessoas, tanto quanto a Bíblia. Esses eram os princípios puritanos na questão da interpretação da Bíblia. Para eles, nenhuma disciplina é tão precisa, nenhum trabalho é tão compensador. Não há dúvida de que o método deles era saudável; faríamos bem em seguir seus passos, mas, para isso, temos de fazer seis perguntas acerca de cada texto que pretendemos expor:

(1) O que essas palavras realmente significam?

(2) Qual luz outros textos bíblicos lançam sobre este texto? Onde e como este texto se ajusta à revelação total da Bíblia?

(3) Quais verdades este texto ensina sobre Deus e sobre o homem em seu relacionamento com Deus?

(4) Como essas verdades se relacionam com a obra salvadora de Cristo, e que luz o evangelho de Cristo lança sobre elas?

(5) Quais experiências essas verdades delineiam, explicam ou buscam criar ou curar? Com que propósito prático figuram na Bíblia?

(6) Como se aplicam a mim mesmo e a outras pessoas, em nossa própria situação? A que condição humana atual se dirigem, e o que nos estão dizendo para crermos e fazermos?

Capítulo 6

Consciência puritana

1

Ao prestar testemunho no famoso caso acerca do romance de D. H. Lawrence *Lady Chatterley's Lover*, Richard Hoggart deixou o tribunal boquiaberto ao chamar Lawrence de puritano. Indagado quanto ao que queria dizer com isso (uma pergunta natural), respondeu que, para ele, um puritano era um homem supremamente preocupado com as questões de consciência. Essa definição, conforme ficou registrada, é ou engenhosa ou tola, pois dificilmente poderíamos ter duas coisas mais distintas do que a preocupação com a consciência que Hoggart encontrou em Lawrence e aquela que marcou os puritanos da História. Porém, a declaração de Hoggart aponta para uma verdade importante. O fato importante na mente e no coração dos puritanos era a preocupação acerca de Deus – em conhecê-lo verdadeiramente, em servi-lo corretamente, em glorificá-lo e em usufruir dele. Por terem esses interesses, eles muito se preocupavam com as questões da consciência, pois afirmavam que a consciência é o órgão mental do homem através do qual Deus o impressiona com sua Palavra. Segundo pensavam, nada era mais importante, para qualquer pessoa, do que ter sua consciência iluminada, instruída e purificada. Para eles, não podia haver real entendimento espiritual, nem qualquer piedade genuína, a não ser que os homens expusessem e escravizassem suas consciências à Palavra de Deus.

Com essa declaração, os puritanos não estavam fazendo mais do que manter a ênfase que remontava aos primeiros dias da Reforma. Poderíamos evocar, por exemplo, as momentosas palavras de Lutero, em Worms: "Minha consciência está cativa à Palavra de Deus. Não posso nem quero me retratar de coisa alguma, pois ir contra a consciência não é correto nem seguro. Aqui estou; nada mais posso fazer. Deus me ajude. Amém". Também podemos pensar na famosa sentença acerca da doutrina da justificação, no vigésimo capítulo da *Confissão de Augsburgo*, de 1530: "Essa doutrina inteira deve ser associada àquele conflito de uma consciência aterrorizada (*illud certamen perterrefactae conscientiae*) e, sem esse conflito, a doutrina não pode ser entendida". Afirmações dessa ordem deixam clara a posição cêntrica da consciência, no entendimento dos reformadores sobre o que significa ser crente. Para eles, a consciência significava o conhecimento que um homem tem de si mesmo, como quem está na presença de Deus (*coram Deo*, nas palavras de Lutero), sujeito à Palavra de Deus e ao juízo da lei do Senhor, e, no entanto – se ele é crente –, justificado e aceito, apesar de tudo, por meio da graça divina. A consciência era o tribunal (fórum) em que era proferida a sentença justificadora de Deus. A consciência era o único solo onde podiam crescer a verdadeira fé, a esperança, a paz e a alegria. A consciência era uma faceta da imagem de Deus, ainda que desfigurada, segundo a qual o homem foi criado; e o cristianismo vital (a "religião cristã" sobre a qual Calvino escreveu as *Institutas*) estaria diretamente arraigado nas apreensões e nos exercícios da consciência sob a influência sondadora da Palavra de Deus, que é viva e poderosa, bem como da iluminação de seu Santo Espírito. Assim asseguravam os reformadores, bem como os puritanos.

Mas onde encontramos essa ênfase hoje? O fato assustador é que, no presente, essa nota dificilmente soa. Na sociedade ocidental como um todo, a consciência está decadente; a apostasia tomou conta dos homens, e daí, como sempre acontece que a fé falha, os padrões morais decaem. Entre os intelectuais, a consciência é, vez ou outra, pervertida; pensamos de novo em D. H. Lawrence e seus seguidores, e também na maldição lançada por Isaías: "Ai daqueles que ao mal chamam bem, e ao bem, mal..." (Is 5.20). Na igreja cristã, as consciências deveriam estar em alerta, mas será que, de fato, estão? Temo que nós, a quem Jesus chamou para ser o sal da terra, perdemos muito de nosso devido sabor. Os evangélicos destes dias são conhecidos por sua bondade e integridade? Distinguimo-nos na sociedade por nossa sensibilidade às questões morais, pela compaixão em relação aos necessitados? Nossos pregadores, por mais intensos e eloquentes que sejam, conquistam para si mesmos o título que Deus deu a Noé – "pregador da *justiça*" (2 Pe 2.5)? Antigamente, a chamada "consciência não conformista" significava algo na vida nacional inglesa; mas isso significa alguma coisa hoje em dia? Antes, os crentes eram ensinados a examinar diariamente sua consciência, na disciplina regular do autoexame, à luz da Palavra de Deus; mas quanto disso resta em nossos dias? Constantemente não damos evidência de negligenciar essa disciplina secreta, mediante uma conduta pública irresponsável e sem princípios? Professamos ansiedade em nos manter livres da servidão ao legalismo, mas não corremos o perigo maior de cair na licenciosidade do antinomianismo? Repudiamos com razão a ideia comum de que a doutrina não importa, contanto que a pessoa leve uma vida reta; mas, se deixarmos que nossa reação nos leve ao extremo oposto de supor que a vida de um homem não importa, contanto que ele seja correto em seus pensamentos (ou, como dizemos, "um bom calvinista"), então a trave em nosso próprio olho será pior que o cisco no olho de nosso irmão. Portanto, na atualidade, o estudo sobre a consciência dos puritanos pode desafiar-nos e mostrar-se saudável para nós.

2

Todos os teólogos puritanos, desde Perkins, concordavam em conceber a consciência como uma faculdade racional, um poder de autoconhecimento e juízo moral, que trata de questões de "certo e errado", de "dever e privilégio", lidando com essas coisas de modo autoritário, como a voz de Deus. Com frequência, os puritanos apelavam para a forma da palavra (consciência, do latim *con-scientia*), como um termo que aponta para o fato de que o conhecimento possuído pela consciência é um conhecimento compartilhado, conjunto; um conhecimento (*scientia*) mantido em comum com (*con-*) outrem, a saber, Deus. Assim, os juízos da consciência expressam o mais profundo e autêntico autoconhecimento que um homem tem, ou seja, o conhecimento que a pessoa tem de si mesma de acordo com a maneira como Deus a conhece. William Ames iniciou seu manual sobre consciência e casuísmo reproduzindo a definição de Tomás de Aquino sobre consciência: "É o julgamento que um homem faz de si mesmo, de acordo com o julgamento que Deus faz a respeito dele";[1] com frequência, variantes dessa definição figuram nos escritos dos puritanos. Ames apelou para Isaías 5.3 e 1 Coríntios 11.31 como as bases bíblicas para a ideia. David Dickson, professor de Edimburgo, fornece uma análise mais completa, de acordo com essas mesmas linhas:

> A consciência, no que concerne a nós mesmos, é o poder de compreensão de nossas almas, que examina como estão as coisas entre Deus e nós, comparando a vontade de Deus revelada com nosso estado,

---

[1] William Ames, *Conscience with Power and Cases thereof* (1643), p. 2.

condição e comportamento, mediante pensamentos, palavras ou atos, feitos ou omitidos, e então fazendo juízo sobre o resultado, conforme o caso requerer.²

A consciência, diz Thomas Goodwin, é "uma parte da razão prática",³ e todos os teólogos puritanos, seguindo Tomás de Aquino – pois nunca hesitaram em acompanhar os escritores medievais, quando acreditavam que seus escritos eram bíblicos –, retrataram os raciocínios da consciência como tendo a forma de um *silogismo prático*, ou seja, uma inferência baseada em duas premissas, a maior e a menor, acerca de nosso dever (o que deveríamos fazer ou não fazer) ou de nosso estado perante Deus (obediente ou desobediente, aprovado ou desaprovado, justificado ou condenado). Dickson fornece-nos o seguinte exemplo de um silogismo sobre o dever:

> O que Deus determinou como a única regra de fé e de comportamento, eu devo estar atento para seguir como minha regra.
>
> E *Deus designou as Sagradas Escrituras para ser a única regra de fé e de comportamento.*
>
> Portanto, *devo estar atento para seguir as Escrituras como minha única regra.*⁴

Outra ilustração seria esta: *Deus me proíbe de roubar* (premissa maior); *pegar esse dinheiro seria roubar* (premissa menor); portanto, *não devo pegar esse dinheiro* (conclusão).

Em um silogismo prático sobre o estado de alguém, a premissa maior é alguma verdade revelada, que funciona como regra de auto-

---

2 David Dickson, *Therapeutica Sacra... The Method of Healing the Diseases of the Conscience Concerning Regeneration* (1664), p. 3.
3 Thomas Goodwin, *Works*, VI:272, editado por J. Miller (James Nichol, Londres, 1861).
4 Dickson, op. cit., p. 4.

julgamento; e a premissa menor é algum fato que observamos acerca de nós mesmos. Ames deu uma ilustração de dois silogismos: no primeiro, a consciência condena; no segundo, consola-nos. O primeiro é: "*Aquele que vive no pecado morrerá. Eu vivo no pecado. Portanto, eu morrerei*". E o segundo: "*Quem crer em Cristo não morrerá, mas viverá. Eu creio em Cristo. Portanto, não morrerei, mas viverei*".[5]

Ainda que na experiência os raciocínios da consciência, como a maior parte de nossos processos mentais, sejam tão rápidos que só temos consciência de suas conclusões, qualquer um que reflita sobre como a consciência funciona logo percebe que essa doutrina do silogismo prático é, afinal, uma análise correta.

A experiência universal diz que a consciência é quase totalmente autônoma em sua atuação; embora algumas vezes possamos suprimi-la ou abafá-la, normalmente ela fala de forma independente de nossa vontade ou mesmo de modo contrário à nossa vontade. E, quando ela fala, manifesta-se de modo estranhamente distinto de nós; eleva-se acima de nós, dirigindo-se a nós com autoridade absoluta, que não lhe havíamos dado e que não podemos tirar dela. Portanto, personificar a consciência e tratá-la como vigia e porta-voz de Deus na alma não representam mera imaginação, mas uma necessidade da experiência humana. Assim, quando os puritanos chamavam a consciência de "representante e vice-regente de Deus em nós", "espiã de Deus em nosso peito" e "policial que Deus usa para prender o pecador",[6] não podemos rejeitar essas ideias como esquisitices da imaginação; elas representam uma séria tentativa de fazer justiça ao conceito bíblico de consciência, o que se reflete na experiência de todos – a saber, o conceito de consciência como uma testemunha que declara fatos (Rm 2.15; 9.1; 2 Co 1.12), um mentor que proíbe o mal

---

5 Ames, op. cit., p. 3.

6 Richard Sibbes, *Works* (James Nichol, Edimburgo, 1862), III:209; Thomas Brooks, *Works* (James Nichol, Edimburgo, 1867), V:281; William Gurnall, *The Christian in Complete Armour* (Banner of Truth, Edimburgo, 1964), p. 5.

(At 24.16; Rm 13.5) e um juiz que aquilata o merecimento (Rm 2.15; Jo 3.20,21). Esses textos confirmam amplamente o conceito puritano de consciência como aquela faculdade que Deus pôs no homem para ser uma caixa de ressonância de sua Palavra, em sua aplicação às nossas vidas, ou (mudando a metáfora) um espelho que capta a luz da verdade moral e espiritual, que brilha de Deus, refletindo-a em um foco concentrado sobre nossos atos, desejos, alvos e preferências. Os puritanos meramente seguiam a Bíblia quando retratavam a consciência nesses termos, como o monitor de Deus em nossas almas.

Ampliando esse pensamento final, citaremos três típicas e detalhadas exposições puritanas sobre a consciência e suas atividades. Primeiro, traçamos o quadro de Richard Sibbes acerca da consciência como o *tribunal de Deus* dentro de nós, onde o julgamento final está sendo antecipado (um pensamento puritano bastante comum):

> Para esclarecer melhor ainda a natureza da consciência [Sibbes estava expondo 2 Co 1.12], vemos que Deus pôs um tribunal no homem, havendo nele tudo quanto há em um tribunal:
> 1. Há um *registro* no qual é anotado o que temos feito. A consciência tem seu diário. Tudo fica anotado. Nada é esquecido, embora pensemos que sim... há um registro onde tudo fica gravado. A consciência é esse registro.
> 2. Há também as *testemunhas*. "O testemunho da consciência." A consciência presta testemunho: isso eu fiz, aquilo eu não fiz.
> 3. Há um *acusador* ao lado da testemunha. A consciência acusa ou desculpa.
> 4. Há também um *juiz*. A consciência julga: isso foi feito direito, aquilo foi feito errado.
> 5. Há um *executor*, papel também desempenhado pela consciência. Sob acusação e juízo, vem a punição. A primeira punição ocorre dentro do homem, sempre antes de ele chegar ao inferno. A puni-

ção da consciência é um julgamento anterior ao julgamento futuro. No presente, há um lampejo do inferno, depois de algum ato mau... Se o entendimento apreende coisas dolorosas, então o coração bate, como Davi sentiu "bater-lhe o coração" (1 Sm 24.5). O coração bate forte de tristeza pelo momento presente e de temor pelo futuro.

Deus pôs e implantou no homem esse tribunal da consciência, sendo esse o lugar, por assim dizer, onde Deus efetua seu primeiro julgamento... seus veredictos. A consciência desempenha todos esses papéis. Ela registra, testifica, acusa, julga, executa; ela faz tudo.[7]

Em seguida, com base na obra de John Bunyan *Holy War* (Guerra santa), temos a narrativa da carreira do "Sr. Arquivista" da cidade de Mansoul, primeiramente sob o pecado e, depois, sob a graça:

> O Sr. Arquivista [era] um homem versado nas leis de seu rei e também um homem corajoso e fiel, que sempre dizia a verdade; sua língua era tão corajosa para falar quanto sua mente era para julgar (...) [Depois que Mansoul caíra sob Diabolus] ele muito se desviou de seu rei anterior, mas, vez ou outra, pensava em Shaddai, temendo sua lei, e então falava com grande voz contra Diabolus, como quando ruge um leão; sim, e também em certas oportunidades, quando se irava – pois você deve entender que ele tinha terríveis ataques de ira –, fazia a cidade inteira de Mansoul estremecer com sua voz, e suas palavras eram como um trovão estrepitoso e também como o ribombar de um trovão (...).[8]

No devido tempo, Emanuel, filho do rei, irrompeu pela Porta do Ouvido e enviou os capitães Boanerges, Convicção e Juízo para se apossarem da casa do Sr. Arquivista; esse evento abalou o idoso ca-

---

7 Sibbes, *Works*, III:210,211.
8 John Bunyan, *The Holy War*, em *Works*, editado por G. Offor (1859), III:260ss.

valheiro, deixando-o quase em desespero; mas, finalmente, Emanuel fez dele o mensageiro de "um perdão amplo e generalizado" à população da cidade, que o nomeou pregador, a fim de inculcar a lei moral, e também tudo quanto ele havia aprendido, ou que ainda aprenderia no futuro, da parte do "Senhor Secretário" (o Espírito Santo) acerca da vontade do pai de Emanuel.

Agora, finalmente, temos William Fenner, em seu livro *A Treatise of Conscience* (Um tratado sobre a consciência), desenvolvendo o pensamento sobre a consciência como um pregador:

> A consciência é um pregador a nos dizer nosso dever para com Deus e para com os homens; sim, ela é um poderoso pregador, pois exorta, insta, provoca. Sim, é o mais poderoso pregador que poderia haver. Vez ou outra, ela faz tremer o coração mais duro e obstinado que haja debaixo do céu (...) A consciência está associada, em sua comissão, ao próprio Espírito de Deus, a fim de nos instruir quanto ao caminho pelo qual devemos andar; o Espírito e a consciência ou sofrem resistência ou se obedece a ambos em conjunto, ou são entristecidos ou se deleitam juntos. Não podemos pecar contra a consciência sem pecar igualmente contra o Espírito de Deus; não podemos resistir à nossa própria consciência sem também resistir e abafar o Santo Espírito de Deus.[9]

Era assim que os puritanos concebiam a consciência.

3

A fim de salientar o significado da consciência dentro do esquema teológico dos puritanos, agora nós a apresentaremos em relação com alguns outros dos principais tópicos preferidos pelos purita-

---

9 William Fenner, *A Treatise of Conscience*, em *Works* (ed. 1651), segunda paginação, p. 24.

nos, mostrando como algumas de suas ênfases mais características estavam ligadas à sua visão sobre a consciência e refletidas em seu ensino sobre ela.

Em primeiro lugar, esse ensino reflete o ponto de vista puritano sobre as Sagradas Escrituras. Os puritanos diziam que Deus deve controlar nossas consciências de modo absoluto. "A consciência deve ser sujeitada a ele, a ele somente; pois só ele é Senhor da consciência (...). A consciência é representante de Deus e, ao exercer seu ofício, deve limitar-se às ordens e instruções do Senhor soberano."[10] Segue-se daí a imperativa necessidade de mantermos nossas consciências bem sintonizadas com a mente e a vontade de Deus. De outra maneira, não poderemos evitar cair no erro, seja ele qual for; pois desconsiderar a consciência e seguir uma consciência errante são, ambas as coisas, pecados. Baxter explica: "Se você segui-la, estará quebrando a lei de Deus ao fazer aquilo que Deus proíbe. Se você esquecê-la ou agir contra ela, estará rejeitando a autoridade de Deus, ao fazer aquilo que você pensa que Deus proíbe".[11] Em suas 27 normas acerca de "como servir fielmente a Cristo e fazer o bem", Baxter adverte contra a ideia de que a consciência, como tal, é o padrão definitivo:

> Não faças de teus próprios juízos, ou de tua consciência, a tua lei, como diretriz de teus deveres, pois a consciência meramente discerne a lei de Deus e o dever que ele te impôs, bem como tua obediência ou desobediência a ele. Há um perigoso erro que é muito comum no mundo [mais comum ainda em nossos dias]: o de que um homem está obrigado a fazer tudo que a sua consciência lhe declara ser a vontade de Deus; e de que todo homem deve obedecer à sua consciência, como se fosse ela a legisladora do mundo. A verdade, porém, é que

---

10 D. Clarkson, *Works* (James Nichol, Edimburgo, 1864), II:475. "Somente Deus é o Senhor da consciência. Ele a tem libertado das doutrinas e dos mandamentos dos homens, que, em todos os aspectos, são contrários à sua Palavra" (*Westminster Confession*, XX:2).

11 Richard Baxter, *Works*, I:116 (George Virtue, Londres, 1838).

Deus, e não nós, é nosso legislador. E a consciência tem, como papel, tão somente discernir a lei de Deus, exigindo que nós a observemos. A uma consciência errada, não se deve obedecer, mas informar-se melhor (...).[12]

Todavia, como se pode conhecer a vontade de Deus? Podemos falar sobre os requisitos dele com certeza e exatidão? Será possível evitar a neblina da suposição piedosa sobre esse assunto, entrando na clara luz da certeza? Sim, respondiam os puritanos; a maneira para isso é atrelar a consciência às Santas Escrituras, onde a mente de Deus é plenamente revelada a nós. Para eles, a Bíblia era mais do que o falível e, algumas vezes, até falaz testemunho humano sobre a revelação, que é o máximo que alguns estudiosos modernos admitem. As Escrituras são a própria revelação, a Palavra viva do Deus vivo, o testemunho divino sobre os próprios planos e atos redentores de Deus, escrito pelo Espírito Santo por intermédio de agentes humanos, para dar à igreja de todos os séculos orientações claras sobre todas as questões que poderiam surgir quanto à fé e à vida.

Seria possível objetar, contudo, que essa fórmula é irreal e desprovida de substância. Afinal, a Bíblia é uma obra antiquíssima, produto de uma cultura que há muito se desvaneceu. A maior parte de seu material foi escrita para um povo que vivia em uma situação muito diversa da nossa. Como poderia projetar uma luz clara e direta sobre os problemas da vida atual? Os puritanos replicavam que isso é possível porque Deus, o autor da Bíblia, permanece o mesmo, e seus pensamentos sobre a vida humana não mudam. Se pudermos aprender quais princípios ele estava inculcando e aplicando em seu relacionamento com Israel e com a igreja primitiva e, então, reaplicá-los às nossas próprias situações, isso constituirá a orientação de que carecemos. Foi a fim de nos ajudar a fazer isso que o Espírito Santo

---

12 Ibid., I:115, 116.

nos foi outorgado. Por certo, ver os princípios relevantes e aplicá-los corretamente em cada caso, na prática, é uma tarefa árdua. Somos constantemente levados a errar por ignorarmos as Escrituras e julgarmos equivocadamente as situações; sermos pacientes e humildes a ponto de receber a ajuda do Espírito também não é fácil. Permanece de pé, contudo, que, em princípio, a Bíblia nos provê uma clara e exata orientação para cada detalhe e área da vida; e, se nos aproximarmos das Escrituras dispostos e com a expectativa de aprender, Deus mesmo selará sobre nossas mentes e corações a clara certeza de como devemos nos comportar em cada situação que enfrentarmos. "Deus tem apontado meios para a cura da cegueira e do erro", escreveu Baxter. "Vem à luz, com a devida autossuspeita e imparcialidade, usa com diligência todos os meios de Deus, evita as causas do engano e do erro, e a luz da verdade imediatamente te mostrará a verdade."[13]

Os puritanos buscavam a certeza quanto à verdade divina em seu aspecto prático, crendo que essa certeza lhes fora dada. Sua própria inquirição aguçava a sensibilidade moral e o discernimento quanto à Bíblia. Eles não estavam interessados em algum vago enlevo moral; o que queriam era apreender a aplicação da verdade divina, com a mesma precisão com que havia sido revelada. Por causa de seu interesse pela precisão em seguir a vontade revelada de Deus, nas questões morais e eclesiásticas, os primeiros puritanos foram apelidados de "rigoristas". Embora soasse ofensivo, esse foi um bom apelido para eles. Naquela época, tal como hoje, as pessoas explicavam as atitudes deles como irritabilidade ou morbidez de temperamento; mas não era por esse prisma que eles viam as coisas. Richard Rogers, o pastor puritano de Wethersfield, Essex, na virada do século XVI, certo dia estava cavalgando com o senhor do feudo local. Este, depois de espicaçá-lo por algum tempo acerca de sua "precisão" em tudo, perguntou-lhe por que ele se mostrava tão *preciso*. Rogers, então, replicou: "Ó, se-

---

13 Ibid., I:116.

nhor, *eu sirvo a um Deus preciso*". Se existisse um lema puritano, esse seria apropriado. Um Deus preciso – um Deus que desvendou nas Escrituras, de modo exato, sua mente e sua vontade, e que espera de nós, seus servos, a mesma precisão nas crenças e na conduta –, essa era a visão do Deus que criou e que controlava a atitude histórica dos puritanos. A Bíblia os levou a isso. E nós, que compartilhamos da estimativa puritana sobre as Santas Escrituras, não poderemos nos desculpar se deixarmos de mostrar diligência e conscientização iguais às deles, ordenando nossas vidas em consonância com a Palavra de Deus escrita.

Em segundo lugar, o ensino puritano sobre a consciência refletia a posição deles acerca da religião pessoal. Para os puritanos, a piedade era, essencialmente, uma questão de consciência, visto que consistia em uma reação favorável à verdade evangélica conhecida. Essa reação era sensível, disciplinada, refletida, centrada na obtenção e preservação de uma boa consciência. Enquanto um homem ainda não foi regenerado, sua consciência oscila entre atitudes boas e más. A primeira obra da graça consiste em despertar sua consciência, fazendo-a ver seu estado de completa maldade, forçando o homem a enfrentar as demandas impostas a ele por Deus, tornando-o, assim, cônscio de sua culpa, incapacidade, rebelião, contaminação e alienação aos olhos de Deus. Mas o conhecimento sobre o perdão e a paz através de Cristo fazem aquela consciência má tornar-se boa. Uma boa consciência é um dom de Deus para aqueles que, à semelhança do peregrino de Bunyan, ele capacita a olhar com entendimento para a cruz. Essa boa consciência pode ser mantida durante toda a vida, ao buscarmos cumprir a vontade de Deus em todas as coisas e ao olharmos permanentemente para a cruz. Deixemos que Fenner explique isso:

> Suponhamos um homem que tem paz na consciência. O que ele deveria fazer para conservá-la? Respondo:

Primeiro, precisamos esforçar-nos para impedir perturbações na consciência, cuidando em nada fazer contrário a ela (...) Nada que obtivermos de forma errada conseguirá consolar-nos nos momentos de necessidade (...) Miserável é aquele que se permite avançar por qualquer vereda que sua consciência desaprove. Esta é uma boa regra apostólica: "Bem-aventurado é aquele que não se condena naquilo que aprova" (Rm 14.22), ou seja, bem-aventurado aquele que não tem uma consciência que o condena (...).

Segundo, se quisermos manter a nossa paz, teremos de nos esforçar para ter nossos corações seguros quanto ao amor de Deus (...).

Terceiro, precisamos usar a certeza da fé na aplicação do sangue de Cristo, empenhando-nos por expurgar e purificar nossa consciência com essa certeza. Se descobrirmos em nós algum pecado, então devemos recorrer prontamente ao sangue de Cristo, para ali lavar tal pecado. Não deixemos que o ferimento inflame e se torne uma chaga, mas, antes, que sare (...) Se pecamos diariamente, ele nos justifica diariamente, e devemos recorrer diariamente a ele com esse propósito (...) Devemos olhar diariamente para a serpente de metal. A justificação é uma fonte perene e, assim, não podemos esperar que teremos toda a água de uma vez só (...) Oh, reivindiquemos todos os dias o perdão diário (...) Não durmamos uma noite sequer sem termos recebido o perdão. É melhor dormir em uma casa cheia de serpentes e aranhas venenosas do que dormir com um pecado não confessado. Portanto, estejamos certos, a cada dia, de nos purificarmos dos pecados do dia. Então, nossa consciência gozará de paz verdadeira.[14]

Uma boa consciência, diziam os puritanos, é a maior bênção que existe. Sibbes afirmou: "A consciência é ou a maior amiga ou a pior inimiga neste mundo".[15] Não há melhor amiga do que a consciência que experimenta paz com Deus. Fenner disse ainda:

---
14 Fenner, op. cit., pp. 108, 109.
15 Sibbes, *Works*, VII:490.

Primeiro, ela é a origem de todos os consolos. Um teólogo digno chamou-a de *o seio de Abraão para a alma* (...).

Segundo, a consciência tranquila faz um homem degustar a doçura das coisas celestes e espirituais. Faz a Palavra ser para ele, assim como foi para Davi, *mais doce do que o mel*. "Não me aparto dos teus juízos", dizia Davi (assim dizia a consciência dele). E o que vem em seguida? *"Quão doces são tuas palavras ao meu paladar! Mais que o mel à minha boca"* (Sl 119.103). Uma boa consciência faz o homem provar doçura em suas orações, em um domingo, nas ordenanças (...). Qual é a razão para tão poucos provarem a doçura nessas coisas? A razão é esta: por não terem a paz de uma boa consciência (...).

Terceiro, uma consciência boa e tranquila faz um homem provar a doçura em todas as coisas exteriores – na comida, na bebida, no sono, na companhia de seus amigos (...) O homem sadio, mesmo solitário, tem prazer nas recreações, nos passeios, nos alimentos, nos esportes e em coisas semelhantes; mas essas coisas não consolam os enfermos recolhidos ao leito ou os moribundos. Mas, quando a consciência está em paz, a alma goza de boa saúde; assim, todas as coisas são desfrutadas com doçura e consolo.

Quarto, ela adoça os males, as tribulações, as cruzes, as tristezas e as aflições dos homens. Se um homem tem a verdadeira paz em sua consciência, recebe consolo em meio a todas essas coisas. Quando as coisas externas nos inquietam, quão consolador é termos em casa alguma coisa que nos anime! Assim, quando as tribulações e aflições externas nos perturbam, adicionando tristeza à tristeza, então que felicidade seria ter a paz interior, a paz na consciência para suavizar e aquietar tudo isso! Quando chegam a doença e a morte, qual o valor de uma boa consciência? Sem dúvida, mais do que todo o mundo ao redor, a consciência é o reflexo da paz de Deus na alma: na vida, na morte, no julgamento, a consciência é um consolo indizível.[16]

---

16 Fenner, op. cit., pp. 79, 80.

Um homem dotado de boa consciência pode enfrentar a morte com serenidade. Em seu famoso relato sobre a travessia do rio Jordão, Bunyan conta-nos como "o *Sr. Honesto*, durante a vida, falara a certa *Boa-consciência* para que viesse encontrá-lo ali; *Boa-consciência* de fato veio e, estendendo-lhe a mão, ajudou-o a atravessar".[17] É por meio da dádiva de uma boa consciência que Deus evoca aquele clamor: "Agora, Senhor, despedes em paz o teu servo..." (Lc 2.29).

Uma boa consciência é terna. A consciência de um homem ímpio pode ficar tão calejada que raramente reage; mas a consciência saudável de um crente (diziam os puritanos) age continuamente, ouvindo a voz de Deus em sua Palavra, procurando discernir sua vontade em tudo, mostrando-se ativa na autovigilância e no autojulgamento. O crente saudável reconhece sua fragilidade, sempre suspeita e desconfia de si mesmo, a fim de que o pecado e Satanás não o peguem desprevenido. Assim, ele se examina regularmente diante de Deus, sondando seus atos e motivos e condenando-se impiedosamente quando encontra em si mesmo alguma deficiência ou desonestidade moral. Esse foi o tipo de autojulgamento que Paulo recomendou que os coríntios fizessem ao participar da Ceia do Senhor (1 Co 11.31). O grau de acurada perspicácia que nossa consciência exibe em detectar nossos pecados reais (em distinção aos pecados imaginários, sobre os quais Satanás quer que nos concentremos) serve de índice sobre quão bem realmente conhecemos a Deus e sobre quão perto dele andamos – em outras palavras, um indício da verdadeira qualidade de nossa vida espiritual. A consciência preguiçosa de um crente "sonolento" e "entorpecido" é sinal de enfermidade espiritual. Um crente saudável não tem de ser necessariamente uma pessoa entusiasmada e extrovertida, mas é alguém que tem o senso da presença de Deus gravado profundamente em sua alma; tal crente treme diante da Palavra de Deus,

---

17 John Bunyan, *Pilgrim's Progress*, em *Works*, III:242.

permitindo que ela habite nele ricamente, por meio de constante meditação sobre seus princípios, e diariamente submete sua vida a avaliações e mudanças, em resposta à Palavra de Deus. Podemos começar a aquilatar nosso verdadeiro estado diante de Deus indagando de nós mesmos quanto exercício de consciência, de acordo com essas linhas, ocorre em nossa vida diária.

Terceiro, o ensino dos puritanos sobre a consciência refletia-se em sua pregação. O sinal mais característico do ideal puritano quanto à pregação era a ênfase dada à necessidade de aplicações perscrutadoras da verdade à consciência de seus ouvintes. Um sinal de um pregador "espiritual" e "poderoso", na opinião dos puritanos, era a intimidade e a fidelidade da aplicação com que ele "rasgava" a consciência dos homens, fazendo com que vissem a si mesmos conforme Deus os via. Os puritanos sabiam que os homens pecaminosos são lentos em aplicar a verdade a si mesmos e rápidos em aplicá-la a outros. Assim, declarações gerais não aplicadas acerca da verdade evangélica dificilmente produzem bom efeito. Por isso (diziam os puritanos), um pregador deve perceber que uma parte essencial de sua tarefa é fazer aplicações detalhadas, guiando a mente dos ouvintes, passo a passo, por aquelas veredas de silogismos práticos que arraigam a Palavra em seus corações, para que a Palavra faça seu trabalho julgador, golpeador, curador, consolador e orientador. Ames declara: "Por causa da lentidão dos homens na aplicação, pesa sobre todos os ministros a necessidade não só de declararem a vontade de Deus de modo geral, mas também, até onde forem capazes, de ajudarem a pessoa a fazer a aplicação dessa vontade, pública e privadamente".[18] A aplicação é a estrada utilizada pelo pregador para levar a Palavra da cabeça ao coração de seus ouvintes. Segundo o *Westminster Directory for the Publick Worship of God* (Manual de Westminster para a adoração pública a Deus), esse aspecto aplicativo da pregação é

---

18 Ames, op. cit., p. 20.

um trabalho difícil, que requer grande prudência, zelo e meditação; e, para o homem natural e corrupto, isso será recebido como algo desagradável; mas o pastor deve esforçar-se para realizar tal obra de modo que seus ouvintes percebam que a Palavra de Deus é viva e poderosa, capaz de discernir os pensamentos e intuitos do coração; e que, se estiver presente alguma pessoa incrédula ou ignorante, ela terá os segredos de seu coração desvelados, dando, então, glória a Deus.

A Palavra precisa golpear a consciência, se tiver de fazer algum bem aos homens.

Uma aplicação eficaz pressupõe que a verdade aplicada é uma palavra genuína, vinda de Deus, e não somente alguma ideia brilhante do pregador. Isso também significa que ela foi extraída do texto escolhido pelo pregador de tal modo que "os ouvintes possam discernir como Deus a ensina a partir daquele texto" (*Westminster Directory*), sendo, assim, forçados a perceber que ela lhes é apresentada com a autoridade de Deus. Fenner frisou isso em conexão com seu argumento de que "a lei de Deus é o absoluto e supremo vínculo da consciência".[19]

De onde se origina a habilidade para aplicar, de forma apropriada, a verdade de Deus na pregação? Da experiência de ter Deus aplicado poderosamente sua verdade ao coração do pregador. Em geral, no dizer dos puritanos, aquele cuja consciência foi mais profundamente atingida pela verdade de Deus tem maior poder para despertar as consciências alheias, mediante aplicações prudentes e traspassadoras. Isso faz parte do que John Owen entendia, ao dizer que, "se a Palavra não reside poderosamente *em nós*, então também não será transmitida poderosamente *por nós*".[20] E os puritanos, sem

---

19 Fenner, op. cit., pp. 143, 144.
20 John Owen, *The True Nature of a Gospel Church*, em *Works*, XVI:76.

dúvida, diriam que isso faz parte do verdadeiro significado da declaração de Anselmo – é o coração (*pectus*) que faz o teólogo.

Poderíamos indagar: Essa ênfase sobre a sondagem da consciência não produz um tipo de piedade introspectiva e mórbida? Essa ênfase sobre o constante autoexame não chega a debilitar a fé, por desviar nossa atenção para longe de Cristo, de sua plenitude para nosso vazio, levando-nos, assim, ao desânimo e à depressão espirituais? Sem dúvida, esse seria o resultado se fosse um fim em si mesmo; mas, de fato, não o é. De seus púlpitos, os puritanos "rasgavam" as consciências, incentivando o autoexame, a fim de conduzir os pecadores a Cristo e de lhes ensinar como se vive pela fé nele. Eles usavam a lei somente para abrir caminho para o evangelho e para uma vida de dependência à graça de Deus. A morbidez e a introspecção, a autoabsorção tristonha de uma pessoa que nunca desvia os olhos de si mesma, consistem em um puritanismo errado; os próprios puritanos condenaram essa atitude por repetidas vezes. O estudo dos sermões dos puritanos mostra que a preocupação constante daqueles pregadores, em todas as suas investigações sobre o pecado, era levar seus ouvintes a uma vida de fé e de boa consciência. Conforme diziam, essa é a vida mais jubilosa que uma pessoa pode conhecer neste mundo.

4

A atenção que os puritanos davam à boa consciência emprestava grande força ética a seu ensino. Dentre todos os grupos evangélicos, desde a Reforma até o presente, sem dúvida os puritanos foram os maiores pregadores da retidão pessoal. De fato, eles foram o sal da sociedade de seus dias e, de vários modos, criaram uma consciência nacional que só recentemente começou a ser corroída. A demanda pela santificação do domingo; falar abertamente contra os divertimentos desmoralizadores (os folguedos indecentes, a dança promíscua, a glutonaria e o alcoolismo, as obras pornográficas); rejeição às profanações; insistência sobre o fiel cumprimento da profissão e da vocação na vida – essas foram ênfases que até hoje são lembradas (algumas vezes, aplaudidas; outras vezes, ridicularizadas) como atitudes "puritanas". Assim como Laud tinha uma política de "abrangência" nas questões eclesiásticas, também os puritanos tinham sua política de "abrangência" no terreno ético; e tudo faziam para ministrar orientação detalhada sobre os deveres envolvidos nas diversas relações do crente com Deus e com os homens.

Entre os memoriais de sua obra, nesse campo, existem muitas exposições impressas sobre os Dez Mandamentos; grandes obras como a de Richard Rogers, *Seven Treatises... the Practice of Christianity* (Sete tratados... A prática do cristianismo) (1603), os volumes de Perkins e de Ames sobre consciência e casuísmo, e o *Christian Directory* (Diretrizes cristãs), de Baxter (1670); além de inúmeros pequenos manuais sobre a vida cristã, desde a obra de Arthur Dent, *Plain Man's Pathway to Heaven* (Caminho ao céu para o homem comum) (1601), até o livro de Thomas Gouge, *Christian Directions Shewing how to Walk with God All the Day Long* (Orientações cristãs que mostram como andar com Deus o dia inteiro) (1688).

Teria sido todo esse detalhado ensino sobre a conduta cristã um lapso para um novo legalismo, uma privação da liberdade cristã? Indicaria um declínio na direção de caminhos farisaicos?

Não, pois, primeiro, todo esse ensino ético estava alicerçado no evangelho, conforme sucede a todo o ensino do Novo Testamento. Os motivos éticos supremos do puritanismo eram a gratidão em face da graça recebida e o senso de responsabilidade por andar de maneira digna na chamada do crente, não havendo no ensino puritano o menor espaço para a noção de justiça própria. Esse ensino frisava constantemente que as obras do crente *originam-se* da vida eterna, em vez de *visarem* à vida eterna; também era ensinado que nossas melhores obras estão contaminadas pelo pecado, sempre contendo algo que precisa do perdão divino.

Segundo, esse ensino ético era dado (de novo, tal como no Novo Testamento) não como um código de conceitos rotineiros, para ser executado com precisão mecânica. Era dado sob a forma de atitudes a serem mantidas e princípios a serem aplicados. Assim, por mais ensino e conselho que um homem viesse a receber, a ele sempre caberia tomar as decisões e determinações finais (sobre como seguir os conselhos de seu pastor, como aplicar um dado princípio a esse ou àquele caso etc.), por sua própria iniciativa, de forma espontânea, sendo responsável, aos olhos de Deus, pelos atos ditados por sua própria consciência.

Terceiro, o ensino ético dos puritanos não era autoritário; era oferecido como exposição e aplicação das Escrituras, devendo ser sempre comparado com a Bíblia, por aquele que o recebia, de acordo com o princípio do dever do julgamento particular, advogado pela Reforma. Os puritanos não queriam que a consciência dos homens estivesse atrelada a seus ensinamentos, mas somente à Palavra de Deus, e, quanto aos ensinos puritanos, só até onde pudesse ser demonstrado que concordavam com a Palavra de Deus.

Quarto, o ensino ético puritano assumia a forma de um ideal positivo de piedade zelosa e sábia, o que sempre deveria ser a meta do crente, embora nunca se atinja plenamente esse alvo enquanto se vive neste mundo. Também diziam que um ideal positivo não alcançado é a morte do espírito legalista, o qual pode florescer em uma atmosfera de restrições negativas, em que a abstinência é reputada como a essência da virtude. De fato, é impossível imaginarmos um ensino ético menos legalista, em seu espírito e conteúdo, do que o ensino ético dos puritanos.

No entanto, alguém poderia perguntar se a atenção habitual deles às minúcias da justiça, embora evangelicamente motivada, não atrapalhava seu senso de proporção, tornando-os escrupulosos a respeito de questões mínimas, que não envolviam quaisquer princípios. Essa foi uma acusação constante, durante os dias dos puritanos, especialmente quanto à insistência de que a adoração, na igreja da Inglaterra, precisava ser mais profundamente purificada, em oposição ao que ocorrera no período do acordo elisabetano. As objeções dos puritanos à sobrepeliz dos clérigos, à aliança de noivado, ao sinal da cruz durante o batismo e ao ato de se ajoelhar durante a recepção da comunhão eram atribuídas a um "humor rabugento", que se evidenciava através de suas opiniões contrárias àqueles costumes. Em 1662, pareceu a muitos que Richard Baxter e os clérigos que compartilhavam de seus pontos de vista (ao que parece, a maioria dos expulsos) não dispunham, na verdade, de razões suficientes para rejeitar os termos do Ato de Uniformidade. O que sucedeu em 24 de agosto de 1662 é usualmente chamado de a Grande Expulsão; e decerto estava presente o desejo de expulsar qualquer puritano que não quisesse tornar-se pastor em Bray. Historicamente, porém, seria mais exato chamar esse evento de Grande Retirada, por parte daqueles que não quiseram prestar o juramento prescrito pelo Ato de Uniformidade. Os puritanos, em sua brava e sacrificial recusa, certamente não estavam transformando montículos de terras em montanhas. O heroísmo deles era necessário? Procuremos averiguar.

Não podemos duvidar da pungência da opção feita por Baxter e seus amigos. Eles acreditavam na ideia de uma igreja protestante nacional da Inglaterra; já se consideravam ministros daquela igreja, e apenas queriam continuar nessa condição. Não eram teólogos presbiterianos declarados, nem faziam objeção a uma liturgia fixa (contanto que fosse bíblica), tampouco ao episcopado (contanto que não fosse prelatício); também aceitavam o ideal da uniformidade nacional da religião. Todavia, sentiam-se na obrigação de recusar o Acordo Carolino, retirando-se para alguma forma de vida eclesiástica sectarista, silenciosa ou clandestina – e as alternativas lhes pareciam bastante indesejáveis, sem contar a perseguição a que ficariam sujeitos, no segundo caso. Foi uma decisão terrivelmente dolorosa. Mas por que se sentiam forçados a tomá-la? Havia quatro razões principais.

Primeira, por motivo de consciência, eles não podiam declarar "assentimento e consentimento sincero" ao *Livro de Oração* de 1662, conforme o Ato de Uniformidade exigia que fizessem. Aquele livro continuava retendo as cerimônias às quais vinham fazendo objeção havia um século, com base nestas duas razões: (a) estando maculadas por associações supersticiosas, essas cerimônias eram inaceitáveis; e (b) não sendo bíblicas, não deveriam ser impostas como obrigatórias. Além disso, o livro continha uma fraseologia a que os porta-vozes puritanos, na Conferência de Savoia, haviam rejeitado definitivamente, como, por exemplo, a afirmativa de que a regeneração ocorre por ocasião do batismo em água; uma absolvição total, se a pessoa fosse acometida de enfermidade; e a referência a um cadáver como irmão no Senhor, nos cultos fúnebres. Ainda assim, se meramente tivessem sido solicitados, pelo referido Ato, a concordar com o livro, no sentido de o aceitarem para uso regular, talvez se tivessem sentido livres para fazê-lo (afinal, era potencialmente o mesmo livro que os primeiros puritanos haviam usado, e muitos deles sem fazer qualquer modificação, até 1640). Mas o que o Ato exigia era uma declaração pública de "assentimento e consentimento sinceros"; e isso parecia requerer deles certo grau de aprovação que não ousavam dar, para não se envolverem no pecado de perjúrio.

Segunda, o Ato requeria que renunciassem à Solene Liga e ao Pacto de 1645 (uma tentativa de ampliar a reforma na igreja anglicana, colocando-a em pé de igualdade com as demais igrejas da Reforma, especialmente a igreja da Escócia, extirpando a tradicional hierarquia eclesiástica anglicana). Mas muitos dos puritanos, incluindo aqueles que não criam que o Novo Testamento prescrevesse claramente o presbiterianismo, sentiam-se incapazes de renunciar ao pacto de 1645 como um "juramento ilegal", pois não podiam ver qualquer coisa, constitucional ou teológica, que demonstrasse haver algo de ilegítimo nele. Portanto, uma vez mais, eles preferiam não renunciar a se arriscar ao perjúrio.

Terceira, o Ato exigia que declarassem ser ilegítimo, sob quaisquer circunstâncias, empunhar armas contra o rei, obrigando-se a jamais fazê-lo. O requisito era compreensível, mas as muitas pessoas que acreditavam que o Parlamento tinha o direito de lutar, como é natural, achavam essa exigência inaceitável, pois envolvia uma retratação que não podiam fazer com honestidade, visto que seria uma aceitação prévia de qualquer forma de absolutismo real que viesse a surgir. A consciência, uma vez mais, compelia-os a responder com um "não".

Quarta, eles objetavam a demanda que o clero inglês fazia de que, por não terem recebido a hierarquia episcopal, deveriam ser consagrados a partir daquela data. Aceitar essa exigência, afirmavam, seria não apenas condenar, como inválidas, suas anteriores ministrações, como também todo o ministério não episcopal da cristandade protestante, pelo mundo inteiro; e isso eles não podiam fazer.

Finalmente, aqueles clérigos puritanos foram impedidos de forçar suas consciências, devido ao senso que tinham de que os olhos de todo o seu rebanho – e, de fato, de todos os cidadãos ingleses – estavam fixos sobre eles e de que eles não podiam dar a impressão de estarem comprometendo os princípios pelos quais haviam lutado no passado, sem lançarem no descrédito tanto a si mesmos quanto seu chamamento e seu ensino anterior. Calamy registrou um comentário contemporâneo que ressalta esse temor dos puritanos: "Tivessem os ministros aceitado, e o povo teria pensado que a religião é vã". Tornara-se uma questão de credibilidade. O clero puritano afirmava que eles deveriam estar prontos para manter como verdade, por meio de seus sofrimentos, se necessário fosse, o que vinham pregando em público, em vez de se arriscarem a solapar todo o seu ministério anterior, por meio do que pareceria ser o abandono de um princípio em troca de vantagens temporais. Portanto, quando se tornou claro que os termos do Ato de Uniformidade eram, *prima facie*, intoleráveis, não gastaram qualquer energia na tentativa de encontrar modos e meios de se conformarem a ele. Em vez de deixarem parecer que estavam brincando com a verdade, retiraram-se para o deserto.

Teriam eles se mostrado por demais escrupulosos? A atitude deles teria sido um caso de mera rabugice racionalizada? Decerto que não. Ao contrário, temos o supremo exemplo da consciência puritana em ação. Dois axiomas dominantes da casuística puritana eram: (1) nenhuma verdade conhecida pode ser sacrificada ou negada na prática; (2) nenhum pecado evitável pode ser cometido, por maior que seja o bem originário dessa transigência ao pecado. A conveniência não serve de garantia para atos inescrupulosos; e o fim não justifica os meios. Se Baxter e seus amigos estavam ou não corretos em seu veredicto sobre o acordo da Restauração, não precisamos agora discutir, tal como não precisamos condenar os atos de homens como Gurnall e Trapp, que se conformaram, Reynolds, que se tornou bispo de Norwich, e Leighton, que recebeu tanto a ordenação episcopal quanto a consagração de bispo da Escócia. Tudo que pretendo fazer aqui é mostrar a postura de Baxter e seus amigos como uma atitude de consciência que envolveu muito sacrifício. A sugestão – dizendo-o de modo abrupto – de que a raiz do não conformismo era orgulho ferido e renitente, a obstinada recusa em ceder, é simplesmente ridícula. O perjúrio, a reforma e a suficiência das Escrituras, bem como a dispensabilidade do título de bispo, eram questões de princípios teológicos nas quais os puritanos estavam envolvidos. Eles mantiveram uma boa consciência por meio da única maneira que estava aberta a eles ou a qualquer crente – seguindo a verdade conforme se encontra na Bíblia, recusando-se a vendê-la ou a traí-la por qualquer motivo neste mundo.

Assim, a conclusão que extraio é simplesmente esta: a atitude de consciência que marcou toda a religião dos puritanos, manifestada supremamente pelas expulsões de 1662, é uma virtude cristã necessária em todas as épocas. É a devida resposta do homem à imutável verdade de Deus. Tal atitude de consciência custa caro, conforme se passou naquela ocasião; mas, sem ela, a vida eclesiástica transforma-se em irreligiosidade, e a confissão cristã de qualquer pessoa torna-se um insulto a Deus. Estamos em dias comprometedores na vida da igreja; isso talvez deva ser esperado quando a própria existência da verdade revelada vem sendo tão amplamente negada ou colocada em dúvida. Porém, se cremos que Deus falou em seu Filho e que a Bíblia é a própria palavra de testemunho quanto a essa revelação – se, em outras palavras, defendemos a visão dos puritanos sobre as Escrituras –, então, conforme dissemos, a inflexível fidelidade à verdade bíblica que caracterizou os puritanos também deveria ser nossa característica. Que Deus nos conceda luz para vermos a sua verdade, consciência para a aplicarmos e vivermos de acordo com ela, apegando-nos conscientemente a ela, sem importar o custo, nestes dias de Laodiceia!

OS PURITANOS E O EVANGELHO

PARTE 3

Capítulo 7

Salvos por seu precioso sangue

1

A morte da morte na morte de Cristo (*Works*, X: 139-428)¹ é uma obra polêmica cuja intenção é mostrar, entre outras coisas, que a doutrina da redenção universal é antibíblica e destrutiva ao evangelho. Há muitos para quem, provavelmente, ela não se reveste de qualquer interesse. Aqueles que não veem necessidade de precisão doutrinária ou não têm tempo para os debates teológicos, os quais mostram haver divergências entre os evangélicos, bem poderão lamentar este capítulo. Outros poderão achar que o próprio som da tese de Owen é tão chocante que até mesmo se recusarão a ler seu livro, mostrando, assim, seu preconceito causado pela paixão às suas próprias suposições teológicas. Porém, esperamos que este capítulo chegue às mãos de leitores dotados de espírito diferente. Hoje em dia, há sinais de renovado interesse pela teologia bíblica – uma nova disposição de submeter a teste as tradições, de pesquisar as Escrituras e de meditar sobre as questões de fé. É para quem compartilha dessa

---

1 Esse capítulo foi editado pela Editora Fiel sob o título "O Antigo Evangelho".

disposição que o tratado de Owen se dirige, na confiança de que nos ajudará em uma das mais urgentes tarefas que desafiam a cristandade evangélica atual: o redescobrimento do evangelho.

Esta última observação pode deixar alguns em atitude defensiva, mas parece ser confirmada pelos fatos.

Não há dúvida de que o mundo evangélico de nossos dias encontra-se em estado de perplexidade e flutuação. Em questões como a prática do evangelismo, o ensino sobre a santidade, a edificação da vida das igrejas locais, a maneira como os pastores tratam com as almas e exercem a disciplina, há evidências de uma insatisfação generalizada com as coisas conforme estão, bem como de uma ampla incerteza acerca do caminho à frente. Esse é um fenômeno complexo, para o qual muitos fatores têm contribuído. Porém, se descermos à raiz da questão, descobriremos que essas perplexidades, em última análise, devem-se ao fato que termos perdido nossa compreensão do evangelho bíblico. Sem nos darmos conta, nos últimos cem anos temos trocado o evangelho por outro que, embora lhe seja semelhante quanto a determinados pormenores, trata-se de algo inteiramente diferente. Daí surgem nossas dificuldades, pois o outro evangelho não corresponde às finalidades para as quais o evangelho autêntico, no passado, mostrou-se tão poderoso. O novo evangelho fracassa notadamente em produzir reverência profunda, arrependimento sincero, verdadeira humildade, espírito de adoração e interesse pela igreja. Por quê?

Sugerimos que a razão jaz no próprio caráter e no conteúdo desse novo evangelho, o qual não leva os homens a terem pensamentos centrados em Deus, temendo-o em seus corações; mesmo porque, primariamente, não é isso que o novo evangelho procura fazer. Uma das maneiras de declararmos a diferença entre o novo e o antigo evangelho é afirmar que o novo está demasiadamente preocupado em "ajudar" o homem a produzir em si mesmo paz, consolo, felicidade e satisfação, e pouco preocupado em glorificar a Deus.

O antigo evangelho também prestava "ajuda"; de fato, até mais que o novo. Mas fazia-o apenas incidentalmente, visto que glorificar a Deus sempre foi sua preocupação primária. Era sempre e essencialmente uma proclamação da soberania divina demonstrada em misericórdia e juízo, uma convocação para os homens se prostrarem e adorarem ao todo-poderoso Senhor, de quem eles dependem quanto a todo bem, tanto no âmbito da natureza quanto no âmbito da graça. Sem qualquer ambiguidade, o centro de referência do antigo evangelho era Deus. Porém, no novo evangelho, o centro de referência é o homem. Isso é o mesmo que dizer que o antigo evangelho era *religioso* de uma maneira que o novo evangelho não o é. Enquanto o alvo principal do antigo era ensinar os homens a adorarem a Deus, a preocupação do novo parece limitar-se a fazer os homens se sentirem melhor. O assunto do antigo evangelho era Deus e seus caminhos com os homens; o assunto do novo é o homem e a ajuda que Deus lhe dá. Nisso há uma grande diferença. A perspectiva e a ênfase da pregação do evangelho foram completamente alteradas.

Dessa mudança de interesses, teve origem a mudança de conteúdo, pois, na realidade, o novo evangelho reformulou a mensagem bíblica no suposto interesse de prestar "ajuda" ao homem. De acordo com isso, não são mais pregadas verdades bíblicas como a incapacidade natural do homem em crer, a eleição divina e gratuita como a causa final da salvação e a morte de Cristo especificamente por suas ovelhas. Essas doutrinas, segundo o novo evangelho, não "ajudam" o homem; antes, contribuem para levar os pecadores ao desespero, sugerindo-lhes que eles não têm o poder de salvar a si mesmos, através de Cristo. (Nem se considera a possibilidade de esse desespero ser salutar; pelo contrário, atualmente supõe-se que não é saudável, visto que destroçaria nossa autoestima.) Sem importar exatamente como seja a questão (adiante, falaremos mais a esse respeito), o resultado dessas omissões é que apenas uma parcela do evangelho bíblico está sendo pregada, como se fosse a sua totalidade; e uma meia-verdade que se mascara como se fosse a verdade inteira transforma-se em uma mentira completa. Assim, apelamos aos homens como se eles todos tivessem a capacidade de receber a Cristo a qualquer momento. Falamos sobre a obra remidora efetuada por Cristo como se ele tivesse morrido apenas para nos capacitar a salvar a nós mesmos, mediante o nosso crer. Falamos sobre o amor de Deus como se isso não fosse mais do que a disposição geral de receber qualquer um que queira voltar-se para Deus e confiar nele. Retratamos o Pai e o Filho não como soberanamente ativos em atrair para si mesmos os pecadores, mas como se eles se mantivessem em quieta incapacidade, "à porta do nosso coração", esperando nossa permissão para entrar.

É inegável que é dessa maneira que estamos pregando; talvez seja assim que de fato cremos. Porém, cumpre-nos dizer, de forma enfática, que esse conjunto de meias-verdades distorcidas é algo totalmente diverso do evangelho bíblico. A Bíblia é contra nós quando pregamos dessa maneira; e o fato de tal pregação ter-se tornado a prática quase padronizada entre nós serve apenas para demonstrar quão urgentemente devemos rever essa questão. Redescobrir o antigo, autêntico e bíblico evangelho, fazendo nossa pregação e nossa prática se ajustarem a ele, talvez seja nossa mais premente necessidade hoje. É precisamente nesse ponto que o tratado da Owen sobre a redenção nos pode ser útil.

2

"Mas espere um minuto", diz alguém, "concordo com o que você está dizendo sobre o evangelho. Certamente, o que Owen está fazendo é defender a expiação limitada, um dos cinco pontos do calvinismo. Quando fala em redescobrir o evangelho, o que você está dizendo não é que tão somente quer que nos tornemos calvinistas?".

Essas questões são dignas de consideração, pois, sem dúvida, ocorrem a muitas pessoas. Ao mesmo tempo, porém, são questões que refletem uma grande dose de preconceito e ignorância. "Defender a expiação limitada" – como se isso fosse tudo que um teólogo reformado quisesse fazer ao expor o âmago do evangelho! "Você tão somente quer que nos tornemos calvinistas" soa como se os teólogos reformados não tivessem outro interesse além de recrutar pessoas para seu partido ou como se alguém tornar-se um calvinista fosse o último estágio da depravação teológica e nada tivesse a ver com o evangelho. Antes de responder diretamente a essas indagações, precisamos tentar remover os preconceitos que subjazem a elas, deixando claro o que o calvinismo realmente significa. Portanto, queremos solicitar do leitor que tome nota dos seguintes fatos de natureza histórica e teológica a respeito do calvinismo, em geral, e dos "cinco pontos", em particular.

Primeiro, deve-se observar que os "cinco pontos do calvinismo", assim chamados, são simplesmente a resposta calvinista aos cinco pontos de um manifesto (*The Remonstrance* – A objeção) apresentado por certos "belgas semipelagianos"[2] no começo do século XVII. A teologia ali contida (conhecida na história como arminianismo) teve origem em dois princípios filosóficos: primeiro, a soberania divina é incompatível com a liberdade humana e, portanto, com a responsabilidade humana; segundo, a capacidade humana limita a obrigação. (A acusação de semipelagianismo ficou assim justificada.)

Com base nesses princípios, os arminianos extraíram duas deduções. Primeira, visto que a Bíblia considera a fé um ato humano livre e responsável, ela não pode ser causada por Deus, mas é exercida independentemente dele. Segunda, como a Bíblia considera a fé como obrigatória por parte de todos quantos ouvem o evangelho, a capacidade de crer deve ser universal. Portanto, eles afirmam, as Escrituras

---

2 John Owen, *Works*, X:6 (Ver capítulo 4, nota 43).

devem ser interpretadas como se ensinassem as seguintes posições: (1) O homem nunca é de tal modo corrompido pelo pecado que não possa crer no evangelho para sua salvação, uma vez que este lhe seja apresentado; (2) o homem nunca é de tal modo controlado por Deus que não possa rejeitar o evangelho; (3) a eleição divina daqueles que serão salvos se alicerça no fato da presciência divina de que eles haveriam de crer, por sua própria deliberação; (4) a morte de Cristo não garantiu a salvação de ninguém, pois não garantiu o dom da fé para ninguém (nem mesmo existe tal dom); o que ela fez foi criar a possibilidade de salvação para todo aquele que crê; (5) cabe inteiramente aos crentes se manterem em estado de graça, conservando sua fé; aqueles que falham nesse ponto desviam-se e se perdem. Dessa maneira, o arminianismo faz a salvação depender, em última análise, do próprio homem, pois a fé salvadora é vista, do princípio ao fim, como obra do homem; e, por pertencer ao homem, não é vista como uma operação de Deus no homem.

 O Sínodo de Dort foi convocado em 1618 para se manifestar sobre essa teologia, e os "cinco pontos do calvinismo" representam suas contra-afirmações. Esses cinco pontos têm origem em um princípio inteiramente diferente – o princípio bíblico de que "ao SENHOR pertence a salvação" (Jn 2.9). Eles podem ser resumidos assim: (1) O homem caído, em seu estado natural, não tem capacidade alguma para crer no evangelho, como também lhe falta toda a capacidade para crer na lei, a despeito de toda indução externa que sobre ele possa ser exercida; (2) a eleição é um ato pelo qual Deus escolhe pecadores na condição em que estão, de maneira gratuita, soberana e incondicional, para que venham a ser redimidos por Cristo, venham a receber fé e sejam conduzidos à glória; (3) a obra remidora realizada por Cristo teve por finalidade e alvo a salvação dos eleitos; (4) a obra do Espírito Santo, ao trazer os homens à fé, nunca deixa de atingir seu objetivo; (5) os crentes são guardados na fé e na graça pelo irresistível poder de Deus, até que cheguem à glória. Esses cinco pontos têm sido convenientemente indicados pela palavra mnemônica TULIP: **T**otal depravação, **U**ma eleição incondicional, **L**imitada expiação, **I**rresistível graça e **P**erseverança dos santos.

Ora, temos aqui duas interpretações coerentes do evangelho bíblico, que fazem oposição entre si. A diferença entre elas não é primariamente uma questão de ênfase, mas de conteúdo. Uma delas proclama um Deus que salva; a outra alude a um Deus que permite ao homem salvar a si mesmo. Um desses pontos de vista apresenta os três grandes atos da Santa Trindade na salvação da humanidade perdida – eleição por parte do Pai, redenção por parte do Filho, chamada por parte do Espírito Santo – como dirigidos às mesmas pessoas, garantindo, infalivelmente, a salvação delas. Mas o outro ponto de vista empresta a cada um desses atos uma ideia diferente (o objeto da redenção seria a humanidade inteira, os objetos da chamada seriam aqueles que ouvem o evangelho e os objetos da eleição seriam aqueles que respondem a essa chamada), negando que a salvação de qualquer pessoa seja garantida por qualquer desses atos. Dessa forma, essas duas teologias concebem o plano da salvação em termos inteiramente distintos. Uma delas faz a salvação depender da obra de Deus, enquanto a outra faz a salvação depender da obra do homem. Uma considera a fé parte do dom divino da salvação; a outra pensa que a fé é a contribuição do homem para sua salvação. Uma atribui a Deus toda a glória pela salvação dos crentes; a outra divide as honras entre Deus, que, por assim dizer, construiu o mecanismo da salvação, e o homem, que, quando crê, põe esse mecanismo em funcionamento. Não há dúvida de que essas diferenças são importantes; e o valor permanente dos "cinco pontos", como um sumário do calvinismo, é que eles deixam claro os aspectos em que essas duas teologias divergem e a extensão da divergência entre elas. Entretanto, não seria correto apenas equiparar o calvinismo com os "cinco pontos". Os cinco argumentos que apresentamos a seguir deixarão isso mais claro.

Primeiro, o calvinismo é algo muito mais amplo do que indicam os "cinco pontos". O calvinismo é um ponto de vista universal, derivado de uma visão nítida de Deus, como Criador e Rei do mundo inteiro. O calvinismo é a tentativa coerente de reconhecer o Criador como o Senhor, aquele que faz todas as coisas segundo o conselho de sua vontade. O calvinismo é uma maneira teocêntrica de pensar acerca da vida, sob a direção e o controle da própria Palavra de Deus. Em outras palavras, o calvinismo é a teologia da Bíblia vista sob a perspectiva da Bíblia – a visão teocêntrica, que vê o Criador como a origem, o meio e o fim de tudo que existe, tanto no âmbito da natureza quanto no âmbito da graça. O calvinismo, assim, reflete o teísmo (a crença em Deus como o fundamento de todas as coisas); reflete a religião (a dependência em relação a Deus como o doador de todas as coisas); e reflete a posição evangélica (a confiança em Deus através de Cristo, para todas as coisas), tudo em sua forma mais pura e mais desenvolvida. O calvinismo é uma filosofia unificada da história que encara a inteira diversidade de processos e eventos que têm lugar no mundo de Deus como nada mais e nada menos que a concretização de seu grandioso plano preordenado, o qual visa às suas criaturas e à sua igreja. Os cinco pontos asseveram precisamente que Deus é soberano quando salva a pessoa; mas o calvinismo, como tal, preocupa-se com assertivas muito mais amplas, acerca do fato de que Deus é soberano em tudo.

Segundo, os "cinco pontos" apresentam a soteriologia calvinista de forma negativa e polêmica, enquanto o calvinismo propriamente dito é essencialmente expositivo, pastoral e construtivo. Pode definir sua posição com termos das Escrituras, sem qualquer alusão ao arminianismo, e não precisa viver combatendo perenemente os arminianos reais ou imaginários, a fim de se manter vivo. O calvinismo não se interessa por questões negativas; e, quando os calvinistas entram em campo, lutam por causa de valores evangélicos positivos. O aspecto negativo dos "cinco pontos" pode ser entendido de maneira equivocada, principalmente no que concerne ao terceiro ponto (expiação limitada ou redenção particular), que, com frequência, é lido dando-se ênfase ao adjetivo, como se indicasse que os calvinistas têm um interesse todo especial em confinar os limites da misericórdia divina. Na verdade, contudo, o propósito dessa fraseologia, conforme veremos adiante, é salvaguardar a afirmação central do evangelho: Cristo é um Redentor que realmente redime. De modo semelhante, quando os calvinistas negam uma eleição que é condicional e uma graça que é resistível, têm por alvo defender, de forma positiva, a verdade de que Deus é quem salva. As verdadeiras negações são as do arminianismo, o qual nega que a eleição, a redenção e a chamada sejam atos salvíficos realizados por Deus. O calvinismo rejeita essas negações para asseverar o conteúdo positivo do evangelho, com o propósito de fortalecer a fé e edificar a igreja.

Terceiro, o próprio fato de a soteriologia calvinista ser exposta sob a forma de cinco pontos distintos (um número que surgiu, conforme já explicamos, meramente do fato de que houve cinco pontos arminianos a exigirem resposta pelo Sínodo de Dort) tende a obscurecer o caráter sistemático do pensamento calvinista sobre esse assunto. Pois esses cinco pontos, embora apresentados separadamente, são indivisíveis uns dos outros. Eles dependem uns dos outros; ninguém pode rejeitar um deles sem rejeitar a todos, pelo menos no sentido tencionado pelo Sínodo de Dort. Para o calvinismo, só há *um* ponto a ser enfatizado no campo da soteriologia: *Deus salva os pecadores*. Deus – o Jeová Triúno, Pai, Filho e Espírito Santo; três pessoas trabalhando juntas, em sabedoria, poder e amor soberanos, a fim de realizar a salvação de um povo eleito. O Pai escolhendo, o Filho cumprindo a vontade do Pai ao redimir e o

Espírito Santo executando o propósito do Pai e do Filho por meio da regeneração. *Salva* – ele faz, do começo ao fim, tudo que é mister para transportar os homens da morte no pecado à vida na glória; ele planeja, realiza e concede a redenção; também chama, preserva, justifica, santifica e glorifica. Os *pecadores* – homens conforme Deus os encontra, ou seja, culpados, vis, impotentes, incapazes de levantar um dedo a fim de cumprir a vontade de Deus ou melhorar seu quinhão espiritual. *Deus salva os pecadores* – e a força dessa confissão não pode ser enfraquecida por rompermos a unidade da obra da divina Trindade, ou por dividirmos a obtenção da salvação entre Deus e o homem (como se a parte decisiva fosse a humana), ou por amenizarmos a incapacidade do pecado, de tal maneira que ele mereça ser louvado, juntamente com o Salvador, por sua própria salvação. Esse é o único ponto da soteriologia calvinista que os "cinco pontos" buscam estabelecer e que é negado pelo arminianismo, em todas as suas formas: a saber, que os pecadores não podem salvar a si mesmos em qualquer sentido, porquanto a salvação, do começo ao fim, em sua totalidade, no passado, presente e futuro, vem do Senhor, a quem cabe toda a glória para sempre. Amém!

Isso nos leva à quarta observação: a fórmula de cinco pontos obscurece a profundidade da diferença entre a soteriologia calvinista e a soteriologia arminiana. Não parece haver dúvida de que isso tem desviado muitas pessoas. Na fórmula dos cinco pontos, a ênfase recai sobre os adjetivos, e isso, naturalmente, causa a impressão de que, no tocante aos três grandes atos salvíficos realizados por Deus, o debate gira em torno apenas dos adjetivos. Também causa a impressão de que ambos os lados concordam sobre o que significam a eleição, a redenção e o dom da graça interior, diferindo somente quanto à posição do homem em relação a eles: se o primeiro é condicionado à fé prevista ou não; se o segundo visa à salvação de todos os homens ou não; se o terceiro sempre se mostra irresistível ou não. Porém, esse é um conceito inteiramente errado. A mudança de adjetivo, em cada caso, envolve a mudança de sentido do substantivo. Uma eleição que é condicional, uma redenção que é universal e uma graça interior que é resistível não correspondem à mesma forma de eleição, de redenção e de graça interior que o calvinismo afirma.

A questão central, portanto, não diz respeito ao uso de adjetivos adequados, mas à definição dos substantivos. Ambos os lados da polêmica percebiam isso claramente quando a controvérsia teve início, sendo importante que também possamos perceber tal coisa, pois, de outro modo, não existe nenhuma razão ou base para o debate calvinista-arminiano. Vale a pena estabelecer as diferentes definições, lado a lado.

1) O ato divino da eleição foi definido pelos arminianos como a resolução de Deus receber na filiação e na glória uma classe de pessoas devidamente qualificada: os crentes em Cristo.[3] Isso se reduz à resolução de receber pessoas somente em virtude de ter Deus previsto o fato de que elas, por si mesmas, haveriam de crer. Nada havia no decreto da eleição a garantir que certas pessoas fariam parte da igreja. No arminianismo, Deus não determina que qualquer homem em particular venha a crer. Os calvinistas, entretanto, definem a eleição como a escolha de pessoas específicas, sem méritos, para serem salvas do pecado e conduzidas à glória; e, com essa finalidade, serem redimidas mediante a morte de Cristo, recebendo a fé através da chamada eficaz do Espírito Santo. Enquanto o arminiano diz "Devo minha eleição à minha fé", o calvinista diz "Devo minha fé à minha eleição". Sem dúvida, esses dois conceitos de eleição são diametralmente opostos.

2) A obra remidora realizada por Cristo foi definida pelos arminianos como a remoção de um obstáculo (as reivindicações não satisfeitas da justiça divina) que impedia que Deus oferecesse per-

---

3 Juntamente com outros que, embora não tenham ouvido o evangelho, viveram de acordo com a luz que tiveram. Mas esse assunto não precisa nos inquietar agora.

dão aos pecadores, conforme desejava fazê-lo, sob a condição de que cressem. Ainda de acordo com o arminianismo, a redenção assegurou para Deus o direito de fazer essa oferta, mas não garantiu, por si mesma, que qualquer pessoa viria a aceitá-la; pois a fé, sendo obra do próprio homem, não é um dom que lhe seja dado com base no Calvário. A morte de Cristo criou a oportunidade para o exercício da fé salvadora, mas isso foi tudo quanto ela conseguiu. Os calvinistas, porém, definem a redenção como o ato vicário de Cristo mediante o qual ele suportou a pena do pecado no lugar de certos pecadores específicos e, através desse ato, Deus reconciliou-se com eles, tendo sido eternamente anulada a punição que mereciam receber, tendo-lhes sido garantido, portanto, o direito à vida eterna. Em consequência disso, agora, aos olhos de Deus, eles têm direito ao dom da fé, como meio de entrar no gozo da herança deles. Em outras palavras, o Calvário não apenas possibilitou a salvação daqueles por quem Cristo morreu, como também garantiu que eles seriam conduzidos à fé e que a salvação deles seria realizada. A cruz *salva*. Enquanto os arminianos dizem "Eu não poderia ter obtido a minha salvação sem o Calvário", os calvinistas afirmam: "No Calvário, Cristo obteve para mim a salvação". Os primeiros fazem da cruz o *sine qua non* da salvação; os últimos veem a cruz como a verdadeira e eficiente causa de sua salvação, derivando cada bênção espiritual, inclusive a própria fé, da grande transação efetuada entre Deus e seu Filho, consumada no Calvário. Claramente, esses dois conceitos de redenção estão em desacordo.

3) O dom da graça interior, outorgado pelo Espírito Santo, foi definido pelos arminianos como uma "persuasão moral", a simples concessão da compreensão da verdade divina. Eles admitiam – em verdade, insistiam – que isso, por si mesmo, não assegura que alguém chegará a responder com a fé. Os calvinistas, porém, definem esse dom não como mera iluminação, mas como uma operação regene-

radora realizada por Deus nos homens, "tirando-lhes seu coração de pedra e conferindo-lhes um coração de carne; renovando-lhes a vontade e, por seu todo-poderoso poder, dirigindo-os àquilo que é bom e atraindo-os eficazmente a Jesus Cristo; no entanto, vindo eles de forma perfeitamente voluntária, *tendo sido inclinados a isso pela graça divina*".[4] A graça divina mostra-se irresistível exatamente porque destrói a disposição que o homem tem para resistir. Por conseguinte, onde os arminianos contentam-se em dizer "Resolvi aceitar a Cristo" ou "Decidi-me por Cristo", os calvinistas preferem referir-se à sua conversão em termos mais teológicos, deixando claro quem realmente fez a obra:

> Enquanto preso o espírito jazia
> Nas sombras do pecado que seduz;
> Com teu olhar, a noite fez-se dia,
> E, despertando, vi a masmorra em luz.
>
> *Caíram-me as algemas, livre me senti,*
> E, pondo-me de pé, logo te segui.[5]

Como é evidente, essas duas noções a respeito da graça interior são totalmente contrárias entre si.

Ora, os calvinistas asseveram que a ideia arminiana da eleição, da redenção e da chamada, como atos de Deus que não salvam, corta pela raiz o próprio cerne do sentido bíblico. Assim, dizer, conforme a doutrina arminiana, que Deus elege os crentes, que Cristo morreu por todos os homens e que o Espírito vivifica aqueles que recebem a palavra realmente significa dizer que, no sentido bíblico, Deus a ninguém

---

4 *Westminster Confession*, X:1.
5 Certamente foi Charles Wesley quem escreveu esse hino; porém, essa é uma das muitas passagens que nos levam a indagar, juntamente com o rabino Duncan: "Onde está seu arminianismo agora, amigo?".

elege, Cristo não morreu por ninguém e o Espírito Santo a ninguém vivifica. A questão em foco nessa controvérsia, por conseguinte, é o sentido dado a esses termos bíblicos, bem como a outros termos soteriologicamente significativos, como o amor de Deus, o pacto da graça e o próprio verbo "salvar", com todos os seus sinônimos. Os arminianos interpretam todos esses termos no sentido de que a salvação não depende diretamente de qualquer decreto ou ato de Deus, mas da atividade independente do homem ao crer. Os calvinistas asseguram que essa interpretação, em si mesma, não é bíblica nem religiosa e perverte, de forma demonstrável, o sentido das Escrituras, solapando o evangelho em cada ponto no qual é aplicado. A controvérsia arminiana gira em torno de nada mais do que isso.

Há ainda um quinto aspecto de acordo com o qual a fórmula de cinco pontos se mostra deficiente. Sua própria forma (uma série de negações das assertivas arminianas) favorece a ideia de que o calvinismo é uma modificação do arminianismo; de que o arminianismo ocupa posição primária, na ordem das coisas, e de que o calvinismo desenvolveu-se como um rebento proveniente do arminianismo. E, mesmo quando se demonstra, por meio da história, que essa conclusão é falsa, em muitas mentes permanece a suspeita de que essa é a verdadeira explicação da relação entre esses dois pontos de vista. Em geral, supõe-se que o arminianismo (que, conforme vimos até aqui, corresponde perfeitamente ao novo evangelho de nossos próprios dias) é fruto da leitura das Escrituras de maneira "natural", sem preconceitos ou sofisticações; supõe-se também que o calvinismo se tenha desenvolvido de modo anormal, resultando mais de uma lógica profana que se alicerça nos textos bíblicos do que dos próprios textos bíblicos, distorcendo, assim, o sentido claro desses textos e perturbando-lhes o equilíbrio, ao forçá-los a se encaixar em um sistema teológico que a própria Bíblia não ensina.

Embora isso possa ser verdadeiro em relação a alguns calvinistas, nada poderia estar mais distante da verdade no tocante a todos os calvinistas. Certamente, o arminianismo é "natural" em certo sentido, ou seja, representa uma perversão do ensino bíblico por parte da mentalidade caída do homem, que, até no que concerne à salvação, não consegue suportar a renúncia à ilusão de ser o dono de seu destino e o capitão de sua própria alma. Essa perversão já havia aparecido antes no pelagianismo e no semipelagianismo do período patrístico e, posteriormente, no escolasticismo, tendo reaparecido, desde o século XVII, tanto na teologia católica romana quanto entre os grupos protestantes, nos vários tipos de liberalismo racionalista e no moderno ensino evangélico. Não resta dúvida de que, neste mundo, essa perversão sempre estará entre nós. Enquanto a mente humana caída for o que é, a maneira arminiana de pensar continuará a ser um equívoco natural. Porém, a interpretação arminiana não é natural em qualquer outro sentido. Na verdade, é o calvinismo que compreende as Escrituras em seu sentido natural ou, conforme poderíamos afirmar, em seu sentido inevitável. É o calvinismo que assevera aquilo que a Bíblia realmente diz. É o calvinismo que insiste em levar a sério as declarações bíblicas de que Deus salva, que salva aqueles a quem escolheu para serem salvos, salvando-os através da graça, sem a cooperação das obras humanas, para que ninguém venha a se jactar, porquanto Cristo lhes é dado como um perfeito Salvador; que a salvação deles deriva da cruz e que a obra da redenção realizada em favor deles foi concluída na cruz. É o calvinismo que dá a devida honra à cruz. Quando um calvinista canta:

> Uma colina verde existe além,
> Sem ter os muros a lhe rodear
> Onde o Senhor Jesus, o Sumo Bem,
> *Na cruz morreu para nos salvar.*

Morreu para que fôssemos perdoados,
Morreu para fazer bondoso nosso coração;
Para, ao findar a vida, o céu alcançarmos,
Salvos por sua preciosa expiação.

é isso mesmo que ele quer dizer. Ele não diz que o propósito de Deus em salvar, por meio da morte de seu Filho, foi apenas um desejo ineficaz, cujo cumprimento depende da vontade do homem em crer. Ele também não diz que, apesar de tudo quanto Deus podia ter feito, Cristo poderia ter morrido e ninguém ter sido salvo. O calvinista, pois, insiste que a Bíblia vê a cruz como uma demonstração do poder de Deus para salvar, e não como uma demonstração da impotência divina nesse sentido. Cristo não obteve uma salvação hipotética para crentes hipotéticos, uma mera possibilidade de salvação para qualquer pessoa que possivelmente viria a crer. Antes, ele proveu uma salvação real para seu povo escolhido. O precioso sangue de Cristo realmente "salva a todos nós"; os efeitos tencionados por sua auto-oferta de fato se realizam, exatamente pelo que a cruz significa. O poder salvador não depende de que a fé seja adicionada a ele; o poder salvador é de tal natureza que a fé resulta desse poder. A cruz garante a plena salvação de todos aqueles por quem Cristo morreu. Portanto, "longe esteja de mim gloriar-me, senão na cruz de nosso Senhor Jesus Cristo" (Gl 6.14).

A esta altura, torna-se clara a real natureza da soteriologia calvinista. Não se trata de alguma extravagância artificial, nem é do produto de uma lógica excessivamente ousada. Sua confissão central – *Deus salva os pecadores* e *Cristo redimiu-nos com o seu sangue* – é o testemunho tanto da Bíblia quanto do coração que crê. O calvinista é o crente que, em sua teologia, confessa diante dos homens exatamente aquilo que, diante de Deus, ele crê em seu coração, quando ora. Ele pensa e fala o tempo todo na soberana graça de Deus, da maneira como todo crente faz, quando pleiteia em favor das almas alheias ou quando obedece ao impulso de adorar, que surge espontaneamente em seu coração, impelindo-o a negar a si mesmo qualquer louvor, atribuindo a seu Salvador todo o louvor e glória por sua salvação. O calvinismo, portanto, é a teologia natural gravada no coração do novo homem em Cristo, enquanto o arminianismo é um pecado do intelecto enfermo, sendo natural somente no sentido de que todos os pecados são naturais, inclusive no caso do homem regenerado.

A maneira calvinista de pensar reflete o crente em seu verdadeiro nível intelectual; a maneira arminiana de pensar reflete o crente que deixa de ser aquilo que realmente é, por causa da fraqueza da carne. O calvinismo é aquilo que a verdadeira igreja de Cristo sempre defendeu e ensinou, quando sua mente não estava distraída pela controvérsia e pelas tradições falsas, porquanto dava atenção àquilo que as Escrituras realmente dizem. Esse é o significado do testemunho dos pais da igreja diante do ensino dos "cinco pontos", testemunho esse que pode ser abundantemente citado. (Owen reúne algumas dessas citações relativas à redenção; uma coleção bem maior pode ser vista na obra de John Gill, *The Cause of God and Truth* – A causa de Deus e da verdade.) Na realidade, é um equívoco intitular essa soteriologia de "calvinismo", pois não é uma peculiaridade de João Calvino e dos teólogos de Dort, mas uma parte da verdade revelada por Deus e da fé cristã universal. "Calvinismo" é um daqueles "nomes odiosos" que o preconceito, acumulado ao longo dos séculos, tem conferido pejorativamente à posição bíblica. Mas a verdade é que o calvinismo reflete com precisão o evangelho ensinado na Bíblia.[6]

---

6 Portanto, C. H. Spurgeon estava totalmente correto quando afirmou: "Eu tenho minha própria opinião de que não existe tal coisa como pregar a Cristo crucificado, a menos que preguemos aquilo que atualmente é chamado de calvinismo. Chamá-lo de calvinismo é dar-lhe um nome mais simples; calvinismo é o evangelho, e nada mais. Não creio que possamos pregar o evangelho, a menos que preguemos a soberania de Deus em dispensar sua graça ou que exaltemos o eletivo, eterno, imutável e conquistador amor de Jeová. Também não penso que possamos pregar o evangelho, a menos que o fundamentemos sobre a redenção particular e especial de seu povo escolhido, redenção que Cristo realizou na cruz; e

3

À luz desses fatos, podemos agora dar uma resposta direta às perguntas com as quais iniciamos este capítulo.

"Será que tudo o que Owen está fazendo é defender a ideia de uma expiação limitada?" Absolutamente não. Ele está fazendo muito mais que isso. Em resumo, o alvo do livro de Owen não é de modo algum defensivo, mas construtivo. Trata-se de uma inquirição bíblica e teológica; seu propósito é apenas deixar claro aquilo que as Escrituras realmente ensinam sobre o assunto central do evangelho: aquilo que Cristo alcançou para nós. Conforme seu título proclama, o livro de Owen é um "tratado sobre a redenção e a reconciliação que há no sangue de Cristo, juntamente com seu mérito e a satisfação realizada por ele". Tal como os mestres de Dort, a pergunta a que Owen realmente procura responder é apenas esta: No que consiste o evangelho? Todos concordam que o evangelho é uma proclamação de Cristo como o Redentor, embora haja disputa quanto à natureza e à extensão de sua obra redentora. Pois bem, o que dizem as Escrituras? Quais são o alvo e o alcance que a Bíblia atribui à obra de Cristo? Isso era o que Owen procurava elucidar. É verdade que ele abordou a questão de maneira polêmica, transformando seu livro em um argumento contra a "crescente persuasão... de uma *redenção universal, paga por Cristo em favor de todos; e de que ele morreu a fim de remir a todos e a cada um*".[7] Porém, a obra de Owen é um tratado expositivo e sistemático, e não uma simples contenda circunstancial. Owen encarou a controvérsia como uma oportunidade para exibir, de modo pleno, o relevante ensino bíblico, em sua ordem e conexão apropriadas. Tal como na obra de Hooker *Laws of Ecclesiaslical Polity* (Normas

---

não posso aceitar um evangelho que deixa os santos se desviarem, após haverem sido chamados". C. H. Spurgeon, *The Early Years*, autobiografia, v. I (Banner of Truth, Londres, 1962), p. 172.

7 Owen, *Works*, X:159.

de governo eclesiástico), a parte polêmica é incidental e de interesse secundário; seu principal valor reside no fato de que Owen usa a parte polêmica a fim de fomentar seu próprio desígnio, levando adiante seu próprio argumento.

Essencialmente, esse argumento é muito simples. Owen percebeu que a questão que serviu de motivo para sua obra – a extensão da expiação – envolvia também a questão concernente à natureza da expiação. Se a expiação foi realizada para salvar alguns que, em última análise, perecerão, então a expiação não pode ter sido uma transação que garante a salvação real de todos aqueles para quem foi designada. Todavia, diz Owen, a Bíblia ensina precisamente isso. Os dois primeiros livros da obra de Owen consistem em uma maciça e convincente demonstração de que, de acordo com as Escrituras, a morte de nosso Redentor realmente salva seu povo, conforme tinha o propósito de fazer. O terceiro livro consiste em uma série de 16 argumentos contra a hipótese de uma redenção universal. Todos esses argumentos têm o intuito de demonstrar, por um lado, que as Escrituras referem-se à obra remidora de Cristo como realização eficaz, ficando excluída a ideia de haver sido tencionada para qualquer pessoa que, finalmente, venha a perecer; e, por outro lado, que, se Deus tencionava que a redenção fosse universal, então ou todos seriam salvos (o que é negado pelas Escrituras, e os advogados da "redenção universal" não afirmam), ou *então* o Pai e o Filho fracassaram em fazer aquilo a que se dispuseram fazer. Isso, nas palavras de Owen, "parece ser uma injuriosa blasfêmia contra a sabedoria, o poder e a perfeição de Deus, além de anular a dignidade e o valor da morte de Cristo".[8] O argumento de Owen faz soar uma série de mudanças nesse dilema.

Finalmente, na quarta parte de sua obra, Owen cita as três classes de textos usados para provar que Cristo morreu por pessoas que não serão salvas (os textos que dizem que ele morreu pelo "mundo",

---

8 Ibid.

por "todos", e os textos que alguns interpretam como se ensinassem a condenação daqueles por quem ele morreu). Owen mostra, com grande coerência, que tais textos não podem estar ensinando tal coisa, quando considerados à luz de uma exegese sã; Owen também demonstra que, na realidade, as inferências teológicas sobre as quais a redenção universal supostamente estaria firmada são falaciosas. Em toda a sua obra, Owen fez uma correta avaliação da reivindicação de que Cristo morreu em favor de cada pessoa, incluindo até mesmo aqueles que pereçam. Longe de magnificar o amor e a graça de Deus, essa reivindicação desonra tanto o amor de Deus quanto a ele mesmo, porquanto reduz o amor de Deus a um desejo impotente e transforma em um monumental fracasso divino toda a economia da graça "salvadora" (assim chamada porque "salvadora", na realidade, é um adjetivo mal aplicado, segundo esse ponto de vista). Ademais, além de não magnificar o mérito e o valor da morte de Cristo, esse ponto de vista torna-os baratos, pois faz Cristo ter morrido em vão. Por último, longe de encorajar a fé, esse ponto de vista destrói a base escriturística da segurança eterna, negando que o conhecimento de que Cristo morreu por mim (ou fez ou está fazendo qualquer coisa por mim) seja base suficiente para alicerçar minha eterna salvação. Em conformidade com esse ponto de vista, minha salvação depende não do que Cristo fez por mim, mas daquilo que, subsequentemente, eu faço por mim mesmo.

Nesse sentido, tal ponto de vista retira do amor de Deus e da redenção realizada por Cristo a glória que as Escrituras lhes atribuem, introduzindo um princípio antibíblico de autossalvação, exatamente no ponto em que a Bíblia diz: "Não de obras, para que ninguém se glorie" (Ef 2.9). É impossível que ambas as coisas prevaleçam ao mesmo tempo: uma expiação de extensão universal é uma expiação depreciada. Tal expiação perde seu poder salvífico porque requer que nos salvemos a nós mesmos. A doutrina de uma redenção universal deve ser rejeitada como um perigoso equívoco, conforme Owen também a rejeitou. Em contraste, porém, a doutrina exposta por Owen, conforme ele demonstra, é bíblica e honra a Deus. Exalta a Cristo, pois ensina os crentes a se gloriarem exclusivamente na cruz, extraindo sua esperança e segurança somente da morte e da intercessão de seu Salvador. Em outras palavras, trata-se de uma posição genuinamente evangélica. Na verdade, esse é o evangelho de Deus e a fé universal da igreja de Cristo.

É correto dizer que, desde a publicação do livro de Owen, jamais se escreveu uma exposição semelhante que tratasse da obra de redenção planejada e executada pelo Trino Jeová. Nenhum livro similar foi necessário. Ao comentar esse livro, Andrew Thomson observa como Owen, "ao chegar ao final de seu assunto, faz a gente sentir que ele também o exauriu".[9] Pode-se demonstrar que é assim. Sua interpretação dos textos é segura; seu poder de argumentação teológica é excelente; nada é omitido de tudo que precisa ser discutido. E (até onde este escritor é capaz de perceber), desde os dias de Owen, nenhum argumento favorável ou contrário à sua posição jamais foi usado que ele mesmo não tenha observado e considerado. É em vão que alguém procura em seu livro os lapsos e os voos de lógica mediante os quais, supostamente, os teólogos reformados estabelecem sua posição. Tudo que alguém encontra ali é uma exegese consistente, minuciosa, seguindo de perto a maneira bíblica de pensar.

A obra de Owen é construtiva, alicerçada em uma ampla análise bíblica do âmago do evangelho e, como tal, deve ser levada a sério. Não pode ser rejeitada como uma espécie de apelo em prol de "suposições" tradicionais, pois ninguém tem o direito de repelir a doutrina da expiação limitada como uma monstruosidade da lógica calvinista enquanto não houver refutado a prova, oferecida por Owen, de que isso faz parte da apresentação bíblica e uniforme da redenção; e isso

---

9 "Life of John Owen", em Owen, *Works*, I:138.

é claramente ensinado em textos evidentes, uns após os outros. E, até agora, ninguém conseguiu refutar tal prova.

4

"Você falou em redescobrir o evangelho", aponta nosso inquiridor. "E isso não significa apenas que você quer que todos nos tornemos calvinistas?"

Essa indagação presumivelmente gira não em torno da palavra calvinista, mas do assunto em si. Pouco importa se chamamos a nós mesmos calvinistas ou não; o que importa é que compreendamos biblicamente o evangelho. Mas isso, conforme pensamos, na realidade significa compreendê-lo conforme o tem feito o calvinismo histórico. A outra opção consiste em compreendê-lo mal e distorcê-lo. Dissemos antes que o evangelicalismo moderno, em geral, tem deixado de pregar o evangelho à moda antiga; e, francamente, admitimos que o novo evangelho, naquilo em que se desvia do antigo, parece-nos ser uma distorção da mensagem da Bíblia. E agora podemos enxergar o que há de errado. Nosso lastro teológico tem sido deteriorado. Nossa mente tem sido condicionada a pensar sobre a cruz como uma redenção que não redime; a pensar em Cristo como um Salvador que não salva; a pensar no amor de Deus como um débil afeto, que não pode impedir alguém de cair no inferno; e a pensar na fé como a ajuda humana que Deus necessita para cumprir seus propósitos. O resultado é que não somos mais livres para acreditar no evangelho bíblico ou para anunciá-lo. Não podemos acreditar nele porque nossos pensamentos estão presos nas armadilhas do sinergismo. Somos influenciados pela noção arminiana de que, se a fé e a incredulidade tiverem de ser atos responsáveis, terão de ser atos exclusivamente humanos. Disso, deriva a ideia de que não somos livres para crer que somos salvos inteiramente pela graça divina, através de uma fé que é dom de Deus e que chega até nós por meio do Calvário. Em vez disso, vemo-nos envolvidos em uma estranha maneira vacilante de pensar acerca da salvação; pois, em um momento, dizemos a nós mesmos que tudo depende de Deus e, no momento seguinte, dizemos que tudo depende de nós. A confusão mental que resulta daí priva Deus de grande parte da glória que deveríamos atribuir-lhe como autor e consumador da salvação e a nós mesmos do imenso consolo do qual poderíamos gozar por reconhecermos aquilo que Deus fez por nós.

Então, quando passamos a pregar o evangelho, nossos falsos preconceitos nos fazem dizer exatamente o oposto daquilo que tencionávamos. Queremos (e com toda a razão) proclamar Cristo como Salvador; no entanto, terminamos por dizer que Cristo, após ter tornado possível a salvação, deixou que fôssemos nossos próprios salvadores. E tudo termina dessa maneira. Queremos magnificar a graça salvadora de Deus, bem como o poder salvador de Cristo. E, assim, declaramos que o amor remidor de Deus alcança todos os homens, e que Cristo morreu para salvar todo homem e proclamamos que a glória da misericórdia divina deve ser medida por esses fatos. Mas então, a fim de evitarmos o universalismo, somos forçados a depreciar tudo aquilo que vínhamos elogiando, passando a explicar que, afinal de contas, nada daquilo que Deus e Cristo fizeram pode salvar-nos, a menos que acrescentemos algo; o fator decisivo que realmente nos salva é nosso próprio ato de crer.

O que dizemos, portanto, resume-se ao seguinte: Cristo nos salva com a nossa ajuda. O que isso significa, depois de passar pelo crivo de nosso raciocínio, é: salvamo-nos a nós mesmos com a ajuda de Cristo. Essa é uma conclusão absurda e vazia de significado. Porém, se começarmos afirmando que Deus tem um amor salvífico por todos e que Cristo morreu para salvar a todos, ao mesmo tempo que repudiamos o fato de nos tornar universalistas, nada mais restará para dizermos. Portanto, sejamos claros sobre o que temos feito, após a questão ser exposta dessa maneira.

Não temos exaltado a graça divina nem a cruz de Cristo; antes, temos tornado ambas baratas. Temos limitado a expiação de modo muito mais significativo do que o calvinismo faz; pois, enquanto o calvinismo assevera que a morte de Cristo salva todos aqueles em favor de quem ela foi destinada, nós temos negado que a morte de Cristo, como tal, é suficiente para salvar qualquer uma daquelas pessoas.[10] Temos lisonjeado ímpios e impenitentes pecadores ao lhes assegurar que eles têm a capacidade de se arrepender e crer, embora Deus não possa levá-los a fazer isso. Talvez também tenhamos transformado em coisas triviais o arrependimento e a fé, a fim de se tornar plausível essa certeza ("É tudo muito simples: apenas abra seu coração ao Senhor..."). Decerto, temos negado, de maneira eficaz, a soberania de Deus, além de havermos solapado a convicção básica da religião cristã – o fato de que o homem sempre está nas mãos de Deus. Na verdade, temos perdido muita coisa. Assim, não admira que nossa pregação tanto se ressinta de falta de reverência e humildade e que nossos professores convertidos mostrem-se tão autoconfiantes e tão deficientes quanto ao conhecimento de si mesmos, bem como nas boas obras que as Escrituras consideram fruto do verdadeiro arrependimento.

---

10 Compare com estas palavras de Spurgeon: "Frequentemente, dizem que limitamos a expiação realizada por Cristo, porque asseveramos que Cristo não efetuou expiação por todos os homens ou que todos os homens não serão salvos. Portanto, nossa resposta a isso é: por um lado, nossos oponentes é que limitam a expiação, e não nós. Os arminianos dizem: Cristo morreu por todos os homens. Pergunte-lhes o que eles querem dizer com isso. Cristo, de fato, morreu a fim de assegurar a salvação de todos os homens. Eles responderão: "Claro que não". Nós lhes dirigimos a próxima pergunta: Cristo morreu para assegurar a salvação de qualquer homem em particular? Eles responderão: "Não". Eles são obrigados a afirmar isso, para serem consistentes. Eles dizem: "Não. Cristo morreu a fim de que qualquer homem pudesse ser salvo, se..."; então, seguem algumas condições para a salvação. Portanto, quem é que limita a morte de Cristo? Você. Por que você? Porque você afirma que Cristo não morreu para assegurar infalivelmente a salvação de qualquer pessoa. Pedimos-lhe perdão; mas, quando você afirma que limitamos a morte de Cristo, nós lhe respondemos: "Não, meu amado, é você quem o faz". Nós declaramos que Cristo morreu a fim de assegurar infalivelmente a salvação de uma multidão de pessoas que ninguém pode enumerar; não apenas para que, por intermédio da morte de Cristo, pudessem ser salvas, mas para que sejam salvas e, de maneira alguma, corram o risco de deixar de ser salvas. Você está satisfeito com sua doutrina da expiação? Fique com ela. Jamais abandonaremos a nossa".

É de uma fé e de uma pregação assim degeneradas que o livro de Owen pretende libertar-nos. Se o ouvirmos, ele nos ensinará a crer no evangelho bíblico e a pregá-lo. Inicialmente, ele nos levará a nos prostrarmos diante de um Salvador soberano que realmente salva, louvando-o por sua morte remidora, a qual assegurou que todos aqueles por quem ele morreu serão conduzidos à glória. Não podemos enfatizar em demasia que não teremos percebido o pleno significado da cruz enquanto não a tivermos visto da forma como os teólogos de Dort a expuseram – como o centro do evangelho, flanqueada, por um lado, pela total incapacidade humana e pela eleição incondicional, e, por outro, pela graça irresistível e pela preservação final. Pois o completo significado da cruz só aparece quando a expiação é definida nos termos dessas quatro verdades. Cristo morreu a fim de salvar determinado grupo de impotentes pecadores, aos quais Deus amou com amor gratuito e salvador. A morte de Cristo assegurou a chamada e a preservação – a salvação presente e a salvação final – de todos aqueles cujos pecados ele levou sobre si. Esse era e continua a ser o significado do Calvário. A cruz *salvou*; a cruz *salva*. Esse é o próprio âmago da autêntica fé evangélica. Conforme Cowper entoou:

> Cordeiro amado, *o teu precioso sangue*
> Jamais seu poder perderá,
> Até que a igreja de Deus redimida
> *Seja salva para não mais pecar.*

Essa é a convicção triunfante do antigo evangelho e que encontramos no Novo Testamento inteiro. Isso é o que Owen nos ensina a crer de forma inequívoca.

Em segundo lugar, Owen deseja libertar-nos, se ao menos o ouvirmos, para que anunciemos o evangelho bíblico. Essa assertiva pode parecer paradoxal, pois, com frequência, imagina-se que aqueles que não pregam que Cristo morreu a fim de salvar todos os homens acabam não ficando com evangelho algum. Pelo contrário, o que resta aos tais é simplesmente o evangelho neotestamentário. O que significa pregar "o evangelho da graça de Deus"?

Owen toca nesse ponto apenas de forma breve e incidental,[11] mas seus comentários são repletos de luz. Pregar o evangelho, diz-nos ele, não é uma questão de dizer à congregação de ouvintes que Deus concentrou seu amor sobre cada um deles e que Cristo morreu para salvar cada um deles, pois tais afirmações, quando biblicamente compreendidas, dariam a entender que todos eles serão infalivelmente salvos – e não há como asseverar isso como a verdade. O reconhecimento de que a pessoa é objeto do eterno amor de Deus e da morte remidora de Cristo pertence ao campo da certeza da salvação,[12] e esta, segundo a natureza do caso, não pode anteceder o exercício da fé salvadora. Tal reconhecimento deve ser inferido do fato de que alguém creu, e não que isso foi proposto como razão pela qual alguém deveria crer. Em conformidade com as Escrituras, pregar o evangelho se resume à questão de proclamar aos homens, como Verdade divina que todos têm a obrigação de pôr em prática e na qual todos devem crer, os seguintes quatro fatos:

> (1) Todos os homens são pecadores, nada podendo fazer para salvar a si mesmos;
>
> (2) Jesus Cristo, o Filho de Deus, é o perfeito Salvador dos pecadores, incluindo os piores dentre eles;
>
> (3) O Pai e o Filho prometeram que todos que reconhecerem que são pecadores e tiverem fé em Cristo como seu Salvador serão recebidos

---

11 Owen, *Works*, X:311-316, 404-410.

12 "Diga-me: De acordo com as Escrituras, quais são as evidências que uma pessoa tem de que Cristo morreu por ela, em particular? Não é a própria operação da fé, acompanhada de um senso do amor de Deus derramado em nossos corações? Não é o topo das consolações do apóstolo, Rm 8.34, e o alicerce de toda a sua plena certeza, Gl 2.20?"

no favor divino, e que nenhum deles será rejeitado – essa promessa é uma "verdade certa e infalível, alicerçada na superabundante suficiência da oblação de Cristo, em si mesma, para todos (poucos ou muitos) quantos está destinada por Deus";[13]

(4) Deus fez do arrependimento e da fé um dever, exigindo de cada pessoa que ouve o evangelho "uma séria e completa entrega da alma a Cristo, segundo a promessa do evangelho, como um Salvador todo suficiente, capaz de livrar e salvar, até as últimas consequências, aqueles que vêm a Deus por intermédio dele; disposto, capaz e resolvido, através da preciosidade de seu sangue e da suficiência de seu resgate, a salvar todas as almas que se entreguem voluntariamente a ele, com essa finalidade".[14]

Em outras palavras, a tarefa do pregador é *mostrar Cristo*, explicando a necessidade que o homem tem dele, sua suficiência para salvar e sua oferta de si mesmo, por meio das promessas bíblicas, como Salvador de todos que verdadeiramente se voltarem para Ele; e mostrar, da maneira mais completa e clara possível, como essas verdades aplicam-se aos ouvintes reunidos à sua frente. Não compete ao pregador dizer, nem a seus ouvintes indagar, por quem Cristo morreu em particular. "Nenhum dos chamados pelo evangelho chega a indagar qual o propósito e qual a intenção de Deus a respeito do objetivo particular da morte de Cristo, pois todos eles estão plenamente seguros de que a morte de Cristo será proveitosa para aqueles que nele crerem e lhe forem obedientes." Uma vez que a fé salvadora tenha sido exercitada, "compete ao crente assegurar sua alma, na medida em que for achando, em si mesmo e em favor de si mesmo, os frutos da morte de Cristo, da boa vontade e do eterno amor de Deus para com ele, ao enviar seu Filho para morrer

---

13 Ibid., X:315.
14 Ibid., X:407, 408.

por ele em particular";[15] mas não antes disso. A tarefa para a qual ele é chamado pelo evangelho é simplesmente exercitar a fé, o que ele tem a obrigação e é ordenado a fazer, por meio da ordem e da promessa de Deus.

Cabem aqui alguns comentários sobre o conceito do que significa a pregação do evangelho.

Primeiro, devemos observar que o antigo evangelho, exposto por Owen, não contém menos da plena e gratuita oferta de salvação do que o evangelho moderno. O antigo evangelho apresenta ampla base para a fé (a suficiência de Cristo e a promessa de Deus), além de motivos coerentes para a fé (a necessidade do pecador e a ordem dada pelo Criador, a qual é também o convite do Redentor). O novo evangelho nada ganha, quanto a esse particular, por asseverar a redenção universal. O antigo evangelho certamente não tem espaço para o sentimentalismo barato, que transforma a livre misericórdia divina aos pecadores em um amolecimento de coração da parte de Deus com que podemos contar; nem aprovará a pregação que degrada a Cristo, ao apresentá-lo como um Salvador perplexo, frustrado naquilo que esperava fazer, por causa da incredulidade humana; nem cairá indulgentemente em apelos sentimentais aos não convertidos, para que deixem Cristo salvá-los, por terem piedade do desapontamento de Cristo. O Salvador lastimável e o Deus patético dos púlpitos modernos eram desconhecidos no antigo evangelho. O antigo evangelho diz aos homens que eles precisam de Deus, e não que Deus precisa deles (uma falsidade moderna); também não os exorta a terem compaixão de Cristo. Antes, anuncia que Cristo tem misericórdia deles, embora a misericórdia seja a última coisa que eles mereçam. Jamais perde de vista a majestade divina e o poder soberano do Cristo ao qual proclama; pelo contrário, rejeita categoricamente todas as descrições de Cristo que tendam a obscurecer sua livre onipotência.

---

15 *Loc. cit.*

Entretanto, será que isso significa que o pregador do antigo evangelho sente-se inibido ou está limitado, ao oferecer Cristo aos homens e ao convidá-los para que o recebam? De forma nenhuma. Na verdade, justamente por reconhecer que a misericórdia divina é livre e soberana, tal pregador encontra-se em posição de dar muito mais valor à oferta de Cristo em sua pregação do que o outro do novo evangelho. Pois essa oferta, por si mesma, é muito mais maravilhosa, em seus princípios fundamentais, do que jamais poderia ser aos olhos daqueles que consideram o amor a todos os pecadores uma necessidade da natureza de Deus. E pensar que o santo Criador, que nunca necessitou do homem para ser feliz, que poderia, com toda a razão, ter banido sem misericórdia nossa raça caída para sempre, escolheu redimir alguns dentre os homens! E que seu próprio Filho dispôs-se a experimentar a morte e descer ao inferno a fim de salvá-los! E que agora, de seu trono, ele fala aos homens ímpios, conforme o faz nas palavras do evangelho, exortando-os por meio da ordem de se arrependerem e crerem, sob a forma de um convite compassivo, a terem compaixão de si mesmos e a preferirem a vida! Esses pensamentos são o foco em torno do qual revolve a pregação do antigo evangelho. Tudo é realmente maravilhoso exatamente porque nada disso pode ser contado como algo que acontece automaticamente.

Mas talvez a maior maravilha de todas – o ponto mais santo em todo o terreno sagrado da verdade do evangelho – seja o convite gratuito que "o Senhor Cristo" (conforme Owen gostava de chamá-lo) faz reiteradamente aos pecadores culpados, para que venham a ele e encontrem descanso para suas almas. A glória desses convites está no fato de que são feitos pelo Rei onipotente, da mesma maneira que um dos principais aspectos da glória do Cristo entronizado está no fato de ele continuar a fazer esses convites. E a glória do ministério evangélico consiste em que o pregador dirija-se aos homens na qualidade de embaixador de Cristo, encarregado de entregar pessoalmente o convite do Rei a cada pecador presente, convocando-os a se voltar para Deus e viver. O próprio Owen demora-se nesse assunto ao escrever um trecho endereçado ao não convertido.

> Considerai a infinita condescendência e o amor de Cristo, em seus convites e chamamentos para que vos achegueis a ele, a fim de receberdes vida, livramento, misericórdia, graça, paz e salvação eterna. Multidões desses convites e chamamentos estão registrados nas Escrituras, e todos estão repletos daqueles benditos encorajamentos que a sabedoria divina sabe que são apropriados aos pecadores perdidos e convictos de seus pecados (...) Através da proclamação e da pregação desses convites e chamamentos, Jesus Cristo continua buscando os pecadores, chamando-os, convidando-os e encorajando-os para que venham a ele.
>
> Esta é a palavra que ele agora vos dirige: Por que morrereis? Por que perecereis? Por que não tendes compaixão de vossas próprias almas? Vossos corações podem suportar ou vossas mãos podem ser fortes no Dia da Ira, que já se aproxima? (...) Olhai para mim e sede salvos; vinde a mim e eu vos livrarei de todos os vossos pecados, tristezas, temores, fardos e darei descanso às vossas almas. Vinde, eu vos rogo; deixai de lado toda a procrastinação, toda a demora; não continueis a me rejeitar; a eternidade está às portas (...) não me odieis de tal modo que venhais a perecer, ao invés de receberdes o livramento através de Mim.
>
> Essas e outras coisas o Senhor Cristo continuamente declara, proclama, roga e urge às almas dos pecadores. Ele o faz através da pregação da Palavra, como se estivesse presente convosco, estando entre vós, falando pessoalmente a cada um em particular, ele designou os ministros do evangelho para estarem diante de vós, para tratarem convosco no lugar dele, considerando como vindos da parte dele os convites feitos em seu nome (2 Co 5.19-20).[16]

---

16 Ibid., I:422.

Esses convites são *universais*. Cristo dirige-os a pecadores; e cada pessoa que acredita que Deus é veraz tem a obrigação de tratá-los como palavras de Deus dirigidas pessoalmente a ela, aceitando a segurança universal que acompanha tais convites, no sentido de que todos que vierem a Cristo serão recebidos. Além disso, esses convites são verdadeiros; Cristo se oferece genuinamente a todos que escutam o evangelho; ele é, na verdade, o perfeito Salvador de todos que nele confiam. A questão da extensão da expiação não surge dentro da pregação evangelística, pois a mensagem a ser anunciada é simplesmente esta: Jesus Cristo, o Senhor soberano, o qual morreu pelos pecadores, agora convida gratuitamente os pecadores para que venham a Ele. Deus ordena a todos que se arrependam e creiam; Cristo promete vida e paz a todos que assim o fizerem. Além disso, tais convites são *maravilhosamente graciosos*; os homens os desprezam e rejeitam, e em qualquer caso jamais são dignos deles. A despeito disso, contudo, Cristo continua a fazê-los. Ele não precisa fazê-lo, mas, mesmo assim, o faz. "Vinde a mim e achareis descanso", essa continua sendo a sua Palavra ao mundo, que jamais foi cancelada e que sempre precisa ser pregada. Aquele cuja morte garantiu a salvação de todo o seu povo deve ser proclamado por toda a parte como o perfeito Salvador; todos os homens são convidados e exortados a confiarem nele, independentemente de quem sejam ou do que têm sido. O evangelismo do antigo evangelho está alicerçado nessas três colocações.

Engana-se quem supõe que a pregação evangelística que se alicerça nesses princípios tem de ser anêmica e fria, em comparação com o que os arminianos podem fazer. Aqueles que estudam os sermões impressos dos dignos pregadores do antigo evangelho, tais como João Bunyan (cuja pregação o próprio Owen tanto admirava), ou Whitefield, ou Spurgeon, descobrem que, servindo-se de plenitude, calor, fervor e força abaladora ímpares na literatura religiosa protestante, eles realmente proclamam o Salvador e convocam a ele os pecadores. Ao se analisar isso, descobre-se que a insistência deles no fato de que a graça divina é *gratuita* era o elemento que emprestava à sua pregação o singular poder de avassalar seus ouvintes, proporcionando alegria ao coração contrito diante das riquezas da graça de Deus. E esse elemento continua a transmitir aquele poder, mesmo no caso de seus leitores modernos endurecidos. Eles sabiam que as dimensões do amor divino não são compreendidas em sua plenitude enquanto a pessoa não perceber que Deus não precisava ter escolhido alguém para a salvação, nem ter dado seu Filho para morrer; que Cristo não precisava tomar sobre si mesmo a condenação, vicariamente, para redimir os homens, nem precisava convidar indiscriminadamente os pecadores a virem a ele, conforme ele o faz; pois todo o gracioso pacto de Deus com os homens tem origem inteiramente no livre propósito a ele. Ao reconhecerem essas verdades, eles as enfatizaram, e essa ênfase pôs a pregação evangelística deles em uma classe toda especial e própria.

Outros evangélicos, detentores de uma teologia da graça mais superficial e menos adequada, têm colocado a ênfase central de sua pregação do evangelho na necessidade que os pecadores têm de perdão, ou paz, ou poder, e em como adquirir essas coisas ao tomarem a "decisão para Cristo". Não se pode negar que a pregação desses últimos tem produzido frutos (porquanto Deus usa sua verdade, mesmo quando imperfeitamente exposta e misturada com o erro), embora esse tipo de evangelismo sempre esteja sujeito à crítica, por estar demasiadamente centralizado no homem e por ser muito pietista. Porém, pregar o evangelho de um modo que ressalta, acima de tudo, o amor gratuito, a condescendência espontânea, a longanimidade paciente e a infinita bondade do Senhor Jesus Cristo tem sido a tarefa (necessária) dos pregadores calvinistas e daqueles que, como os irmãos Wesley, voltam-se à maneira calvinista de pensar tão logo iniciam um sermão dirigido a pessoas não convertidas. E, sem dúvida alguma, essa é a maneira mais bíblica e edificante de pregar o evangelho, pois os convites evangelísticos, dirigidos aos pecadores, nunca honram a Deus e exaltam tanto a Cristo, nem se mostram tão poderosos para despertar e confirmar a fé, do que quando se atribui a devida ênfase à livre onipotência da misericórdia divina como a fonte de tais convites. Ao que parece, os pregadores do antigo evangelho são as únicas pessoas cuja posição teológica lhes permite fazer justiça à revelação da bondade divina, no livre oferecimento de Cristo aos pecadores.

Acresça-se a isso que o antigo evangelho salvaguarda valores que estão perdidos pelo novo evangelho. Já pudemos ver que o novo evangelho, ao asseverar a redenção universal e o propósito divino de uma salvação universal, é forçado a baratear a graça e a cruz, ao negar que o Pai e o Filho são soberanos na salvação; porquanto assegura que, depois que o Pai e o Cristo fizeram tudo quanto podiam ou desejavam fazer, em última instância depende da própria escolha da pessoa se o propósito salvífico, estabelecido por Deus, será cumprido neles ou não.

Essa posição produz dois resultados infelizes. Primeiro, compele-nos a compreender mal o significado dos graciosos convites de Cristo no evangelho, sobre os quais temos falado; pois agora temos de vê-los não como expressões da terna paciência de um todo-poderoso soberano, mas como os apelos patéticos provenientes de um desejo impotente. Assim, o entronizado Senhor é subitamente metamorfoseado em uma débil e fútil figura, a bater desesperadamente à porta do coração humano, o qual ele não é capaz de abrir. Essa é uma vergonhosa desonra para o Cristo do Novo Testamento. O segundo resultado é igualmente sério, pois esse ponto de vista nega que dependemos de Deus quando se trata de decisões vitais, tirando-nos das mãos dele e dizendo-nos que aquilo que somos, afinal de contas, é aquilo que o pecado nos ensinou a pensar que éramos, ou seja, senhores de nosso destino, donos de nossas próprias almas. Isso serve tão somente para solapar os próprios alicerces do relacionamento religioso do homem com seu Criador. Em face disso, dificilmente podemos admirar-nos de os convertidos do novo evangelho com tanta frequência se mostrarem irreverentes e irreligiosos, porque tal é a tendência natural dessa modalidade de ensino.

O antigo evangelho, todavia, fala de modo muito diferente e revela uma tendência inteiramente distinta. Por um lado, ao expor a necessidade que o homem tem de Cristo, salienta algo que o novo evangelho ignora totalmente: o fato de que os pecadores não podem obedecer ao evangelho, tal como não podem obedecer à lei, se não tiverem um coração renovado. Por outro lado, ao declarar o poder de Cristo para salvar, o antigo evangelho proclama-o como o autor e principal agente da conversão, a qual vem por intermédio de seu Espírito Santo, na medida em que o evangelho é proclamado, a fim de renovar os corações dos homens e atraí-los para Cristo. De acordo com isso, ao aplicar a mensagem, o antigo evangelho, enquanto destaca que a fé faz parte dos deveres do homem, também salienta o fato de que ela não está no poder do homem; pelo contrário, salienta que o homem depende de Deus como fonte da fé que ele próprio exige. Assim, o antigo evangelho não anuncia simplesmente que os homens *devem* vir a Jesus para receberem a salvação, mas também que *não podem* fazê-lo se não forem atraídos pelo próprio Cristo. Assim, o antigo evangelho labora para destruir a autoconfiança do homem, convencendo os pecadores de que sua salvação está inteiramente fora de seu controle e levando-os a depender, em autodesespero, da gloriosa graça de um Salvador soberano, não somente quanto à justificação, mas também quanto à fé.

Não é provável, por conseguinte, que um pregador do antigo evangelho sinta-se feliz em expressar sua aplicação sob a forma que requeira uma "decisão para Cristo", conforme a expressão é correntemente usada. Pois, por um lado, essa frase envolve associações erradas. Sugere a ideia de escolher alguém para um cargo, por meio do voto – um ato no qual o candidato não desempenha qualquer papel, além de se oferecer à eleição e, então, tudo é resolvido pela escolha independente do eleitor. No entanto, não elegemos o Filho de Deus como nosso Salvador, nem ele permanece passivo enquanto os pregadores fazem uma campanha em seu favor, obtendo apoio para sua causa. Não devemos pensar no evangelismo como uma espécie de eleição política. Por outro lado, essa frase obscurece aquilo que é essencial ao arrependimento e à fé: a negação do próprio "eu", numa aproximação pessoal de Cristo. Não é de forma alguma óbvio que "decidir-se para Cristo" seja o mesmo que *vir* a ele, *descansar* nele e *abandonar* o pecado e o esforço próprio. Soa antes como algo que envolve muito menos; por isso tende a instilar, nos ouvintes, noções distorcidas daquilo que o evangelho realmente requer dos pecadores. Portanto, "decidir-se para Cristo" não é uma expressão feliz e acertada, sob qualquer ponto de vista.

Diante da pergunta "O que devo fazer para ser salvo?", o antigo evangelho responde: "Crê no Senhor Jesus Cristo". Para a pergunta "O que significa crer no Senhor Jesus Cristo?", a resposta é: "Significa reconhecer a si mesmo como pecador e que Cristo morreu pelos pecadores; significa abandonar toda a justiça própria e toda a autoconfiança e lançar-se inteiramente nos braços de Cristo para receber o perdão e a paz; significa trocar a inimizade natural e rebelião do homem contra Deus por um espírito de grata submissão à vontade de Cristo, por meio da renovação do próprio coração por meio do Espírito Santo". E para esta outra pergunta: "Como poderei arrepender-me e crer em Cristo se não tenho a capacidade natural para fazer essas coisas?", o antigo evangelho retruca: "Olhe para Jesus Cristo, fale com Cristo, clame a Cristo, tal como você é; confesse seu pecado, sua impiedade, sua incredulidade, e fique na dependência da misericórdia divina, rogando a Cristo que lhe conceda um novo coração, que lhe conceda o verdadeiro arrependimento e a fé perseverante; peça-lhe que retire seu coração maldoso, repleto de incredulidade, e que escreva em seu interior sua lei, a fim de que, dali em diante, nunca mais você se desvie dele. Volte-se para Cristo e confie nele, da melhor maneira possível, pedindo graça para se voltar e confiar mais completamente. Use os meios de graça com toda expectativa, contando com o fato de que Cristo se aproximará de você se você procurar aproximar-se dele. Também vigie, ore, leia e ouça a Palavra de Deus; adore a Deus, tenha comunhão com seu povo e, assim, prossiga até que você tenha plena certeza de que realmente é um ser transformado, um crente arrependido, e que o novo coração que você almejava lhe foi outorgado". A ênfase desse conselho recai sobre a necessidade de se invocar a Cristo diretamente, como o primeiro passo a ser dado.

> Não deixes a consciência causar demora,
> Sonhar em adquirir a perfeição;
> O que ele quer, até mesmo agora,
> É que o anseies em teu coração.

Portanto, não adie sua busca até pensar que está em melhores condições; confesse honestamente sua pecaminosidade e entregue-se agora mesmo a Cristo, o único que pode torná-lo uma nova criatura. Espere nele, até que a luz raie em sua alma, conforme as Escrituras prometem que ocorrerá. Qualquer coisa que envolva menos do que essa maneira direta de se relacionar com Cristo é desobediência ao evangelho. Esse é o exercício espiritual para o qual o antigo evangelho convoca seus ouvintes. "Creio. Ajuda-me na minha incredulidade", esse precisa ser o grito da alma dos pecadores.

O antigo evangelho é proclamado na firme confiança de que o Cristo, acerca de quem ele testifica, e que verdadeiramente fala quando os convites bíblicos para se confiar nele são expostos e aplicados, não está esperando passivamente que o homem tome a decisão mediante a pregação de sua Palavra. Ao contrário, Cristo continua onipotentemente ativo, trabalhando com e através da Palavra de Deus, a fim de atrair seu povo à fé em sua pessoa. A pregação do novo evangelho, por outro lado, com frequência é descrita como a tarefa de "trazer os homens a Cristo", como se a ação pertencesse exclusivamente aos homens, enquanto Cristo permanece estático. No entanto, a tarefa da pregação do antigo evangelho poderia ser mais apropriadamente descrita como o ato de conduzir Cristo aos homens, pois aqueles que o pregam sabem que, enquanto se esforçam por retratar Cristo diante dos olhos dos homens, o poderoso Salvador, a quem eles proclamam, está realizando sua obra por meio das palavras pregadas por eles, visitando os pecadores com a salvação, despertando-lhes a fé e atraindo-os misericordiosamente a si mesmo.

Esse evangelho mais antigo e original é aquele que Owen queria nos ensinar: o evangelho da graça soberana de Deus, em Cristo, como o autor e consumador da fé e da salvação. Esse é o único evangelho que pode ser pregado com base nos princípios expostos por Owen. E aqueles que tiverem provado seu sabor jamais haverão de procurar outro evangelho. Nessa questão de pregar o evangelho e de crer nele, tal como em outras coisas, as palavras de Jeremias continuam a ter perfeita aplicação: "Assim diz o SENHOR: Ponde-vos à margem no caminho e vede, perguntai pelas veredas antigas, qual é o bom caminho; andai por ele e encontrareis descanso para vossas almas" (Jr 6.16). Tal como Owen diria, não seria ruim, nem para nós nem para a igreja, sentirmo-nos impedidos de aceitar esse moderno evangelho, o qual pretende substituir o antigo.

Poderíamos dizer mais. Porém, continuar seria exceder os limites de um ensaio introdutório. As observações anteriores foram feitas simplesmente para mostrar quão importante é, no tempo presente, que atentemos cuidadosamente para a análise de Owen sobre o que a Bíblia diz acerca da obra salvadora realizada por Cristo.

5

Resta-nos apenas acrescentar algumas observações a respeito desse tratado, que foi a segunda maior obra de Owen e também sua primeira obra-prima. (Sua obra anterior, *A Display of Arminianism* – Uma exposição do arminianismo, publicada em 1642, quando Owen tinha 26 anos, foi um competente trabalho feito por um escritor iniciante, com a natureza de uma tese de pós-graduação.)

A morte da morte é uma obra consistente, composta de uma exposição detalhada e de argumentos incontestáveis, requerendo estudo árduo, conforme Owen plenamente percebia; um exame superficial de pouco adiantará. ("Leitor, se você, tal como muitos outros desta época pretensiosa, é um leitor de cabeçalhos, e toma conhecimento de obras da mesma forma que Catão, que entrava num teatro para, em seguida, retirar-se, então você já se divertiu. Adeus!")[17] Owen sentia, entretanto, que tinha o direito de exigir um estudo árduo, pois seu livro era o produto de um trabalho árduo ("uma inquirição séria de mais de sete anos sobre a mente de Deus acerca dessas coisas, com um exame sério de tudo que pude conseguir daquilo que a habilidade humana, nos dias passados e nos mais recentes, tem publicado em oposição à verdade").[18] Owen tinha certeza, em sua mente, de que fizera um estudo exaustivo do assunto. ("Não tenho total desesperança de sucesso; mas estou plenamente convencido de que não viverei

---

17 Palavras iniciais, "To the Reader", Owen, *Works*, X:149.

18 *Loc. cit.*

para ver uma resposta adequada ao assunto.")[19] O passar do tempo tem servido apenas para justificar seu otimismo.[20]

Algo deve ser dito a respeito de seus opositores. Owen escreve contra três variações do tema da redenção universal: a do arminianismo clássico, anteriormente abordado; a da Faculdade Teológica de Saumur (tal posição era conhecida como amiraldismo, termo proveniente do nome de seu principal líder); e a de Thomas More, um teólogo leigo do leste de Anglia. O segundo desses pontos de vista teve origem em um professor escocês em Saumur, chamado John Cameron; foi levado adiante e desenvolvido por dois de seus alunos: Amyraut (Amyraldus) e Testard. Essa abordagem veio a oportunizar uma longa controvérsia, na qual Amyraut, Daillé e Blondel eram confrontados por Rivet, Sapanheim e Des Maretes (Maresius). A posição de Saumur recebeu algum apoio entre os teólogos reformados da Inglaterra e, com algumas alterações, foi aceita pelos pastores Usher, Davenant e Richard Baxter (entre outros). Entretanto, nenhum desses houvera defendido por escrito essa posição quando Owen escreveu sua obra.[21] É válido citar o resumo sobre a posição de Saumur, feito por Goold:

---

19 Ibid., X:156.

20 Várias vezes Owen mostra que, para fazer uma completa argumentação contra a redenção universal, ele precisaria escrever um livro bem mais amplo, lidando com "a outra parte da controvérsia, a respeito da causa pela qual Cristo foi enviado" (pp. 245, 395). Aparentemente, a principal tese de tal livro seria que "a origem e a causa de Deus ter enviado Cristo foram seu eterno amor por seus eleitos, e por eles somente" (p. 131). Esse livro conteria "uma mais ampla explicação a respeito do propósito de Deus na eleição e na reprovação, demonstrando como a morte de Cristo foi o meio designado e apontado para a salvação de seus eleitos e que Cristo, de modo algum, sofreu ou morreu por aqueles que, em seu eterno conselho, ele determinou que pereceriam por causa de seus pecados" (p. 245). Portanto, parece que Owen teria incluído o "esclarecimento de nossa doutrina da reprovação e da administração da providência divina para com os reprovados e todas as suas ações". Isso, Owen prometeu em uma carta prefixada à obra *A Display of Arminianism* (*Works*, X:9), mas nunca escreveu. Porém, podemos entender sua conclusão de que era realmente desnecessário massacrar o mesmo adversário duas vezes.

21 O livro de Davenant *Duae Dissertationes*, que defendia a redenção universal seguindo as ideias amiraldianas, foi publicado postumamente, em 1650. Owen se impressionou e escreveu a esse respeito: "Eu me proponho a demonstrar que a base principal de toda essa discussão sobre a morte de Cristo, juntamente com as várias inferências, não se acha nem se fundamenta nas Escrituras; e que as várias partes envolvidas estão lutando contra si mesmas e destruindo-se mutuamente" (*Works*, X:433, 1650). Baxter escreveu uma argumentação formal defendendo a redenção universal, mas nunca a publicou. Entretanto, foi publicada em 1694, depois de sua morte.

Admitindo que, através do propósito de Deus e pela morte de Cristo, os eleitos estão infalivelmente assegurados da salvação, eles propuseram a ideia de um decreto anterior, segundo o qual Deus é livre para dar a salvação a todos os homens, por meio de Cristo, contanto que creiam nele. Por essa razão, foi dado o nome de universalismo hipotético a essa posição. A diferença vital entre esse sistema e a bem-definida teoria arminiana está na segurança absoluta, afirmada pelo primeiro, quanto à salvação dos eleitos. Contudo, concordam em atribuir algum tipo de universalidade à expiação e em afirmar que, em certa condição, estando ao alcance de todos os homens, todos têm acesso aos benefícios advindos da morte de Cristo.

E Goold continua:

os leitores de Owen entenderão o motivo de ele enfatizar, com zelo especial e reiteradamente, a refutação do sistema condicional (...) Tal sistema era plausível, defendido por muitos homens eruditos; ganhara adeptos na igreja estrangeira; e, ao que parece, foi abraçado por Thomas More.[22]

More é descrito por Thomas Edwards como um "grande sectário, que causou muitos males em Lincolnshire, Norfolk e Cambridgeshire. Era famoso também em Boston, em [King's] Lynn e até mesmo na Holanda; e, aonde ia, tinha muitos seguidores".[23] Baxter o descreve de forma mais branda[24] e mantinha uma posição sobre a doutrina da redenção semelhante à de More. Entretanto, Owen não via com bons olhos as habilidades de More e não guardava segredo quanto a isso.

---

22 "Prefatory Note", em *Works*, X:140.
23 *Gangraena* (1646), II:86.
24 Richard Baxter, *Reliquiae Baxterianae*, i:50.

O livro de More, *The Universality of God's Free Grace in Christ to Mankind* (A universalidade da livre graça de Deus em Cristo para com a humanidade), apareceu em 1646 (e não em 1643, como Goold afirma), e deve ter exercido considerável influência, pois, apenas três anos depois, levou à publicação de quatro obras significativas que, em seu todo ou em parte, criticavam seu livro: *A Refutation of Thomas More* (Uma refutação a Thomas More), por Thomas Whitfield, 1646; *Vindiciae Redemptionis*, por John Stalham, 1647; *The Universalist Examined and Convicted* (O universalista examinado e condenado), por Obadiah Howe, em 1648; e o próprio livro de Owen, publicado nesse mesmo ano.

A exposição feita por More parece ter pouco valor intrínseco. No entanto, Owen a destaca como o argumento mais completo, no assunto da redenção universal, que já aparecera em língua inglesa; e, diante disso, combate-a com muita veemência. Porém, na primeira leitura do tratado de Owen, provavelmente o leitor moderno considerará conveniente deixar de ler as partes que refutam Thomas More.

Finalmente, cabe aqui uma palavra sobre o estilo de Owen. Não se pode negar que sua obra é complexa e de difícil leitura. E isso não se deve tanto às subdivisões obscuras, mas a outros dois fatores. O primeiro é seu arrastado estilo literário. "Owen aborda o assunto que está tratando com a graciosidade e o passo firme de um elefante, e, às vezes, com a mesma forma desajeitada", critica Thomson.[25] Essa foi uma maneira gentil de descrever seu estilo. A maior parte dos escritos de Owen se assemelha a uma tradução rápida de uma obra filosófica escrita em latim. Sem dúvida, a obra apresenta certa dignidade, embora de difícil compreensão. E, para o leitor, é trabalhoso ler as sentenças duas ou três vezes, até entender seu sentido; isso torna difícil acompanhar uma argumentação. Todavia, este que vos escreve tem visto que, em geral, as partes difíceis da obra de Owen se aclaram assim que

---

25 *Loc. cit.*

alguém as lê em voz alta. O segundo fator que obscurece seus escritos é a austeridade com que faz sua exposição. Ele trata com grande desprezo as introduções prolongadas, as quais preparam a mente para adentrar um assunto; e também dispensa sumários condensados, que, em um pequeno espaço, reúnem pontos dispersos. Fica óbvio que, em sua mente, ele tem o objetivo bem delineado, presumindo, portanto, que seu leitor conseguirá entender seu esquema. Seu modo de dividir os capítulos também não é um indicador confiável para se compreender a estrutura de seus discursos. Embora a mudança de assunto seja normalmente marcada pela divisão de capítulos, Owen frequentemente começa um novo capítulo dando prosseguimento ao mesmo assunto. Tampouco ele se preocupa com a disposição literária; o espaço dedicado a um tópico é determinado mais por sua complexidade intrínseca do que por sua importância, e o próprio leitor precisa distinguir entre o que é básico e o que é secundário pela observação de como os fatos se relacionam. Provavelmente, qualquer pessoa que se empenhar em ler *The Death of Death* (A morte da morte) julgará conveniente utilizar lápis e papel em seus estudos sobre o livro e fazer um resumo da sequência da exposição.

Ao concluir, repetimos que a recompensa de se estudar Owen faz valer a pena todo o trabalho envolvido; e, a quem se dedica a estudá-lo, fazemos as seguintes observações: (1) É importante começar com a divisão intitulada "To the Reader" (Ao leitor), pois nela Owen indica, de forma resumida, seus motivos e o que ele pretende fazer. (2) É importante ler o tratado como um todo, na ordem em que aparece, sem pular para as partes III e IV, antes de dominar o conteúdo das partes I e II, em que se encontra toda a fundamentação bíblica de Owen. (3) É praticamente impossível compreender a força e a pungência dessa grande obra em uma primeira leitura. Ela deve ser lida e relida para ser apreciada.

Capítulo 8

A doutrina da justificação: desenvolvimento e declínio entre os puritanos

1

"A confissão da justificação divina atinge a vida do homem em seu âmago, no ponto de seu relacionamento com Deus; ela define a pregação da igreja, a existência e o progresso da vida de fé, a raiz da segurança humana e a perspectiva humana quanto ao futuro." Assim o professor G. C. Berkouwer[1] avaliou a justificação, conforme Paulo a ensinou e conforme foi reaprendida por ocasião da Reforma: uma verdade que todos os líderes reformadores na Alemanha, na Suíça, na França e na Grã-Bretanha, bem como todas as confissões que eles patrocinaram, foram unânimes em ressaltar e que todos viam como o *articulus stantis vel cadentis ecclesiae* – o artigo sobre o qual a igreja permanece de pé ou cai.

Lutero, o pioneiro, predisse, como uma inferência segura daquilo que ele sabia ser uma estratégia satânica, que, após a sua morte, essa verdade a respeito da justificação exclusivamente pela fé – da qual ele fora tão poderoso instrumento para tornar conhecida – fica-

---
1 G. C. Berhouwer, *Faith and Justification* (Eerdmans, Grand Rapids, 1954), p. 17.

ria sob ataque ainda mais intenso, e que a teologia se desenvolveria de tal modo que tenderia a submergi-la, uma vez mais, no erro e na incompreensão. Os escritores puritanos ecoaram sentimento similar, de que esta doutrina era muito vulnerável e de que somente a graça poderia impedi-la de ser esquecida. Vale a pena expor as razões que eles tinham para pensar dessa forma.

Primeiro, diziam eles, a justificação é um *mistério do evangelho* – uma questão de revelação divina, por meio da graça. Como tal, é uma doutrina duplamente humilhadora. Humilha o orgulho intelectual, porquanto jamais poderia ter sido criada ou desenvolvida pela razão religiosa, e humilha o orgulho moral, por assumir que todos os homens são impotentes e destituídos de esperança no tocante ao pecado.

Naturalmente, as pessoas ressentem-se disso e, conforme disse claramente Robert Traill, em sua obra magistral *Vindication of the Protestant Doctrine concerning Justification* (A defesa da doutrina protestante concernente à justificação, 1692), "essa inimizade dos homens para com a sabedoria de Deus é uma tentação para muitos ministros formularem um evangelho que seja mais adaptado ao entendimento humano, mais aceitável para os homens, do que o autêntico evangelho de Cristo".[2] O mistério da justificação, pois, é constantemente ameaçado pelo orgulho humano.

Segundo, a justificação é um *mistério coroador*, como o último degrau de uma escada, ao qual os outros degraus conduzem, ou como a pedra mestra de um arco que suporta as pedras que a flanqueiam. Escreveu Traill:

> Todos os grandes fundamentos da verdade cristã têm por centro a justificação. A trindade de Pessoas na deidade; a encarnação do Filho unigênito do Pai; a satisfação dada à lei e à justiça de Deus, pelos pe-

---

2 *The Works of Robert Traill* (Banner of Truth, Edimburgo, 1975), I:313.

cados do mundo, por meio de sua obediência e de seu sacrifício de si mesmo, na carne que ele tomou para si mesmo; e a autoridade divina das Escrituras, que revelam tudo isso, são todas elas linhas diretas da verdade, que têm por centro essa doutrina da justificação do pecador, mediante a imputação e a aplicação dessa satisfação.[3]

O ponto destacado por Traill, nesse contexto, é que negar a justificação implica negar também essas outras verdades;[4] mas o ponto contrário também é importante, ou seja, pôr em dúvida essas outras verdades é perder a justificação. Isso tem acontecido em nossos próprios dias: a incredulidade acerca da autoridade bíblica, da ira de Deus e da expiação tem removido, para muitas pessoas, a base para se aceitar a justificação em seu sentido bíblico. Assim, a *teologia herética* torna-se uma segunda ameaça para o mistério da justificação.

Terceiro, a justificação é um *mistério espiritual* que só pode ser apreciado pela consciência iluminada de uma pessoa convicta de pecado. Queixou-se Traill: "O tema da justificação muito tem sofrido por causa disso, pois muitos cujos corações e consciências nunca foram exercitados nesse tema têm tomado da pena para escrever a respeito dele".[5] No prefácio de sua obra clássica *The Doctrine of Justification by Faith* (A doutrina da justificação pela fé, 1677), John Owen destaca o ponto positivo da doutrina:

> Trata-se do direcionamento prático da consciência dos homens, em sua aplicação a Deus, por meio de Jesus Cristo, visando à libertação da maldição decorrente do estado de apóstata e à paz com ele (...) o manuseio dessa doutrina tem apenas este desígnio: para aquele que

---

[3] Ibid., p. 332.
[4] "O abandono da doutrina da justificação pela fé na Justiça de Cristo tem sido o primeiro passo para a apostasia, em muitos que não descansaram até que se revoltaram contra o próprio cristianismo" (Ibid., p. 333).
[5] Ibid., p. 332.

desejar tratá-la devidamente, é mister que pondere tudo quanto disser, com base em suas próprias ideias e experiências, não ousando propor a outros aquilo que ele mesmo não observa, nos mais íntimos recessos de sua mente, por ocasião de sua maior aproximação de Deus, em seus encontros inesperados com os perigos, em profundas aflições, em seus preparativos para a morte, na mais humilde contemplação da infinita distância existente entre Deus e ele. Outras noções não temperadas com esses ingredientes são insípidas e inúteis.[6]

Para Traill, o temperamento "leviano, frívolo e fútil" da década de 1690 parecia ser um grande empecilho à correta maneira de pensar sobre a justificação. (O que diria ele se vivesse em nossos dias?) A *frivolidade espiritual*, a falta de seriedade e de experiência na aproximação com Deus ameaçam, assim, por um terceiro ângulo, o mistério da justificação.

Em quarto, a justificação é um *mistério doador de vida*, a origem de toda verdadeira paz de consciência, esperança, amor, alegria, santidade e segurança. Por isso, os puritanos, a exemplo de Lutero, viam a hostilidade satânica como uma quarta ameaça ao mistério da justificação; pois sabiam que, sem dúvida, o adversário de Deus e de seu povo deseja suprimir uma verdade que tanto fomenta a glória de Deus e o bem dos homens.

Quinto, a justificação é um *mistério contestado*. A justificação pelas obras é a religião natural da humanidade. Tem sido assim desde a Queda, de modo que, como afirmou Traill, "todas as pessoas ignorantes que nada sabem sobre a lei ou o evangelho, todos os pecadores orgulhosos e seguros de si mesmos, todos os formalistas e todas as pessoas zelosas e devotas de alguma religião natural" aliam-se aos "terríveis inimigos do evangelho".[7] Os puritanos viam o trio teológico – o

---

6 John Owen, *Works*, V:4 (ver capítulo 4, nota 43).
7 Traill, op. cit., pp. 313, 314.

pelagianismo, o arminianismo e a contrarreforma do romanismo – como a prole bastarda da religião natural fertilizada pelo evangelho. Isso levou Traill (entre muitos outros) a dizer: "Os princípios do arminianismo são as normas naturais da mente carnal, que consiste em inimizade à lei de Deus e ao evangelho de Cristo; e, depois do mar morto do papismo [para onde também corre esse riacho], desde Pelágio até hoje, o arminianismo tem sido a pior praga contra a igreja de Cristo(...)". E novamente: "Não há um só ministro que trate com seriedade as almas dos homens que não encontre algum esquema arminiano de justificação em cada coração não renovado".[8] A *religião natural*, portanto, é uma quinta ameaça ao mistério da justificação.

Minha consonância pessoal com os puritanos, em tudo isso, é vista pelo modo como expus a posição deles. Muitos eruditos modernos têm desprezado a enfática asserção de Paulo em Romanos, Gálatas e em outros textos bíblicos acerca da justificação mediante a fé em Cristo, à parte de obras da lei, como se fosse um mero artifício de sua controvérsia antijudaica, totalmente distante do âmago de suas firmes teologia e espiritualidade. Rejeito essa opinião como um erro grave e mortífero, e explico sua prevalência atual nos termos das cinco ameaças que acabo de alistar. Creio que, ao equipararem a doutrina da justificação ensinada pelos reformadores ao ensino do Novo Testamento, e ao analisarem os riscos e conflitos a que essa doutrina está exposta, os puritanos estavam profundamente corretos; é a partir desse ângulo que agora tentarei traçar os caminhos pelos quais a doutrina da Reforma tanto se desenvolveu quanto declinou no período dos puritanos, ou seja, para nossos propósitos, desde o último quarto do século XVI (época de Perkins) até o fim do século XVII (últimas publicações de Owen, Baxter, Goodwin e outros da geração deles). Os eventos, como deveríamos esperar, procedem de círculos nos quais resplandeciam as chamas da vitalidade espiritual; e o declínio teve lugar por causa das

---

8 Ibid, pp. 321, 329.

influências de cunho racionalista, naturalista, em longo prazo hostis à piedade evangélica, embora afirmassem estar agindo no interesse desta. Inicialmente, examinaremos esse desenvolvimento.

2

A exposição de Lutero a respeito da justificação nunca foi friamente analítica; na sala de aula, ele não se mostrou menos proclamador e apaixonado sobre esse tema do que no púlpito e em suas publicações, tal como abundantemente revelam seus comentários (na verdade, preleções dadas em sala de aula) sobre Romanos, Gálatas, Hebreus e os Salmos. Seu interesse sempre foi demonstrar que o coração do evangelho consiste no fato de o Deus vivo justificar os pecadores através da cruz. Ele expunha a justificação como a graciosa resposta de Deus à desesperada pergunta do homem: "Como posso encontrar um Deus gracioso? O que devo fazer para ser salvo?". Os puritanos, bem no meio da correnteza da segunda e da terceira gerações da teologia reformada, tomaram a ênfase de Lutero e adicionaram-lhe um interesse a mais, a saber, a necessidade de apreender com exatidão o lugar, a obra e a glória do Senhor Jesus Cristo em nossa salvação. Se o interesse de Lutero era *evangélico*, como uma função da pregação, o interesse puritano era *doxológico*, como uma função da adoração. (Ambos os interesses, é lógico, derivam diretamente do Novo Testamento; e são complementares, não contraditórios.)

A exposição que os reformadores faziam da justificação pode ser sintetizada nos sete pontos a seguir:

1) Todo homem enfrenta o tribunal de Deus, devendo responder por si mesmo diante de Deus. A igreja não pode protegê-lo disso.

2) Todo homem é pecador por natureza e prática, e não se conforma à lei de Deus, pelo que só pode esperar ira e rejeição da parte de Deus.

3) A justificação é o ato judicial pelo qual Deus perdoa o pecador culpado, aceitando-o como justo e recebendo-o como filho.

4) A fonte da justificação é a graça divina, e não o esforço ou a iniciativa do homem.

5) A base da justificação é a retidão vicária e o derramamento do sangue de Cristo, e não nossos merecimentos.

6) O meio da justificação, no presente, é a fé em Jesus Cristo.

7) O fruto da fé, a evidência de sua realidade, é o arrependimento evidente e uma vida de boas obras.

O motivo para o desenvolvimento posterior da doutrina reformada foi a controvérsia com o romanismo e o arminianismo. Isso provocou reflexões mais profundas sobre a natureza da união salvadora entre Cristo e o crente, as quais contribuíram para o desenvolvimento do pensamento sobre três questões, a saber:

Em primeiro lugar, a base da *justificação*. O concílio de Trento havia definido a justificação como uma renovação interior aliada ao perdão e à aceitação, sendo essa renovação a base do perdão, e então afirmara que a "única causa formal" (*unica formalis causa*) da justificação, em ambos os aspectos, é a justiça (*iustitia*) de Deus, conferida por meio do batismo como sua causa instrumental.[9] "Causa formal", na linguagem erudita, denotava aquilo que dava a uma coisa suas qualidades (assim, o calor era a causa formal de algo ser quente ou de ter a qualidade da quentura). Portanto, a tese era que a base de havermos sido perdoados era a qualidade de a justiça divina haver sido infundida em nós: Deus nos declara justos, não sujeitos à punição por nossos pecados, por termos sido feitos genuinamente justos em nós mesmos. Dentro da mais bíblica terminologia do protestantismo, isso significava considerar a regeneração, que é o início da

---

9 *Decrees of the Council of Trent*, VI:vii, cf. V:v. Ambas acham-se traduzidas em C. F. Allison, *The Rise of Moralism* (SPCK, Londres, 1966), pp. 213-214, um livro provocante que reúne muito material acerca da doutrina da justificação no século XVII.

santificação, como a base da justificação. Em resposta a isso, uma hoste de teólogos reformados, do continente europeu e das ilhas britânicas, episcopais e não conformistas,[10] traçou a posição que Calvino já havia deixado clara,[11] ou seja, que "a única causa formal" da justificação não é a retidão *de Deus* a nós *conferida*, mas a retidão *de Cristo*, a nós imputada. E, para deixar isso ainda mais evidente, eles estabeleceram uma distinção entre a obediência *ativa* de Cristo à lei de Deus, ao guardar seus preceitos, e a obediência *passiva* de Cristo, ao sofrer a pena imposta pela lei de Deus; e insistiam que nossa aceitação como justos depende da imputação, a nós, da obediência de Cristo em ambos esses aspectos.

Esse mesmo argumento era usado contra os arminianos, os quais diziam que a fé é "contada como justiça" porque ela, em si mesma, é a verdadeira justiça pessoal, uma vez que a obediência ao evangelho lhe é vista como a nova lei de Deus. O argumento contra os romanistas e os arminianos era que, ao encontrarem a base da justificação na própria pessoa, eles serviam ao orgulho humano, por um lado, ao mesmo tempo que, por outro lado, furtavam ao Filho de Deus a glória que lhe é devida. Asseguravam os escritores reformados que não basta dizer que, sem Cristo, nossa justificação seria impossível; é preciso prosseguir e dizer que é, com base em sua obediência, como nosso representante e como Aquele que carregou o pecado por nós, e so-

---

10 Entre os anglicanos, estavam Richard Hooker; os bispos George Downame, John Davenant, James Ussher, Robert Hall, Thomas Barlow, John Bramhall, William Beveridge e Thomas Tully. Entre os presbiterianos e, mais tarde, não conformistas, estavam Anthony Burgess, John Owen e Robert Traill. Eu aprecio a excelente discussão elaborada por Traill; e o tratado de John Owen, *The Doctrine of Justification by Faith through the Imputation of the Righteousness of Christ; Explained, Confirmed, and Vindicated* (1677; *Works*, V), é corretamente descrito como "uma grande obra" por seu editor, William Gold (V:3).

11 "É integralmente pela intervenção da justiça de Cristo que obtemos justificação diante de Deus. Isso equivale a dizer que o homem não possui justiça em si mesmo, mas que a justiça de Cristo lhe é comunicada por imputação, ainda que a única coisa que o homem mereça é a condenação. Dessa forma, aniquila-se o dogma absurdo de que o homem é justificado pela fé, na medida em que esta o coloca sob a influência do Espírito de Deus, por meio de quem o homem é declarado justo" (Inst III:xi:23). Ver também a obra de Calvino sobre a Seção VI do Concílio de Trento, *Tracts and Treatises* (Eerdmans, Grand Rapids, 1958), III:108ss., especialmente pp. 114-121.

mente sobre essa base, que a justiça divina é lançada em nossa conta e que nossos pecados são cancelados.

Embora a expressão "causa formal" e a distinção entre obediência ativa e passiva não figurem na declaração da *Confissão de Westminster* sobre a justificação, essa declaração é uma expressão clássica da precisão, do equilíbrio de ideias e dos argumentos envolvidos na polêmica, os quais foram apreendidos nessas controvérsias. Diz essa *Confissão*:

> Aqueles a quem Deus chama de forma eficaz, a esses ele também justifica gratuitamente; não por lhes infundir retidão, mas por lhes perdoar os pecados, e por considerá-los e aceitá-los como justos, não em face de qualquer coisa que tenham feito ou realizado, mas unicamente por causa de Cristo; nem por lhes imputar a própria fé, o ato de crer, ou qualquer outra forma de obediência evangélica, como se nisso consistisse a justiça deles, e, sim, por lhes imputar a obediência e a satisfação de Cristo, quando eles recebem e descansam nele e na justiça dele, mediante a fé que não vem deles mesmos, por ser um dom de Deus (XI:i).

Em segundo lugar, a *regeneração* e a *justificação*. Os teólogos romanistas atacaram os reformadores, desde o início, sob a alegação de que, ao negarem a renovação interior e a retidão subjetiva como parte da justificação, os reformadores afirmavam que a justificação pode existir sem a regeneração e que a fé pode existir sem as boas obras.

O raciocínio romanista, quanto a este último ponto, evidentemente era governado pelo típico pressuposto legalista de que, se as boas obras não produzem a salvação, pois esta é dada gratuitamente sem aquelas, então desaparece qualquer razão para elas. Os reformadores responderam que faz parte da natureza da fé bíblica, que é um dom do Espírito Santo, mostrar-se ativa durante todo o tempo, mediante as boas obras. Tal resposta conseguiu pouquíssimo impacto, pois faltavam ao romanismo entendimento teológico e percepção espiritual sobre a obra do Espírito Santo no crente.

Os puritanos depararam com essa mesma polêmica romanista, acrescentada pela tese arminiana de que a fé justificadora, em última análise, é não só um ato do homem, mas também obra dele mesmo, uma realização independente, da qual a graça, embora seja uma condição previamente necessária, não é a fonte eficaz. Sobre essa base, naturalmente, não pode haver qualquer garantia divina de que haverá aquela fé que opera por meio do amor. Assim, para os pensadores reformados, os arminianos pareciam estar se entregando nas mãos de Roma quanto a esse particular. Roma queixava-se de que a justificação, segundo os protestantes, estava divorciada da renovação subjetiva; e o arminianismo admitia que a fé pode deixar de produzir, a cada instância, as boas obras.

A reação dos puritanos diante disso foi dupla. Primeiro, eles reafirmaram o argumento dos reformadores, ou seja, de que "a fé, o único instrumento da justificação, não se manifesta sozinha na pessoa justificada, mas está sempre acompanhada por todas as outras graças da salvação, não sendo uma fé morta, mas uma fé que opera por meio do amor" (*Confissão de Westminster*, XI:ii). Segundo, enfatizaram que a fé justificadora é dada por Deus através da chamada eficaz, a qual inclui a regeneração, ou seja, a união vitalizadora com o Cristo ressurreto, por meio da obra soberana do Espírito, da qual, como obra da nova criação, flui a resposta do pecador ao evangelho. (George Smeaton descreveu corretamente a teologia puritana como "uma teologia da regeneração, cultivada e expandida como um tópico em si mesmo", uma teologia "cuja maior peculiaridade era esclarecer a distinção entre a natureza e a graça".)[12] Essa ênfase dava uma resposta aos romanistas, ao mostrar que, embora a justificação e a regeneração sejam distintas entre si, a primeira não pode ocorrer sem a última; e

---

12 George Smeaton, *The Doctrine of the Holy Spirit* (Banner of Truth, Londres, 1958), pp. 327, 328.

também golpeava os arminianos, ao mostrar quão completamente a fé humana é uma dádiva de Deus.[13]

Em terceiro lugar, *o contexto do pacto da justificação*. Os puritanos desenvolveram o que veio a se chamar de "teologia do pacto". Eles a viam como o engaste bíblico no qual deveria ser exibida a joia da justificação pela fé. Eles definiram o evangelho ao declararem:

> o pacto da graça, por meio do qual [Deus] oferece gratuitamente, aos pecadores, vida e salvação mediante Jesus Cristo, requerendo deles a fé em Cristo para serem salvos; e prometendo dar, a todos quantos foram ordenados à vida, seu Santo Espírito, a fim de torná-los voluntariamente bem-dispostos e capazes de crer (*Confissão de Westminster*, VII:iii).

Eles davam valor a esse conceito de pacto, primariamente, porque ele liga a promessa de Deus – salvar os pecadores – com seu propósito de conduzir os eleitos à fé. Segundo, porque ele dá à justificação seu devido lugar na "cadeia dourada" de estágios, dentro do propósito salvador de Deus (eleição, redenção e chamada eficaz, que vêm antes; santificação e glorificação, que vêm depois). Em terceiro, porque esse conceito enfoca nitidamente o ministério salvador de Cristo, como mediador e cabeça de seu povo. A *Confissão de Westminster* incorpora,

---

13 Na *Westminster Confession*, o Capítulo X (Sobre a chamada eficaz) precede o Capítulo XI (Sobre a justificação). As primeiras duas seções do Capítulo X dizem o seguinte: "A todos aqueles que Deus predestinou para a vida, e a eles somente, Deus se agrada a chamar de modo eficaz, em seu devido e determinado tempo, por intermédio de sua Palavra e seu Espírito, a fim de tirá-los de um estado de pecado e morte, no qual estavam por natureza, para a graça e a salvação por meio de Jesus Cristo. Deus faz isso por meio da iluminação de seus entendimentos de modo espiritual e salvífico, para que eles possam compreender as coisas espirituais, tirando-lhes o coração de pedra, dando-lhes um coração de carne, renovando suas vontades e, por seu infinito poder, designando-os para aquilo que é bom e atraindo-os eficazmente a Jesus Cristo, de maneira que venham com plena liberdade, tornando-os dispostos por intermédio de sua graça. "Essa chamada eficaz procede tão somente da livre e especial graça de Deus, e não de qualquer coisa prevista no homem. Na chamada, o homem é inteiramente passivo, até que, vivificado e renovado pelo Espírito Santo, é capacitado a responder a essa chamada e aceitar a graça nela ofertada e comunicada."

em sua forma clássica, a teologia do pacto ensinada pelos puritanos. Sua exatidão bíblica é algo que o estudante pode avaliar por si mesmo ao analisar as comprovações bíblicas, aduzidas pela *Confissão*.

O elemento final no desenvolvimento da doutrina da justificação, por parte dos puritanos, visava salvaguardá-la de afirmações equivocadas dentro do próprio campo puritano. O Capítulo XI da *Confissão de Westminster* repele duas dessas aberrações.

A primeira delas é que a justificação vem desde a eternidade, ou seja, antes da fé. William Twisse, primeiro intérprete da Assembleia, asseverou isso como parte de seu argumento contra o arminianismo; mas, além de ser antibíblica, a ideia é desastrosa, pastoralmente falando, pois reduz a fé que justifica à descoberta de que a pessoa já está justificada e, assim, faz os interessados esperarem de Deus o senso de segurança, em vez de exercerem confiança ativa em Cristo. A dificuldade aqui consiste em confundir a justificação com a eleição. A *Confissão* trata do tema traçando uma correta distinção: "Desde toda a eternidade, Deus decretou que justificaria todos os eleitos, porém só recebem a justificação quando o Espírito Santo, no devido tempo, aplica realmente Cristo a eles" (XI:iv).

O segundo equívoco dizia que Deus não dá atenção aos pecados das pessoas justificadas. Essa foi a posição que os ortodoxos chamaram de "antinomiana" e que provocou grande agitação na década de 1640.[14] Em seu zelo por magnificar a liberdade, a paz e a alegria de um homem em Cristo, os antinomianos (nenhum deles foi um teólogo de primeira linha) haviam perdido quase inteiramente de vista duas distinções: aquela entre a lei de Deus como um pacto de obras e como uma regra de vida, e aquela entre a justificação e a adoção, ou seja, o relacionamento de Deus com os crentes, como Juiz e como Pai. Dis-

---

14 Um claro, mas não simpático, sumário das doutrinas antinomianas, vistas como muitos desvios da ortodoxia reformada, é apresentado em James Buchanan, *The Doctrine of Justification* (Londres, Banner of Truth, 1961), pp. 171ss. Os principais autores antinominianos foram John Eaton, Henry Denne, Robert Towne, John Saltmarsh e (do ponto de vista de alguns) Tobias Crisp.

so, surgiu a falha deles em ver e em expressar, com clareza adequada, que a lei moral continua obrigatória aos crentes, como expressão da vontade de Deus para seus filhos adotados, e que a relação Pai-filhos entre Deus e eles vê-se prejudicada se a vontade dele for ignorada ou desafiada. A *Confissão de Westminster* mostra o que é necessário:

> Deus continua perdoando os pecados daqueles que são justificados; e, embora nunca possam cair do estado de justificação, eles podem cair, por causa de seus pecados, no desprazer paternal de Deus, não lhes sendo restaurada a luz de seu rosto divino enquanto não se humilharem, confessando seus pecados, implorando perdão e renovando sua fé e seu arrependimento (XI:v).

3

Voltemo-nos agora para o lado mais triste do quadro e sigamos aquelas influências que distorceram a doutrina da justificação, na Inglaterra, furtando-lhe progressivamente seu impacto, até mesmo entre os próprios puritanos. Esse aspecto de nossa narrativa envolve dois movimentos: o arminianismo e o neonomianismo (assim chamado) de Richard Baxter.

O arminianismo, conforme sugerido por Jacob Hermandzoon (Arminius), na virada do século XVI, formulado no Protesto de 1610 e ensinado por Episcopius, Curcellaeus e Limborch, no Seminário de Amsterdã, era, essencialmente, a negação de algumas afirmações fundamentais da Reforma.

A primeira negação que se destaca em nosso tema foi aquela que já frisamos, a saber, que ataca o ensino de que o ato de fé do homem é totalmente uma dádiva de Deus.

A segunda negação investia contra a direta correlação, dentro do plano de Deus, entre a obtenção da redenção, mediante a obediência de Cristo, ativa e passiva, e a aplicação salvífica da redenção, pelo Espírito Santo – correlação direta, no sentido de que a primeira garante a segunda. A alternativa arminiana era que a expiação torna a salvação possível para todos, mas não necessariamente verdadeira para pessoa alguma. Isso envolvia o abandono do conceito da expiação *substitutiva*, pois uma substituição, por sua própria natureza, é uma relação eficaz que garante a real imunidade de obrigações por parte da pessoa no lugar de quem o substituto age:

> Deus não pode exigir o pagamento duas vezes.
> Primeiro, da mão ensanguentada de meu Fiador,
> E então, de novo, de mim.[15]

---

15 "De um hino escrito por A. M. Toplady, intitulado "Faith Reviving", que reflete, de modo muito admirável, em uma atitude de adoração, a eficácia particular, ou seja, o caráter verdadeiramente substituto da morte expiatória de Cristo. Esse hino, tal como Toplady o escreveu (a serenidade verbal, nas publicações modernas, algumas vezes macula a teologia), com todo brilhantismo focaliza o reconhecimento reformado daquilo que Jesus e os escritores apóstolos queriam dizer ao afirmar que a morte de Cristo, no Calvário, foi "pelo" seu povo (em grego, *huper* e *anti*); por isso, merece ser citado na íntegra (de *Diary and Selection of Hymns of Augustus Toplady*, Gospel Standard Baptist Trust, Harpenden, 1969, p. 193).

> De onde procedem esse temor e essa incredulidade?
> O Pai não pôs ao desprezo
> Seu imaculado Filho por mim?
> Porventura, o justo Juiz dos homens
> Me condenará por causa da dívida do pecado
> A qual, ó Senhor, foi lançada sobre ti?
>
> Plena expiação tu realizaste,
> Pagando completamente
> Aquilo que teu povo devia.
> Então, como pode a ira me alcançar
> Se estou abrigado em tua justiça
> E lavado no teu sangue?
>
> Se tu conseguiste minha absolvição,
> E, em meu lugar, espontaneamente suportaste
> Toda a ira divina,
> Deus não pode exigir o pagamento duas vezes:
> primeiro, da mão ensanguentada de meu Fiador
> E então, de novo, de mim.

A famosa, ou infame, teoria de Grotius, da expiação como mero exemplo de punição, foi uma das variantes da posição arminiana.

A terceira negava que o pacto da graça é uma relação que Deus impõe unilateral e incondicionalmente, por meio da chamada eficaz, dizendo ao eleito: "Eu quero e tu farás (...)". A alternativa arminiana era que o pacto da graça é uma nova lei que oferece perdão presente sob a condição de uma fé presente, e que oferece salvação final sob a condição de uma fé sustentada.

A quarta negava que a fé é essencialmente *fiducial* (uma questão de confiar em outrem e naquilo que esse outro fez). A alternativa arminiana dizia que a fé é essencialmente volitiva (uma questão de se comprometer a fazer algo, ou seja, de viver de acordo com a nova lei instaurada por Cristo).

A quinta negava que a base da justificação é a justiça de Cristo imputada ao crente. A alternativa arminiana dizia que a própria fé é a base da justificação, sendo ela mesma justiça (obediência à nova lei), sendo aceita por Deus como tal. Eles apelavam para Romanos 4.3,5,9 (cf. vv. 11,13), salientando que a fé é "atribuída como justiça"; mas a ausência da ideia de uma "nova lei" em Romanos, a insistência bíblica de que a justiça cristã é um dom de Deus (Rm 5.15-17) e a reiterada ênfase de que os pecadores, embora ímpios (Rm 4.5; 5.6-8), são justificados por meio do sangue de Cristo, independentemente de suas obras, tornam realmente impossível a compreensão arminiana quanto ao pensamento de Paulo.

O arminianismo não conseguiu grande avanço nas fileiras puritanas. O único puritano arminiano de boa capacidade foi John

---

Volta-te, ó minha alma, para o teu descanso!
Os méritos do grande Sumo Sacerdote
Adquiriram-te liberdade;
Confia no seu sangue eficaz,
Não temas ser rejeitada por Deus,
Pois Jesus morreu por ti.

Goodwin, autor de *Imputatio Fidei*, sobre Romanos 4: *An Exposition of Romans 9* (Uma exposição em Romanos 9); *Redemption Redeemed* (A remissão da redenção) e *The Banner of Justification Displayed* (Hasteada a bandeira da justificação). Mas os anglicanos carolinos, os platonistas de Cambridge e os latitudinarianos posteriores adotaram o arminianismo, vinculado a uma vigorosa polêmica anticalvinista, e, depois da Restauração, a principal corrente do movimento evangélico inglês passou a fluir por esse canal. O influente bispo Bull é um típico representante dessa postura. Ele interpretava Paulo por meio de Tiago, entendendo que ambos ensinavam a justificação pelas obras (pois, na visão de Bull, a fé era "virtualmente a total obediência evangélica" e, portanto, uma espécie de obra no sentido mais amplo).[16]

Uma doutrina arminiana desse tipo produziu, inevitavelmente, um novo legalismo, do qual o pensamento central era que um contínuo esforço moral, no presente, é o caminho da salvação no futuro. Esqueceu-se o significado de fé como confiança na Pessoa e na obra de Cristo; as experiências de conversão e de certeza de salvação foram rejeitadas como um mero "entusiasmo", perigoso para a alma; e a justificação presente deixou de ser uma questão de importância ou interesse.

Um dos efeitos da controvérsia arminiana, no continente europeu, foi acender a teologia medianeira dos "novos metodistas" do seminário de Saumur. Esse ensino, iniciado pelo escocês John Cameron, que lecionou em Saumur entre 1618 e 1621, foi elaborado por Moise Amyraut, e entrou para as páginas da história com o nome de amyraldismo. A. W. Harrison chamou o movimento de "meio-termo entre o calvinismo e o arminianismo",[17] pois adotava a posição arminiana do pacto da graça e de uma redenção indefinida (universal), mas

---

16 *Harmonia Apostolica* (Library of Anglo-Catholic Theology), I:58, citado em Allison, op. cit., cap. 6, "The Theology of George Bull".

17 A. W. Harrison, *Arminianism* (Duckworth, Londres, 1937), p. III. O amiraldismo é avaliado (sob o nome de "pós-redencionismo") em B. B. Warfield, *The Plan of Salvation* (Eerdmans, Grand Rapids, 1984), pp. 90-96.

retinha a crença calvinista na eleição particular, na chamada eficaz e na preservação final. Sua importância, dentro de nosso relato, é que Richard Baxter, talvez o maior dos escritores puritanos sobre a prática da vida cristã, advogava uma versão do amyraldismo, a qual, como resultado de mais de quarenta anos de campanha feita por ele defendendo essa posição, tornou-se popular tanto na Inglaterra quanto na Escócia, no final do século XVll. Na década de 1690, o amyraldismo era conhecido como "baxterianismo" e (por causa da proeminência que dava à ideia de "nova lei") "neonominianismo".[18]

A visão de Baxter derivava da teologia natural; ele pensava que o ensino bíblico sobre o reino e o governo de Deus deveria ser assimilado às ideias políticas contemporâneas, ou, conforme ele apresentava, que a teologia deveria seguir um "método político". Deus deveria ser concebido como governante, e o evangelho, como parte de seu código legal. Nossa salvação requer dupla retidão: a de Cristo, que produziu a decretação da nova lei de Deus, e a nossa própria, quando obedecemos à nova lei, mediante fé e arrependimento genuínos. A fé é imputada como justiça por ser uma verdadeira obediência ao evangelho, que é a nova lei de Deus. A fé, entretanto, envolve o comprometimento de guardar a lei moral, que era o código original de Deus; e todo crente, embora justo em termos da nova lei, precisa ser perdoado, a cada momento, por causa de suas falhas em relação à antiga lei. Jesus Cristo, que garantiu a nova lei para a humanidade, ao atender aos requisitos prescritos e penais da antiga lei, deve ser concebido como Cabeça do governo divino e entronizado, a fim de perdoar os verdadeiros crentes. Dentro desse arcabouço "político" de conceitos, aprendido principalmente do arminiano Hugo de Groot (Grotius), Baxter ajustou-se à soteriologia amyraldiana.

---

18 Após a morte de Baxter, em 1691, sua posição foi defendida por Daniel Williams (*Gospel-Truth Stated and Vindicated*, 1692) e Samuel Clark (*Scripture Justification*, 1698) e atacada (entre outros) pelo batista Benjamin Keach, em uma série de cinco livros publicados entre 1692 e 1698, que seguem bem de perto os passos de Owen.

Baxter estava convencido de que aqueles que asseguram que a base e a causa formal de nossa justificação são a imputação, a nós, da própria justiça de Cristo (isto é, seu cumprimento do preceito e da pena da lei moral) estavam logicamente forçados a seguir o antinomianismo, com base no princípio de que "Deus não pode exigir o pagamento duas vezes".

A essa altura de seus pensamentos (embora não quanto a outras questões), Baxter supunha, juntamente com seus contemporâneos romanistas e socinianos, que a observância da lei não tem relevância para Deus ou para o homem, salvo como obra efetuada para obter aceitação e salvação; desse modo, se a lei foi uma vez guardada em nosso nome, não resta mais base para requerer, de nossa parte, uma segunda observância da lei. Esse é um estranho equívoco de Baxter; e ele nunca conseguiu desvencilhar-se desse veio de legalismo em seu sistema teológico.

Naturalmente, suas convicções sobre esse ponto (acerca do qual ele não fazia segredo) levaram a ardentes debates em diversos períodos de sua vida, incluindo, tristemente, os últimos meses, quando, ao atacar como antinomianos os sermões de Tobias Crisp (primeiro em uma preleção em Pinner e, depois, no livro *The Scripture Gospel Defended* (A defesa do evangelho da Escritura) (1691), ele destroçou definitivamente a "feliz união" entre presbiterianos e independentes, praticamente antes de ela ter sido contraída.[19]

A controvérsia por causa de Crisp produziu muitos escritos vigorosos, mas a melhor contribuição foi também a mais fria – o livro de Robert Traill, *Vindication of the Protestam Doctrine concerning Justification, and of its Preachers and Professors, from the unjust charge of Antinomianism. In a Letter from the Author, to a Minister in the Country* (A defesa da doutrina protestante a respeito da justificação e de seus

---

19 Quanto aos detalhes da história, ver Peter Toon, *The Emergence of HyperCalvinism in English Nonconformity*, 1689-1765 (The Olive Tree, Londres, 1967), cap. 3.

pregadores e professores contra a injusta acusação de antinomianismo. Em uma carta do autor a um ministro do Interior) (1692). Tranquila mas eficazmente, Traill frisou os dois pontos que realmente aniquilaram o esquema de Baxter.

Primeiro, esse esquema, como é fácil demonstrar, não se harmoniza com a ideia de Cristo como Cabeça representativa, o segundo Adão, conforme aparece em Romanos 5.12ss. Naturalmente, sobre esse relacionamento único entre Cristo e seu povo é que se alicerça a imputação de sua justiça a eles. Segundo, esse esquema é tão artificial que se mostra espiritualmente irreal, pois um pecador de consciência pressionada pela carga da imundície e da culpa encontra alívio não por se lembrar que sua fé é a retidão evangélica de acordo com a nova lei, mas por contemplar a cruz de Cristo. "A obediência e o sangue de meu Salvador ocultam da visão todas as minhas transgressões." Falar sobre a fé como sendo justiça, em um momento como esse, é, sob a melhor ótica, uma frivolidade e, sob a pior, um ardil.

Isso ainda não é tudo quanto precisa ser dito. Baxter foi um grande e santo homem; como pastor, evangelista e escritor de livros devocionais, não há como elogiá-lo o suficiente; mas, como teólogo, embora brilhante, algumas vezes foi um desastre. Quanto à sua teologia "política", vista como uma tentativa de explicar o ensino da Bíblia, precisamos ressaltar os seguintes pontos:

1) O "método político" é, em si mesmo, racionalista. Fazer dos conceitos de monarquia, legislação e governo ideal – tomados por empréstimo da teoria política do século XVII – uma camisa de força para a proclamação bíblica de Deus, o Rei, e de Cristo, o Senhor, não é apenas esquisito; é também uma medida teologicamente perigosa, que produz maus efeitos continuamente.

2) A ideia "política" do *pecado* representa-o, primariamente, como transgressão e culpa, de forma análoga a um crime. Isso externaliza o pecado de tal modo que sua natureza essencial como

enfermidade, cegueira e perversidade espiritual, seu poder que habita no indivíduo e sua influência demoníaca corporal são pontos minimizados.

3) A ideia "política" de *Cristo* como Cabeça do governo de Deus, e não como Cabeça de seu povo, e de sua morte como condição prévia para nossos pecados serem perdoados, em vez de ser a causa granjeadora do perdão dos pecados e da remissão de pecados propriamente dita como um perdão público, e não um perdão individual, faz o Senhor Jesus parecer, até certo ponto, remoto, mais semelhante a um Juiz do que a um Salvador. A tendência natural e inevitável dessa ideia é obscurecer o fato de ter sido ele nosso substituto na cruz, diminuindo sua simpatia por nós, em seu trono.

4) A ideia política de *fé* que consistia em lealdade e compromisso deixou de lado aquele aspecto da fé que levava a pessoa ao desespero. Assim, em vez de mostrar o pecador como alguém que estendia sua mão vazia, ela o mostrava como alguém se alistando de forma voluntária e resoluta. Dessa forma, manifestava-se como uma obra resultante de algum esforço e mérito.

5) A ideia "política" de *Deus*, em sentido real, perde Deus de vista. É importante ver isso. Baxter seguia Grotius ao asseverar que, quando Deus propôs glorificar a si mesmo por meio da restauração do homem caído, ele efetuou seu plano não por satisfazer a lei, mas modificando a lei. A nova lei teria sido inaugurada anulando o requisito penal da lei original. Isso pressupõe que a exigência por retribuição, que havia na lei original, não se alicerçava na natureza de Deus, mas apenas nas exigências governamentais. O que está em jogo aqui é a santidade de Deus. A teologia reformada vê tanto o preceito quanto a pena da lei de Deus como expressão permanente da santidade e da justiça eternas e imutáveis de Deus, argumentando que Deus não salva os pecadores à custa de sua lei; pelo contrário, ele os salva satisfazendo sua lei em favor deles, de tal maneira que ele continua sendo

justo quando se torna o justificador deles. O esquema de Baxter reduz as proporções da ira de Deus contra o pecado, não refletindo a revelação bíblica sobre seu caráter permanente. Assim, fica aberta a porta para a ideia de que a benevolência é, realmente, a totalidade de seu ser moral, uma ideia que o liberalismo de algum tempo posterior tornou evidente.

Assim, Baxter, mediante o racionalismo inicial de seu "método político", que forçava as Escrituras para dentro de um molde escolhido *a priori*, na verdade espalhou as sementes do *moralismo*, no tocante ao pecado, do *arianismo*, no tocante a Cristo, do *legalismo*, no tocante à fé e à salvação, e do *liberalismo*, no tocante a Deus. No próprio ensino de Baxter, apoiado como estava na mais antiga tradição "prática e emotiva" do puritanismo, essas sementes jaziam quase dormentes, mas o presbiterianismo posterior, na Inglaterra e na Escócia, colheu daquela amarga semeadura. É tristemente apropriado que a igreja de Richard Baxter, em Kidderminster, seja hoje uma igreja unitariana. Logo, o que podemos ver em Baxter é um estágio inicial de declínio, não simplesmente da doutrina da justificação entre os puritanos, mas do próprio discernimento puritano quanto à natureza do cristianismo como um todo.

4

Assim, após mais de um século de clara luz do evangelho, o arminianismo fez as trevas voltarem à mente dos conformistas, e o baxterianismo fez o mesmo quanto aos não conformistas. A teologia natural e o moralismo religioso triunfaram na Inglaterra; e, assim como Lutero havia previsto e Traill havia temido, a doutrina bíblica da justificação, por algum tempo pelo menos, perdeu-se de vista – até o dia em que uma tremenda voz ressoou por todo o país, elaborando sermões como este:

Algum de vocês está dependendo de sua própria justiça? Alguém, dentre os que estão aqui, está pensando em se salvar por suas próprias obras? Afirmo (...) você perecerá juntamente com sua justiça própria. Pobres e miseráveis criaturas! Qual o valor de suas lágrimas? Qual o valor de suas orações? Qual o valor de suas obras para aplacar a ira de um Deus indignado? (...) Venham, miseráveis culpados; venham como criaturas pobres, perdidas, condenadas e desgraçadas, e aceitem uma justiça muito melhor que a de vocês. Como eu já disse, assim digo de novo, a justiça de Cristo é uma justiça eterna; e é agora oferecida ao principal dos pecadores. Ah, todo aquele que tem sede venha e beba gratuitamente desta água! Algum de vocês está ferido pelo pecado? Algum de vocês sente que não tem justiça própria? Está perecendo de sede? Teme que perecerá para sempre? Venham, almas queridas, em vossos trapos imundos; vem, ó pobre homem; vem, pobre e aflita mulher; vocês que pensam que Deus nunca os perdoará e que seus pecados são graves demais para serem perdoados; vem, ó criatura duvidosa, que está com receio de nunca encontrar conforto! Levante-se, receba a salvação da parte do Senhor Jesus Cristo, o Senhor da vida, o Senhor da glória, que está chamando (...) Não deixe que sua pobre alma fique longe do Salvador. Venha, venha! Agora, visto que a salvação foi trazida ao mundo por Cristo, portanto, no nome, no poder e pela ajuda do grande Deus, eu a estou oferecendo do púlpito; agora estou oferecendo essa justiça, essa justiça eterna gratuita, lançada na conta de todo pobre pecador que aceitá-la. Pense, eu rogo, sobre essas coisas; volte para casa, volte para casa, volte para casa, ore acerca do texto e diga: "Senhor Deus, trouxeste a justiça eterna ao mundo por meio do Senhor Jesus Cristo; por meio do bendito Espírito, infunde-a em meu coração!" E então vocês poderão morrer, pois estarão seguros; e, se for amanhã, vocês serão prontamente transportados à presença do Deus eterno; e isso será maravilhoso! Felizes são aqueles que estiverem vestidos dessa justiça. Felizes são aqueles que puderem dizer: "Meu Deus me amou, e eu serei amado por ele com amor eterno!" Que cada um de vocês possa assim dizer, que Deus conceda, por amor de Jesus Cristo, o querido Redentor, a quem seja a glória para sempre! Amém.[20]

De quem era essa voz? Ora, de George Whitefield: um homem que sabia e podia expressar o que está envolvido no evangelho bíblico da justificação pela fé. Foi ele quem abriu um novo capítulo na história do cristianismo britânico, mas essa já é outra história, que ultrapassa o escopo deste capítulo.

---

20 *Sermons on Important Subjects; by the Rev. George Whitefield, A. M. (1832)*, pp. 207ss.

Capítulo 9

O conceito puritano acerca da pregação do Evangelho

1

Em 1955, por ocasião da Conferência de Estudos Puritanos e Reformados, submeti à apreciação um documento intitulado "Evangelismo entre os puritanos", que, neste livro, aparece no décimo sétimo capítulo. Isso foi feito como uma contribuição para o debate sobre os métodos de evangelismo. Ali, mostrei que a abordagem puritana a respeito da tarefa de conquistar almas era controlada pelo conhecimento de que os homens caídos no pecado, por suas próprias forças, não podem voltar-se para Deus; nem o evangelista tem o poder de ajudá-los a fazer isso. A posição dos puritanos era que só Deus, mediante o seu Espírito, através de sua Palavra, pode conduzir os pecadores à fé, e que ele faz isso não por determinação nossa, mas de acordo com seu próprio propósito soberano. Nossa prática evangelística, teriam dito os puritanos, deve harmonizar-se com essa verdade. Modos de agir que impliquem outra doutrina não seriam aprovados por eles.

A posição dos puritanos parece indubitavelmente bíblica e, conforme mostrei naquele documento, suas implicações são de grande importância para nossas tradições evangelísticas herdadas da Reforma. Para começar, subentende que todos os artifícios para exercer pressão psicológica, a fim de precipitar as "decisões", devem ser evitados, pois, na verdade, são tentativas presunçosas de se intrometer na providência do Espírito Santo. Além disso, significa que renunciar a tais artifícios não importa em qualquer perda, visto que tal uso em nada contribui para a eficácia da pregação do evangelho. De fato, no longo prazo, depreciará a pregação do evangelho; pois, se as pressões psicológicas, quando habilmente manipuladas, podem produzir uma forma externa de "decisão", não podem produzir a regeneração e a mudança de coração; e, quando tais "decisões" perdem o vigor, aqueles que as tomam têm seus corações "endurecidos para com o evangelho" e até mesmo se tornam antagônicos.

Essas táticas forçadas só podem ser danosas, produzindo, talvez, um mal incalculável à alma dos homens. Segue-se, pois, que o evangelismo superficial não é uma opção válida. Antes, o evangelismo deve ser concebido como uma realização, no longo prazo, de instrução e ensino pacientes, em que os servos de Deus simplesmente buscam ser fiéis em entregar a mensagem do evangelho e em aplicá-lo à vida humana, deixando que o Espírito de Deus atraia os homens à fé, por meio dessa mensagem, à sua própria maneira e no tempo que lhe parecer oportuno. Isso, porém, levanta outra questão: Qual deve ser a mensagem? Quanto está envolvido na proclamação do evangelho?

Essas indagações raramente são formuladas nos círculos evangélicos, pois costumamos pressupor – cedo demais – que todos nós sabemos as respostas. Todavia, elas precisam ser levantadas; dois fatores, em nossa situação, compelem-nos a enfrentar essas questões.

Em primeiro lugar, o fato de que *a tarefa de ensinar a verdade cristã é reduzida a um mínimo.* Isso tem contagiado o clero protestante de forma alarmante. Os modernos ministros do evangelho geralmente não perguntam: Quanto preciso ensinar? e, sim: Qual é o mínimo que posso ensinar? Uma das razões para isso, sem dúvida, é a relutância em aprender por parte daqueles que ocupam os bancos. Mas isso não é novidade. Baxter já enfrentava esse problema três séculos atrás, em sua congregação de operários, em Kidderminster, e deu a tal problema um prazo curto.

> Se ao menos vocês estivessem dispostos a obter o conhecimento de Deus e das realidades celestes, assim como estão dispostos a conhecer as artes de seus negócios, já teriam começado há muito tempo, não poupando esforços nem dores para obter esse conhecimento. Vocês pensam que sete anos é pouco para aprender sua profissão, mas não querem dedicar um dia, em cada sete, para aprenderem com diligência as questões atinentes à salvação de suas almas.[1]

Baxter não achava engraçada essa ímpia indisposição, mas os ministros modernos frequentemente acham, e, quando descobrem que algum aspecto da verdade bíblica não desperta interesse imediato ou aprovação em suas congregações, seus instintos levam-nos a abandonar o ensino daquela verdade. A tendência atual é encorajar os ministros a agirem assim. Dessa forma, por exemplo, alguns afirmam que é perda de tempo pregar aos ouvintes modernos sobre a lei e o pecado, pois (conforme dizem) tais coisas nada mais significam para as pessoas. Antes, eles sugerem que deveríamos apelar para as necessidades que as pessoas já sentem, apresentando-lhes Cristo meramente como Aquele que confere paz, poder e propósito aos neuróticos e frustrados – de fato, como se ele fosse um superpsiquiatra.

Ora, essa sugestão ilustra muito bem o perigo dessa abordagem de minimização. Se não pregarmos sobre o pecado e o juízo divino contra o pecado, não poderemos apresentar Cristo como o Salvador do pecado e da ira de Deus. E, se silenciarmos sobre tais coisas, pre-

---

1 Richard Baxter, *Works*, II:482.

gando um Cristo que tão somente salva os homens de si mesmos e das tristezas deste mundo, já não estaremos pregando o Cristo da Bíblia. De fato, estaremos dando falso testemunho e pregando um falso Cristo. Nossa mensagem será "outro evangelho". Esse tipo de pregação poderá aliviar alguns, mas não conseguirá ajudar ninguém; pois um Cristo que não é reconhecido nem buscado como Aquele que salva do pecado também não pode salvar as pessoas de si mesmas nem de qualquer outra coisa. Um Cristo imaginário não pode operar uma salvação verdadeira. Essa abordagem de minimização apenas nos leva a lidar com meias-verdades a respeito da salvação; e uma meia-verdade exposta como se fosse a verdade toda é uma mentira completa. Assim, a abordagem minimizadora ameaça falsificar o evangelho, esvaziando-o dos elementos doutrinários que lhe são essenciais. Em face desse hábito comum, é vital que levantemos a seguinte pergunta: Quanto está envolvido na pregação do evangelho?

O segundo fator em nossa situação é *a incerteza generalizada sobre as implicações evangelísticas da fé reformada*. Hoje em dia, muitos percebem quão bíblica é a doutrina da graça, exposta nos chamados "cinco pontos do calvinismo", mas não veem como, sobre essa base, um homem poderia pregar evangelisticamente. Se são verdadeiras as doutrinas da total incapacidade do homem, da eleição incondicional e da chamada eficaz – se, em outras palavras, os pecadores, por si mesmos, não podem voltar-se para Deus e se a fé e o arrependimento são graças dadas somente aos eleitos –, então que sentido faz ordenar a todos os homens, indiscriminadamente, para que se arrependam e creiam? Se a doutrina da redenção particular é verdadeira – se Cristo morreu para ganhar a salvação, não para todos os homens, de forma inclusiva (e para muitos, ineficazmente), mas apenas para os eleitos –, nunca podemos dizer a um homem não convertido que Cristo morreu por ele; e sobre quais bases, pois, poderíamos exortá-lo a confiar no Salvador? Temos, de fato, o direito de "oferecer livremente" Cristo aos pecadores? Alguns, perplexos diante dessas questões, sentem-se limitados a escolher entre pregar o evangelho como arminianos – dirigindo-se aos não convertidos, ou seja, como se eles tivessem o poder de receber a Cristo e como se Deus estivesse simplesmente aguardando que eles assim o façam – ou simplesmente nem pregar em sentido evangelístico. Seria trágico se o atual retorno à teologia reformada, em vez de revigorar o evangelismo, conforme é preciso, viesse a sufocá-lo. Mas parece claro que muitos, hoje em dia, têm deixado de pregar em sentido evangelístico, por não verem como se pode fazer uma aplicação evangelística dessa teologia. Assim, tal como a abordagem minimizadora tem levado alguns a esvaziarem o evangelho de seu conteúdo doutrinário, essa perplexidade também tem levado outros a esvaziarem-no de sua aplicação prática. Mas ambas essas formas anulam o evangelho.

Nesse contexto, voltamo-nos para os puritanos em busca de maiores esclarecimentos. Perguntamos: Quanto precisa ser dito, por meio de informação e de aplicação, para que o evangelho seja realmente proclamado? Quais são os ingredientes essenciais na pregação evangelística?

Somente um dos aspectos desse assunto – a necessidade de pregar a lei quando proclamamos Cristo – recebeu tratamento formal no período dos puritanos. Mas há amplas evidências que mostram como eles responderiam às nossas perguntas.

Uma palavra sobre essas evidências, que consistem em sermões impressos. Os puritanos não pensavam que os sermões evangelísticos eram uma classe especial de sermões, com seu estilo e suas convenções peculiares. Antes, a posição deles era que toda a Escritura dá testemunho de Cristo e todos os sermões deveriam ter por meta expor e aplicar o que está na Bíblia; portanto, todos os sermões, obrigatoriamente, deveriam proclamar Cristo e, até certo ponto, ser evangelísticos. O Senhor Jesus Cristo, dizia Robert Bolton, é "oferecido gratuitamente e sem exceção a qualquer pessoa, todo domingo, em cada sermão, ou em termos diretos e claros ou, pelo menos, de maneira implícita".[2] A única diferença era que alguns sermões tinham por alvo a conversão de pecadores, de maneira mais direta e exclusiva do que outros.

Assim eram os sermões publicados nos livros de Richard Baxter, *A Call to the Unconverted* (Convite para viver), *A Treatise of Conversion* e *Directions and Persuasions to a Sound Conversion* (Um tratado sobre a conversão) e (Diretrizes e persuasões para uma conversão sadia), ou no livro de Joseph Alleine, *An Alarm to the Unconverted* (Um guia seguro para o céu). Além desses, havia outros cinco tipos de sermões e exposições dos puritanos que eram igualmente relevantes, que também tinham um direto intuito evangelístico, embora não tendo exclusivamente esse alvo:

1) *Tratados sobre o pecado*: por exemplo, Edward Reynolds, *The Sinfulness of Sin* (A pecaminosidade do pecado); Thomas Goodwin, *Aggravation of Sin* (Agravamento do pecado) e *An Unregenerate Man's Guiltiness before God* (A culpabilidade do homem não regenerado diante de Deus); Jeremiah Burroughs, *The Evil of Evils, or the Exceeding Sinfulness of Sin* (O mal dos males ou a excessiva pecaminosidade do pecado), e continua a página-título: Onde fica demonstrado: 1) Há maior mal no menor pecado do que na maior aflição. 2) O pecado é uma total oposição a Deus. 3) O pecado é uma total oposição ao bem-estar do homem. 4) O pecado se opõe a todo bem em geral. 5) O pecado é o veneno ou o mal de todos os outros males. 6) O pecado reveste-se de certa infinitude. 7) O pecado faz o homem moldar-se ao diabo". Todos esses vários títulos subdividem-se em muitos subtítulos, e a obra tem 537 páginas.

2) *Tratados sobre o ofício e a obra de Cristo*: por exemplo, Thomas Goodwin, *Christ set Forth* (Apresentando Cristo); *Of Christ the Mediator*

---

2 Robert Bolton, *Instructions for a Right Comforting Afflicted Consciences* (3ª. edição, 1640), p. 185.

(De Cristo, o mediador); *The Heart of Christ in Heaven towards Sinners on Earth* (O coração de Cristo, no céu, em relação aos pecadores, na terra); *The Knowledge of God the Father and His Son Jesus Christ* (O conhecimento de Deus, o Pai, e de seu Filho, Jesus Cristo); John Bunyan, *The Work of Christ as an Advocate* (A obra de Cristo como advogado); *Christ a Complete Saviour* (Cristo, um completo Salvador); Philip Henry, *Christ is All* (Cristo é tudo); John Owen, *The Glory of Christ* (A glória de Cristo).

3) *Tratados sobre a fé e a conversão*: por exemplo, Ezekiel Curverwell e John Ball escreveram, cada um, *A Treatise of Faith* (Um tratado sobre a fé); John Rogers, *The Doctrine of Faith* (A doutrina da fé); William Whately, *The New Birth* (O novo nascimento); Thomas Hooker, *The Application of Redemption* (A aplicação da redenção) e muitas outras obras sobre o mesmo assunto; Thomas Shepard, *The Sound Believer* (O cristão íntegro); Giles Firmin, *The Real Christian* (O cristão verdadeiro); John Flavel, *The Method of Grace* (O método da graça).

4) *Tratados sobre o pacto da graça*, explorando as riquezas do relacionamento com Deus, a que Cristo leva os crentes: por exemplo, John Preston, *The New Covenant* (O novo pacto); Richard Alleine, *Heaven Opened* (O céu aberto); E. Fisher, *The Marrow of Modern Divinity* (A essência da moderna divindade).

5) *Tratados sobre o cristianismo hipócrita e nominal*: por exemplo, Daniel Dyke, *The Mystery of Self-Deceiving* (O mistério do autoengano); Shepard, *The Parable of the Ten Virgins* (A parábola das dez virgens); Matthew Meade, *The Almost Christian* (O quase cristão) ou *The False-Professor Tried and Cast* (O falso professo testado e rejeitado).

Quase todas essas obras tiveram início como séries de sermões. Elas trazem as marcas que distinguem os sermões dos puritanos, os quais são textuais e expositivos, práticos e aplicativos, analíticos e completos. São uniformemente doutrinários – em outras palavras, seu tema real sempre é Deus e seus caminhos, mesmo quando o objeto formal em consideração é o ser humano. E, em seu conjunto, mostram claramente o que os puritanos pensavam estar envolvido na pregação do evangelho.

2

Notemos, primeiro, a *abrangência do evangelho*, conforme os puritanos o compreendiam. Observe quanta coisa eles pensavam estar coberta pelo termo "evangelho". Para eles, o evangelho era toda a doutrina do pacto da graça. Algumas vezes, também incluíam, como parte dele, a mensagem preparatória sobre o pecado e o julgamento. Assim, para eles, pregar o evangelho significava nada menos do que declarar o propósito completo da redenção, a obra salvadora operada pelas três Pessoas da Trindade. Isso transparece nas seguintes palavras de Thomas Manton:

> A súmula do evangelho é esta: todos aqueles que, mediante o verdadeiro arrependimento e a fé, abandonam a carne, o mundo e o diabo, e se entregam a Deus Pai, Filho e Espírito Santo, como seu criador, redentor e santificador, encontrarão Deus como um Pai, o qual os aceita como seus filhos reconciliados, perdoando seus pecados por causa de Cristo e conferindo-lhes graça por meio de seu Espírito; e, se perseverarem nesse caminho, finalmente ele os glorificará, outorgando-lhes a felicidade eterna; mas condenará os incrédulos, impenitentes e ímpios ao castigo eterno. Essa é a súmula do evangelho que aparece em Marcos 16.15,16: "Ide por todo o mundo e pregai o evangelho a toda criatura. Quem crer e for batizado será salvo; quem, porém, não crer será condenado" – aí temos toda a religião cristã exposta diante de nós, em uma breve visão.[3]

---
3 Thomas Manton, *Works*, II:102, 103.

"A súmula do evangelho" – "toda a religião cristã... em uma breve visão". Os puritanos diriam que estaríamos fazendo algo menos que pregar o evangelho se nossa pregação envolvesse menos do que isso.

A visão deles sobre a abrangência do evangelho transparece em muitas conexões diferentes. Oferecemos mais três exemplos. Primeiro, temos Goodwin, que nos diz quanto está envolvido no relato da história do evangelho:

> Assim como há três pessoas que operam em conjunto na obra da salvação, que é o tema do evangelho, também toda a história do evangelho contém três partes, e em cada uma delas uma das três Pessoas desempenha papel especial.
>
> Na primeira, Deus Pai é quem mais atua, pois traçou a plataforma dessa grande obra, planejou-a e, então, cedeu-a a seu Filho (...).
>
> Na segunda, Deus Filho, quando desceu e assumiu a carne, realizou a transação da redenção do mundo, de acordo com aquele plano.
>
> Depois do Filho, quando este já tinha saído de cena, veio o Espírito, a fim de aplicar o que o Filho havia realizado, com todos os seus benefícios, cumprindo, assim, a *terceira* parte do plano.[4]

Todas essas três partes precisam ser mencionadas se o evangelho tiver de ser devidamente pregado. Aqui, John Owen destaca-se de novo, mostrando-nos quanto está envolvido na declaração das promessas do evangelho:

> As promessas do evangelho são: (1) Os dons gratuitos e graciosos; (2) o desvendamento do beneplácito e do amor de Deus; para com (3) os pecadores; (4) por meio de Cristo; (5) em um pacto de graça; (6) no qual, devido à veracidade e à fidelidade dele, engajou-se em ser o Deus deles, para lhes dar seu Filho em favor deles, e seu Santo Espíri-

---

4 Thomas Goodwin, *Works*, III:483.

to para habitar com eles, bem como todas as coisas que são requeridas da parte deles ou de que necessitam, a fim de torná-los aceitáveis diante de si, levando-os a usufruírem dele.[5]

Proclamar o evangelho, em seu caráter como Palavra de Deus, envolve a elucidação de todos esses pontos.

Finalmente, consideremos Richard Baxter, quando ofereceu suas três primeiras "orientações com vistas a uma sã conversão", as quais eram designadas a lançar o fundamento de uma entrega pessoal inteligente e responsável a Cristo:

> Primeiro: "Esforça-te por obter uma correta compreensão da natureza do cristianismo e do significado do evangelho". Começa esclarecendo tua mente acerca da mensagem cristã como um todo. Segundo: "Estuda a Bíblia com essa finalidade". Terceiro: "Sejas sério na consideração das verdades que já entendes" – de que foste criado para servir a Deus e que estás aquém desse fim; que agora estás em um estado de desgraça; "fizeste de Deus um inimigo"; quão felizes são os convertidos; quão adequada é a redenção que há em Cristo; quão desastroso será rejeitar a redenção; e, antes de qualquer outra coisa, "a natureza do Deus, com quem tu precisas tratar". "Se ele é bom, infinitamente bom, então há toda razão no mundo para o amares; e não há como distorcer o raciocínio de que deverias amar mais a ele do que ao mundo ou ao pecado. Se ele é fiel e veraz, então suas ameaças devem ser temidas, e não deves desconfiar de suas promessas; não há razão para questionares a respeito da Palavra dele. Se ele é santo, então ele precisa ser inimigo do pecado e de tudo quanto é profano, pois são contrários à sua natureza. Considera que ele é todo-poderoso e que não há como oferecer-lhe resistência. Em um piscar de olhos, ele pode arrancar de teu corpo tua alma culpada, lançando-a onde o pecado é punido. Uma

---

5 John Owen, *Works* (ver cap. 4, nota 43), XI:227.

palavra de sua boca pode lançar o mundo inteiro contra ti, incluindo tua própria consciência (...) e, se ele for teu inimigo, então não importa quem seja teu amigo; pois o mundo todo não poderá te salvar, se ele ao menos condenar-te (...). Ele existe desde a eternidade, e tu és apenas de ontem; teu ser procede dele; tua vida está sempre nas mãos dele, e não podes viver um minuto sem ele. Sem ele, não podes sequer respirar, nem pensar um só pensamento, nem proferir uma só palavra, nem agitar um pé ou uma mão (...) nenhum amor pode ser profundo o bastante, nenhum louvor pode ser suficientemente sublime, nenhuma adoração pode ser santa e boa o suficiente para esse Deus (...). Ele não é um Deus que possa ser negligenciado, nem se pode brincar com ele; ele não é um Deus a quem se possa oferecer resistência, nem podes provocá-lo, desobedecendo voluntariamente às suas leis (...) Assim, ó, demora-te em meditar sobre o Todo-Poderoso!"[6]

Esse conhecimento de Deus, insistia Baxter, é fundamental para uma conversão saudável. Evidentemente, pois, esse aspecto também deve fazer parte da pregação do evangelho .

A importância de tudo isso é que desafia nossa moderna ideia de que pregar "sermões evangelísticos" significa apenas ficar repisando algumas poucas grandes verdades – culpa, expiação e perdão – virtualmente postas em um vácuo teológico.

A visão puritana era que pregar "sermões evangelísticos" significava ensinar toda a doutrina cristã – o caráter de Deus, a Trindade, o plano de salvação, a obra da graça em sua totalidade. Pregar a Cristo, diziam eles, envolvia pregar tudo isso. Pregue-se menos do que isso, diriam eles, e o que for pregado não será devidamente apreendido. Isso significa, para a religião cristã, que a boa-nova de um relacionamento restaurado com Deus, por meio de Cristo, só será entendida na medida em que é vista no contexto abrangente desse relacionamento.

---

6 Baxter, *Works*, II:589, 590.

A pregação do evangelho sempre terá por centro o tema do relacionamento do homem com Deus; mas, em torno desse centro, deve haver a inteireza da verdade revelada, encarando-se o centro por todos os ângulos de visão que a Bíblia nos provê. Desse modo, diriam os puritanos, a pregação do evangelho envolve a pregação de todo o conselho de Deus. E a pregação do evangelho não deve ser concebida como algo confinado a certas ocasiões evangelísticas, como se noutras ocasiões devêssemos pregar sobre algo diferente. Se alguém pregar as Escrituras de modo bíblico, não poderá deixar de pregar o evangelho o tempo todo; e cada sermão, conforme dizia Bolton, pelo menos terá implicações evangelísticas.

Também não devemos temer começar pelos fatos básicos a respeito de Deus, o Criador. A verdade revelada tem certa estrutura, e isso lhe serve de alicerce. Quando Paulo pregou aos atenienses pagãos, lançou esse alicerce antes de ir além. Ele precisou fazê-lo, caso contrário o ponto central de seu testemunho sobre nosso Senhor não teria sido compreendido. O conhecimento do pecado e da salvação pressupõe algum conhecimento acerca do Criador; ninguém pode ver o que é o pecado enquanto não tiver compreendido quem é Deus. Essa era a razão pela qual Baxter orientava as almas a fixarem sua mente, primeiro e acima de tudo, na natureza e na majestade de Deus.

No Ocidente pagão de nossos dias, precisamos lançar o mesmo alicerce que Paulo lançou em Atenas. Queixamo-nos de que nossa "pregação evangelística" (no sentido moderno) não impressiona aqueles que a ouvem. Não se deve isso, em primeira instância, ao fato de nada saberem sobre o Deus a quem precisam prestar contas? Será que nos esforçamos por ensinar as pessoas sobre quem Deus é? A ironia de nossa situação é que, se passarmos algum tempo pregando aos pagãos modernos acerca do caráter de Deus, alguns dirão que não estamos pregando o evangelho. Mas não seria isso que os puritanos nos diriam, nem Paulo.

3

Notemos, em segundo lugar, *as ênfases do evangelho*, conforme os puritanos o pregavam. Observemos apenas alguns dos pontos fundamentais.

1) Eles diagnosticavam a *condição humana* como sendo igual em todos, envolvendo não só a culpa pelos pecados, mas também a contaminação e a servidão ao pecado. E, por servidão ao pecado, eles indicavam não a servidão a alguns pecados – especialmente fraqueza de caráter e maus hábitos –, mas o estado de quem está totalmente dominado por uma inerente atitude de inimizade contra Deus. Eles buscavam desmascarar a pecaminosidade que subjaz os pecados e convencer os homens de sua total corrupção e incapacidade de melhorar sua condição diante de Deus. Essa, eles afirmavam, era a parte vital do trabalho do pregador do evangelho, pois a profundidade da fé que um homem tem em Cristo provém da autenticidade do desespero daquele homem.

2) Eles analisavam a *questão do pecado* em termos da hostilidade de Deus ao pecado, no presente, bem como de sua condenação, no futuro. O objetivo constante deles era fazer os homens sentirem que estar em uma relação errada com Deus, aqui e agora, é uma situação intolerável; assim, ao contrário do que se pensa hoje, eles davam maior peso à presente hostilidade de Deus ao pecado do que à condenação futura do pecador.

3) Eles frisavam que o *alvo da graça* é a glória e o louvor a Deus, e nossa salvação é um meio para esses fins. Eles diziam que Deus decretou redimir-nos, não por nossa causa, mas por causa de si mesmo.

4) Eles frisavam *a suficiência de Cristo*. Eles não ensinavam as pessoas a confiarem em alguma teoria de expiação, mas em um Redentor vivo, perfeitamente adequado, cuja obra salvadora os pastores nunca se cansavam de exaltar.

5) Eles ressaltavam *a condescendência de Cristo*. Para eles, Cristo não era menos do que divino, e eles aquilatavam sua misericórdia por meio de sua majestade. Magnificavam o amor expresso na cruz, ao se demorarem em falar sobre a grandeza da glória que Cristo deixou por causa da cruz. Também detinham-se em falar sobre a paciência e a longanimidade expressas nos convites de Cristo aos pecadores, como outras manifestações de sua bondade. E, quando aplicavam evangelisticamente o trecho de Apocalipse 3.20 (segundo faziam ocasionalmente), diziam que as palavras "Eis que estou à porta e bato" não desvendam a impotência da graça divina à parte da cooperação humana (essa é a moderna interpretação, por demais predominante), mas a graça de sua onipotência ao se oferecer gratuitamente às almas necessitadas.

Essas eram as ênfases que caracterizavam a pregação do evangelho, por parte dos puritanos, como de fato tem sido toda a pregação dos grupos evangélicos, desde os dias dos puritanos até cerca de um século atrás.

4

Notemos, em terceiro lugar, as demandas do evangelho, segundo os puritanos as apresentavam. O evangelho, diziam eles, convoca os pecadores à fé em Cristo. Ter fé é concordar com as boas-novas como a verdade divina e consentir em receber Jesus Cristo como o Salvador divino. A fé não é uma obra meritória; ela implica estender uma mão vazia para receber o Salvador e, com ele, a salvação. "O que o Senhor nos oferece no evangelho?", indagava Thomas Shepard. "Não é primeiramente Cristo e, então, todos os benefícios de Cristo?"[7] O Senhor Jesus Cristo precisa ser recebido em seu completo ofício mediador, como Salvador e Senhor, como Profeta, Sacerdote e Rei. Pois "ninguém jamais recebeu Jesus Cristo como Salvador sem que tam-

---

7 Thomas Shepard, *The Sound Believer* (edição de 1849), p. 217.

bém não o tenha recebido como Esposo e Senhor, a fim de servi-lo, amá-lo e obedecer a ele para sempre, e também como um Salvador que o liberte de seus pecados; como Rei, para governá-lo mediante sua Palavra e seu Espírito; e, como Sacerdote, para lavá-lo por meio de seu sangue".[8] Aceitar Jesus Cristo como Salvador e Sacerdote faz parte da fé evangélica; entronizá-lo como Senhor e Rei faz parte do arrependimento evangélico.

As pessoas, como pecadoras, são convidadas e ordenadas a crer. O Salvador é oferecido gratuitamente, no evangelho, a todos que dele necessitam. Assim, não surge no evangelismo a questão da extensão da expiação, pois aquilo que o evangelho ordena que o homem não convertido creia não é que Cristo tenha morrido com a intenção específica de garantir sua salvação individual, mas que, aqui e agora, o Cristo que morreu pelos pecadores oferece-se a esse pecador individualmente, dizendo-lhe de forma pessoal: "Vinde a mim todos os que estais cansados e sobrecarregados, e eu vos aliviarei" (Mt 11.28). Todo o direito da fé – ou seja, a base sobre a qual o ato de crer torna-se permissível e obriga tório – encontra-se nesse convite e mandamento do Pai e do Filho.

No entanto, essa afirmativa tem sido discutida. C. H. Spurgeon, em um sermão pregado em 1863, sobre 1 João 3.23, intitulado "O direito da fé", afirmou que alguns dos puritanos, tal como os oponentes dos "Marrowmen" na Escócia do século XVIII, e os batistas hipercalvinistas dos próprios dias de Spurgeon, ensinavam que a base sobre a qual o crer torna-se permissível é uma obra preliminar da graça, a convicção de pecado. Spurgeon declara:

> Alguns pregadores dos dias dos puritanos erraram muito quanto a isso (...) Alleine e Baxter, Rogers de Dedham, Shepard, o autor de *The Sound Believer* (O cristão íntegro), e sobretudo o norte-americano

---
8 Bolton, op. cit., p. 186.

Thomas Hooker, o qual escreveu um livro sobre as qualificações para quem quiser vir a Cristo. Esses excelentes homens temiam pregar o evangelho a qualquer pessoa, excetuando aqueles que chamavam de "pecadores sensibilizados" (...) Eles pregavam que o arrependimento e o ódio ao pecado concedem ao pecador o direito de depositar sua confiança em Cristo. De acordo com eles, um pecador deve raciocinar da seguinte forma: "Tenho um tamanho grau de sensibilidade para com o pecado, portanto tenho o direito de confiar em Cristo". Ora, aventuro-me a afirmar que esse raciocínio está temperado com um erro fatal (...).[9]

O parecer teológico de Spurgeon está correto, mas é igualmente certo que ele condenou as pessoas erradas. Chegamos a indagar se ele realmente leu os autores aos quais se referia (afinal, ele tinha apenas 29 anos na época); certamente, ele expôs os ensinos dos puritanos de forma indevida. A fim de apresentar corretamente os fatos, temos de distinguir entre duas questões: a *do direito da fé* e a *do caminho da fé*.

Todos os puritanos concordavam que Deus traz os pecadores à fé por meio de uma "obra preparatória", mais breve ou mais longa, que torna o coração contrito e humilhado. Isso ainda não é o arrependimento (o abandono real do pecado, que acompanha a fé), mas o solo no qual, segundo acreditavam, nasce o arrependimento. A razão pela qual afirmavam que essa obra preparatória é necessária nada tem a ver com a questão de direito à fé; antes, é apenas porque o homem caído está naturalmente apaixonado pelo pecado, sendo-lhe uma impossibilidade psicológica aliar-se de todo coração a Cristo, como seu Salvador do pecado, enquanto não vier a odiar o pecado e desejar ser libertado dele.

Ora, três dos autores que Spurgeon nomeou – John Rogers (em *The Doctrine of Faith*, A doutrina acerca da fé, 1627), Thomas Hooker

---

[9] *Sermons by Rev. C. H. Spurgeon*, editado por W. Robertson Nicoll, p. 112.

(em *The Soul's Preparation for Christ*, A preparação da alma para Cristo, 1632, e outros livros) e Thomas Shepard (em *The Sound Believer*, O cristão íntegro, 1645) – haviam delineado, em detalhes, os estágios dessa obra preparatória. De fato, os escritos deles sobre o assunto podem ser criticados com justiça por três motivos:

Primeiro, eles davam a impressão de que a obra pela qual Deus humilha os homens por causa do pecado segue, invariavelmente, a mesma trilha, em cada detalhe do processo, e de que, se alguém não exprimentasse cada um desses detalhes, então seria um estranho à verdadeira graça.

Em sua juventude, Richard Baxter havia passado por muito temor e aflição porque, por mais que se examinasse, segundo ele disse, "não podia detectar distintamente as operações do Espírito em meu coração, segundo aquele método que o sr. Hooker, o sr. Rogers e outros teólogos descrevem". Posteriormente, todavia, ele percebeu que "Deus não quebranta da mesma maneira os corações de todos os homens" e, assim, escapou da camisa de força pietista que aqueles gigantes da religião experimental haviam forjado.[10]

Segundo, Hooker e Shepard foram além das Escrituras ao ensinarem que o sinal da verdadeira humilhação diante do pecado era que o pecador, ao reconhecer sua culpa, deveria contentar-se em ser condenado por causa da glória de Deus. Baxter e, mais tarde, Giles Firmin (em *The Real Christian*, O cristão verdadeiro, 1670) reprovavam Hooker por isso, argumentando que não é requerido por Deus, nem é psicologicamente possível, que alguém se contente em estar condenado.

Terceiro, ao concentrarem a atenção sobre essa obra preliminar da graça e ao insistirem na necessidade de isso ser feito de forma completa, esses escritores desencorajavam, de modo eficaz, as almas a irem, em seu desespero, diretamente a Cristo. Goodwin escreveu mais tarde na vida: "Se vocês, que agora se converteram, tivessem vi-

---

10 *Reliquiae Baxterianae*, I:7.

vido anos antes, então teriam visto que fomos mantidos por muito tempo sob a água de João Batista, sendo humilhados por causa de nossos pecados".[11] Isso, como é natural, produzia muita morbidez.

Mas, sobre a questão do direito da fé, esses autores não estão sujeitos à crítica. Quando falavam a esse respeito, a doutrina deles era exatamente igual à de Spurgeon, no sentido de que o direito da fé é uma ordem e uma promessa de Deus aos pecadores e de que a fé é requerida de qualquer pessoa que ouve o evangelho. Firmin foi o porta-voz da escola puritana inteira quando afirmou que "é dever de todos os filhos e filhas de Adão que ouvem a pregação do evangelho e aos quais Cristo é oferecido crerem e receberem a Cristo, estejam preparados ou não". Então, ele cita 1 João 3.23 e João 6.29 como prova.[12] John Rogers, ao discutir sobre o direito da fé, citou os mesmos dois textos em apoio à declaração de que a fé "é um dos mandamentos do evangelho".[13] Shepard falou sobre "o mandamento de receber a Cristo", em 1 João 3.23, que "ordena a consciência a crer, visto que a pessoa terá de responder por haver desprezado essa rica graça, no grande dia da prestação de contas".[14] Se qualquer ouvinte do evangelho não vier a crer, não terá sido por falta de orientação divina ou por não ter sido posto sob a obrigação de crer. A verdade é que, para todos os puritanos, é uma das maravilhas da graça gratuita que o Senhor Jesus Cristo convide os pecadores, tal como eles são, com todos os seus trapos imundos, para recebê-lo e achar nele a vida. E eles nunca mostravam-se mais poderosos e impressionantes do que quando discorriam sobre aquilo que John Owen, à sua maneira solene, chamava de "a infinita condescendência, graça e amor de Cristo, em seus convites aos pecadores para virem a ele e serem salvos".[15]

---

11 Goodwin, *Works*, IV:346.
12 Firmin, *The Real Christian*, p. 2.
13 John Rogers, *The Doctrine of Faith* (1627), p. 502.
14 Shepard, op. cit., pp. 238, 239.
15 Owen, *Works*, I:422.

Isso era o que eles diziam acerca da fé. Mas o que diziam sobre o arrependimento? O Novo Testamento associa o arrependimento à fé como outro aspecto da resposta favorável à chamada do evangelho; e os puritanos faziam o mesmo. Na *Confissão de Westminster*, o Capítulo XIV, "Sobre a fé salvadora", é seguido pelo Capítulo XV, "Sobre o arrependimento para a vida". Esse capítulo tem início com a definição do arrependimento como uma "graça evangélica" mediante a qual

> um pecador, em face da visão e do senso não somente do perigo, mas também da imundície e do caráter odioso de seus pecados, como contrários à natureza santa e à justa lei de Deus, e ao ter recebido a compreensão de sua misericórdia em Cristo para com aqueles que se arrependerem, entristece-se e odeia seus pecados, a ponto de abandoná-los e voltar-se para Deus, propondo-se e esforçando-se em andar com ele, em todos os seus mandamentos.

O arrependimento, continua a *Confissão*, "é tão necessário a todos os pecadores que ninguém deve esperar ser perdoado sem ele" e "é dever de cada pessoa arrepender-se de seus pecados particulares, individualmente".[16]

O arrependimento é fruto da fé: "O arrependimento, a bomba propulsora da alma, é algo seco até que a fé faça jorrar o sangue de Cristo e as águas das promessas do evangelho. Assim, a fé deve anteceder o arrependimento, como a causa ao efeito, e a mãe à filha".[17] Uma vez que a fé tenha posto em ação a bomba do coração humano, o arrependimento torna-se o meio de esses resultados virem à tona.

Desse modo, o arrependimento é uma qualidade de caráter da pessoa regenerada, uma atitude ou disposição sobrenatural, operada

---

16 *Westminster Confession*, XV:i, ii, iii, v.
17 Zachary Crofton, "Repentance... plainly asserted, and practically explained", em *The Morning Exercises* (1660; reimpresso como *Puritan Sermons*, 1659-89, Richard Owen Roberts, Wheaton, 1981).

interiormente, que encontra expressão em um fluxo constante de atos penitentes provindos do coração – "frutos dignos de arrependimento", conforme definiu João Batista (Mt 3.8). Na qualidade de uma disposição dinâmica, o arrependimento abrange a *humilhação* (convicção de pecado mais contrição de todo coração, por haver ofendido a Deus) e a *conversão* (abandono do pecado e o voltar-se para Deus); o arrependimento se expressa por meio da confissão de pecado e do *pedido* de perdão perante o trono da graça.[18]

O evangelho de Cristo, conforme os puritanos o entendiam, especifica que a fé deve expressar-se em uma vida de contrição, confissão e conversão contínuas. Sem esses hábitos do coração, não terá havido arrependimento genuíno, e, onde não houver arrependimento genuíno, também não haverá fé genuína. O arrependimento, segundo explica Zachary Crofton,

> é um hábito, um poder, um princípio, uma fonte, uma raiz e uma disposição; e não um ato único, isolado e passageiro (...). O arrependimento é diferente e distinto de todos os atos penitenciais (...). O arrependimento não é obra de uma hora, nem de um dia; mas é uma constante disposição, curso e tendência da alma: nascimento, criação, educação, instrução, arte, conhecimento, convicção moral, conselho amigável e o próprio ministério do evangelho não podem produzi-lo sem a operação de um Espírito onipotente (...). O arrependimento é prerrogativa singular e exclusiva de Jesus Cristo, o qual foi exaltado a fim de "conceder o arrependimento". O arrependimento não é um efeito da lei, mas uma pura graça evangélica; pregado por meio do evangelho, prometido no pacto, selado pelo batismo, produzido pelo Espírito, fluindo devidamente do sangue de Cristo; e assim, em todos os sentidos, é algo sobrenatural. Em razão disso, todo pecador que se converte deve orar a Deus: "Converte-me, e eu serei convertido" (Lm 5.21).[19]

---

18 Crofton, op. cit., V:376-390.
19 Ibid., V:373, 374.

Crofton ofereceu uma lista para conferirmos as

falsas noções sobre o arrependimento, como: 1) O arrependimento resulta da natureza e obedece às ordens do homem; podemo-nos arrepender quando quisermos, conforme ensinam os arminianos; lembremo-nos, porém, de que o arrependimento é "sobrenatural". 2) A penitência é um ato passageiro de confissão e autopunição, como os papistas ensinam; mas lembremo-nos de que o arrependimento se trata de uma graça ou de um hábito. 3) O arrependimento vem antes da fé, não sendo um resultado do evangelho nem efeito do sangue de Cristo (...). 4) A convicção, a contrição e a confissão não são necessárias ao arrependimento, conforme ensinam os antinomianos.[20]

Todos os pontos de Crofton faziam parte do pensamento central do ensino puritano. Suas declarações representam muito bem o que eles condenavam. Como, então, os puritanos orientavam os não convertidos a acederem diante da convocação ao arrependimento que o evangelho lhes faz? A resposta de Crofton, novamente bastante típica, era:

> Primeiro, *senta-te com cuidado, constância e consciência, sob a Palavra da verdade e do evangelho da graça.* Segundo, *estuda a natureza de Deus* (...) familiariza-te com seus atributos – sua santidade, poder, justiça, misericórdia e coisas semelhantes. Tua alma nunca será afastada do pecado, nem atraída a um curso de verdadeiro arrependimento, enquanto Deus não se tornar o teu temor (...) Terceiro, *empenha-te no autoexame* (...) O pior dos homens, ao examinar sua própria alma, logo percebe a necessidade de se arrepender. Seja sério em seu autoexame (...). Quarto, *permanece longe do mundo* (...) os verdadeiros penitentes devem ser peregrinos na terra. Quinto, *considera a brevidade da vida* (...). Esperanças de vida longa e pensamentos de gozar

---

20 Ibid., V: 395.

dos prazeres têm ajudado muitas almas a irem para o inferno. *Sexto, espera com seriedade o juízo que já se aproxima.* (...) *Sétimo, apreende com seriedade a possibilidade de perdão* (...) com certeza ser-te-á dado se o receberes de alma prostrada, impelido por um arrependimento sério. Oitavo, *embebe tua alma no sangue de Jesus.* Medita um pouco, todos os dias, sobre o Calvário (...) deixa-te persuadir, diariamente, em contemplar a cruz de Cristo. Nono, *a prontidão muito facilita o arrependimento. Não procrastines aquilo que vais deixar*, pois, quanto mais te demorares, mais difícil será abandonar teu pecado. Décimo, *busca o arrependimento nas mãos de Deus.*

Pede de Deus que te abençoe quanto aos meios da graça especificados nas nove primeiras diretrizes, enquanto procuras pô-las em prática; "assim, ser-te-á tirado teu coração de pedra e terás essa graça necessária do arrependimento, em toda a sua verdade".[21] E esse novo e penitente hábito de coração servirá de prova positiva de que em Cristo, e através dele, terás passado da morte para a vida.

A teologia subjacente é clara. Nós, os pecadores, não podemos mudar nossos próprios corações, mas podemos empregar os meios da graça (nesse caso, as diretrizes de um pensamento disciplinado e regado com oração), por meio dos quais Deus transforma os corações. Deus, ordinariamente, concede a fé – a mãe – e o arrependimento – a filha – àqueles que buscam resolutamente a ambos, deixando de confiar em si mesmos e implorando por recebê-los dele. A mensagem evangelística dos puritanos era esta: começa a buscá-los agora mesmo!

5

Os puritanos pregavam o evangelho da graça gratuita e soberana. À semelhança de Baxter, eles eram motivados pelo "ardente desejo

---
21 Ibid., V:420-425.

de conversão e salvação dos homens".²² Porém, dois outros motivos também faziam sentir-se sobre eles, ambos maiores ainda do que esse: o desejo de glorificar a Deus e o de magnificar a Cristo. Esse último motivo talvez seja o que mais precisamos aplicar a nós mesmos. Todos nós que pregamos o evangelho, suponho, aspiramos pela conversão dos pecadores. Muitos dentre nós, sem dúvida, preocupam-se em glorificar a Deus por meio de uma fiel proclamação de sua verdade. Mas quantos, ao pregarem o evangelho, são consumidos pelo anelo de glorificar a Cristo – enaltecer as riquezas, a gratuidade e a glória de sua graça, bem como a perfeição de sua obra de salvação? A maneira barata e mecânica pela qual a pessoa do Salvador algumas vezes é tratada, nas modernas pregações evangelísticas, força sobre nós essa questão.

A pregação do evangelho pelos puritanos interessava-se, acima de tudo, em *honrar a Cristo*: exibir sua glória a homens e mulheres necessitados. Quão desejável é que nós, que anunciamos o evangelho nestes dias, recuperemos a mesma preocupação de exaltar este poderoso Salvador!

OS PURITANOS E O ESPÍRITO SANTO

PARTE 4

Capítulo 10

O testemunho do Espírito no pensamento puritano

"**O** próprio Espírito testifica com nosso espírito que somos filhos de Deus" (Rm 8.16). Nosso alvo, neste breve estudo, é descobrir o que os puritanos ensinavam acerca da obra do Espírito em assegurar os crentes acerca de sua salvação.

A obra do Espírito Santo é o campo no qual houve as mais valiosas contribuições dos puritanos para a herança teológica da igreja. O assunto da segurança de salvação, em particular, é tratado em grande plenitude e profundidade por algumas das mais argutas mentes puritanas – notadamente Richard Sibbes, o "doce destilador", em sua exposição do primeiro capítulo de 2 Coríntios (sobre o v. 22; *Works* III), em *A Fountain Sealed* (A fonte seladora), sobre Efésios 4.30 (*Works* V) e em outras obras; Thomas Brooks, um dos maiores autores dentre os puritanos posteriores, em *Heaven on Earth, Or, a Serious Discourse Touching a Well-Grounded Assurance* (O céu na terra ou um discurso sério ensinando uma bem-fundamentada segurança) (1654, *Works* II); e Thomas Goodwin, em seus três sermões sobre Efésios 1.13 e no segundo volume da segunda parte de seu grande tratado, *Of the Object and the Acts of Justifying Faith* (Dos objetos e dos atos de fé justificadora) (*Works* I, VIII).

Alexander Whyte chamou Goodwin de "o maior exegeta de todos os tempos, que, do púlpito, expôs os escritos de Paulo", e talvez com razão, pois as exposições bíblicas de Goodwin são ímpares, mesmo entre os puritanos, no que diz respeito à conexão entre a amplitude teológica e a profundeza experimental. John Owen percebia a mente paulina com tanta clareza quanto Goodwin – algumas vezes, quanto a pormenores, ainda com maior clareza –, mas nem mesmo Owen sabia sondar tanto o coração de Paulo. Goodwin, Sibbes e Brooks nos conduzirão neste estudo. Podemos vê-los concordando entre si nos aspectos essenciais (especialmente Sibbes e Goodwin, cujos pensamentos sobre esse assunto revelavam clara conexão genealógica); e eles representam a corrente central do pensamento puritano. No fim, apresentaremos John Owen, que fez alguns ajustes exegéticos às posições tomadas por seus antecessores, sem disputar a substância teológica e experimental deles. Vejamos agora o que esses mestres tinham a dizer.

1

Algumas vezes, os puritanos falavam sobre a segurança da salvação como fruto da fé e, outras vezes, como uma qualidade da fé; falavam sobre a segurança proveniente da fé, assim como sobre a fé que cresce mediante a segurança. Para eles, a segurança era a fé amadurecida e bem desenvolvida; poderia haver fé sem segurança, mas, onde a segurança se fizer presente, ela estará presente como um aspecto da fé, organicamente relacionada a ela, e não como algo distinto e separado dela. Assim, precisamos iniciar este estudo revendo aquilo que os puritanos ensinavam sobre a natureza da fé em geral.

A fé, diziam os puritanos, começa na mente, com a crença na veracidade da mensagem do evangelho. Resulta da iluminação espiritual. Na iluminação, o Espírito aclara a mente, capacitando o homem a receber as realidades espirituais, e imprime sobre a mente a realidade objetiva daquelas coisas sobre as quais a Palavra de Deus dá testemunho. O conhecimento das realidades espirituais, assim dado, é tão imediato e direto como o é o conhecimento das coisas materiais que obtemos através dos sentidos físicos; tal conhecimento produz uma convicção imediata, análoga àquela que a percepção dos sentidos nos traz. A Bíblia alude a esse processo utilizando termos emprestados dos sentidos – visão, audição, paladar (Jo 6.40; Ef 4.21; Hb 6.5) – e nos diz que isso produz a "forte convicção do entendimento" (Cl 2.2).

Essa apreciação espiritual das coisas espirituais é dada ao homem, como um ser que pensa, por meio da exposição raciocinada das Escrituras e da reflexão racional sobre elas. O homem não pode conhecer qualquer objeto espiritual salvo usando sua mente. No entanto, o conhecimento espiritual vai além da razão. Não se trata de mera conjectura lógica ou imaginativa e, certamente, também não é uma certeza extraída de alguma inferência ou de premissas mais certas; antes, sua certeza tem origem na conscientização imediata e no contato com a realidade conhecida. Não é um instável "conhecimento imaginário e flutuante" de segunda mão. É um conhecimento "real" e "sólido", produto de uma percepção direta, por meio do senso espiritual das coisas conhecidas. A operação divina mediante a qual essa percepção é dada é aquilo que Calvino e seus sucessores chamaram de *testimonium internum Spiritus Sancti* (testemunho interno do Espírito Santo). Paulo se refere a isso, em 1 Coríntios 2.4, como a "demonstração do Espírito".

Goodwin apresentou o assunto desta forma: "O Espírito Santo, quando opera em nós a fé, faz duas coisas: em primeiro lugar, ele nos dá um novo entendimento, 1 João 5.20, uma nova visão para contemplarmos a Cristo. Em segundo, ele mesmo torna-se uma luz sobre essa nova compreensão", conferindo, assim, "visão" espiritual acerca das realidades espirituais.¹ Esse conhecimento espiritual é, de fato, mais certo do que qualquer outra coisa. Ele pode ser obscurecido pelas tentações; aquele que o possui pode ficar tão fora de contato consigo mesmo por um longo tempo ou tão confuso e deprimido interiormente que chega a duvidar e a negar esse conhecimento; mas, no fim, será um fator predominante e, no longo prazo, o efeito desses lapsos pode levá-lo a compreender quão inabalável e completamente seu coração está convicto desse conhecimento espiritual. Tal é o conhecimento das coisas divinas, dado a todos os verdadeiros crentes; e é a qualidade da certeza vinculada ao conhecimento que garante que os crentes não se desviem. Esse testemunho do Espírito quanto à verdade objetiva do evangelho é o fator fundamental da fé pessoal, e essa "forte convicção do entendimento" sobre o evangelho, conferida pelo Espírito, é requisito prévio para a segurança pessoal acerca da salvação.

Naturalmente, a fé é mais que a iluminação mental. Estende-se da cabeça ao coração, expressando-se naquilo que Baxter chamava de "confiança prática" em Deus, por meio de Cristo. O homem volta-se da autoconfiança e do pecado para descansar sua alma em Cristo e em suas promessas. Por meio disso, tanto exprimiu quanto estabeleceu o hábito da fé em sua alma; e a fé, uma vez estabelecida, impõe-se como a dinâmica de uma nova vida. A fé gera a esperança, atua pelo amor, mantém-se em firme paciência, manifesta-se em boas obras, faz a alegria e a paz surgirem natural e espontaneamente no coração. "A fé é a roda mestra; ela põe em funcionamento todas as demais graças."² "A fé é a mola de relógio que põe em ação todas as rodas douradas do amor, da alegria, do consolo e da paz."³ Assim, a fé é reputada como aquilo que contém, em si, certa quantidade de segurança, desde o co-

---

1 Thomas Goodwin, *Works*, VIII:260.
2 Thomas Watson, *A Body of Divinity* (Banner of Truth, Londres, 1958), p. 151.
3 Thomas Brooks, *Works*, II:359.

meço; o crente espera, ama, serve e regozija-se porque crê que Deus teve misericórdia dele.

Mas essa ainda não é a segurança "firme e bem fundamentada" que os puritanos pensavam ser a única segurança digna do nome. Um novo convertido, em casos excepcionais, pode desfrutar de um forte e contínuo senso de segurança; usualmente, porém, essa segurança não é conferida enquanto a fé ainda não for testada e amadurecida, enquanto não for aperfeiçoada e fortalecida, mediante o conflito com as dúvidas e as flutuações dos sentimentos. Os puritanos suspeitavam um pouco quando excessos de alegria acompanhavam a primeira profissão de fé; eles nunca esqueciam que, em uma parábola de Jesus, os ouvintes de solo pedregoso é que recebiam a Palavra com súbita alegria. Convertidos autênticos, sãos e completos, afirmavam eles, geralmente não começam desse modo.

Uma "plena segurança" é uma bênção rara, mesmo entre os crentes adultos na fé; é um grande e precioso privilégio, que não é dado indiscriminadamente. "O senso de segurança é uma misericórdia boa demais para os corações da maioria dos homens. Deus somente a confere a seus melhores e mais queridos amigos." "A segurança é a beleza e o ápice da glória cristã nesta vida. Usualmente, faz-se acompanhar pela mais forte alegria, pelos consolos mais doces, pela mais intensa paz. É uma coroa que poucos usam (...)." "A segurança é carne para os adultos na fé; poucos bebês, se é que há algum, são capazes de recebê-la e digeri-la."[4]

A segurança não é normalmente desfrutada exceto por aqueles que primeiro labutaram e procuraram por ela, tendo servido, fiel e pacientemente, a Deus, ainda que passando algum tempo sem ela.

> A segurança vem como uma recompensa à fé (...) A fé deve lutar primeiro, realizando uma conquista, e então a segurança é a coroa, o

---

4 Ibid., II:335, 316-317, 371.

triunfo da fé (...) e o que prova a fé mais do que as tentações, os temores, as dúvidas e os raciocínios contra a condição da própria pessoa? Essa triunfante segurança (Romanos 8.37,38) vem após um teste, pois ninguém é coroado enquanto não se tiver esforçado.[5]

Segurança desse tipo não é essencial à fé; antes, conforme disse Brooks, deriva da fé experiente, e não somente da existência da fé.[6] De fato, trata-se de um aspecto da fé que aparece somente quando essa mesma fé já atingiu elevado grau de desenvolvimento, muito além de seu mínimo exercício salvífico. Goodwin falava sobre a segurança como "um ramo e um apêndice da fé, uma adição ou um complemento da fé" e também como "a fé elevada acima de seu nível normal". E disse: "As Escrituras referem-se à segurança como algo distinto da fé (embora fundida a esta, pois ambas formam uma só coisa)".[7] Esse era o conceito geral da segurança de salvação por parte dos puritanos.

É evidente que, para os puritanos, a "segurança de salvação" era algo muito diverso daquela "segurança" geralmente dada aos convertidos, durante o diálogo de cinco minutos, no gabinete pastoral ("Você crê que João 1.12 diz a verdade e que você recebeu a Cristo? Então você é um filho de Deus."). Os puritanos jamais teriam chamado de segurança a uma afirmação desse tipo. Profissões de fé, diziam eles, precisam ser submetidas a testes antes de serem acreditadas, até mesmo por aqueles que as fazem. Pois, de qualquer forma, para o puritano, a segurança era mais que uma simples inferência humana; antes, era a convicção, outorgada por Deus, de que um crente está firmado na graça, uma convicção selada pelo Espírito em sua mente e coração, tal como a verdade dos fatos do evangelho foi selada sobre sua mente quando nasceu a fé, trazendo consigo a mesma cer-

---

5 Goodwin, *Works*, VIII:346.
6 Brooks, *Works*, II:371.
7 Goodwin, *Works*, VIII:346,352; I:236.

teza imediata. Brooks explica: "A segurança é o ato que se reflete de uma alma agraciada, por meio do qual ela se vê claramente em uma condição graciosa, abençoada e feliz; é um sentimento sensível e um discernimento experimental de que a pessoa está em estado de graça".[8] As palavras-chave, nesse caso, são *sensível* e *experimental*.

A segurança é o fruto consciente de uma iluminação sobrenatural, não podendo existir enquanto Deus não acha por bem proporcioná-la. A posição de um recém-convertido é, realmente, esta: na medida em que ele crê e obedece, experimenta novas medidas de paz e alegria, pois a verdadeira confiança produz verdadeiro consolo ("ninguém pode contemplar a Cristo sem sair dali mais animado";[9] "há uma voz do Espírito de Deus que sussurra paz para seu povo, quando eles creem").[10]

O crente pode *pensar* e *esperar*, com razão, que ele é filho de Deus. Mas não pode dizer, no mesmo sentido absoluto da primeira epístola de João, que *reconhece* sua filiação enquanto o Espírito não implanta essa certeza no fundo de seu coração. De qualquer modo, enquanto o Espírito assim não o fizer, no sentido dado pelos puritanos, faltará esse senso de segurança; e, no dizer dos puritanos, assim parece acontecer com a maioria dos crentes.

Quando raia essa segurança sobrenatural, ela transforma toda a vida cristã de uma pessoa. "Trata-se de uma nova conversão", disse Goodwin. "Isso faz um homem diferir de si mesmo quanto ao que era antes, quase da mesma maneira como a conversão o fez diferir de quando ainda não era convertido. Há uma nova edição de todas as graças."[11] Isso soa estranho, mas Goodwin quis dizer exatamente o que disse e passou a elaborar a ideia. Ele nos diz que o senso de segu-

---

8 Brooks, *Works*, II:316.
9 Goodwin, *Works*, I:233.
10 Richard Sibbes, *Works*, III:456.
11 Goodwin, *Works*, I:257.

rança aumenta a fé (a fé "recebe outro nível");[12] e esse revigoramento da fé resulta em uma nova liberação de poder, em cada ponto da vida cristã de uma pessoa.

Em primeiro lugar, a segurança aprofunda a comunhão do crente com o Deus triúno, quando ele medita sobre o "plano" do amor remidor.

> Na segurança, a comunhão e o diálogo de um crente são, algumas vezes, com o Pai, outras com o Filho e outras com o Espírito Santo; algumas vezes, seu coração é impelido a considerar o amor do Pai em escolher, então o amor do Filho em redimir, e, por fim, o amor do Espírito Santo, que perscruta as coisas profundas de Deus, revela-as a nós e mostra grande cuidado por nós.[13]

Mas isso não é tudo. O aparecimento do senso de segurança reaviva o entendimento espiritual; por meio do senso de segurança, "fortalece-se o olho da alma, para que veja mais profundamente as verdades; todas as verdades passam a ser mais claramente conhecidas".[14] Isso torna um homem ousado e poderoso em oração. Também o leva a tornar-se mais santo, embora já o fosse antes; "toda legítima segurança de salvação santifica o homem";[15] "coisa alguma faz o coração do crente amar, estudar, praticar e crescer tanto na santidade quanto esse glorioso testemunho do Espírito Santo".[16]

O senso de segurança de salvação também torna um homem incansável no serviço cristão: "Uma vez que o amor de Deus é derramado no coração de uma pessoa, isso faz essa pessoa trabalhar para

---

12 Ibid., VIII:355.
13 Ibid., VIII:379.
14 Sibbes, *Works*, V:442.
15 Goodwin, *Works*, I:250.
16 Brooks, *Works*, II:522.

Deus dez vezes mais do que antes";[17] "a segurança faz o crente empenhar-se na conquista de outros (...). Uma alma que goza de segurança não quer ir para o céu sem companhia".[18]

Finalmente, a segurança produz em nós aquela "alegria indizível e cheia de glória" referida em 1 Pedro 1.8, um dos textos favoritos de Goodwin, nessa conexão. Um senso de segurança assim, longe de encorajar o crente à presunção e à preguiça, de fato é o mais poderoso incentivo contra o pecado, porquanto seu possuidor sabe que, se vier a pecar, estará ameaçando esse senso de segurança, impelindo Deus a retirá-lo, e nada haverá que o crente mais anseie que evitar tal coisa. Esses, pois, são os principais frutos da segurança de salvação.

2

Como o Espírito nos infunde segurança? Uma das respostas a essa pergunta gira em torno do sentido dado a Romanos 8.16, que aborda duas testemunhas falando ao mesmo tempo – o Espírito Santo confirmando o testemunho de nosso espírito. Os puritanos identificavam "nosso espírito" com nossa consciência, a qual, com a ajuda do Espírito, é capaz de discernir, no coração, as marcas especificadas na Bíblia como sinais do novo nascimento, levando-nos a concluir que somos filhos de Deus. O Espírito "primeiramente grava todas as graças em nós e, então, ensina nossa consciência a ler essa gravação".[19] Sem a ajuda do Espírito, o homem jamais poderia reconhecer dentro de si mesmo as graças do Espírito. "Se o Espírito não prestar seu testemunho, suas graças não prestarão qualquer testemunho."[20] Algumas ve-

---

17 Goodwin, *Works*, I:250.
18 Brooks, *Works*, II:515, 516.
19 Goodwin, *Works*, VI:27.
20 Ibid., I:306.

zes, a ajuda do Espírito, quanto a esse ponto, é dada em plena medida; noutras, contudo, a fim de nos castigar por causa de nossos pecados, ou a fim de provar temporariamente nossa fé, essa ajuda é retirada parcial ou inteiramente; e, como o Espírito nem sempre se mostra ativo, capacitando-nos a conhecer a nós mesmos de maneira uniforme, o testemunho de nosso espírito inevitavelmente flutua: "Um homem perceberá que os mesmos sinais algumas vezes lhe servem de testemunho e outras vezes não, conforme Deus irradia tais sinais".[21] Cumpre-nos reconhecer que Deus quanto a isso é soberano, conferindo maior ou menor segurança de salvação, conforme ele quiser fazê-lo. Quanto a isso, todos os puritanos concordavam.

Mas o que significa "o próprio Espírito testifica"? Quanto a esse ponto, há certa diferença, pois alguns puritanos igualavam o testemunho do Espírito àquilo que Paulo se referia como a obra do Espírito em capacitar nossos espíritos a prestarem testemunho, conforme descrito acima. Assim, John Goodwin, o puritano arminiano, escreveu:

> A expressão do testemunho junto a nosso espírito subentende claramente que está em foco apenas um e o mesmo ato de testemunho (...) atribuído juntamente ao Espírito de Deus e ao espírito do homem, e que o Espírito de Deus não presta esse tipo de testemunho (...) a uma parte do espírito humano (...) e assim, ao que parece, o testemunho, ou o testemunho conjunto, do Espírito aqui aludido envolve apenas um revigoramento, um fortalecimento, um soerguimento e um enriquecimento do testemunho dado por nosso próprio espírito.[22]

---

21 Ibid., VIII:366, 367.
22 John Goodwin, *A being filled with the Spirit* (James Nichol, Edimburgo), p. 449; ver também Watson, op. cit., p. 174, Thomas Manton, *Works*, XII:129, entre outros.

Conforme esse ponto de vista, o Espírito dá testemunho quando o crente se vê capaz de inferir com confiança, com base na evidência de seu coração e vida, que ele é filho de Deus. No entanto, Sibbes, Brooks e Thomas Goodwin, entre outros, mantinham um diferente ponto de vista. Eles pensavam que o texto se refere a dois tipos distintos de testemunho – o primeiro sendo inferencial, conforme descrito acima, e o segundo sendo aquilo que o Espírito testifica, não mais indiretamente, mas de forma imediata e intuitiva; não meramente por levar a inferir nossa adoção, mas por meio daquilo que Goodwin chamava de "luz avassaladora", por meio da qual ele dá testemunho direto para o crente, sobre o eterno amor que Deus lhe vota, sobre sua eleição, sua filiação e sua herança. Sibbes diz:

> O Espírito testifica por meio de qualquer graça de Cristo que é aplicada a nós pelo Espírito. Porém, além de dar testemunho junto com esses testemunhos, o Espírito tem um testemunho distinto por meio do qual amplia a alma; o qual consiste em alegria na apreensão do amor paternal de Deus. O Espírito nem sempre testifica através de argumento baseado na santificação, mas algumas vezes o faz de forma imediata, por meio de sua presença, da mesma forma que a mera presença de um amigo nos consola sem precisar de qualquer diálogo.[23]

Há uma dupla certeza da salvação, conforme diz Goodwin:

> Um dos meios é discursivo; um homem entende que Deus o ama com base nos efeitos (ou seja, os sinais da regeneração], tal como concluímos que deve haver fogo, quando há fumaça. Mas o outro meio é intuitivo (...) é um conhecimento tal que sabemos que a totalidade é maior que alguma parte. Há uma luz que vem e conquista a alma de

---

23 Sibbes, *Works*, V:440.

um homem, assegurando-lhe que Deus é dele, que ele é de Deus e que Deus o ama para todo o sempre.[24]

Goodwin analisou detalhadamente esse testemunho direto. Segundo ele, esse testemunho é autoevidenciador e autoautenticador; em seu caráter, é análogo ao testemunho do Espírito quanto à verdade objetiva do evangelho. Em cada caso, o Espírito testifica sobre a verdade da Palavra de Deus e sua aplicação ao homem. Ao criar fé, o Espírito convence o pecador de que as promessas condicionais do evangelho lhe são propostas por Deus (por exemplo, "vinde a mim todos os que estais cansados e eu vos aliviarei"), impelindo-o a dar a resposta certa, ou seja, a crer. Ao conferir a segurança da salvação, ele convence o crente de que as absolutas promessas das Escrituras incluem-no no escopo delas (por exemplo, "minhas ovelhas jamais perecerão"), levando-o a reagir da maneira correta, ou seja, a se regozijar. Goodwin explica:

> Quando dizemos que [a segurança de salvação] é um testemunho imediato, o significado não é que tal segurança seja sem a Palavra; não, ela é dada por meio de uma promessa; mas o significado é que é imediata no tocante ao uso de nossas próprias graças como uma prova ou um testemunho; mas ele impressiona o coração com alguma promessa absoluta (...). Não estamos promovendo o entusiasmo; é o Espírito que aplica a Palavra ao coração para que falemos.[25]

O que sucede é que

Deus diz à alma de um homem (conforme Davi desejava): "Eu sou a tua salvação", e conforme Cristo disse quando esteve sobre a terra:

---

24 Goodwin, *Works*, I:233.
25 Ibid., I:250.

"Teus pecados te foram perdoados". Assim também é dito desde o céu, pelo Espírito que os pecados de um homem foram perdoados, e que a Trindade reconhece que tal homem é um filho de Deus.[26]

O Espírito aplica palavras e pensamentos da Bíblia ao coração do crente de maneira tão poderosa e autoritária que ao crente não resta qualquer dúvida de que aquilo lhe foi dito pelo próprio Deus.

Esse testemunho direto normalmente não começa a ser dado enquanto o homem não obtiver a segurança de salvação por meio do caminho da inferência guiada pelo Espírito; nosso espírito é o primeiro a testemunhar, e, mais tarde, o Espírito de Deus alia-se a esse testemunho; mas, quando se experimenta o testemunho direto, isso cria um nível de alegria que o testemunho anterior nunca teria dado. "O testemunho direto opera aquela alegria de coração que os santos desfrutarão no céu. Não se trata de mera convicção de que um homem irá para o céu, pois Deus lhe mostra, em parte, no que consiste o céu, permitindo que o crente o sinta".[27] É precisamente quando assim testifica sobre nossa adoção que o Espírito serve de "penhor de nossa herança" (Ef 1.14), conforme pensava Goodwin. O testemunho imediato do Espírito faz a pessoa desviar a atenção de si mesma para centralizá-la inteiramente em Deus e, assim, receber uma antecipação do céu, estando ainda na terra. Goodwin insistia que os crentes não usufruem das plenas riquezas da certeza de salvação até que possam conhecer não apenas o testemunho indireto do Espírito por meio da consciência, mas também seu testemunho direto; aqueles a quem falta esse testemunho, portanto, deveriam esforçar-se em buscá-lo da parte de Deus.

Goodwin expunha a frase de Efésios 1.13, "fostes selados com o Santo Espírito da promessa", como uma referência a esse testemunho

---

26 Ibid., I:260.
27 Ibid., I:260.

direto. Ao agir assim, ele se alinhou a uma corrente de pensamento que remonta, através de Sibbes e John Preston, ao antigo arquiteto da teologia prática dos puritanos, William Perkins;[28] mas ele deu mais valor a isso do que qualquer um de seus antecessores. Ele sugeriu que a "selagem" faz parte do ministério do Espírito prometido por Cristo, em João 14, chamando a atenção para as seguintes palavras: "Naquele dia, vós conhecereis que eu estou em meu Pai, e vós, em mim, e eu, em vós", bem como para a promessa de que o próprio Cristo haveria de se manifestar a seus discípulos (vv. 20, 21). Essas promessas, afirmava ele, têm cumprimento no testemunho direto do Espírito; e sempre que o Novo Testamento menciona a recepção do Espírito, em algum ponto subsequente ao ato de crer, a referência é à experiência consciente do testemunho direto do Espírito. Isso, sugeria ele, é o aspecto interior e experimental dos derramamentos carismáticos do Espírito, registrados em Atos e em passagens como Gálatas 3.2.

Em sua capacidade como "selador", o Espírito não foi dado antes de Jesus ser glorificado (Jo 7.38,39); a plena certeza é uma bênção específica do Novo Testamento. Como está claro, Cristo precisava ser glorificado antes que o Espírito pudesse testificar aos crentes sobre a união deles com o Cristo glorificado.

---

28 Ver Sinclair B. Ferguson, *John Owen on the Christian Life* (Banner of Truth, Edimburgo, 1987), pp. 117-121. Calvino havia trazido a expressão "o Espírito Santo da Promessa", em Efésios 1.13, como se esta significasse que o Espírito Santo "certifica e confirma a promessa no – e para o – coração dos crentes" (Matthew Pool, *Annotations*, 1685, *ad loc*). Por conseguinte, Perkins explicou a confirmação da promessa de Deus em termos de o Espírito outorgar segurança pessoal de salvação: "Quando se diz que Deus, por intermédio de seu Espírito, sela a promessa no coração de cada crente, isso significa que aos crentes ele dá evidente segurança de que a promessa da vida lhes pertence" (citado de Ferguson, op. cit., p. 117). Finalmente, Sibbes e Preston introduziram o pensamento de que essa atividade de conceder segurança, operada pelo Espírito, é temporalmente subsequente ao (e, portanto, distinta do) alvorecer da fé. Preston pregou: "Você dirá: O que é o selo ou o testemunho do Espírito? Meu amado, é algo que não podemos expressar (...) é certa indizível segurança de que somos filhos de Deus, certa manifestação secreta de que Deus nos recebeu e perdoou nossos pecados. Eu digo que é algo que nenhum homem conhece, mas somente aqueles que a possuem" (*The New Covenant*, Londres, 1634, pp. 400, 401; ênfase minha). O "selo" do Espírito (ou seja, o Espírito em seu papel como selo de Deus posto sobre nós com o propósito de nos marcar como possessão divina) aqui é igualado a uma forma particular de atividade de testemunho que acontece após a conversão ("tendo nele... crido", Ef 1.13).

Então, Goodwin avançou para uma notável porção de teologia sacramental, dizendo que "essa selagem é o grande fruto de vosso batismo". Aqui, ele desenvolveu uma linha de pensamento que lhe era peculiar. Sua base é o conceito bíblico e reformado do batismo como um sinal e um selo. Como sinal, indica que Deus recebe e se apropria da pessoa, em união salvífica com ele mesmo; a pessoa é batizada "em nome do Pai, e do Filho, e do Espírito Santo" (Mt 28.19). Na qualidade de selo, o testemunho assegura àquela pessoa, tal como sucedia no caso da circuncisão nos dias do Antigo Testamento, que Deus entrou em aliança com ela, perdoando seus pecados e tornando-a herdeira da herança prometida. Goodwin diz:

> O selo do Espírito é a obra que corresponde devidamente ao batismo. Portanto, é chamado de batismo "no Espírito Santo" (At 1.5; 11.16) porque é o fruto do batismo, correspondente àquele selo externo (...). Pedro ordenou que eles fossem batizados e que, só então, receberiam a promessa (At 2.38).[29]

O dom do Espírito, que assim testifica, faz o crente experimentar aquilo que seu batismo lhe proclamara simbolicamente: a certeza de que agora ele pertence a Deus e "que, dali em diante, Deus é dele". Goodwin afiança que, na igreja primitiva, "o batismo era a ordenança dos novos convertidos, que transmitia o Espírito como um selo";[30] os selos externo e interno eram comumente recebidos juntos, conforme mostra o livro de Atos e segundo sugerem as epístolas – "quase todos os santos dos tempos primitivos eram selados".[31]

A posição assumida nos séculos seguintes, sem dúvida, é que as duas coisas normalmente não ocorrem ao mesmo tempo, pois a

---

29 Goodwin, *Works*, I:248.
30 Ibid., VIII:264.
31 Ibid., I:248.

maior parte do povo de Deus era batizada ainda na infância; mas as pessoas que receberam o selo externo do batismo são assim autorizadas e encorajadas a buscarem de Deus, mediante a fé, o selo interior e complementar do Espírito. Quando e o que Deus dará a eles é algo que ninguém pode saber com antecedência, por isso terão de se inclinar diante da divina soberania quanto a isso; porém, podem estar certos de que eles não receberão essa bênção se não buscarem por ela, sendo essa uma bênção extremamente digna de ser buscada.

A fim de confirmar seu ponto de vista da conexão entre o batismo e o "selo", conforme ele o concebia, Goodwin fez um apelo apaixonado ao batismo de Cristo, Cabeça representativa dos eleitos de Deus. Ele lançou o princípio de que, visto que recebemos da plenitude de Cristo, "qualquer obra que Deus opera em nós operou primeiramente em Cristo". Ora, Cristo foi selado (Jo 6.27) por ocasião de seu batismo, quando o Espírito desceu sobre ele e ouviu seu Pai dizer: "Este é meu Filho amado". Isso, afirma Goodwin, foi a doação de uma segurança direta, análoga àquela que o "selo" proporciona aos crentes.

> Embora [Cristo] tivesse a certeza da fé de que era o Filho de Deus, por meio das Escrituras, mediante a leitura de todos os profetas (...) contudo, ter recebido o selo com uma alegria indizível (...) foi adiado até o tempo de seu batismo. E então foi ungido com o Espírito Santo [At 10.38]. Em resposta a isso [cf. 2 Co 1.22], [Deus] nos selou e ungiu, tal como havia selado e ungido a Cristo, em seu batismo.[32]

E o modo da selagem de Cristo conformou-se precisamente ao modo da selagem dos crentes.

Digo que isso sempre ocorre por meio de uma promessa. Jesus Cristo foi selado mediante uma promessa. E que promessa foi essa?

---

32 Ibid., I:245.

"Este é meu Filho amado, em quem me comprazo." Temos aí uma promessa das Escrituras (Isaías 42.1) (...). Aquilo que antes fora dito acerca do Messias agora era confirmado no coração dele.[33]

3

Quanto dessa linha expositiva é aceitável? Certos fatos são claros. O recebimento do Espírito, depois de a pessoa crer, decerto teve repercussão experimental para alguns crentes do Novo Testamento, segundo mostram Atos, Gálatas 3.2 e outros textos. Produziu não meramente manifestações carismáticas (profecia, línguas, milagres), mas também grande alegria, ousadia e vigor na vida e no serviço cristãos. O trecho de João 14-16, segundo Goodwin salientou, por certo vincula a vinda do Consolador a uma nova profundidade de segurança e uma nova intimidade de comunhão com Deus. Romanos 8.16 certamente admite, gramaticalmente falando, qualquer das exegeses examinadas acima e, seja qual for o ponto de vista acerca de uma forte convicção, criada e sustentada por Deus, quanto à posição do crente na graça, essa convicção certamente é compartilhada por Paulo e seus leitores. Parece certo que os puritanos, na verdade, estavam dirigindo nossa atenção a uma das dimensões experimentais da fé neotestamentária, acerca da qual muito pouco conhecemos hoje em dia, independentemente de concepção adotemos sobre o duplo testemunho.

Todavia, parece incorreto equiparar o raiar da segurança de salvação, direta ou indireta, com o "selo do Espírito" referido em Efésios 1.13; 4.30 e 2 Coríntios 1.21. A interpretação de Goodwin, de que o Espírito é quem sela, a "causa eficiente" da operação da selagem, e de que o senso de segurança é o selo, não é o que o original grego indica. John Owen, ao discutir esses textos, corretamente discordou dessa exposição. "Não se diz que o *Espírito Santo nos sela*, mas que *somos*

---

33 Ibid., I:249.

selados com Ele. Para nós, ele é o selo de Deus."[34] E ele também não é chamado de "selo" por nos assegurar que as promessas de Deus são verazes e se aplicam a nós: "Isso seria selar as promessas de Deus, e não os crentes. No entanto, pessoas, e não promessas, é que são seladas".[35] A alternativa do próprio Owen é: "Selar uma coisa é estampar o selo sobre ela (...). O Espírito sela o crente realmente transmitindo à sua alma a imagem de Deus, em justiça e verdadeira santidade".[36] Se a perseverança do crente na graça faz parte do conceito que a metáfora – "fostes selados" por Deus – tenciona comunicar, então "denota não um ato de senso no coração", mas uma garantia de segurança para o crente.[37] A segurança de salvação, como uma condição consciente da mente e do coração, induzida pelo testemunho do Espírito, ocorre como resultado da selagem, e não como parte integral do ato em si.

O batismo de Cristo, que Owen discutiu em detalhes,[38] certamente serviu de protótipo de nossa selagem; mas o selo que lhe foi dado foi o dom do Espírito Santo em toda a sua plenitude, ungindo-o para seu ministério público e messiânico, e a palavra de segurança, dada juntamente com o selo, foi algo distinto. De forma correspondente, "a selagem dos crentes, efetuada por Deus, é sua graciosa comunicação do Espírito Santo a eles, a fim de capacitá-los a cumprir todos os deveres de sua santa chamada, evidenciando-os como aceitos com ele (...) e asseverando a preservação deles para a eterna salvação".[39] A segurança de salvação pode ocorrer juntamente com o dom, mas a ele não pode ser equiparada. O selo não é uma operação particular do Espírito, mas o dom do próprio Espírito.

---

34 Owen, *Works*, IV:401.

35 Ibid., I:400. "Quando selamos um documento, não dizemos que a pessoa está selada, mas o documento" (I:243).

36 Ibid., I:242.

37 Ibid., I:243.

38 Ibid., IV:399-406.

39 Ibid., IV:404.

Partindo do vantajoso ponto de seu próprio discernimento – desde que somos selados com o Espírito "em Cristo" (Ef 1.13), devemos entender essa selagem à luz desse padrão e desse paradigma –, Owen escreveu: "Em geral, tem-se concebido que a selagem com o Espírito infunde segurança (...) e, de fato, assim sucede, embora a maneira como isso se passa não tenha sido corretamente entendida".[40] A verdade é que a presença do Espírito, manifestada por sua total ação na vida da pessoa, e não apenas por algum elemento dessa ação, é a base da segurança que o crente tem de que pertence a Deus (1 Jo 3.24; 4.13; Rm 8.9). Em consequência, deve-se modificar a assertiva de que a selagem pelo Espírito ocorre, cronologicamente, após a conversão, e o particípio aoristo de Efésios 1.13 deve ser entendido de maneira perfeitamente natural no grego, com o sentido de "quando crestes, fostes selados", pois a Escritura nos proíbe de postular um intervalo de tempo entre o ato de crer e o ato de ser selado. Todos que creem têm o Espírito; todos que têm o Espírito foram selados com o Espírito; e aqueles que não foram assim selados nem ao menos são crentes.

Entretanto, a doutrina do testemunho do Espírito, pelo despertar da alegria no crente quando este recebe o conhecimento do amor de Deus, tem uma base bíblica muito mais ampla do que aquilo que está envolvido em uma exegese particular dos textos sobre o "selo". Owen afirmava a realidade desse testemunho ao apontar para a soberana dádiva da alegria sobrenatural, dada por Deus, embora ele mesmo não identificasse esse dom com o "selo" propriamente dito. Ele escreveu: "Não há como explicar essa alegria, exceto que é o Espírito quem a produz, quando e como ele quer. Secretamente, ele a insufla e destila na alma, prevalecendo contra todos os temores e tristezas, enchendo a alma de júbilo e exaltação e, algumas vezes, com indizíveis arrebatamentos da mente".[41]

---

40 Ibid., IV:405.
41 Ibid., I:253. Essa é a primeira das duas maneiras pelas quais o Espírito traz gozo ao coração do crente: ele, por si mesmo, "o produz imediatamente, sem a interposição de quaisquer argumentações, deduções ou conclusões" (p. 252). A outra maneira é abençoando nossa "meditação" acerca da misericórdia de Deus, de modo que isso resulte em regozijo.

A declaração de Owen, segundo penso, teria sido subscrita por todos os puritanos. Independentemente de eles considerarem ou não tais experiências como experiências de segurança de salvação, em seu sentido estrito, ou se acreditavam ou não que Romanos 8.16 e os textos de "selagem" se referiam a essas experiências, o fato é que não duvidavam de que tais coisas se passavam e que era algo supremamente desejável para todo crente que tais coisas pudessem acontecer com eles mesmos. Esse é o fato central para o qual devemos voltar a atenção em nossa avaliação sobre o ensino puritano quanto a toda essa questão e em nossas reflexões sobre sua relevância para conosco, nos presentes dias.

Capítulo 11

A Espiritualidade de John Owen

1

John Owen, o puritano a quem pouco falta para ser o herói deste livro, foi um dos maiores teólogos ingleses. Em uma época de gigantes, ele se sobrepunha a todos. C. H. Spurgeon o chamou de príncipe dos teólogos. Se ele praticamente não é conhecido hoje em dia, essa ignorância só nos torna mais pobres.

Owen nasceu em 1616, na vila de Stadham, em Oxfordshire, onde seu pai era o pastor puritano que trabalhava incessantemente, dando um ótimo testemunho. Nas veias de Owen, corria sangue galês, o que talvez explique uma das qualidades que distinguiram seus escritos, qual seja, a grandiosa escala com que retratou, por um lado, a grandeza de Deus e a necessidade da mais profunda humildade diante dele, e, por outro, o pungente drama interior da pessoa que enfrenta as questões da eternidade, pois os evangélicos celtas regularmente ultrapassam seus semelhantes anglo-saxões, que eram mais prosaicos em sua apreensão dessas questões.

Owen ingressou no Queen's College, Oxford, com 12 anos, e recebeu seu diploma em 1635. Ele estudava arduamente, impelido por suas ambições de eminência política ou eclesiástica; mas, embora fosse clérigo, não era um crente no verdadeiro sentido da palavra. Quando ainda estava em sua terceira década de vida, Deus lhe mostrou seus pecados, e os tormentos da convicção o lançaram em tamanha turbulência de alma que, durante três meses, evitou a companhia de outras pessoas, e, quando se dirigiam a ele, dificilmente podia responder com uma sentença coerente. Lentamente, todavia, aprendeu a confiar em Cristo e, assim, encontrou a paz.

Em 1637, por causa de objeções conscientes aos estatutos do chanceler Laud, ele deixou a universidade; e assim, até onde podia prever, deixou também toda a esperança de ser promovido. Mas, com a queda de Laud, sob o Longo Parlamento [1640-1660], ele ascendeu rapidamente e, em 1651, tornou-se o deão da Igreja de Cristo, em Oxford, e, no ano seguinte, foi nomeado vice-chanceler da universidade.

Oxford havia sido o quartel-general dos monarquistas, durante a Guerra Civil, e Owen encontrou a universidade no caos e na bancarrota. No entanto, ele a reorganizou com notável sucesso. Depois de 1660, liderou os independentes ao longo dos amargos anos de perseguição. Foi-lhe oferecida a presidência de Harvard, mas ele rejeitou a oferta. Morreu em 1683, após anos de sofrimento com asma e cálculos biliares.[1]

O epitáfio gravado no monumento que adorna o sepulcro de Owen, em Bunhill Fields, reflete o respeito que lhe votavam seus contemporâneos e indica algo de suas qualidades como homem de Deus e mestre da piedade. Temos aqui uma tradução:

> John Owen, nascido em Oxfordshire, filho de um distinto teólogo, foi, ele mesmo, mais distinto ainda, devendo ser contado entre os mais

---

1 Quanto a detalhes sobre a vida de Owen, ver Peter Toon, *God's Statesman* (Paternoster Press, Exeter, 1971); A. Thomson, "Life of Dr. Owen", em Owen, *Works*, I:xxi-cxii.

ilustres de sua época. Dotado de reconhecidos recursos da erudição humana, em uma medida incomum, dedicou todos eles, como servo bem treinado, ao serviço da teologia. Sua teologia era polêmica, prática e casuísta, não se podendo dizer que se destacava mais em uma dessas coisas que nas outras.

Na teologia polêmica, com uma energia mais que hercúlea, estrangulou três serpentes venenosas: a arminiana, a socínia e a romana.

Na teologia prática, expôs perante outros todo o campo das atividades do Espírito Santo, que ele havia experimentado em seu próprio coração, de acordo com a Palavra. E, deixando outras coisas de lado, cultivou e concretizou na prática a bem-aventurada comunhão com Deus, sobre a qual escreveu; era um peregrino sobre a terra que apreendia Deus como quem já está no céu.

Na casuística, ele era tido como um oráculo a ser consultado sobre qualquer assunto complexo.

Escriba instruído em todos os aspectos do reino de Deus, essa pura lâmpada da verdade evangélica brilhou para muitos em particular, para muitos outros do púlpito e para todos em suas obras impressas, apontando-lhes sempre o mesmo alvo. E, nesse resplendor, conforme ele mesmo e outros reconheceram, foi gradualmente desgastando suas forças, até que elas se foram. Sua alma santa, anelando por desfrutar mais ainda de Deus, partiu das ruínas de seu corpo outrora elegante, pleno de debilidades permanentes, atacado por enfermidades frequentes, desgastado, acima de tudo, por todo o seu árduo trabalho, não mais um instrumento apropriado para servir a Deus. Para muitos, o dia de sua morte, 24 de agosto de 1683, foi um dia de crise, devido às ameaças dos poderes terrenos, mas, para ele, foi um dia de felicidade, pelo poder de Deus. Ele tinha 67 anos.[2]

---

2 O texto latino encontra-se em Owen, *Works*, I:cxiii, xciv. A "tradução" ali apresentada e reproduzida em Toon, op. cit., pp. 182-183, não é uma tradução no sentido básico atual, mas uma ampliação livre e explanatória. O dia 24 de agosto, dia de São Bartolomeu, tornara-se "terrível", por causa do massacre huguenote, em 1572, e da exclusão dos puritanos, em 1662.

Esse elogio apresenta diante de nós todos os temas e motivos que chamarão nossa atenção no presente estudo.

Owen foi um teólogo de gigantesco poder intelectual. Seu conhecimento e sua memória eram vastos, e ele tinha uma incomum facilidade de organizar seu material. Seu pensamento não era nem sutil nem complicado, como sucedia, por exemplo, com Baxter. Suas ideias, como as colunas normandas, deixam em nossa mente a impressão de uma grandiosidade maciça, precisamente em razão da sólida simplicidade de sua estrutura.

Acerca de seu conteúdo, basta dizer que, quanto a seus método e substância, Owen nos faz lembrar com frequência de Calvino, e também, por muitas vezes, das *Confissões de Westminster* e de *Savoia* (esta última, de fato, é apenas uma leve revisão da de Westminster, principalmente pelo próprio Owen), e, por vezes seguidas, todas as três coisas se confundem.

Owen mantinha-se, constante e conscientemente, perto do centro do pensamento reformado do século XVII. Sua estudada despreocupação com relação a estilo, ao apresentar seus pontos de vista, um protesto consciente contra a postura literária da época, oculta suas clareza e franqueza incomuns quando lido por leitores superficiais; a verdade, porém, é que Owen não escrevia para leitores superficiais. Antes, escrevia para aqueles que, uma vez que começavam a examinar um assunto, não descansavam mais enquanto não chegassem a fundo; leitores que não achavam que a exaustividade é cansativa, mas, antes, satisfatória e refrigeradora. As obras de Owen têm sido descritas, com razão, como uma série de sistemas teológicos, cada qual organizado em torno de um centro diferente. Ele jamais concebia porções isoladas do todo.

Sua estatura espiritual equiparava-se a seus dotes intelectuais. David Clarkson, ao pregar no sepultamento de Owen, disse: "A santidade deu um brilho divino às suas outras realizações; manifestava-se em toda a sua conduta e difundia-se por meio de sua conversação".³ A santidade de Owen, ou seja, o habitual caráter de Cristo que as pessoas viam nele, tinha uma dupla fonte.

Primeiro, conforme já vimos, ele era um homem *humilde*. "Há duas coisas que servem para humilhar as almas dos homens", escreveu ele, "a devida consideração a respeito de Deus e, então, a respeito de nós mesmos. A respeito de Deus, em sua grandeza, glória, santidade, poder, majestade e autoridade; a respeito de nós mesmos, em nossa condição insignificante, abjeta e pecaminosa".⁴ Deus havia ensinado Owen a considerar ambos os lados: permitir que Deus, o Criador Soberano, seja Deus em seu pensamento e em sua vida, e reconhecer sua própria culpa e impureza. Este último aspecto, insistia Owen, é especialmente importante: "O homem que entende a maldade de seu próprio coração, quão vil é o mesmo, é o homem útil, frutífero, que crê e obedece de forma sólida (...)".⁵ Um homem deve abominar a si mesmo antes que possa servir corretamente a Deus. Owen, orgulhoso por natureza, fora humilhado por meio de sua conversão e, dali em diante, manteve-se humilde, por contemplar continuamente sua pecaminosidade inata.

Segundo, Owen *conhecia o poder do evangelho*. Os pregadores, afirmava ele, devem ter "a experiência do poder da verdade que pregam, em e sobre suas próprias almas (...). Um homem só prega bem um sermão a outros quando prega o mesmo sermão à sua própria alma.⁶ Portanto, ele criou a seguinte regra:

> Considero-me obrigado, em minha consciência e honra, nem mesmo a imaginar que já cheguei a um conhecimento apropriado sobre qualquer artigo da verdade, quanto menos a publicá-lo, a menos que,

---

3 David Clarkson, *A Funeral Sermon on the Much Lamented Death of the Late Reverend and Learned Divine John Owen D.D.* (Londres, 1720); citado de Toon, op. cit., p. 173.
4 Owen, *Works*, VI:200.
5 Ibid., VI:201.
6 Ibid., XVI:76.

através do Espírito Santo, eu tenha saboreado dele em seu sentido espiritual, de modo que seja capaz de dizer, do fundo do coração, juntamente com o salmista: "Eu cri, por isso falei" (2 Co 4.13).[7]

Daí derivavam a autoridade e a habilidade com que ele sondava os meandros obscuros do coração humano. "Passagens inteiras relampejam na mente do leitor", escreveu A. Thomson, a respeito do livro de Owen *Temptation* (Tentação), "com um impacto que o faz sentir-se como se tivessem sido registradas unicamente para ele".[8] Quando o rabino Duncan recomendou que seus estudantes lessem *Indwelling Sin* (O pecado inerente), de Owen, acrescentou: "Mas preparem-se para o bisturi".

Algumas vezes, o estilo de Owen tem sido estigmatizado como atrapalhado e tortuoso. Na verdade, era um estilo latinizado oral, fluente mas solene e expansivo, à maneira elaborada de Cícero. Quando a prosa de Owen é lida em voz alta, como retórica didática (o que, afinal, ela é), então as inversões verbais, os deslocamentos, os arcaísmos e as palavras recém-cunhadas, que perturbam os leitores modernos, deixam de ser obscuros e ofensivos. Aqueles que meditam enquanto leem descobrem que a prolixidade de Owen é sugestiva e que suas redundâncias são fertilizadoras. Spurgeon escreveu: "Dizem que Owen era prolixo; mas seria mais verdadeiro dizer que ele era denso. Seu estilo é pesado porque ele faz breves comentários sobre o que poderia ter dito, e passa adiante sem desenvolver plenamente os grandes pensamentos de seu intelecto abrangente. Ele requer estudo árduo, e nenhum de nós deveria ressentir-se disso".[9] Não contestarei o veredicto de Spurgeon; e espero que meus leitores também não o façam.

---

7 Ibid., X:488.
8 Ibid., I:lxxvi.
9 C. H. Spurgeon, *Commenting and Commentaries* (Banner of Truth, Londres, 1969), p. 103.

2

Agora voltamos a atenção para o ensino central de John Owen acerca da vida cristã. Para tanto, extraio material principalmente de seus tratados em forma de sermões, em *Indwelling Sin* (O pecado inerente), *Mortification of Sin* (Mortificação do pecado) e *Temptation* (Tentação), bem como de sua obra mais elaborada, *Discourse Concerning the Holy Spirit* (Sermão concernente ao Espírito Santo) ou *Pneumatologia*.

Os mestres puritanos, como um grupo, insistiam sempre que o autoconhecimento realista é condição *sine qua non* para o desempenho da vida cristã, e Owen não era uma exceção. Há quatro itens de autoconhecimento que ele nunca se cansa de relembrar aos crentes.

Primeiro, o crente é um *ser humano*, criado para agir com racionalidade e equipado com um trio de faculdades: intelecto, volição e emoções.

1) "A mente ou intelecto é a principal faculdade da alma (...) seu ofício é guiar, dirigir, escolher e liderar (...) é o olho da alma."[10]

2) Assim como a mente é um poder de apreensão, a volição é um poder de ação, "um apetite racional: racional por ser dirigido pela mente, e um apetite por ser instigado pelas emoções (...) nada escolhe senão *sub ratione boni*, quando tem uma aparência de bem (...) Deus é o seu objeto natural e necessário".[11] (Owen edifica aqui sobre a tradicional doutrina erudita de que aquilo que é *bom* é também *desejável*, e seus objetos são realmente desejáveis em virtude da bondade, real ou imaginária, que lhes é atribuída. Portanto, aquele que realmente aprecia a bondade de Deus não pode deixar de desejá-lo; e o desejo, conforme Owen dizia, é a raiz e o coração do amor.)

---

10 Owen, *Works*, VI:213, 216.
11 Ibid., VI:254.

3) As emoções consistem nos vários "impulsos" da disposição, positivos e negativos, com suas nuanças emocionais – amor, esperança, ódio, temor e assim por diante –, que levam o homem a escolher, ao atraí-lo ou repeli-lo de certos objetos particulares. Nenhuma escolha é feita sem algum grau de emoção. Por isso, "as emoções estão na alma como o leme em um navio; se dirigido por uma mão habilidosa, o leme leva o navio para onde quer o impulso do timoneiro".[12] Aquilo que arrebata as emoções conquista a pessoa; "é inútil contender contra qualquer coisa que tenha à sua disposição o poder de nossas emoções; tal coisa haverá de prevalecer afinal".[13]

O homem foi criado para conhecer o bem por intermédio de sua mente; para desejá-lo por intermédio de suas emoções, uma vez que chegue a conhecê-lo; e para apegar-se a ele, por meio de sua volição, uma vez que sinta sua atração. O bem, nesse caso, é Deus, sua verdade e sua lei. Assim, Deus nos impulsiona, não mediante uma ação direta sobre as emoções ou sobre a vontade, mas por se dirigir à nossa mente com sua Palavra, fazendo-nos sentir a força da verdade. Nossa primeira tarefa, pois, se quisermos servir a Deus, é aprender o conteúdo da "Palavra escrita de Deus".[14] As emoções talvez sejam o leme do navio, mas a mente é que deve pilotar; e a carta marítima a ser seguida é a verdade revelada por Deus.

Em consequência, a primeira tarefa de um mestre é ensinar a seu rebanho as doutrinas da Bíblia, evitando o emocionalismo (ou seja, a tentativa de manipular as emoções) e dirigindo-se continuamente à mente das pessoas. Habitualmente, Owen considerava-se um *mestre* e conduzia seu próprio ministério segundo esses princípios, conforme demonstram seus sermões publicados e seus tratados práticos.

---

12 Ibid., VII:397.
13 *Loc. cit.*
14 Uma expressão da *Confissão Anglicana*, artigo XX.

Segundo, o crente é um ser humano *caído*. O pecado não só o alienou de Deus, mas também de si mesmo. O fruto do pecado é a desordem na alma e a desintegração do caráter; "as faculdades cruzam-se de modo contrário umas às outras; a vontade não escolhe o bem que a mente descobre (...) geralmente, os afetos obtêm o domínio e atraem toda a alma para ficar cativa a eles".[15] O homem caído não é mais racional, mas instável, inconstante, perturbado, levado por paixões conflitantes e impulsos cegos, sem forças para obedecer a Deus (Rm 5.6). A raiz do pecado é a aversão e a antipatia inatas para com o Criador (Rm 8. 7), é um inato e irracional desejo de evitar, desafiar e desobedecer a Deus.

Acerca do pecado inerente, escreveu Owen, "sua natureza e seu desígnio formal consistem em se opor a Deus. "O objeto direto da lei do pecado é Deus como legislador, como santo, como autor do evangelho, que anuncia o caminho da salvação pela graça, e não pelas obras."[16] Impiedade, injustiça, incredulidade e heresia são suas formas naturais de autoexpressão. O pecado inerente permeia e polui o homem inteiro: "Adere-se à nossa mente como um princípio depravado, nas trevas e na vaidade; adere-se às nossas emoções em sensualidade; e à nossa vontade, em ódio e aversão àquilo que é bom; está constantemente querendo dominar-nos, em inclinações, impulsos ou sugestões para o mal".[17] E, conforme veremos, resiste a toda obra da graça, do começo ao fim. "Quando Cristo vem à alma com seu poder espiritual, a fim de conquistá-la para si mesmo, ele não encontra lugar onde possa habitar. Só pode pôr o pé no terreno após lutar por habitá-lo."[18]

A vida cristã, pois, deve estar fundamentada na autoaversão e na autodesconfiança, por causa do poder e da presença do pecado

---

15 Owen, *Works*, VI:173.
16 Ibid., VI:178.
17 Ibid., VI:157.
18 Ibid., VI:181.

inerente. A autoconfiança e a autossatisfação atestam a autoignorância. O crente espiritualmente saudável é o crente humilde e de coração quebrantado:

> O autoaviltamento constante, a autocondenação e o autoaborrecimento são deveres diretamente opostos ao domínio do pecado sobre a alma. Nenhuma atitude mental é melhor antídoto contra o veneno do pecado. Esse é o solo sobre o qual a graça nasce e floresce. Uma devida e constante sensibilidade para com o pecado, uma constante percepção de nosso interesse natural pelo pecado, em todo o nosso período de vida, juntamente com uma contínua e aflitiva lembrança de instâncias pecaminosas, são a melhor postura da alma (...). Manter nossa alma em contínuo estado de lamentação e autoaviltamento é o aspecto mais necessário de nossa sabedoria. Essa atitude está distante de qualquer incoerência com aquelas consolações e alegrias que o evangelho nos fornece ao crermos, visto que essa é a única maneira de permitir sua entrada na alma da maneira certa.[19]

Terceiro, o crente é um ser *redimido*. Ele é um daqueles em favor de quem Cristo, por meio do eterno "pacto da redenção", tornou-se a certeza de que pagaria suas dívidas, ganharia para ele a vida, livrá-lo-ia da culpa do pecado e o libertaria do poder do pecado. A redenção por meio de Cristo é o âmago da doutrina cristã, enquanto a fé e o amor a Cristo são o âmago da religião cristã. Juntamente com Thomas Goodwin e Samuel Rutherford, Owen via isso mais claramente do que qualquer homem já pôde perceber.

> Desconhecem a vida e o poder do evangelho, a realidade da graça de Deus, e também não creem corretamente em um único artigo da fé cristã, aqueles cujos corações não são comovidos pelo amor de Cris-

---

19 Ibid., VII:532, 533.

to que se revela no evangelho. Também não são sensíveis para com o amor de Cristo aqueles em cujos afetos não se sentem atraídos por ele. Afirmo que fazem da religião uma encenação teatral aqueles corações que realmente não são afetados pelo amor de Cristo, na concretização da obra de mediação, de modo a terem um sentimento real e espiritualmente sensível para com ele. Os homens não estão verdadeiramente familiarizados com o cristianismo, pois imaginam que nutrir por Cristo as mais intensas afeições, que amar a Cristo de todo o coração, em face do amor dele para conosco, a ponto de sermos arrebatados, até ficarmos doentes de amor, e que os constantes impulsos de nossas almas em direção a ele, com deleite e devoção, não passam de fantasias e imaginações.[20]

Quarto, o crente é um ser *regenerado*, uma nova criação em Cristo. Foi implantado nele um novo princípio de vida, de hábito e de obediência. Essa é a profetizada "circuncisão do coração". "Enquanto a cegueira, a obstinação e a teimosia no pecado, que estão em nós por natureza, com os preconceitos que tomaram conta de nossa mente e de nossas afeições, impedem-nos de nos convertermos a Deus, essa circuncisão neutraliza tudo isso"[21] e produz no homem seu primeiro ato de verdadeira fé salvadora em Jesus Cristo, ou seja, sua "conversão" consciente. Esse ato, embora diretamente causado pela operação regeneradora do Espírito na profundeza do ser da pessoa, é perfeitamente livre (ou seja, deliberado): "Quanto à ordem da natureza, a atuação da graça sobre a vontade, por ocasião de nossa conversão, é anterior ao próprio ato de conversão, embora ela se mova no mesmo instante em que a vontade é impulsionada; e, quando age, ela o faz por si mesma, preservando o exercício de sua própria liberdade".[22]

---

20 Ibid., I:166, 167.
21 Ibid., III:324.
22 Ibid., III:320.

A regeneração transforma o coração da pessoa em um campo de batalha, no qual "a carne" (o velho homem) disputa incansavelmente a supremacia "do espírito" (o novo homem). O crente não pode beneficiar uma sem a interferência da outra (Gl 5.17; Rm 7.23). O pecado, do qual o crente se desligou por meio do arrependimento, parece ter vida autônoma; Paulo compara o pecado a "uma pessoa, uma pessoa viva, chamada de 'o velho homem', com suas faculdades e propriedades, sua sabedoria, esperteza, sutileza e forças".[23] O pecado está sempre ativo no coração; uma calmaria temporária em seus ataques significa não que o pecado esteja morto, mas que está bem vivo. "O pecado nunca está quieto, mesmo quando parece estar quieto; e suas águas estão mais profundas quando ele está quieto."[24] Sua estratégia consiste em induzir um falso senso de segurança, como prelúdio para um ataque de surpresa.

> Por muitas vezes, antes de termos consciência, somos levados pelo pecado a afetos descontrolados, a imaginações tolas e a deleites em coisas que não são boas nem proveitosas. Quando a alma está fazendo uma coisa bem diferente, o pecado inicia no coração aquilo que o desvia para o que é pecaminoso e mau. Sim, para manifestar seu poder, algumas vezes quando a alma está seriamente engajada na mortificação de qualquer pecado, por um meio ou outro, ela é levada a cortejar aquele pecado cuja ruína buscava conseguir (...) Não conheço maior carga na vida de um crente do que essas surpresas involuntárias (...) E é acerca dessas coisas que o apóstolo se queixa, em Romanos 7.24.[25]

A luta contra o pecado perdura por toda a vida.

---

23 Ibid., VI:8.
24 Ibid., VI:11.
25 Ibid., VI:192, 193.

Algumas vezes, uma alma pensa ou espera que, através da graça, possa livrar-se totalmente desse hóspede incômodo. Após haver desfrutado secretamente de Deus, haver recebido algum rico suprimento da graça, ter-se corrigido de algum erro, ter passado por alguma profunda aflição ou por total humilhação, a pobre alma começa a esperar que agora será libertada da lei do pecado. Mas, depois de um tempo, o pecado age de novo, confirmando sua antiga presença.[26]

Assim, o homem que reivindica perfeição para si mesmo engana-se, e está se dirigindo a uma queda. Certa vez, Alexander Whyte disse à sua congregação, em Edimburgo: "Nunca saireis do sétimo capítulo de Romanos enquanto eu for vosso pastor". E, se Owen tivesse podido avançar dois séculos e meio para se colocar ao lado de Whyte, teria dito a mesma coisa.

3

O propósito de Deus para o crente, durante sua vida na terra, é a *santificação*. Assim dizia Calvino, assim dizia Owen, assim dizem as Santas Escrituras (1 Ts 4.3; 1 Pe 1.15). Ao frisar, conforme fazia com frequência, a necessidade e a importância da santificação, Owen estava apenas refletindo o Novo Testamento.

> A santificação é uma obra imediata do Espírito de Deus nas almas dos crentes, purificando e expurgando de sua natureza a poluição e a impureza do pecado, renovando neles a imagem de Deus, e, por meio disso, capacitando-os a prestarem obediência a Deus, obra essa baseada em um princípio espiritual e habitual da graça... Ou, mais abreviadamente, é a renovação da natureza humana, pelo Espírito Santo, segundo a imagem de Deus, por meio de Jesus Cristo. Segue-se, pois, que nos-

---

26 Ibid., IV:204.

sa *santidade*, que é o fruto e o efeito dessa obra no que concerne à renovada imagem de Deus operada em nós, consiste em uma santa obediência a Deus, por meio de Jesus Cristo, de acordo com os termos do pacto da graça.[27]

Assim, a "santidade é a implantação, a escrita e a realização do evangelho em nossas almas",[28] "a Palavra transformada em graça divina em nossos corações (...) o Espírito nada opera em nós, exceto aquilo que a Palavra primeiramente requer de nós (...) o crescimento não passa de conformidade cada vez maior com essa palavra".[29] Esse crescimento é progressivo (ou deveria ser) durante toda a vida cristã.

A santidade tanto é um dom prometido por Deus quanto um dever prescrito ao homem. "Nem podemos cumprir nosso dever quanto a isso sem a graça de Deus, nem Deus nos concede essa graça com outra finalidade, senão para que possamos cumprir corretamente com nosso dever." Aquele que quiser ser santo deve ter a devida consideração pela lei de Deus, a qual, por si mesma, é santa, justa, boa e obrigatória, e requer, peremptoriamente, da parte dessa pessoa, todas as boas obras em que consiste a santidade – e pela promessa divina de forças para guardarmos essa lei, por meio de Cristo.

> E temos a devida consideração para com a promessa: 1) quando andamos em um constante senso de nossa incapacidade para cumprirmos o mandamento, com base em qualquer força própria; 2) quando adoramos aquela graça que nos tem provido ajuda e alívio; 3) quando oramos com fé e expectativa, baseados na promessa de suprimento da graça, capacitando-nos a uma santa obediência.[30]

---

27 Ibid., III:386.
28 Ibid., III:370.
29 Ibid., III:470.
30 Ibid., III:385.

Cumpre-nos orar pedindo ajuda, cumpre-nos lutar o bom combate da fé, impelidos pela força que nos for dada por ele, agradecendo-lhe pelas vitórias que formos obtendo.

A santificação apresenta duplo aspecto. Seu lado positivo é a *vivificação*, o crescimento e o amadurecimento do novo homem, enquanto seu lado negativo é a *mortificação*, o enfraquecimento e a morte do velho homem.

Crescemos na graça mediante os deliberados despertamento e exercício dos novos poderes e inclinações que a regeneração implanta em nós.

> A frequência dos atos naturalmente aumenta e fortalece os hábitos de onde aqueles atos procedem. E nos hábitos espirituais [por exemplo, fé, esperança e amor] isso ainda é mais válido, por determinação divina (...) Eles crescem e desenvolvem-se em e através de seu exercício (...) sua ausência, pois, é o principal meio de sua decadência.[31]

O crente, portanto, precisa usar os meios de graça de forma assídua, ouvindo, lendo, meditando, vigiando, orando, adorando; ele deve animar-se a uma "obediência total", a uma conformidade completa, durante todo o dia, à vontade revelada de Deus; deve perseverar nisso com resolução e persistência. Contudo, precisa lembrar que o poder vem de Deus, e não de si mesmo, fazendo tudo no espírito de uma dependência regada com oração. De outra forma, ele fracassará, pois

> a verdadeira ajuda, a assistência e a operação interna do Espírito de Deus são necessárias para a produção de cada ato santo de nossa mente, volição e afetos, em todo e qualquer dever (...) Não obstante o poder ou a capacidade que os crentes têm recebido por meio da graça

---
31 Ibid., III:389.

habitual, eles continuam carecendo da graça real em cada simples ato ou em cada dever para com Deus.[32]

Essa ajuda contínua será retida daqueles que se esquecem dessa necessidade e deixam de pedir por ela. Assim, procurar crescer na graça significa batalhar diretamente contra o mundo, tal como a mortificação do pecado significa lutar diretamente contra a carne (ver a seção seguinte). Owen salienta isso no prefácio de seu livro *The Grace and Duty of Being Spiritually Minded* (A graça e o dever de ser espiritualmente disposto), por meio de palavras que, embora proferidas nos fins do século XVII (o livro foi publicado em 1681), parecem extraordinariamente aplicáveis em nossos dias. Owen escreveu:

> No presente, o mundo está com uma pressa incrível e, estando em muitos aspectos, separado de todos os fundamentos da perseverança, ele, com suas revoluções, deixa atordoada a mente dos homens, desordenando-a em suas expectativas (...) por isso os homens andam e falam como se o mundo fosse tudo, ao passo que, comparativamente, ele não é nada. E, quando os homens vêm à igreja com suas afeições assim aquecidas e com suas mentes dominadas por essas coisas, então é dificílimo para eles, talvez até mesmo impossível, despertar qualquer graça quanto ao exercício apropriado e vigoroso de qualquer dever espiritual.[33]

Os pensamentos, portanto, devem ser guardados, o coração deve ser vigiado e os hábitos de meditação disciplinada devem ser formados, pois, de outro modo, o crente nunca será capaz de manter disposição espiritual, que é o canteiro no qual cresce, verdadeiramente, a vida de graça e santidade.

---

32 Ibid., III:529.
33 Ibid., VII:264.

A mortificação é mais do que suprimir ou agir contra impulsos pecaminosos. Não pode ser menos que uma gradual erradicação desses impulsos. "Mortificar" significa "matar", e "o fim almejado nesse dever é a destruição, conforme ocorre em toda matança: a total ruína, a destruição e o aniquilamento gradual de todos os vestígios de uma amaldiçoada vida de pecado (...) para deixar o pecado sem existência, sem vida, sem ação".[34] Em princípio, o pecado que habita no crente foi morto na cruz; a morte de Cristo, no tempo próprio, haverá de matar o pecado. Esse foi verdadeiramente destronado por meio da regeneração; e agora, com a ajuda do Espírito, cumpre ao crente viver drenando o sangue da vida do pecado (Rm 8. 13). "A obra inteira é processada por etapas, visando à perfeição, durante todos os nossos dias."[35] Nunca poderemos afrouxar a vigilância, pois o pecado, "de outro modo, não morrerá se não for gradual e constantemente enfraquecido; se for poupado, ele curará seus ferimentos e recuperará suas forças".[36] "Essa obra consiste em se aliar constantemente à graça contra a tendência, os atos e os frutos do pecado."[37] Com frequência, trata-se de um esforço doloroso e ingrato; Cristo comparou-o ao ato de arrancar um olho ou decepar um membro do corpo. Mas esse é o caminho da vida, e é desastroso negligenciá-lo.

A condição para um ataque bem-sucedido contra algum pecado particular é, primeiro, a manutenção da humildade ("nenhuma outra atitude mental é melhor antídoto contra o veneno do pecado") e, segundo, o crescimento contínuo na graça.

> O principal meio de mortificar o pecado é crescer, florescer e aprimorar-se quanto à santidade plena. Quanto mais vigoroso for em nós o

---

[34] Ibid., III:545.
[35] Ibid., VI:8.
[36] Ibid., III:545.
[37] Ibid., III:543.

princípio da santidade, tanto mais fraco, enfermo e moribundo será o princípio do pecado (...) É isso que arruinará o pecado, mas, sem isso, coisa alguma contribuirá para essa meta.[38]

Em especial, "viva e tenha abundância no exercício real de todas aquelas graças que se opõem mais diretamente àquelas corrupções do pecado que mais nos preocupam".[39]

A oração é a atividade mediante a qual o crente garante diretamente a mortificação dos pecados. Isso inclui a *lamentação*, por meio da qual ele estende diante de Deus seu pecado e suas dificuldades, afligindo sua alma ao reconhecer humildemente quanto seus erros têm provocado a ira de Deus contra ele; e inclui também a *petição*, por meio da qual pleiteia fervorosa e importunamente pelas promessas divinas de livramento e ampara sua fé no cumprimento dessas promessas, relembrando aqueles eventos nos quais Deus já evidenciou seu amor para com ele. (Os Salmos estão repletos de bons exemplos a esse respeito.)

Subjetivamente falando, o efeito da oração é duplo.

Primeiro, a graça é revigorada. "A alma de um crente nunca é soerguida a uma tensão de espírito mais elevada, na busca, no amor e no deleite da santidade, e ele não é mais confirmado em santidade, moldando-se a ela, do que quando ora."[40]

Em segundo lugar, o pecado é debilitado e definha quando o crente contempla Cristo com fé e amor. "Que a fé contemple Cristo no evangelho, conforme ele é ali apresentado, sendo crucificado e morrendo por nós. Olhe para ele a sofrer sob o peso de nossos pecados; orando, sangrando, morrendo. Ao contemplá-lo dessa forma, traga-o a seu coração, mediante a fé; aplique o san-

---

38 Ibid., III:552, 553.
39 Ibid., III:554.
40 Ibid., III:560.

gue dele às suas corrupções; faça isso diariamente."[41] O Calvário é o lugar onde o pecado mais se mostra odioso; e a concupiscência definha no coração do crente sempre que ele mantém os olhos no Calvário. De novo:

> Cristo crucificado é, ou deveria ser, o grande objeto de nosso amor (...) na morte de Cristo brilham, da maneira mais gloriosa, o amor, a graça, a condescendência dele (...) os efeitos do amor, de todo verdadeiro amor, são: primeiro, o apego; segundo, a assimilação. [Primeiro] o apego: nas Escrituras, o amor é por muitas vezes expresso por meio desse efeito: a alma de alguém apegou-se ou ligou-se à alma de outrem (...) Assim, o amor produz um firme apego ao Cristo crucificado, o que faz com que, em certo sentido, uma alma esteja sempre presente com Cristo, na cruz. E daí segue-se [segundo] a assimilação, ou conformidade (...) O amor gera certa similaridade entre a mente que ama e o objeto amado. Uma mente cheia do amor de Cristo crucificado será transformada segundo a imagem e a semelhança desse amor, devido à eficaz mortificação do pecado (...).[42]

A cruz e o Espírito são, desse modo, as duas realidades centrais do ensino de Owen a respeito da vida cristã. Cristo adquiriu o dom do Espírito para os pecadores eleitos, ao morrer por eles; então, o Espírito é conferido a eles para lhes mostrar que a cruz revela o amor de Cristo por eles, a fim de lhes demonstrar o perdão que Cristo conquistou para eles, mudar seus corações e fazê-los amar seu Salvador. O Espírito nos conduz à cruz de Cristo, a qual é, da parte do Pai para conosco, a garantia de que nossos pecados, longe de resultarem em nossa morte eterna, haverão de

---

41 Ibid., VI:85.
42 Ibid., III:563, 564.

morrer; e o Espírito traz a cruz de Cristo para dentro de nossos corações, com seu poder mortificador,[43] assegurando que nossos pecados morrerão.

Antes de prosseguirmos, convém que digamos que esse dicotomizado esquema da santificação, como um processo mediante o qual nossas graças são vivificadas e nossos pecados são mortificados, que Owen expressou com tanta maestria e brilho, de modo algum foi criado por ele. Antes, esse era o ensino puritano convencional, que retrocedia a Calvino e, daí, até Romanos 6 e Colossenses 2.20-3.17. Nesse particular, como em tudo o mais, Owen manteve-se no centro da principal corrente puritana.

4

Parar por aqui, todavia, seria uma injustiça para com Owen. Para ele, como para todos os puritanos, a santificação é apenas uma faceta e um perfil da realidade mais abrangente que é central à existência cristã: *a comunhão com Deus*.

A ideia de comunhão com Deus nos conduz ao cerne da teologia e da religião dos puritanos. Isso se torna claro quando vemos como esse assunto está ligado a outros temas que ocupavam o primeiro plano dos interesses dos puritanos.

Por exemplo, todos nós sabemos que os puritanos muito se preocupavam com os problemas multiformes do homem — a natureza e o lugar do homem no mundo, os poderes e as possibilidades do homem para o bem e para o mal, os sofrimentos, as esperanças, os temores e as frustrações do homem, o destino do homem, o homem no "quádruplo estado" de inocência, pecado, graça e glória. E, para as mentes deles, todo o propósito e toda a finalidade da existência do homem consistem em ter comunhão com Deus.

---

43 Ibid., VI:86.

"A principal finalidade do homem é glorificar a Deus e desfrutar dele para sempre."[44]

Novamente: todos nós sabemos que os puritanos interessavam-se, profunda e constantemente, pela doutrina do pacto da graça – sua natureza, suas condições, suas promessas, suas bênçãos, os modos de sua dispensação, seus selos e ordenanças. O pacto da graça tem sido chamado de doutrina característica dos puritanos, tal como a justificação pela fé era a doutrina característica de Lutero. E, para as mentes puritanas, a finalidade e o propósito diretos do pacto da graça eram conduzir os homens à união e à comunhão com Deus.

Ou de novo: os puritanos nunca se cansaram de falar sobre a mediação de Cristo no pacto da graça – sua humilhação e exaltação, sua satisfação e intercessão, e todas as suas relações graciosas como Pastor, Noivo, Amigo e tudo o mais, para com seu próprio povo. E o ponto de vista puritano acerca da finalidade e do propósito imediatos da mediação de Cristo foi esclarecido para nós por John Owen, quando se referiu à "grande realização" de Cristo "em sua vida, morte, ressurreição e ascensão, tornando-se o mediador entre Deus e nós e levando-nos, assim, a desfrutar de Deus".[45] Essa é a realidade da comunhão.

Mais ainda: a princípio, o puritanismo emergiu como uma busca pela reforma da adoração pública na Inglaterra, e toda a substância, todo o modo e toda a prática de adoração coletiva e individual sempre foram uma preocupação central para os puritanos durante toda a história do movimento. E isso foi muito mais verdadeiro no caso do próprio Owen, conforme suas obras testemunham; acima e além de seus frequentes estudos sobre a adoração nos vários aspectos, como um tópico distinto, de alguma maneira em seus escritos, ele vincula cada tema teológico à adoração a Deus. Mas por que esse

---

44 *Westminster Shorter Catechism*, resposta à pergunta 1.
45 Owen, *Works*, II:78.

enfoque incansável sobre a adoração? Não somente porque o alvo primário da adoração é dar a Deus a glória e o louvor que lhe são devidos, mas também porque a finalidade e os propósitos secundários da adoração, inseparavelmente ligados ao propósito primário, consistem em levar os adoradores à felicidade da comunhão com Deus – uma autêntica antecipação do céu, na qual a alma encontra seu mais sublime deleite.

Assim, para os puritanos, a comunhão entre Deus e o homem é o alvo para o qual apontam tanto a criação quanto a redenção; esse é o alvo para o qual devem dirigir-se tanto a teologia quanto a pregação; essa é a essência da verdadeira religião; essa é, de fato, a definição do cristianismo.

A esse tema, Owen dedicou seu tratado *Of Communion with God the Father, Son, and Holy Spirit, each person distinctly, in love, grace and consolation; or, the Saint's Fellowship with the Father, Son, and Holy Ghost, unfolded* (Sobre a comunhão com Deus, o Pai, o Filho e o Espírito Santo, cada pessoa distintamente, em amor, graça e consolação; ou Revelando a comunhão do crente com o Pai, o Filho e o Espírito Santo). Essa obra, publicada pela primeira vez em 1657, foi reimpressa em 1674, com um prefácio de Daniel Burgess, o qual a denominou de "o único [tratado] existente sobre esse grande e necessário assunto". Porém, isso era verdadeiro apenas de um ponto de vista formal; a substância do que Owen dizia ali encontrava-se, de forma menos sistemática, em muitas das exposições dos puritanos. Uma das mais ricas é aquela de Thomas Goodwin, intitulada *The Object and Acts of Justifying Faith* (Os objetos e os atos da fé justificadora). (Goodwin, que era independente quanto a princípios eclesiásticos, foi o amigo mais próximo de Owen na década de 1650, quando Owen era vice-chanceler de Oxford e Goodwin era presidente do Magdalen College.)

Outras fontes relevantes de comparação seriam as exposições puritanas sobre *Cantares de Salomão* (Sibbes, Collinges, Durham e outros) e sobre o tema favorito dos puritanos – "andar com Deus" (por exemplo, Robert Bolton, em *Some General Directions for a Comfortable Walking with God* – Algumas diretrizes gerais para um confortável andar com Deus; Richard Baxter, em *The Divine Life* – A vida divina; e Thomas Gouge, em *Christian Directions Showing how to Walk with God All the Day Long* – Orientações cristãs mostrando como andar com Deus o dia todo).

5

A análise de Owen sobre a comunhão com Deus pode ser exposta mediante cinco proposições.

1) *A comunhão com Deus é uma relação de intercâmbio mútuo entre Deus e o homem*. Essa é a ideia que expressa o vocábulo grego *koinonia* (traduzido por "comunhão" em algumas passagens do Novo Testamento). Em geral, *koinonia* denota uma participação conjunta em algo, por dois ou mais elementos, uma participação ativa na qual as partes envolvidas dão e recebem uma(s) da(s) outra(s). "A comunhão consiste em *dar* e *receber*."[46] Tal relacionamento naturalmente implica a existência de algum laço anterior entre as partes envolvidas. De acordo com isso, Owen definiu assim a *koinonia* entre Deus e os homens:

> Nossa comunhão com Deus consiste em *sua comunicação de si mesmo a nós, com nossa reciprocidade para com ele*, quanto àquilo que ele requer e aceita; essa comunhão resulta daquela *união* que temos com ele por meio de Jesus Cristo (...) uma mútua comunicação de dar e re-

---

46 Ibid., II:22.

ceber, segundo a maneira mais santa e espiritual, que se dá entre Deus e os santos, enquanto eles andam juntos em uma aliança de paz, ratificada pelo sangue de Jesus.[47]

2) *A comunhão com Deus é uma relação em que a iniciativa e o poder procedem de Deus.* Notemos como Owen identificou o ponto de partida da comunhão com Deus – "sua comunicação de si mesmo a nós" com "nossa reciprocidade para com ele, quanto àquilo que ele requer, vindo somente sobre essa base exclusiva. A comunhão com Deus é uma relação que o próprio Deus cria ao dar a si mesmo a nós; somente assim, podemos conhecê-lo e corresponder a ele. No sentido estrito de nossa comunhão com Deus, trata-se de um dever cristão, porém, no sentido mais amplo e fundamental da comunicação que Deus dá de si mesmo a nós, não importa se para despertar nossa reação em nos comunicarmos com ele ou se para recompensar nossa comunicação, a comunhão é um dom divino.

Assim concebida, a ideia da comunhão com Deus é mais ampla do que se vê no uso comum da palavra em nossos dias. Sempre tendemos a pensar na comunhão com Deus de modo subjetivo e antropocêntrico; limitamo-la à nossa consciente experiência com Deus, à nossa aproximação deliberada a ele e a seu modo de agir para conosco. Os puritanos, porém, pensavam na comunhão com Deus de modo objetivo e teocêntrico, entendendo que essa ideia cobre, em primeiro lugar, o fato de que Deus se aproxima de nós mediante a graça, perdoando e regenerando, tornando-nos vivos para si mesmo; e, em segundo lugar, toda a sua subsequente auto-outorga a nós; e, somente então, estendendo-se à nossa própria e consciente busca por sua graciosa presença, quando, então, desfrutamos dela.

Eles não estavam menos interessados do que nós em ter familiaridade experimental com Deus – antes, dava-se exatamente o contrário –,

---
47 Ibid., II:8, 9.

mas, em suas mentes, não separavam esse interesse do interesse teológico mais abrangente acerca da doutrina da graça divina. Isso os livrou do perigo do falso misticismo, que tem poluído boa parte da suposta devoção cristã em tempos recentes.

O contexto e a causa da comunhão que temos experimentado com Deus, diziam os puritanos, são a eficaz comunhão de Deus conosco, transmitindo-nos vida; a primeira coisa sempre deve ser concebida como uma consequência ou mesmo um aspecto da última. Portanto, a ideia da comunhão com Deus cobre a totalidade do relacionamento que temos com Deus, com base na graça e na fé. É um relacionamento iniciado pelo próprio Deus e no qual o começo de cada estágio está nas mãos dele. Os seguidores de Karl Barth, em nossos dias, proclamam que Deus é o sujeito ativo em todos os relacionamentos do homem com Deus, como se fosse uma nova descoberta, mas os puritanos, como Owen, sabiam disso há muito tempo.

3) *A comunhão com Deus é um relacionamento no qual os crentes recebem amor de todas as três Pessoas da Triunidade e correspondem com amor.* Owen insistia sempre que a doutrina da Triunidade é o alicerce da fé cristã, e que, se ela cair, todo o resto desaba. A razão para tal insistência consiste no fato de que a salvação cristã é uma salvação trinitariana, em que as atividades das três Pessoas divinas, conforme elas desdobram juntas a salvação, refletem seu relacionamento essencial e eterno na gloriosa vida da Deidade. A primeira Pessoa, o Pai, é revelado como aquele que tomou a iniciativa, escolheu um povo para ser salvo e seu Filho para salvá-los; Deus, o Pai, também planejou um caminho de salvação coerente com seu caráter santo. A segunda Pessoa é revelada como o Filho e como a Palavra em relação ao Pai, refletindo e incorporando em si mesmo a natureza e a mente de Deus, vindo do Pai para fazer sua vontade, ao morrer a fim de redimir os pecadores. A terceira Pessoa procede das duas primeiras, como o agente executivo de ambas, transmitindo aos escolhidos de Deus a salvação

que o Filho obteve para eles. Todas essas três Pessoas mostram-se ativas no cumprimento de um mesmo propósito de amor para com homens que não merecem ser amados; as três concedem dons distintos, dentre sua riqueza, ao povo escolhido, e as três, por isso mesmo, devem ser distintamente reconhecidas por meio da fé, com uma reação favorável por parte dos crentes. Esse foi o tema de Owen em seu tratado intitulado *Of Communion* (A respeito da comunhão).

Consideremos, antes de tudo, o Pai, dizia Owen. Seu dom especial para nós pode ser descrito como uma atitude e um exercício de amor paternal: "gratuito, imerecido e eterno (...) Isso, o Pai fixa peculiarmente sobre os santos; isso, eles devem observar nele de forma imediata, a fim de receberem dele, e para corresponderem a esse amor, pois nisso ele se deleita".[48] Owen salientou que, no Novo Testamento, o amor é destacado como a característica especial do Pai em seu relacionamento conosco (1 Jo 4.8; 2 Co 13.13; Jo 3. 16; Rm 5.5).

Recebemos o amor do Pai por intermédio da fé; em outras palavras, confiando e reconhecendo que Cristo veio para nós, não por sua própria iniciativa, mas como um dom oferecido por nosso amoroso Pai celestial.

> É verdade que a fé não se prende de modo *imediato* ao Pai, mas ao Filho. Este é "o caminho, a verdade e a vida; ninguém vem ao Pai senão por ele" (Jo 14.6). Mas isto é o que eu digo: quando, por meio de Cristo, temos acesso ao Pai, então vemos o seu amor, que ele nos devota de modo peculiar, e então depositamos fé sobre esses fatos. Portanto, afirmo que a nós cumpre examinar, crer, receber tudo da parte do Pai; mas os resultados e os frutos de tudo isso chegam até nós somente através de Cristo. Embora não conheçamos a luz senão através dos raios de luz, é por meio desses raios que vemos o sol, que é a fonte dos raios de luz. Embora saciemos a sede na água do riacho, é ele que nos

---

48 Ibid., II:19.

faz pensar em sua fonte. Jesus Cristo, no que toca ao amor do Pai, é apenas o raio de luz, o riacho, onde verdadeiramente encontramos luz e refrigério; e, através dele, somos conduzidos à fonte, o próprio sol do amor eterno. Se ao menos os crentes se exercitassem nisso, veriam que isso não é apenas um pequeno meio de aprimoramento espiritual, em seu andar com Deus (...). A alma, por meio da fé em Cristo, é assim conduzida ao seio de Deus, a uma consoladora persuasão, à percepção espiritual do amor dele, para ali repousar e descansar.[49]

Como deveríamos reagir diante do amor do Pai? Por meio do amor recíproco. Ou, nas palavras de Owen, "por meio de um deleite e de uma aquiescência peculiares no Pai, que se revelou, de maneira eficaz, como aquele que ama nossas almas".[50] E, então, Owen passa a analisar esse amor que devemos ao Pai e que consiste em quatro elementos: descanso, deleite, reverência e obediência, todos em conjunto.

Em seguida, dizia ainda Owen, consideremos o Filho. Seu dom especial para nós é a graça – o favor gratuito comunicado a nós, junto com todos os benefícios espirituais que daí fluem. Toda graça acha-se no Filho e é recebida quando recebemos a ele.

> Não existe homem que não tenha alguma carência quanto às coisas de Deus, mas Cristo será para ele aquilo de que necessita. Ele está *morto*? Cristo é a vida. Está *fraco*? Cristo é tanto o *poder* quanto a *sabedoria* de Deus. Ele tem *sentimento de culpa* sobre si? Cristo é a *justiça perfeita*. Muitas pobres criaturas sentem suas carências, mas não sabem onde está o remédio para elas. De fato, seja vida, seja luz, seja poder, seja alegria, tudo está em Cristo.[51]

---

49 Ibid., II:22, 23.
50 Ibid., II:24.
51 Ibid., II:52.

Tudo isso, declarou Owen, estava na mente de Paulo quando ele falou sobre "a graça do Senhor Jesus Cristo" (2 Co 13.13), e também na mente de João, quando escreveu: "Porque todos nós temos recebido de sua plenitude, e graça sobre graça" (Jo 1.16). Ao expor o sentido da graça de Cristo, Owen frisou bastante o "relacionamento conjugal" entre Cristo e seu povo, tendo oferecido uma detalhada exegese cristológica sobre Cantares 2.1-7 e 5, que examinaremos mais adiante.

A maneira de recebermos o amor de Cristo é pela fé; ou seja, nesse caso,

> um *consentimento livre* e *inclinado* a receber, abraçar e submeter-se ao Senhor Jesus, como seu marido, Senhor e Salvador, a fim de permanecer com ele, sujeitando sua alma a ele, deixando-se governar por ele para sempre. Quando a alma consente em aceitar Cristo segundo as próprias condições dele, para que ele a salve à maneira dele, e então diz: "Senhor, agora estou disposta a te receber e ser salva segundo teus termos, meramente através da graça; embora eu tenha andado de acordo com minha própria mente, agora entrego-me a fim de ser guiada pelo Espírito, pois em ti encontro justiça e forças, em ti sou justificada e me glorio", então ocorre a comunhão com Cristo (...) Que os crentes exercitem abundantemente seus corações nessas coisas. Essa é a excelente comunhão com o Filho, Jesus Cristo. Recebamo-lo em todas as suas excelências, à medida que ele se revela a nós; tenhamos sempre pensamentos de fé, preferindo-o acima de tudo quando o comparamos a coisas amadas por nós (como, por exemplo, o pecado, o mundo e a justiça própria); consideremos essas coisas perda e esterco, quando comparadas a ele (...). Ao agirmos desse modo, nunca falharemos nessa questão de um doce refrigério com ele.[52]

---
52 Ibid., II:58, 59.

Como devemos corresponder ao afeto conjugal e à lealdade de Cristo para conosco? Conservando a fidelidade para com ele, respondia Owen; ou seja, recusando-nos a confiar em outrem, senão nele, no tocante à nossa aceitação diante de Deus; apreciando seu Santo Espírito, que nos foi enviado para nosso eterno benefício; mantendo nossa adoração a ele sem nenhuma contaminação, de acordo com o padrão bíblico. Isso requer submissão diária e deliberada a ele, na qualidade de nosso gracioso Senhor. Devemos regozijar-nos diariamente diante dele, no conhecimento de sua perfeição como aquele que nos salva do pecado; dia após dia, devemos levar à cruz nossos pecados e fraquezas, a fim de recebermos o perdão ("essa é uma obra de todos os dias; sem ela, não sei como pode ser mantida a paz com Deus");[53] e, a cada dia, devemos olhar para Cristo, esperando nele, quanto ao suprimento de seu Espírito para purificar nossos corações e para operar em nós a santificação.

De acordo com os puritanos, a santidade não pode ser obtida sem o exercício da fé, assim como não pode ser aperfeiçoada sem nosso esforço em combater o pecado. Owen asseverou que os santos

> contemplam a Cristo como o único despenseiro do Espírito e de toda a graça da santificação (...) cabe a ele aspergir o sangue sobre as almas dos santos; cabe a ele criar nos santos a santidade pela qual anelam (...). Nesse estado, eles olham para Jesus; a fé fixa-se sobre ele, na expectativa de que ele lhes dê o Espírito, para todas essas finalidades e propósitos; mesclando as promessas com a fé e, assim, tornando-os verdadeiros participantes de toda essa graça. Essa é a comunhão deles com Cristo; essa é a vida de fé, no que concerne à graça e à santidade. Bem-aventurada a alma exercitada nessas coisas.[54]

---

53 Ibid., II:194.
54 Ibid., II:205, 206.

Finalmente, afirmou Owen, consideremos o Espírito. Ele é chamado de Consolador, e a consolação, ou seja, a força e o encorajamento do coração, juntamente com o senso de segurança e com a alegria, são o dom especial que ele nos dá. Essa consolação é transmitida no – e através do – entendimento que ele nos dá acerca do amor de Deus em Cristo, assim como de nossa participação na divina salvação (Jo 14.26,27; 16.14; Rm 5.5; 8.16). O ministério do Espírito, como nosso Consolador, consiste em

> trazer-nos à memória as promessas de Cristo, glorificar a Cristo em nossos corações, derramar sobre nós o amor de Deus, testificar junto a nós no tocante ao nosso estado e à nossa condição espiritual, selar-nos para o dia da redenção e ser o penhor de nossa herança, ungindo-nos com consolo, confirmando nossa adoção e estando presente conosco em nossas súplicas. Eis aqui a sabedoria da fé: descobrir o Consolador e encontrar-se com ele em todas essas coisas; não perder a doçura delas, por jazer nas trevas no que concerne ao Autor delas, não ficar aquém quanto às atitudes de reciprocidade que são requeridas de nós.[55]

Como devemos corresponder à obra consoladora do Espírito? Devemos atentar para não entristecê-lo por meio da negligência ou do pecado (Ef 4.30); não abafá-lo, mediante oposição ou entrave à sua obra (1 Ts 5.19); não resistir a ele, por meio da rejeição à sua Palavra (At 7.51). Antes, devemos continuamente dar graças a ele, orando a ele para que sua paz e bondade continuem. (Owen encontrava um precedente para tal oração ao Espírito no texto de Apocalipse 1.4.)

De acordo com Owen, esse deve ser o padrão de nossa comunhão regular com as três Pessoas da Deidade, na meditação, na oração e em uma vida corretamente ordenada. Convém que nos mantenhamos na misericórdia e no ministério que cada Pessoa divina tem para

---
55 Ibid., II:249.

conosco, reagindo adequadamente a elas, com amor e submissão distinta a cada uma. Desse modo, cumpre-nos manter uma comunhão abrangente com Deus.

Thomas Goodwin propôs um conceito similar, dando menos atenção à precisão verbal, porém com maior exuberância e calor humano do que aquilo que James Moffat chamou de "a poça barrenta e escura do raciocínio de Owen". Owen nos mostrou que o companheirismo com o Deus triúno faz parte do dever cristão. Na citação a seguir, Goodwin expõe diante de nós essa questão como parte do dom divino da certeza de salvação. A respeito de 1 João 1.3 e João 14.17-23, Goodwin escreveu:

> Há uma comunhão e um companheirismo com todas as pessoas, Pai, Filho e Espírito Santo, no amor delas, particular e distintamente (...). Cristo põe-nos a labutar por um conhecimento distinto e por uma comunhão com todas as três Pessoas (...) não descansemos enquanto todas as três Pessoas não nos manifestarem seu amor. Na segurança, a comunhão e o diálogo de um crente se dão algumas vezes com o Pai, outras com o Filho e outras ainda com o Espírito Santo; algumas vezes, seu coração é impelido a considerar o amor do Pai em escolher, então o amor do Filho em redimir, e, por fim, o amor do Espírito Santo, que perscruta as coisas profundas de Deus, revelando-as a nós, compartilhando de todas as nossas dores; e, assim, um homem passa distintamente de uma testemunha para a outra, e eu afirmo que essa é a comunhão que João queria que tivéssemos (...). E essa segurança não é proporcionada por meio de argumentação ou dedução, mediante a qual cheguemos a inferir que, se uma dessas Pessoas me ama, então a outra também me ama; antes, é uma segurança intuitiva, conforme posso expressá-la; e nunca devemos nos satisfazer enquanto não a tivermos obtido e enquanto as três Pessoas não se manifestarem em nós, em um mesmo nível, todas elas residindo em nós, como se esti-

véssemos sentados entre elas, ao mesmo tempo que todas manifestam seu amor para conosco (...) essa é a suprema experiência que Cristo nos prometeu nesta vida [em seu último sermão, João 14].[56]

Owen não se expressou dessa forma. Mas ele concordaria com essas declarações de Goodwin? Penso que sim.

4) *A comunhão com Deus é uma relação de amizade ativa, que visa ao futuro, entre Deus e o homem*. Esse pensamento põe em perspectiva, de imediato, a totalidade da complexa análise de John Owen. A comunhão com Deus significa apenas que o crente se comporta como um amigo de Deus, o qual tem chamado o crente de amigo. Thomas Goodwin demorava-se ao tratar sobre o amor de Cristo, o qual, quando estávamos caídos no pecado e em inimizade com Deus, morreu para nos tornar novamente seus amigos, embora "pudesse criar novos amigos a um custo menor".[57]

Goodwin desenvolveu, de forma convincente, o pensamento de que a amizade não é um meio que visa a um fim, mas um fim em si mesma, pois a verdadeira amizade se expressa mediante o cultivo da companhia de nossos amigos, visando ao benefício da própria amizade:

> A comunhão mútua é a parte essencial de toda verdadeira amizade; e um diálogo familiar com um amigo envolve a maior doçura, [pelo que], além do tributo comum da adoração diária que deves a Deus, aproveita a oportunidade para chegar à sua presença, com o propósito de ter comunhão com ele. Assim é a amizade autêntica, pois a amizade é conservada e nutrida principalmente por meio de diálogos; e estes, quanto mais livres e menos ocasionados por negócios urgentes, mais despertam a amizade. Cumpre-nos confrontar nossos amigos com esta repreensão: você [sempre] vem ver-me quando tem algum

---

56 Thomas Goodwin, *Works*, VIII:376ss. Goodwin refere-se a João 14.21-23.
57 Ibid., VII:193.

negócio a tratar; mas quando virá simplesmente para conversarmos? (...) Quando chegares à presença dele, dize-lhe que continuas a amá-lo muito; esforça-te por multiplicar expressões dessa natureza, que, de forma singular, conquistam o coração de um amigo.[58]

O estilo de Owen parece mais frio e menos íntimo; todavia, ele frisou os mesmos pontos à sua própria maneira. Salientou o deleite de Cristo em seus santos, assegurando-nos que "o Cristo deleita-se em nós, sem nenhum sentimento de tristeza. E, a cada dia, enquanto vivermos, é dia de núpcias dele". Owen também disse: "Os pensamentos de comunhão com os santos têm sido a alegria de seu coração, desde a eternidade".[59] "Ele os tem como amigos, como amigos íntimos, nos quais se deleita",[60] revelando-lhes tudo que vai em seu coração, no que diz respeito a eles. Então, por outro lado, "os santos deleitam-se em Cristo: ele é a alegria, a coroa, o regozijo, a vida, o alimento, a saúde, a força, o desejo, a justiça, a salvação e a bem-aventurança deles – esse é o padrão de comunhão com Jesus Cristo, que encontramos no *Livro de Cantares*, aqui estudado".[61]

Nesse aspecto, Owen alia-se àqueles muitos puritanos que seguiam os passos de Bernardo de Clairvaux e outros medievais, na exposição do *Livro de Cantares*, como uma parábola (talvez eles estivessem dispostos, com pouca sabedoria, a pensar em uma alegoria) sobre o amor mútuo entre Cristo e sua noiva espiritual, algumas vezes a igreja e, outras vezes, o crente. No decorrer de sua análise a respeito da comunhão com Cristo, Owen nos fornece parte de sua própria exposição abreviada sobre algumas porções do *Livro de Cantares*; e não posso fazer nada melhor do que citar aqui alguns parágrafos do excelente sumário dessa exposição, elaborado por Sinclair Ferguson.[62]

---

58 Ibid., VII:197, 198.
59 Owen, *Works*, II:118.
60 Ibid., II:119, 120.
61 Ibid., II:124, 125.
62 *The Banner of Truth* 194 (novembro, 1979), pp. 10-15. Ver também Sinclair B. Ferguson, *John Owen*

O tema de *Cantares* é, essencialmente, este:

O senso do amor a Cristo, por parte do crente, e seu efeito na comunhão com ele, mediante a oração e o louvor, é divinamente exposto no *Livro de Cantares*. A igreja é ali apresentada como a esposa de Cristo; e, como esposa fiel, ela está sempre ou solícita acerca do amor dele ou regozijando-se nele (II:46).

O tema foi assim desenvolvido:

Cristo e o crente são os dois personagens centrais. As *filhas de Jerusalém* simbolizam "todos os tipos de crentes" (II:55). Os *guardas* representam os oficiais da igreja, e a cidade representa a própria igreja visível. E se, ocasionalmente, o aspecto coletivo da vida cristã aparece nessa exposição, a maior ênfase é sobre a experiência individual e a comunhão que o crente goza com o Senhor Jesus.

Owen desenvolveu o tema em vários trechos centrais:

2.1-7: Aqui Cristo é visto a descrever seu próprio caráter e significação para o crente. Ele é a Rosa de Sarom, o Lírio do Vale. Ou seja, ele é preeminente em todas as suas graças pessoais, assim como a rosa é abundante em perfume e o lírio em beleza. De fato, a rosa vem da fértil planície de Sarom, onde são cultivadas as variedades mais excelentes.

O que tudo isso significa? Cristo "atrai" (II:42) o crente, diz Owen. Há nele uma irresistível atração; o crente desfruta do perfume dele, como da rosa (...). Ele é comparável à macieira (2.3). Ela prové fruto como alimento e sombra como proteção (...) Cristo prové abrigo "da ira exterior, por causa do cansaço interior (...) Do poder das *corrupções*, das lutas provenientes das tentações e dos sofrimentos oriundos das perseguições, achamos nele quietude, descanso e repouso" (II:43,44).

E assim, nos versículos que se seguem, nossa comunhão com o Senhor Jesus é delineada para nós, sendo assinalada por quatro aspectos:

---

on the Christian Life (The Banner of Truth, Edimburgo, 1987), pp. 79-86. Essa obra é uma abordagem completa do assunto, muito mais ampla do que o presente capítulo.

(1) *Doçura do companheirismo.* "Leva-me à sala do banquete" (v. 4), onde, no evangelho, ele revela todos os tesouros de sua graça. De fato, afiança Owen, nesse livro achamos que o amor dele é melhor do que o vinho (1.2), visto que consiste em justiça, paz e alegria no Espírito Santo.

(2) *Deleite no companheirismo.* A donzela deixa-se conquistar por tudo isso, e quer saber mais sobre o amor de seu amado. Ela desfalece "de amor"(v. 5); "não desfalecia (conforme alguns supõem) por falta do senso de amor", mas "desfalecia de amor, a ponto de desmaiar, devido aos poderosos atos do afeto divino, depois de haver provado da doçura de Cristo na sala do banquete" (II:44).

(3) *Segurança* (v. 4). O estandarte dele sobre ela é o amor – símbolo de proteção e garantia de sucesso e vitória. O estandarte de Cristo permanece sobre o crente. Só aquilo que Cristo nos dá, em seu amor por nós, chega até nós. Esse é o grande argumento de Romanos 8.32: "Aquele que não poupou a seu próprio Filho porventura não nos dará graciosamente com ele todas as cousas?" Esse é nosso lugar de descanso e de segurança!

(4) *Apoio e consolo* (v. 6). A mão esquerda dele está sob a cabeça dela, e seu braço direito a abraça. O que significa isso?, indaga Owen. É um retrato de Cristo a apoiar a igreja, ao mesmo tempo que cuida dela e a nutre! E assim, no v. 7, o companheirismo deles prossegue e se mantém.

Em *Cantares* 2.9, Cristo reaparece. Ali, o amante espreita pelas grades, o que é interpretado da seguinte forma: "Vemo-lo aqui apenas por vislumbres, havendo muitas interrupções que nos toldam a visão". "Há instabilidade e imperfeição em nossa compreensão dele"; esse é nosso presente estado mortal. "Entrementes, ele olha através das janelas das ordenanças do evangelho" (II:126). Quando o coração do crente desvia-se, surge Cristo, buscando e anelando pela devoção amorosa da igreja. Se não a recebe, ele se retira. Seria impossível, dentro da estrutura geral da teologia de Owen, supor que isso envolve o rompimento do relacionamento; mas implica uma experiência desarticulada e uma comunhão interrompida. Cristo continua a ser possessão do crente, e vice-versa, mas o senso [consciência] dessa posse desaparece.

No Capítulo 3, a donzela descobre que seu amado se foi. Ela fica perplexa. Owen não se mostra claro se essa é a causa ou o efeito da "noite" na qual ela se acha, mas aponta para a aplicação: "Em meio à maior paz e oportunidade de lazer e descanso, o crente sente-se desamparado na ausência de Cristo; mesmo que esteja em seu leito, sem coisa alguma a inquietá-lo, ele não descansa, se Cristo, seu descanso, não estiver presente" (II:128). Assim, a alma busca por Cristo, primeiro nos deveres comuns da fé (II:613), mas "não é assim que se recupera o senso do amor perdido" (II:353); antes, deve haver "resoluções quanto a novas, extraordinárias, vigorosas e constantes aplicações em direção a Deus": "o primeiro passo geral dado por uma alma enleada no pecado, que age querendo recuperar-se". É claro aqui que a alma perdeu seu senso de ter sido perdoada, e que a busca pela restauração envolve duas coisas: primeira, a *sondagem* da própria *alma*, a fim de descobrir a causa da ausência de Cristo; e, segunda, a *busca* pelas *promessas* de Deus, a fim de descobrir os meios para a volta de Cristo. O autoexame deve ser seguido pela reaplicação do pacto da graça. Se isso não resultar em sucesso, a solução deverá ser buscada em deveres extraordinários, segundo Owen já dera a entender. Assim, a esposa sai pela cidade (a igreja visível), em busca de seu amado. Se Cristo não puder ser achado nessa busca particular, então o dever do crente será fazer uma busca pública por ele, mediante a adoração, a pregação da Palavra e as ordenanças. Em sua busca, a esposa é encontrada pelos guardas (oficiais da igreja visível), os quais notam suas condições adversas. Isso faz parte dos deveres dos fiéis oficiais da igreja. Mas não se indica, nesse trecho, exatamente de que forma Cristo é encontrado; mas Owen detecta alguma significação até mesmo nisso. Quando Cristo vier, fá-lo-á à sua maneira tipicamente misteriosa, por meio do Espírito.

No Capítulo 5, encontramos a esposa afundada novamente na preguiça e na indolência. O pastor amado vem ao seu encontro, mas ela se desculpa dizendo que o momento é inoportuno, não estando ela preparada para os deveres (II:520). Cristo, assim repelido, deixa o crente e "passa-se muito tempo antes de o crente obter qualquer recuperação" (II:346). Ele volta mais adiante, no mesmo capítulo, e a descrição em 5.10-16 deu a Owen outra chance de celebrar o que o crente acha em seu Salvador, o que é descrito como "alvo e rosado". "Ele é *alvo* na glória de sua *Deidade*, e rosado na preciosidade de sua *humanidade*" (II:49). Essa é a excelência, mediante a união da figura "alvo e rosado", que o capacita a ser o Salvador e a conferir salvação por meio da união e da comunhão com ele.

Nos versículos que se seguem, a esposa passa a descrever Cristo mais plenamente. Sua *cabeça* é como ouro mais apurado, indicando o esplendor e a durabilidade de Cristo como cabeça do governo do reino de Deus (II:71). Seus *cabelos* são como "cachos de palmeiras", ou seja, encaracolados, "pretos como o corvo". À primeira vista, seus cabelos pareciam despenteados, mas, em verdade, são bem penteados e postos em ordem, emblema da sabedoria de Cristo em sua administração como o Mediador. Seus cabelos são negros a fim de indicar que seus caminhos são inescrutáveis (II:72) e, em um sentido natural, enfatizam a simpatia e o vigor de Cristo (II:73). Seus *olhos* são como os das pombas, que não é uma ave de rapina, indicando as riquezas de seu conhecimento e discernimento. Eles são ternos e puros, pois discernem os pensamentos e as intenções dos homens. Suas *faces* assemelham-se a um canteiro de bálsamo, de doce aroma, belas em seus traços (II:75); assim, as graças de Cristo, em sua natureza humana, são acolhidas pelo crente mediante a oração, com base nas promessas de Deus, as quais são bem ordenadas (2 Sm 23.5). Essas graças são deveras eminentes, como "torres perfumadas" (variante adotada por Owen, II:76). Seus *lábios* são como lírios que gotejam mirra – uma descrição das riquezas da palavra de Cristo.

Suas *mãos* (v. 14) aludem à obra por ele efetuada, como fruto de seu amor. Seu *ventre* (no sentido de entranhas) faz-nos lembrar de seu tema misericórdia e de seu amoroso afeto. Suas *pernas, aspecto* e *falar* (v. 15) fazem-nos lembrar a estabilidade de seu reino, bem como a graça e a fidelidade de suas promessas. Ele é inteiramente digno dos desejos e dos afetos de seus seguidores (v. 16), em seu nascimento, vida e morte, na glória de sua ascensão e coroação, no suprimento do Espírito de Deus, nas ordenanças da adoração, na ternura de seus cuidados, na justiça de sua vingança contra seus inimigos e também no perdão que ele dispensa a todo o seu povo. E esse Cristo, diz Owen, por muitas vezes vem ao crente sem qualquer aviso prévio; quando este se ocupa das tarefas diárias e nota que sua mente volve-se amorosamente para Jesus. Owen afirma que, se não quisermos ser levados ao desespero, comparemos essas experiências com aquelas que ocorrem quando Satanás nos invade a mente com pensamentos mundanos.

Owen adicionou muito mais desse tipo de comentário, mas não podemos acompanhá-lo mais do que isso por enquanto.

Como Ferguson diz, é de importância secundária seguirmos Owen em sua alegoria. O que importa é a clara evidência de que Owen, em seu entendimento sobre a autêntica piedade cristã e em seu próprio discipulado, gozava de uma amizade amorosa com o Senhor Jesus vivo: uma amizade que dava forma, substância e força ao laborioso discipulado de Owen, em meio a tempos difíceis, e que lhe fornecia esperança pessoal.

No caso de amor que é o cristianismo, são fortes e óbvios os laços entre fé, esperança e amor. Por um lado, as promessas de Deus, no pacto da graça, garantem-nos não somente imunidade em relação aos pecados passados e proteção quanto às pressões presentes, mas também a felicidade de uma comunhão mais íntima e mais rica no futuro, quando a fé for substituída pela vista. Por outro lado, assim como os que se amam gostam de estar juntos, com todos os seus cinco sentidos (vista, audição, paladar, olfato e tato) ativamente envolvidos e, com alegria, apreender um do outro, assim também, natural e espontaneamente, sucede aos santos em relação a seu Salvador. Owen escreve:

> Desfrutar da glória eterna de Deus, em Cristo, com todos os frutos de sua sabedoria e amor, enquanto nós mesmos estamos sob a plena participação dos efeitos desses frutos – imediata e diretamente revelada, proposta e desvendada para nós, sob uma luz divina e gloriosa, quando nossas almas recebem a capacidade de contemplá-la e compreendê-la com perfeição –, esse é o céu pelo qual, de acordo com a promessa de Deus, estamos esperando.[63]

Sustentado por tal esperança, o crente pode e deve confrontar resolutamente o último inimigo e preparar-se para enfrentar com tranquilidade a morte, quando ela vier; de fato, um dos principais temas da espiritualidade dos puritanos era a preparação da mente e do coração para a transição deste mundo até a imediata presença de Deus.

O modo como Owen se havia preparado para isso transparece em sua reação, em seu leito de morte, na manhã de 24 de agosto de 1683, diante da notícia que lhe trouxe um colega de ministério, William Payne, de que sua obra mais recente, apropriadamente intitulada *Meditations and Discourses on the Glory of Christ* (A glória de Cristo – PES), estava no prelo. "Alegro-me por ouvir isso", respondeu Owen. "Mas, ó irmão Payne, chegou finalmente o dia pelo qual tanto tenho desejado, quando verei aquela glória por outro ângulo, como nun-

---

63 Owen, *Works*, VII:338, 339.

ca vi, nem seria capaz de ver, neste mundo."⁶⁴ Owen sabia que estava morrendo; e, antes do fim daquele dia, ele expirou. A trabalhosa precisão linguística de Owen, em estilo latino, permaneceu com ele até o fim, de forma que esta sua quase última frase foi dita como se fosse um discurso público; e isso soou estranho. Mas eu indago, deixando de lado a questão de estilo, se já houve uma forma de despedida mais amável, mais doce e mais nobre?

5) *A comunhão com Deus, em Cristo, é desfrutada de maneira especial à mesa do Senhor.* A visão puritana típica a respeito da Ceia do Senhor não era um mero memorialismo, como se a adoração fosse uma simples questão de rememorar a morte de Cristo sem qualquer comunhão com ele nesse processo. A bem da verdade, os puritanos não criam que os participantes recebessem, na Ceia, alguma graça ímpar que não poderiam receber de outro modo; todos os puritanos concordariam com o escocês Robert Bruce, no sentido de que, "na ordenança, não recebemos qualquer outra coisa que não recebamos na Palavra".⁶⁵ Todavia, há um especial exercício de fé, próprio à Ceia do Senhor, em que o supremo ato de amor de Cristo é mostrado diante de nós com uma vivacidade sem igual, no simbolismo da ordenança; e daí deve surgir uma comunhão especialmente íntima com o Pai e com o Filho. Deixemos que Richard Baxter nos apresente esse ensinamento:

> Além disso, na ordenança do corpo e do sangue de Cristo, somos chamados a um diálogo familiar com Deus. Ele aparece ali para nós mediante uma admirável condescendência nos símbolos representativos e comunicativos da carne e do sangue de seu Filho, nos quais ele tem revelado, mui visivelmente: seu amor e bondade para com os crentes.

---

64 Citado de Ferguson, op. cit., p. 18. A última carta de Owen, ditada na véspera de sua morte, dizia: "Irei ao encontro daquele que minha alma tanto amou, ou melhor, que me amou com um amor eterno, o qual é o pleno fundamento de toda a minha esperança" (*loc. cit.*).

65 Robert Bruce, *Sermons on the Sacrament*, editado por T. F. Torrance (James Clarke, Londres, 1958), p. 64.

Ali, está o próprio Cristo, com seus dons, que nos são concedidos por meio desses símbolos que ele mesmo instituiu (...) Em parte alguma Deus aproxima-se tanto do homem como através de Jesus Cristo; e em parte alguma Cristo é tão familiarmente apresentado a nós como em sua santa ordenança. Somos ali convocados a nos sentarmos à sua mesa, como seus convidados queridos, a fim de relembrarmos seu sacrifício, e a alimentarmo-nos de sua própria carne e sangue, ou seja, com nossas bocas sobre sua carne e sangue simbólicos, alimentando-nos, conforme podemos fazê-lo mediante a fé. O pacto de casamento entre o Deus encarnado e seus desposados é ali publicamente selado, celebrado e solenizado. Ali Deus nos entretém como a amigos, com o banquete mais suntuoso. Jamais um crente poderia, nesta terra, esperar um entretenimento mais gentil, um acesso mais achegado e uma intimidade mais humilde com seu Senhor; no entanto, isso acontece na participação de sua festa sacrificial, a qual é chamada de Ceia, porquanto foi determinada para nossa comunhão especial com Cristo e também uns com os outros. É ali que achamos a mais plena revelação, expressão e comunicação do admirável amor de Deus; e, portanto, é ali que achamos a chamada mais insistente, bem como a melhor assistência, para correspondermos ao amor de Deus de forma ampla; é ali que mais se manifesta esse amor entre Deus e o homem, onde há mais comunhão e mais do céu, como jamais poderíamos desfrutar na terra.[66]

Owen e Baxter não viam todas as coisas pelo mesmo prisma – de fato, quanto à natureza da expiação, quanto à base da justificação e a certo número de questões eclesiásticas, estavam a uma boa distância um do outro. Mas, no que diz respeito à Ceia do Senhor, como oportunidade e meio de comunhão com Cristo, eles concordavam em tudo. Owen nunca escreveu sobre a Ceia do Senhor, mas, a julgar por uma série de sermões informais sobre a ordenança, copiados por um taquígrafo en-

---

66 Richard Baxter, *Works*, III:816.

quanto ele pregava,[67] vemos com clareza seus pontos de vista sobre a questão. A última sentença de seu último sermão expressa sua posição fundamental: "Temos *uma experiência peculiar de comunhão com Cristo*, de maneira apropriada para essa ordenança, que não se vê em qualquer outra ordenança".[68] Uma vez mais, Sinclair Ferguson nos oferece um admirável sumário do pensamento de Owen sobre esse tema.[69]

> A comunhão da Ceia é *comemorativa*, pois envolve a profissão e a proclamação da morte de Cristo. Ela é *eucarística* e *federal* (IX:527), porque ali Deus *confirma* sua aliança, e os crentes renovam-se nas obrigações da aliança.
>
> Mas como Cristo se faz presente na Ceia? Owen cria que ele se faz presente "de maneira especial" (IX:572) (...) sua presença não é corpórea (...) Cristo faz-se presente por representação, apresentação e confirmação.
>
> *Representação* é um termo favorito (IX:563, 593, 595, 605, 606). Cristo é mostrado como alguém que sofreu pelos pecados dos homens e como um "recém-sacrificado" (IX:564, cf. III.440), ele é alimento para suas almas. Essa representação é vista no fato de que Deus o propôs; é vista em sua paixão, em seu cumprimento da promessa; na incorporação dele com o crente em união e na participação do crente com Cristo, mediante a fé (IX:540-541).
>
> Cristo também é *apresentado* na Ceia. O importante aqui, para Owen, é que Cristo apresenta a si mesmo. Ele não é proposto pelo Pai ou pelo Espírito como objeto de fé, mas por si mesmo (IX:589). Isso faz da Ceia uma ordenança "peculiar", na qual Cristo se apresenta como Profeta, Sacerdote e Rei (IX:621-622). "É ele mesmo, seguido por todos os benefícios advindos daquela grande porção de sua mediação, ao morrer por nós" (IX:590).

---

67 Owen, *Works*, IX:517-622.
68 Ibid., IX:622.
69 Ferguson, op. cit., pp. 221-224.

Cristo também se faz presente por confirmação. O pacto foi feito e confirmado pelo sangue de Cristo: "Ele vem e sela o pacto com seu próprio sangue, na administração dessa ordenança" (IX:574).

Portanto, a comunhão com Cristo torna-se uma questão de reconhecer a presença dele no poder de seu sacrifício reconciliador e de observar a ordenança com reverente confiança de que, nela, Cristo vem garantir seu amor salvífico a cada um de nós, pessoalmente, de tal modo que "nos sentamos à mesa de Deus como aqueles que são amigos do Senhor (...) não havendo qualquer contenção entre ele e nós".[70] Deveríamos preparar-nos para a ocasião através da "*meditação* sobre a culpa do pecado, a santidade de Deus e a salvação em Cristo (IX:559); por meio do *autoexame*, com um espírito de arrependimento e fé; através da *súplica*, à qual acrescentamos a oração, 'que pode gravar e assimilar todo o resto na alma' (IX:562); e através da *expectativa* de que Deus cumprirá sua promessa, 'vindo ao nosso encontro de acordo com o desejo de nossos corações'".[71] Então, poderemos esperar, com toda a confiança, um encontro reavivador com nosso amado Senhor, que resulte em maior alegria, paz, amor agradecido e humilde devoção do que aquilo de que antes usufruíamos, pois não faz parte do caráter de Cristo desapontar aqueles que o buscam através do uso apropriado dos meios da graça.

6

Isso completa nosso mapeamento acerca da estrutura da espiritualidade, teológica e experimental, que era ensinada pelo magistral instrutor que sempre foi reputado o príncipe dos puritanos. Ele falava em nome de todo o grupo de teólogos pastorais puritanos, diferindo

---

70 Owen, *Works*, IX:566.
71 Ferguson, op. cit., p. 224.

de outros somente quanto ao peso e à sabedoria com que formulava as certezas que eles tinham em comum. Assim, as ponderações gerais que agora estão em pauta terão em vista não apenas Owen, como se ele estivesse sozinho, mas também toda a herança da qual ele era um porta-voz tão distinto.

Qualquer pessoa que conheça algo sobre o cristianismo dos puritanos sabe que, quanto a seus melhores aspectos, ele tinha um vigor, uma ousadia e uma profundidade que faltam à moderna piedade evangélica. Isso acontece porque o puritanismo era, essencialmente, uma fé experimental, uma religião de "trabalho feito de coração", uma prática permanente de busca da face de Deus, de um modo que, em geral, difere muito de nosso atual cristianismo. Os puritanos eram crentes mais ousados exatamente porque eram crentes mais piedosos. Vale a pena frisar alguns pontos particulares de contraste entre eles e nós.

Primeiro, não podemos deixar de concluir que, se para os puritanos a comunhão com Deus era *importantíssima*, para os evangélicos de hoje essa é uma questão comparativamente insignificante. Os puritanos se interessavam pela comunhão com Deus de uma maneira que não nos interessamos. A medida de nosso interesse é o pouco que falamos a esse respeito. Quando os crentes se reúnem, falam uns com os outros sobre seu trabalho e seus interesses cristãos, sobre os crentes que conhecem, sobre o estado de suas igrejas e sobre os problemas teológicos, mas raramente sobre sua experiência diária com Deus. Os livros e revistas modernos, publicados pelos evangélicos, contêm muito sobre a doutrina cristã, sobre os padrões evangélicos, sobre os problemas de conduta cristã, sobre as técnicas de serviço cristão, mas pouco sobre a realidade interior da comunhão com Deus. Nossos sermões contêm muito acerca da sã doutrina, mas pouco sobre o diálogo entre a alma e o Salvador. Não passamos muito tempo, sozinhos ou juntos, falando sobre a maravilha do fato de Deus e os pecadores terem comunhão; simplesmente assumimos isso como algo normal e desviamos nossa mente para outras questões. Assim, deixamos claro que a comunhão com Deus para nós é algo insignificante. Quão diferentes, porém, eram os puritanos! O alvo de sua pregação e de seus escritos de natureza "prática e experimental" era explorar os limites da doutrina e da prática da comunhão do homem com seu Deus. Em particular, eles falavam livremente sobre suas experiências com Deus, pois tinham profundas experiências sobre as quais falar, como as "três ou quatro mulheres pobres sentadas à porta, tomando sol", que Bunyan conheceu em Bedford:

> (...) elas conversavam sobre um novo nascimento, obra de Deus em seus corações, e também sobre como haviam ficado convictas de seu natural estado de miséria; elas conversavam sobre como Deus havia visitado seus corações com seu amor no Senhor Jesus e sobre as palavras e promessas que as tinham refrigerado, consolado e sustentado contra as tentações do diabo. E, assim, elas arrazoavam sobre as sugestões e tentações de Satanás, em particular; e contavam umas às outras aquelas coisas que as haviam afligido e como tinham resistido aos assédios dele (...) E tenho a impressão de que elas falavam como se a alegria as impelisse a falar (...).[72]

Os puritanos nunca deixaram de ter um senso de temor e admiração diante do fato de terem acesso a Deus, em paz e amizade. "Em verdade, ter comunhão com Deus, o Deus infinitamente santo, é uma extraordinária graça para os pecadores", escreveu Owen.[73] E, por muitas vezes, os corações dos puritanos vibraram diante da "extraordinária" graça de Deus. Para eles, essa era a coisa mais maravilhosa do mundo. Mas

---

72 John Bunyan, *Grace Abounding to the Chief Of Sinners*, editado por Roger Sharrock (Oxford University Press, Londres, 1966), p. 16. É importante salientar que Owen admirava a pregação de Bunyan, e fez os contatos para que seu editor publicasse a primeira edição de *The Pilgrim's Progress*. Ver Ferguson, op. cit., pp. 3, 16; Toon, op. cit., pp. 161ss.

73 Owen, *Works*, 11:7.

nós, embora muito entoemos o hino "Maravilhosa Graça" (suponho, porque gostamos da melodia), não nos admiramos, no íntimo, diante da graça, conforme faziam os puritanos; não nos causa admiração que o Criador santo receba meros pecadores em sua companhia; antes, tomamos isso como normal! "Deus perdoará; tal é a *função* dele", esse foi o escárnio final com que certo cínico francês foi ao encontro de seu Criador. "Deus receberá; tal é a *função* dele", essa parece ser nossa monótona suposição hoje em dia. Devemos tratar assim a graça gratuita, como se ela fosse uma coisa rotineira? Sem dúvida, há algo de errado nisso.

Segundo, observamos que, enquanto a piedade experimental dos puritanos era *natural* e *espontânea*, por ser tão teocêntrica, nossa própria piedade quase sempre parece *artificial* e *jactanciosa*, visto que tanto se preocupa conosco. Nosso interesse focaliza-se na experiência religiosa como tal, e também na inquirição por Deus, da parte do homem, ao passo que os puritanos se interessavam pelo Deus com quem os homens têm experiência e pela maneira como ele lida com aqueles a quem atrai para si mesmo.

Essa diferença de interesses destaca-se nitidamente quando confrontamos a autobiografia espiritual puritana – digamos, *Maravilhosa graça*, a autobiografia de Baxter ou as memórias de Fraser de Brea – com obras similares de nossos dias.[74] Nas autobiografias modernas, o herói e personagem principal usualmente é o próprio autor; ele é o centro do interesse, e Deus figura apenas como um personagem necessário à história. O tema, na verdade, é "eu – e Deus". Nas autobiografias puritanas, porém, Deus era o centro do começo ao fim. Ele, e não o escritor, era o centro do interesse; o assunto do livro era, na verdade, "Deus – e eu". O teocentrismo permeador dos relatos puritanos sobre as experiências espirituais serve de prova da autenticidade, sendo essa a razão de sua força de atração para os leitores modernos.

---

74 A respeito da autobiografia espiritual puritana, ver Owen Watkins, *The Puritan Experience* (Routledge and Kegan Paul, Londres, 1972; Schocken Books, Nova Iorque, 1972).

Porém, quando as experiências com Deus são relatadas de maneira dramática e autoglorificante, esse é um sinal seguro de que a experiência propriamente dita, embora pungente, não teve profundidade, se é que, de fato, foi genuína.

Terceiro, parece inegável que, *no moderno sistema evangélico*, não se acha espiritualidade comparável à paixão dos puritanos pela integridade espiritual e pela honestidade moral diante de Deus, ao temor da hipocrisia em si mesmos e em outras pessoas, e à sua humilde autodesconfiança, que os impelia constantemente a se vigiar, para não se tornarem mero espetáculo religioso perante os homens, com corações que se teriam esfriado para com Deus. Eles eram tipicamente cautelosos, sérios, realistas, constantes, pacientes, persistentes nas boas ações e ávidos pela santidade de coração; nós, em contraste, muitas vezes mostramo-nos tipicamente impetuosos, eufóricos, frívolos, superficiais, ingênuos, vazios e rasos. Os conselhos de Owen a "meus colaboradores e estudantes de teologia", acerca de como deviam aproximar-se da tarefa de sustentar a fé contra a falsidade e a insensatez, atingem o clímax com uma chamada ao "esforço diligente para que o poder das verdades que professavam, e pelas quais contendiam, residisse em seus corações".[75] Decerto, ao dizer isso, Owen delineava a vereda que conduz de onde estamos para onde estavam os puritanos, e onde deveríamos estar, em qualidade, em nosso andar com Deus. A passagem inteira requer citação.

> Quando o coração de fato se amolda à doutrina aceita pela mente (...) quando em nossas cabeças não está apenas o sentido das palavras e quando o senso das coisas está em nossos corações; quando temos comunhão com Deus na doutrina pela qual lutamos, então seremos guarnecidos pela graça de Deus contra todos os ataques dos homens. Sem isso, todo o nosso conflito não tem valor, no tocante a nós mes-

---

75 Owen, *Works*, XII:52.

mos. De que me adianta poder disputar sobre o fato de que Cristo é Deus, mas não sentir no coração a doçura proveniente do fato de que ele é o Deus em aliança com minha alma? Que proveito eu teria, ao provar, mediante testemunhos e argumentos, que ele ofereceu satisfação pelo pecado se, ainda assim, por causa da minha incredulidade, estivesse sob a ira de Deus, sem a experiência de ter sido feita a justiça de Deus em Cristo? (...) Haveria para mim qualquer vantagem no fato de professar e disputar que Deus efetua a conversão de um pecador pela graça irresistível de seu Espírito se nunca tive familiaridade experimental com minha própria pecaminosidade, estando em total impotência para com o bem – aquela oposição à lei de Deus que está, por natureza, em minha própria alma – e sem a eficácia da grandeza do poder de Deus para vivificar, iluminar e produzir os frutos da obediência em mim? (...) Portanto, não pensemos que somos melhores por estarmos convencidos da verdade das grandes doutrinas do evangelho (...) a menos que o poder dessa verdade resida em nossos corações, produzindo uma experiência contínua de sua necessidade e excelência, em nossa postura diante de Deus e em nossa comunhão com ele.[76]

Uma palavra ao sábio? Certa vez, Deus enviou Jeremias para que dissesse a Israel: "Perguntai pelas veredas antigas qual é o bom caminho; andai por ele e achareis descanso para as vossas almas" (Jr 6.16). À medida que vamos estudando Owen, quanto à vida espiritual, Deus não estaria falando conosco em termos semelhantes? As instruções e orientações de Owen são realmente "veredas antigas", tão antigas quanto a Bíblia, mas são veredas que os puritanos descobriram ser, na realidade, "o bom caminho". Faríamos bem em buscar graça para nós mesmos se começássemos a trilhar esse bom caminho. "E achareis descanso para vossas almas."

---

76 *Loc. cit.*

Capítulo 12

John Owen e os dons espirituais

1

O assunto dos dons espirituais não era muito debatido na teologia puritana, e o único estudo completo sobre os dons, feito por um grande escritor, até onde sei, é a obra de John Owen *Discourse of Spiritual Gifts* (Discurso sobre os dons espirituais). Essa foi a última parte da grande análise de Owen sobre o ensino bíblico acerca do Espírito Santo e parece ter sido escrita em 1679 ou 1680,[1] embora só tenha sido impressa em 1693, dez anos após a morte de Owen. O *Discourse* de Owen é bem característico do que ele pensava e também do ponto de vista geral dos puritanos sobre esse tema.

---

1 Em sua obra *Inquiry Concerning... Evangelical Churches*, escrita após a publicação do sermão de Stillingfleet, *On the Mischief of Separation* (pregado em 2 de maio de 1680), e antes que aparecesse, no ano seguinte (Owen, *Works*, XV, pp. 221, 222, 375), a obra maior de Stillingfleet, *The Unreasonableness of Separation*, Owen refere-se a seu livro, *Discourse of Spiritual Gifts*, como já tendo sido escrito (p. 249). No prefácio de *The Work of the Spirit in Prayer*, publicado em 1682, ele menciona um tratado a respeito dos dons espirituais como algo que ele se propõe a escrever (IV:246). Isso indica que *The Work of the Spirit in Prayer*, que seguiu *Causes, Ways and Means of Understanding the Mind of God* (publicado em 1678) na sequência dos tratados a respeito do Espírito Santo, provavelmente foi escrito três anos antes de sua publicação, visto que, por volta de 1680, seu anunciado sucessor já havia sido escrito. *Discourse of Spiritual Gifts* encontra-se em IV:420-520.

É bom delimitarmos claramente a área sobre a qual nosso estudo está avançando, pois pode haver falsas expectativas aqui. Para muitos crentes de hoje, a expressão "dons espirituais" sugere uma gama mais ampla de questões e interesses do que ela indicava para os puritanos. Por todo o século que separou as aventuras pioneiras de William Perkins no campo da teologia pastoral (*The Arte of Prophecying* – A arte de profetizar, em latim, 1592, e em inglês, 1600; *The Calling of the Ministerie* – A chamada para o ministério, 1605) até o *Discourse*, de Owen, a atenção dos puritanos, ao discutirem sobre os dons espirituais, era dominada por seu interesse no ministério ordenado, e, por conseguinte, naqueles dons particulares que qualificam um homem para o ofício ministerial, ao passo que raramente são abordadas questões sobre outros dons concedidos a outras pessoas.

Preocupados como estavam – e sua época exigia que assim estivessem – em assegurar os altos padrões ministeriais, em educar pessoas comuns para que se livrassem da superstição e do fanatismo, os puritanos já tinham muito com que ocupar suas mentes e mãos, e as questões modernas sobre os dons e serviços próprios dos leigos recebiam muito menos atenção do que poderíamos esperar. Duas dessas questões em particular podem ser notadas aqui, visto que se projetam significativamente nos debates dos dias atuais.

Primeira, *como deveríamos avaliar o "pentecostalismo" (o chamado "movimento carismático") na moderna vida evangélica?*

O movimento pentecostal, em suas formas denominacional e interdenominacional, reivindica ser, em essência, uma renovação dos autênticos, mas negligenciados, elementos do cristianismo: os dons de línguas, profecia e cura. (Os detalhes dessa reivindicação variam de grupo para grupo.) Será que os puritanos poderiam ajudar-nos a avaliar essas reivindicações? Só de maneira indireta, pois não existia tal movimento nos dias dos puritanos. A Inglaterra do século XVII, conforme sei, não produziu ninguém que se dissesse possuidor do dom de línguas;² e, embora não fossem desconhecidas as reivindicações quanto a poderes proféticos e de curas, especialmente nos dias conturbados das décadas de 1640 e 1650, os sinais de "entusiasmo" (ilusão fanática) e de desequilíbrio mental eram muito comuns.³

Sem dúvida, foi a experiência de Owen com tais pessoas que o levou a escrever sobre a classe dos "dons que, em sua própria natureza, ultrapassam todo o poder de nossas faculdades" (nessa categoria, ele alistava as línguas, as revelações proféticas e o poder de curar), dizendo: "Aquela graça do Espírito cessou há muito e, sempre que alguém pretenda possuí-la atualmente, com justiça podemos suspeitar que se trata de uma ilusão entusiástica".⁴ Mas será que isso significa que Owen, à semelhança de B. B. Warfield,⁵ rejeitaria, *a priori*, toda possibilidade de renovação, para qualquer propósito, das *charismata* que eram conferidas na era apostólica, a fim de autenticar o ministério e a mensagem pessoal dos apóstolos? Owen não disse isso em nenhum lugar; seria, pois, precipitado atribuir a ele essa negação dogmática e, conforme já frisamos, não é inevitavelmente sugerida por qualquer passagem bíblica. Antes, podemos supor (embora, devido à natureza do caso, isso seja apenas um palpite) que, se Owen se defrontasse com os fenômenos pentecostais modernos, julgaria cada caso *a posteriori*, de acordo com seu próprio mérito, seguindo estes quatro princípios básicos:

(1) Visto que a conjectura contra qualquer renovação dessa ordem é forte, e que a tendência ao "entusiasmo" faz parte da fraqueza

---

2 Parece que os únicos protestantes que falavam em línguas, no século XVII, eram os Camisards, refugiados huguenotes que fugiram para os montes Cevennes, depois que o Édito de Nantes foi revogado, em 1685. De qualquer modo, o movimento Camisard foi, sem dúvida alguma, fanático. Ver *Oxford Dictionary of the Christian Church* (1957) e os livros ali mencionados.

3 "O ambiente estava carregado de testemunhos a respeito de profecias e milagres, e havia homens de todas as partes que viviam no limite entre a sanidade e a insanidade" (R. Barclay, *The Inner Life of the Religious Societies of the Commonwealth*, 1876, p. 216). Barclay cita uma série de ocorrências.

4 Owen, *Works*, IV:518.

5 Ver B. B. Warfield, *Miracles Yesterday and Today* (Banner of Truth, Londres, 1967), cap. 1.

de toda pessoa regenerada, qualquer manifestação extrarracional, como a glossolalia, precisa ser vigiada e testada da maneira mais estrita, por um período considerável, antes que alguém possa, mesmo provisoriamente, aventurar-se a atribuí-la a Deus.

(2) Visto que Deus tenciona que o uso dos dons de um homem fomente a obra da graça em sua própria alma (veremos Owen argumentar a esse respeito, mais adiante), a possibilidade de que (por exemplo) a glossolalia de um crente proceda de Deus só será aceita se acompanhada por um amadurecimento discernível do fruto do Espírito em sua vida.

(3) Estar mais interessado em dons extraordinários, de menor valor,[6] do que nos dons comuns, de maior valor; deixar-se absorver mais na busca pelo próprio enriquecimento espiritual do que em buscar a edificação da igreja; centrar a própria atenção sobre o Espírito Santo, ao passo que o próprio Espírito preocupa-se em focar nossa atenção sobre Jesus Cristo, essas características são sinais seguros de "entusiasmo", onde quer que se manifestem, inclusive naquelas pessoas que parecem mais santificadas.

(4) Visto que ninguém pode provar, de forma conclusiva, que qualquer manifestação carismática é idêntica àquilo que é ensinado nas páginas do Novo Testamento, ninguém, em qualquer caso particular, pode ter mais do que uma opinião experimental e provisória, sujeita a uma repetida avaliação, conforme o tempo e a vida prosseguem.

Owen interessava-se profundamente em frisar o caráter sobrenatural da vida cristã, fazendo justiça à obra do Espírito nela; mas, se ele teria sentido simpatia por qualquer forma do pentecostalismo moderno, essa é uma questão acerca da qual as opiniões podem divergir.

---

6 Matthew Henry chama o dom de línguas de "o mais inútil e o mais insignificante de todos os dons" (I Co 12.28). É improvável que Owen tenha discordado desse veredicto.

A segunda questão moderna que requer menção é: *Como deveríamos desenvolver a vida congregacional, em nossas igrejas, de modo a garantir um "ministério de cada membro"?*

O Novo Testamento retrata a igreja como um corpo no qual cada membro tem seu papel a desempenhar, com vistas ao avanço e ao crescimento do todo. Mas as igrejas modernas têm herdado padrões de vida supercentralizados; assim, a maioria das congregações contém meros "passageiros", e nossa rigidez institucional inibe nosso impacto sobre as comunidades locais. Cada vez mais percebemos que alguns padrões de pequenos grupos de companheirismo, oração, estudo e ação cristã – reuniões nas casas, "células" e coisas similares – precisam ser criados dentro de nossas congregações, em uma escala muito mais ampla do que temos feito até agora. E, mais uma vez, indagamos: Será que os puritanos poderiam ajudar-nos nesse aspecto? E, mais uma vez, respondemos: apenas indiretamente. A supercentralização não era um problema nos dias dos puritanos, e o vigor e a influência da família, como uma unidade religiosa, nos dias dos puritanos, tornavam menos premente a necessidade de haver outras estruturas em pequenos grupos.

Entretanto, embora os puritanos não nos tenham deixado um modelo para as modernas reuniões em grupos, encontramo-los vindicando, de forma enfática, o fato de tais reuniões serem legítimas, desejáveis e benéficas. Assim, Owen, para exemplificar, incluiu em seu primeiro livro, *The Duties of Pastors and People Distinguished* (Distinguindo os deveres dos pastores e do povo) (1643),[7] um capítulo intitulado "Sobre a liberdade e o dever dos crentes leigos exercitarem seus dons nos diversos atos de adoração divina", argumentando que

---

7 O livro é datado de 1644, mas, em outro lugar, Owen declara que esse foi um erro deliberado do editor (*Works*, XIII:222).

para o aprimoramento do conhecimento, para o aumento do amor cristão, para a promoção de uma completa e santa comunhão daquele amor e amizade espirituais que deve haver entre os irmãos, estes podem, de comum acordo, reunir-se a fim de se considerarem mutuamente, de incentivarem uns aos outros ao amor e às boas obras e de despertar os dons que já possuem, dando e recebendo consolo mútuo, por meio dos frutos de sua santíssima fé.[8]

Os crentes podem reunir-se legitimamente para orarem juntos (At 12.12), para falarem uns aos outros palavras de encorajamento (Ml 3.16) e de ajuda espiritual (Is 50.4; Tg 5.16). As únicas condições são que não se transformem em grupos fragmentados, distanciando-se da adoração pública na igreja, desprezando e desconsiderando seus pastores ou adotando novidades doutrinárias. Owen ridicularizou a ideia de que tais reuniões tivessem a natureza de "conventículos cismáticos", preferindo considerá-las meios legítimos e apropriados como os crentes "podem ajudar-se mutuamente a progredir no conhecimento da piedade e do caminho que leva ao céu".[9]

Uma geração mais tarde, em seu livro *Discourse*, Owen voltou ao tema de que todos os crentes recebem dons e, através do uso desses dons, devem "admoestar uns aos outros, exortar uns aos outros e edificar uns aos outros em sua santíssima fé". E adicionou este comentário:

> É a perda desses dons espirituais que provocou, entre muitos, uma negligência total quanto a essas funções, de tal modo que esses dons agora raramente são exercidos entre aqueles que são chamados crentes. Bendito seja Deus, porém, pois desfrutamos de ampla e plena experiência da continuação dessa graça do Espírito, nas capacidades

---

8 Ibid., XIII:44, 45.
9 Ibid., p. 47.

eminentes de uma multidão de crentes (...) Confesso, contudo, que alguns desses dons têm sido usados abusivamente; certas pessoas têm presumido além das medidas razoáveis quanto aos dons que receberam; outros têm-se deixado inchar por causa deles; outros ainda têm usado os dons de forma desordenada nas igrejas, para seu próprio dano; e outros têm-se jactado daquilo que não receberam – erros que também infestaram as igrejas primitivas. E eu preferiria a ordem, a regra, o espírito e a prática daquelas igrejas que foram implantadas pelos apóstolos, com todas as suas dificuldades e desvantagens, à tranquilidade carnal de outras igrejas, que se degeneraram ao abandonar todas essas coisas.[10]

É claro que, se Owen estivesse conosco hoje, nos exortaria, por todos os meios, a buscarmos recuperar o "ministério de cada membro", por meio de uma renovada busca pelos "melhores dons" do Espírito Santo.

2

Aquilo que já citamos dos escritos de Owen deixou clara a natureza de seu interesse pelos dons espirituais. Temos aí um aspecto da abrangente e desgastante preocupação que o marcou por todos os seus dias: a *autenticidade da vida eclesiástica*. Ao procurar concretizar essa preocupação, ele aparece como um teólogo reformador, que fez oposição às falsas estruturas, ao formalismo morto e à desordem espiritual; foi um pastor-teólogo que desafiou as distorções do evangelho, as rotinas religiosas realizadas mecanicamente e as profissões de fé estéreis; e também foi um teólogo centrado em Cristo, insistindo, sem cessar, que a honra do Salvador está diretamente ligada ao estado da igreja visível. (Tudo isso equivale a dizer

---

10 Ibid., IV:518.

que Owen figura como um autêntico teólogo reformado, um espírito aparentado ao próprio Calvino.) Segundo o ponto de vista de Owen, a relevância dos dons espirituais era tal que simplesmente *não pode haver vida eclesiástica autêntica sem o exercício deles*. Quanto a isso, mostrou-se claro e enfático.

No começo de seu livro *Discourse*, Owen diz que, sem os dons do Espírito, "a igreja não pode subsistir no mundo, nem os crentes podem ser úteis uns aos outros e ao restante da humanidade, para a glória de Cristo, como deveriam ser".[11] Os dons são "os poderes do mundo vindouro", referidos em Hebreus 6.5, e também são "o ministério do Espírito", mencionado em 2 Coríntios 3.8, pois "as promessas de abundante efusão do Espírito, no Novo Testamento são frequentemente aplicadas a Ele, que opera os extraordinários e os comuns dons evangélicos nos homens",[12] e o uso de seus dons é "o grande meio pelo qual toda a graça é gerada em nós e exercida por nós".[13] Assim, os dons espirituais, na verdade, são "o grande privilégio do Novo Testamento".[14]

Os dons do Espírito dão à igreja vida orgânica interior e sua forma visível externa. "Essa diversificada distribuição de dons [ou seja, aquela referida em 1 Coríntios 12.16-25] torna a igreja um corpo orgânico; e é, dessa forma, através dos usos peculiares pelos membros do corpo, que subsistem a harmonia, a beleza e a segurança do todo".[15] "A ocupação que coloca uma igreja visível em conformidade com a mente de Cristo é o exercício ordeiro dos dons espirituais que lhe foram outorgados, em uma conduta que evidencia o invisível princípio da graça salvadora."[16]

---

11 Ibid., pp. 420, 421.
12 Ibid., p. 432.
13 Ibid., p. 421.
14 *Loc. cit.*
15 Ibid., p. 428.
16 *Loc. cit.*

Os dons do Espírito foram e continuam sendo as únicas armas que Cristo usa para estabelecer, ampliar e manter seu reino.

> Indaga-se qual poder o Senhor Jesus empregou para erigir aquele reino ou igreja-estado que, tendo sido prometido desde há muito, foi chamado de *mundo por vir* ou *novo mundo* (...) e digo que esse poder são os dons do Espírito Santo (...) Por meio do exercício dos dons foi que o Senhor Jesus Cristo erigiu seu império sobre as almas e sobre as consciências dos homens, destruindo tanto a obra quanto o reino do diabo. É verdade que o cetro de seu poder é a própria palavra do evangelho, enviado desde Sião, a fim de erigir e dispensar seu governo; mas o poder oculto que tornou a Palavra eficaz, ao ser apresentada, foram esses dons do Espírito Santo.[17] Por meio desses dons, o Senhor Jesus Cristo demonstra seu poder e exerce seu governo.[18]

Um dos segredos da vida abundante, desfrutada pela igreja primitiva, é que "todas as ministrações do evangelho, naqueles dias, eram executadas declaradamente através dos dons espirituais".[19] Sem os dons, a igreja reduz-se a uma mera sombra de si mesma. As reuniões de adoração se esterilizam, pois "as ordenanças do evangelho mostram-se infrutíferas e insatisfatórias sem a presença e o exercício dos dons do evangelho".[20] A igreja, então, cai na valeta do formalismo e no lamaçal da superstição. Owen escreveu que o desinteresse pelos dons espirituais

> em todas as épocas tem sido aquilo que tem sustentado a apostasia e o desviar-se do poder e da verdade do evangelho. Os nomes das realidades espirituais permaneceram, mas foram aplicados a formalidades e

---

17 Ibid., pp. 479, 480.
18 Ibid., p. 426.
19 Ibid., p. 471.
20 Ibid., p. 421.

cerimônias externas, que acabaram ocupando, insensivelmente, o lugar daquelas realidades, para a ruína do evangelho na mente dos homens.[21]

Assim como negligenciar a graça salvadora interna, na qual consiste o poder da piedade, tem sido a ruína da profissão cristã, quanto à obediência, também negligenciar esses dons tem sido a ruína dessa mesma profissão, quanto à adoração e à boa ordem, resultando daí tolas superstições.[22]

Owen opinava que a igreja de Roma é um desses casos:

> Temos uma instância, na igreja de Roma, de como várias, extravagantes e intermináveis invenções mentais dos homens os levam a manter um simulacro de adoração, quando, mediante a perda dos dons espirituais, perdem-se também as ministrações espirituais. Criam-se, então, inúmeras formalidades, modos, ritos e cerimônias e períodos determinados para o culto, a fim de suprir a carência, mas sem qualquer propósito, a não ser para agravar o pecado e a insensatez deles.[23]

Outra generalização feita por Owen, ou seja, "um ministério destituído dos dons espirituais é evidência suficiente de que uma igreja está sujeita a uma apostasia degeneradora",[24] sugere pensamentos que também poderiam perturbar os grupos protestantes, em nossos próprios dias.

3

Agora está clara para nós a ênfase do ensino de Owen, bem como a importância teológica e prática que ele atribuía à questão dos dons

---

21 Ibid., p. 423.
22 Ibid., pp. 421, 422.
23 Ibid., p. 507.
24 Ibid., p. 482.

espirituais. Sob esta luz, podemos prosseguir com proveito, a fim de enfocar quatro assuntos específicos: a natureza dos dons espirituais; o lugar dos dons espirituais na vida da igreja; os diferentes tipos de dons, comuns e extraordinários; e o lugar dos dons na economia da graça. Esses temas ocuparão o restante de nosso estudo.

1) *A natureza dos dons espirituais*. Os dons espirituais são capacidades conferidas e exercidas por intermédio do poder de Deus; portanto, não são naturais, são sobrenaturais; não são humanos, mas divinos. Owen iniciou seu argumento em *Discourse* passando em revista a fraseologia neotestamentária sobre os dons espirituais, observando que isso, por si mesmo, já nos revela bastante sobre a natureza deles. As palavras podem ser arranjadas em quatro grupos (Owen arrumou-os em três, reunindo os dois últimos).

O primeiro grupo salienta a ideia de que os dons são concessões gratuitas e não merecidas. Os termos em foco são *dorea* e *domata*, "presente" e "presentes", e *charismata*, palavra derivada de *charis*, "graça", sobre a qual Owen comentou: "O uso desse vocábulo deixa em pauta a absoluta liberdade do doador".[25]

O segundo grupo destaca a ideia de que o autor dessas capacidades é o Espírito Santo. As palavras-chave aqui são: *pneumatika*, literalmente "espirituais", em 1 Coríntios 12.1; as expressões "a manifestação do Espírito", no v. 7, e "distribuições do Espírito Santo", em Hebreus 2.4.

O terceiro grupo expressa a ideia de que um dom é, deveras, obra de Deus no homem, não sendo a concretização de alguma capacidade humana, mas uma dinâmica operação divina. Esse pensamento concentra-se no vocábulo grego *energemata*, "operações" ou, literalmente, "operações eficazes" (1 Co 12.6).

O quarto grupo frisa a função cumprida pelos dons: eles são "ministrações", "diversidade nos serviços" (1 Co 12.5), "poderes

---
25 Ibid., p. 423.

ou habilidades com os quais alguns crentes são capacitados a ministrar bênçãos espirituais em benefício, vantagem e edificação de outros crentes".[26]

Uma definição curta e em harmonia com a análise feita por Owen seria esta: um dom espiritual é uma capacidade, divinamente dada e mantida, de apreender e expressar as realidades do mundo espiritual e o conhecimento de Deus em Cristo, visando à edificação tanto de outras pessoas quanto de si mesmo. Essa definição parece ser inteiramente bíblica. Porém, devemos notar que Paulo, ao instruir os crentes quanto ao uso de seus dons, falava sobre alguém expressar seu conhecimento acerca da misericórdia de Deus em Cristo, pela maneira como contribui, dirige, ama os irmãos e mostra hospitalidade, além de profetizar, ensinar e exortar (Rm 12.4-13). Owen, entretanto, concebia os dons comuns (como distintos daqueles, tais como os milagres e as línguas, que "consistiam apenas em uma operação transitória de algum poder extraordinário") somente em termos de receber pensamentos sobre as coisas divinas e o poder de expressá-los por meio de palavras. Ele não reputava qualquer outra capacidade de servir como um "dom", em nenhuma hipótese. Essa intelectualização transparece em sua afirmação de que "os dons espirituais são dados e fixados apenas na mente ou no entendimento (...) surgindo na mente como coisas que envolvem noções teóricas, e não como coisas práticas. São capacidades intelectuais e nada mais".[27]

Parece que temos aí a posição geral dos puritanos, que repousava na suposição de que 1 Coríntios 12.7-11 é uma lista completa de todos os dons que existem ou já existiram – suposição que Owen compartilhava, segundo observamos no quarto capítulo de seu *Discourse*. Mas essa noção nunca foi comprovada, e o ponto de vista de Owen mostra-se incompleto quanto a esse particular. Teria Paulo em

---

26 Ibid., p. 424.
27 Ibid., p. 437.

mente apenas as capacidades intelectuais ao afirmar que Deus estabeleceu na igreja "socorros" e "governos" (1 Co 12.28)? Talvez seja significativo o fato de Owen não haver aludido a esses dons, nem no *Discourse* nem em qualquer outro de seus escritos endereçados à igreja, até onde tenho investigado. É provável que, à semelhança de outros expositores puritanos, ele não pensasse que as funções a que se referem esses nomes fossem manifestações de algum dom espiritual distinto.[28] Mas parece claro que a categoria de dons espirituais, conforme Paulo via as coisas, incluía graças de caráter e de sabedoria prática, além de poderes de raciocínio e de discurso teórico a respeito das verdades divinas.

Dons ministeriais são conferidos pelo Senhor Jesus Cristo (Ef4.8), por meio do derramamento do Espírito Santo sobre os homens (At 2.23). Owen equiparava o "poder" do Espírito, em Atos 1.8 e 1 Coríntios 2.4, à concessão e ao exercício dos dons. Embora os dons, com frequência, sejam dados por meio da santificação das habilidades, eles mesmos não são habilidades naturais e, algumas vezes, isso é assinalado pelo não desenvolvimento, em certos crentes, dos dons que suas habilidades naturais nos levariam a esperar e por se manifestarem neles dons para os quais suas habilidades naturais não dão qualquer base. Todos os dons, contudo, são igualmente fomentados pelo uso dos meios de graça: a oração, a meditação, a contrição constante e o serviço ativo na causa de Deus.

---

28 "Socorros" e "governos" não foram identificados com precisão por qualquer dos exegetas puritanos. Matthew Pool (*Annotations* – 1685), *ad loc*) confessou que era "muito difícil determinar" o que eram – "se significavam diáconos ou viúvas (...) como auxiliadores, no caso dos pobres, ou alguns que assistiram aos pastores no governo da igreja, ou alguns que serviram como extraordinários ajudadores dos apóstolos na implantação da igreja. Matthew Henry achava que o termo "socorros" referia-se àqueles que visitavam os doentes; e "governos", na verdade, eram os diáconos ou os "mordomos dos pobres", no antigo significado metodista, que distribuíam aos necessitados as ofertas de caridade da igreja. Richard Baxter defendia que o termo "socorros" referia-se a "pessoas eminentes que, por meio da caridade e do cuidado especial, auxiliavam as igrejas, especialmente no que diz respeito aos pastores e aos pobres; governos existiam para arbitrar as diferenças e manter a ordem" (*Paraphase of the New Testament, ad loc*). Entretanto, nenhum desses autores, nem qualquer dos puritanos, até onde estou inteirado, pensava a respeito de um dom de socorrer ou de governar.

2) *Os dons espirituais e os ofícios eclesiásticos.* Embora, conforme já vimos, Owen reconhecesse que Cristo concede dons a todos os crentes, e que a igreja, de acordo com isso, deveria exibir o padrão do "ministério de todos os membros" em sua vida regular, o ministério eclesiástico também ocupava posição central nos interesses de Owen; e foi em termos da relação e da distinção entre os dons espirituais e os ofícios eclesiásticos que ele expôs (nos Capítulos III a VIII do *Discourse*) o lugar dos dons na igreja.

Owen começou analisando a noção de "ofício" em termos de *poder* mais *dever* (no sentido de responsabilidade definida). Ele afirmou que um "ofício eclesiástico é um poder especial conferido por Cristo a qualquer pessoa ou pessoas, para o cumprimento de deveres especiais pertinentes à edificação da igreja, de uma maneira especial".[29] Afirmou ainda que o padrão entre os adeptos da Reforma quanto à ordenação é que esta é um ato de Cristo, conferindo o ofício ministerial através dos atos da igreja, em vez de ser um ato da igreja que delega a homens ordenados seus próprios poderes inerentes. Também mostrou, com precisão, o padrão reformado que estabelecia distinção entre os ofícios de apóstolo, profeta e evangelista, os quais eram temporários e extraordinários, cessando com o período apostólico, e o ofício pastoral, que é permanente e comum, devendo permanecer até a volta do Senhor. Firmando o princípio de que "toda autoridade ministerial depende da outorga dos dons, sejam extraordinários, sejam comuns",[30] argumentou que os ofícios extraordinários pressupõem uma chamada extraordinária e dons extraordinários, e que, na ausência desses elementos, é impossível que os apóstolos, os evangelistas (que ele entendia serem os ajudantes nomeados pessoalmente pelos apóstolos) e os profetas pudessem ter sucessores até hoje.[31] Tudo isso é familiar

---

29 Owen, *Works*, II:438.

30 Ibid., p. 442.

31 As considerações de Owen a respeito dos profetas no Novo Testamento são dignas de nota: "As

para aqueles que leram as *Institutas* (IV:iii) de Calvino, por isso não é necessário que nos demoremos nesse ponto. Adotar os princípios dos independentes quanto às normas eclesiásticas em nada afetou o apego de Owen aos princípios presbiterianos no tocante à ordem, ao caráter e à autoridade ministeriais.

Ele também não desafinava de toda a tradição reformada típica, ao declarar que "os dons espirituais, por si mesmos, não levam um homem a se tornar ministro, embora nenhum homem possa tornar-se ministro, de acordo com a mente de Cristo, se não for possuidor desses dons".[32] O ponto crucial de seu ensino era que um ministro é uma dádiva de Cristo à igreja (Ef 4.8), tão somente porque foi dotado por Cristo para ministrar em nome de seu Senhor, por isso a igreja não teria qualquer direito de chamar e enviar à vinha do Senhor homens cujos dons não correspondessem à certeza de que o próprio Senhor os havia chamado para esse serviço.

> A igreja não tem o direito de chamar quem quer que seja ao ofício ministerial sem que o Senhor não se tenha antecipado a designá-lo por meio da outorga de dons espirituais; pois, se toda a autoridade do ministério vem de Cristo, e se ele nunca outorga esses dons senão com

---

palavras *profeta* e *profecia* são usadas de várias maneiras no Novo Testamento: 1) algumas vezes, significam um ofício e dons extraordinários; 2) outras vezes, referem-se apenas aos dons extraordinários; 3) outras ainda, tratam de um ofício com dons comuns, e, em alguns casos, apenas dos dons comuns. E, onde quer que essa palavra ocorra, seu significado pode ser determinado de acordo com qualquer uma das três explicações a seguir: 1) Nos lugares mencionados (Ef 4.1 1; I Co 12.28), a intenção é referir-se a pessoas com um ofício extraordinário, revestidas de dons extraordinários. E duas verdades são atribuídas a elas: a) Elas receberam revelações e orientações diretamente do Espírito Santo (Owen cita Atos 13.2); b) Eles predisseram coisas por virem (At 11.28,29; 21.10-11); 2) Às vezes, a referência é a um dom extraordinário sem um ofício extraordinário (At 21.9; 19.6; I Co 14.29-33); 3) E, outras vezes, as palavras subtendem um ofício comum com dons comuns (Rm 12.6 – "profecia ali não significa outra coisa senão ensino ou pregação, através da exposição e da explicação da Palavra, pois a regra externa é apresentada: que seja feito segundo a "proporção da fé", ou seja, da sã doutrina da fé revelada nas Escrituras"). "Aqui também, a respeito daqueles que não foram chamados para um ofício, mas que receberam um dom que os capacita a proclamar os pensamentos de Deus, através das Escrituras, para a edificação uns dos outros, pode-se dizer que estão a 'profetizar'" (*Works*, p. 451, 452).

32 Ibid, p. 494.

o fim de serem postos em funcionamento, conforme se vê em Efésios 4.7,8, entre outros, então chamar ao ministério qualquer homem que não tenha previamente recebido dons é agir em nosso próprio nome e autoridade.[33]

Na opinião de Owen, a principal aplicação da parábola dos talentos, contada por nosso Senhor, é ao ministério ordenado, e sua principal lição é que, "sempre que houver, na igreja, um ministério que Cristo reconhece ou considera, que está sendo usado e empregado por ele, ali haverá pessoas dotadas de dons espirituais da parte de Cristo, por meio do Espírito, capacitando-as a exercerem esse ministério; e, onde esses dons espirituais não são concedidos por ele, não há qualquer ministério que ele aceite ou aprove".[34]

3) *Dons comuns e extraordinários*. Este último ponto nos leva à seguinte indagação: Quais dons são requeridos para o ministério pastoral? Owen respondia que não são os dons extraordinários, mencionados em 1 Coríntios 12.5-11 (a fé que opera milagres, as curas, o imediato discernimento de espírito, as línguas e a interpretação de línguas), mas os dons comuns, ou seja, a sabedoria e o conhecimento, e isso no mais alto grau. Os ministros devem ser capazes "em um grau eminente" (expressão constante de Owen) de pregar a Palavra com aplicação pessoal, orar com unção e governar com sabedoria. Falar aos homens no lugar e da parte de Deus, e falar a Deus no lugar do – como porta-voz do – rebanho de Deus, não são empreendimentos pequenos. Para tanto, dizia Owen, os homens precisam de três dons em particular.

O primeiro dom é a "sabedoria, ou conhecimento":

> uma compreensão do alvo das Escrituras e da revelação divina ali contida; uma familiaridade com os sistemas de verdades relacio-

---

33 Ibid, p. 495.
34 Ibid, p. 505.

nadas a doutrinas específicas, em seu surgimento, tendência e uso; o hábito mental de julgar as realidades espirituais, comparando-as entre si; um distinto discernimento quanto à fonte e ao curso dos mistérios do amor, da graça e da vontade de Deus em Cristo, o que capacita o homem a declarar o conselho de Deus, tornando conhecido o caminho da vida, da fé e da obediência a outras pessoas, a fim de instruí-las quanto a todo o seu dever para com Deus e para com seus semelhantes.[35]

Segundo, "no tocante à doutrina do evangelho, é mister habilidade para manejar bem a Palavra, o que também é um peculiar dom do Espírito Santo (2 Tm 2.15)".[36] Esse dom de "manejar bem", Owen o entendia não no moderno e exótico sentido de distinguir entre as dispensações, mas no sentido puritano de fazer apropriadas aplicações da verdade de Deus às condições de cada pessoa.

A questão central aqui não é, como Owen e Calvino acreditavam, se a figura é de uma discriminadora distribuição de alimentos à família, ou, conforme têm dito muitos expositores modernos, a de ser um agricultor fazendo um sulco reto na terra; a questão central, pelo contrário, é a seguinte: seria possível a um ministro obter a aprovação de Deus como um bom obreiro se aplicasse a Palavra erroneamente ou se deixasse de fazer qualquer aplicação dela? Isso seria manejar a Palavra da verdade de maneira apropriada à sua natureza e ao seu propósito, e obter a aprovação do Deus daquela Palavra? Um dos mais valiosos elementos do ensino puritano sobre o ministério cristão é a ênfase continuamente dada à necessidade de discernir e de discriminar a aplicação da Palavra. Owen expôs, em detalhes, o que isso requer da parte de um homem:

---

35 Ibid., p. 509.
36 Ibid., p. 510.

(1) Um saudável julgamento geral acerca do estado e da condição daqueles a quem está sendo pregada a Palavra. É dever de um pastor conhecer o estado de seu rebanho; e, a menos que o conheça, jamais poderá alimentá-lo devidamente. Ele precisa saber se eles são bebês, jovens ou adultos; se precisam de leite ou de carne (...) se, de acordo com um julgamento caridoso, são pessoas convertidas, ou se ainda não foram regeneradas; quais são suas prováveis tentações, seus empecilhos e seus progressos; se estão crescendo ou em decadência (...)

(2) A familiaridade com os meios e métodos da obra da graça de Deus sobre as mentes e os corações dos homens, para que possa seguir e ajustar-se ao desígnio da graça no ministério da Palavra. Aquele que não conhece os métodos comuns da operação da graça luta contra as incertezas em sua pregação da Palavra, como um homem que esmurra o ar. A verdade é que Deus pode, e por muitas vezes o faz, dirigir uma palavra oportuna, dita como que por acaso, efetuando o devido efeito da graça, a uma pessoa ou a outra, como sucedeu com o soldado que retesou seu arco e atirou a flecha ao acaso, ferindo o rei de Israel entre as juntas de sua armadura. Ordinariamente, porém, um homem que não sabe qual é seu alvo não acerta assim na junta da armadura de alguém.

(3) Familiaridade com a natureza da tentação (...) Muitas coisas poderiam ser acrescentadas aqui (...).

(4) A correta compreensão sobre a natureza das enfermidades espirituais, indisposições e moléstias, com seus remédios e sua cura. Por falta dessa compreensão, os corações dos ímpios muitas vezes se alegram diante da pregação da Palavra, enquanto os corações dos justos enchem-se de tristeza; as mãos dos pecadores se fortalecem, e aqueles que estão esperando em Deus são desencorajados ou desviados do reto caminho (...).[37]

---

[37] Ibid., pp. 510, 511.

Hoje, a questão do melhor roteiro de estudos para os candidatos ao ministério é discutida com frequência. Não seria vantajoso para nós considerarmos os quatro itens dados por Owen? Como ousamos, nesta ou em qualquer outra época, ordenar um homem ao ministério se ele ainda não dominou esse roteiro de estudos?

Em terceiro lugar, juntamente com o conhecimento da verdade de Deus e com a habilidade para aplicá-la, deve haver o dom da expressão, o qual, disse Owen, "é considerado particularmente pelo apóstolo entre os dons do Espírito" (1 Co 1.5; 2 Co 8.4; Ef 6.19; Cl 4.3).[38] Não se trata de aptidão retórica, ou de uma mente espirituosa, ou de uma "volubilidade natural na linguagem, que, longe de ser um dom do Espírito, usualmente serve de armadilha para os que a possuem e de perturbação para os ouvintes". Antes, esse dom consiste em uma naturalidade apropriada para os assuntos abordados, além de "ousadia e de uma santa confiança", aliadas à seriedade e "àquela autoridade que acompanha a entrega da mensagem, quando pregada na demonstração dessas habilidades espirituais".[39] E concluiu: "Todas essas coisas são necessárias, a fim de que os ouvintes acolham a Palavra, não como palavra de homem, mas como ela realmente é, a Palavra de Deus".

Essa lista bastante abaladora das qualificações necessárias a um ministério aceitável evoca o clamor: "Quem é idôneo para essas coisas?" E isso nos leva diretamente ao nosso tópico final.

4) *Os dons e a graça*. A preocupação de Owen com autenticidade e realidade na vida da igreja e dos crentes impeliu-o, ao escrever sobre a relação entre os dons e a graça no segundo capítulo do *Discourse*, a enfatizar que um homem pode ser possuidor de dons sem possuir a graça, ou seja, um homem pode ser habilidoso na compreensão e na comunicação cristãs sem que tenha nascido de novo.

---

38 Ibid., p. 512.
39 Ibid., pp. 512, 513.

Owen insistia que há esses dois tipos distintos de operação – os dons e a graça – efetuados pelo Espírito de Deus, e que somente a obra da graça, que produz "o fruto do Espírito" em um coração renovado e em um caráter transformado, é prova de salvação. Os dons pertencem apenas à administração externa do pacto da graça; não devemos concluir, pois, que um homem dotado de habilidades espirituais esteja em um relacionamento íntimo e salvífico com Deus, que é o alvo do pacto da graça. O que isso significa é que ninguém deve presumir, com base nos dons, que aquele que possui conhecimentos e habilidades teológicas já tem a vida eterna; uma coisa não subentende a outra. Somente o homem que chegou a reconhecer seu pecado e foi levado, por meio do arrependimento e da fé, à cruz de Cristo encontra-se na graça. Um homem meramente dotado, por mais bem articulado que esteja quanto à teologia, pode estar debaixo da ira divina. A necessidade de salientar esse ponto, hoje ou na época de Owen, é por demais óbvia para requerer maior ênfase de minha parte. Deveríamos agradecer a Owen por nos ter lembrado esse aspecto da questão e, então, nos permitir examinarmos a nós mesmos.

Todavia, há um aspecto desse quadro, uma palavra de encorajamento e incentivo para contrabalançar aquela palavra de advertência. Quando "a graça salvadora e os dons espirituais são concedidos às mesmas pessoas", escreveu Owen,

> são extremamente úteis entre si. Uma alma santificada pela graça salvadora é o único solo apropriado para ali florescerem os dons. A graça influencia os dons a um devido exercício, impede seu abuso, desperta-os nas ocasiões oportunas, impede de serem motivo de orgulho ou contenção e subordina-os, em tudo, à glória de Deus. Quando os impulsos da graça e dos dons são inseparáveis, como quando em oração, o Espírito é um espírito de graça e de súplica, a graça e o dom da graça operando juntos, ou quando o cumprimento de outros deveres sem-

pre é acompanhado pela fé e pelo amor, então Deus é glorificado, e nossa própria salvação é promovida. E os dons que edificam revestem-se de beleza e brilho e, em geral, mostram-se bem-sucedidos quando revestidos e adornados por humildade, mansidão, reverência a Deus e compaixão pelas almas dos homens (...) Os dons, por outro lado, impulsionam e despertam a graça para que ela se exercite e opere de forma apropriada. Quão frequentemente a fé, o amor e o deleite em Deus são despertados e atraídos a um exercício especial nos crentes, mediante o uso de seus próprios dons espirituais![40]

Lastimamos que tão pouco da vida de Deus pulsa em nossas almas? Queixamo-nos de que nossos dons são tão ínfimos? Usemos nossos dons e nossas graças como eles são, a fim de que um desperte o outro a se exercitar, dizia Owen, e teremos maior porção tanto da graça quanto dos dons. Estamos querendo crescer na graça por meio do exercício de nossos dons? Quando falamos com outras pessoas sobre as coisas de Deus, será que procuramos alimentar nossas almas com essas mesmas verdades? De igual modo, procuramos fortalecer nossos dons ao instigarmos nossos corações a buscarem a Deus? Quando falamos sobre a realidade divina a outras pessoas, levando-as a orarem, buscamos sentir a realidade das coisas sobre as quais falamos? Os dons menos importantes podem ter grande utilidade quando escudados por sentimentos honestos e sinceros e por uma verdadeira santidade. Ou será que estamos deprimidos acerca de nosso serviço cristão, pensando que é quase totalmente estéril, e que nós mesmos somos incapazes? Nesse caso, voltemo-nos para nosso Deus em busca de sabedoria, a fim de aprendermos como sua graça e seus dons podem ajudar-se mutuamente. Cobicemos intensamente os melhores dons e, juntamente com eles, um coração humilde e amoroso. Esse é o caminho do crescimento e da frutificação.

---

40 Ibid., p. 438.

A VIDA CRISTÃ DOS PURITANOS

PARTE 5

Capítulo 13

Os puritanos e o dia do Senhor

1

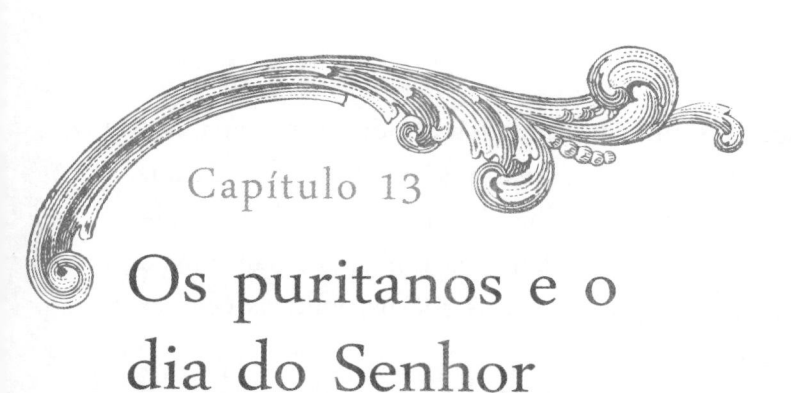

Se tivermos de aproveitar os escritos dos puritanos para este ou qualquer outro assunto, nossa abordagem de estudo precisa ser correta. É muito fácil que os admiradores dos puritanos estudem suas obras de um modo que os puritanos seriam os primeiros a condenar. Assim, podemos ter uma atitude errada para com os homens; podemos reverenciá-los como se fossem autoridades infalíveis; mas eles nos açoitariam por tão grosseiro lapso, o qual considerariam papismo ou idolatria. Eles nos lembrariam que não passavam de servos e expositores da Palavra de Deus, e também nos incumbiriam de jamais considerar seus escritos como se fossem mais que ajudas e guias para entendermos a Palavra. Ainda nos assegurariam que, visto que todos os homens, incluindo os puritanos, podem errar, sempre devemos testar o ensinamento deles com o máximo rigor, por meio da própria Palavra que eles buscavam expor. Ou, novamente, podemos fazer uma aplicação errônea de seus ensinos. Podemos imitar a linguagem deles e copiar suas maneiras, imaginando que, desse modo, estamos na verdadeira tradição puritana. Mas os puritanos procurariam impressionar-nos quanto ao fato de que, se assim agíssemos, estaríamos falhando precisamente nisso. Eles procuravam aplicar as eternas verdades da Bíblia às circunstâncias particulares de sua própria época – morais, sociais, políticas, eclesiásticas e assim por diante.

Se quisermos manter-nos na verdadeira tradição puritana, então teremos de cuidar em aplicar essas mesmas verdades às diferentes circunstâncias de nossos próprios dias. A natureza humana não se modifica, mas os tempos, sim; portanto, embora a aplicação da verdade divina à vida humana sempre seja a mesma em princípio, seus detalhes variam de uma época para outra. Contentar-nos em imitar os puritanos significaria um retrocesso mental do século XX, tempo em que Deus nos colocou, até o século XVII, tempo no qual não estamos. Isso tanto é falta de espiritualidade quanto é uma atitude não é realista. O Espírito Santo, acima de tudo, é realista, e ele foi dado para ensinar os crentes como devem viver para Deus, na situação em que se encontram, e não em alguma outra situação na qual outros santos viveram.

Abafamos o Espírito quando nos permitimos viver no passado. Tal atitude mental é teologicamente culpável, pois mostra que teremos evitado um estágio essencial em nossa maneira de pensar sobre a verdade de Deus, o estágio que consiste em aplicá-la a nós mesmos. A aplicação jamais deve ser feita em segunda mão, como um produto já acabado; antes, cada homem, de cada geração, deve pôr em ação sua consciência, a fim de discernir, por si mesmo, como a verdade se aplica e o que ela requer, na situação particular em que ele se encontra. A aplicação *pode* ser similar quanto aos detalhes, de uma geração para outra, mas não devemos pensar de antemão que assim será. Portanto, nosso alvo, ao estudar os puritanos, deve ser aprender, observando como aplicaram a Palavra a si mesmos, em sua época, para que saibamos como aplicá-la a nós mesmos, em nossa época.

Esse ponto é crucial para nós, que cremos que o evangelicalismo moderno precisa ser corrigido e enriquecido mediante a mais antiga tradição evangélica. Parece que o evangelicalismo moderno é culpado precisamente desse erro de viver no passado – nesse caso, no passado recente, os fins do século XIX. Por muitas vezes, contentamo-nos hoje em tentar viver bem por reapresentarmos a rala sopa de doutrinas e as ideias algumas vezes duvidosas acerca de sua aplicação ética, eclesiástica e evangelística que caracterizaram aquele período decadente da história evangélica. Mas a resposta a essa situação é, enfaticamente, que não devemos retroceder ainda mais, procurando agora viver não mais no século XIX, mas no século XVII. De vários modos, esse tipo de cura é pior do que a enfermidade. Decerto, devemos recuar até antes do século XIX, reabrindo as minas mais ricas do ensino evangélico mais antigo; mas também devemos esforçar-nos por avançar para além da mentalidade do século XIX, chegando a uma genuína apreciação de nossa situação no século XX, a fim de que possamos fazer uma aplicação genuinamente contemporânea do evangelho eterno.

Esse princípio é tão relevante quando estudamos o assunto do dia do Senhor como quando estudamos qualquer outro assunto. Pois aqui, não há dúvida, temos um assunto sobre o qual estamos muito defasados quanto a uma aplicação contemporânea dos princípios bíblicos. Nossas ideias e nossa linguagem a esse respeito, com frequência, deixam transparecer certo grau de legalismo negativo de nossa parte. Se impusermos a nós mesmos a aplicação rígida do quarto mandamento, que os puritanos elaboraram em função de sua própria época, então meramente estaríamos perpetuando e aumentando aquele legalismo. Não obstante, se resistirmos à tentação de adotar essa aplicação pronta e nos atirarmos à tarefa de reaplicar, de modo realista, a lei de Deus às nossas atuais condições, então descobriremos na exposição dos puritanos uma apresentação incomparavelmente rica e sugestiva dos princípios positivos que nos devem guiar em nosso julgamento sobre essa questão.

2

Antes de tudo, porém, precisamos preencher o pano de fundo histórico de nosso estudo.[1]

Os puritanos criaram o domingo cristão inglês, ou seja, o conceito e a observância do primeiro dia da semana como dia de trégua tanto nos negócios como nas recreações organizadas, para que o tempo todo fosse deixado livre para a adoração, o companheirismo e as "boas obras". Esse ideal nunca foi aceito de modo geral pelos protestantes do continente europeu, conforme Baxter observa: "A Inglaterra tem sido muito feliz quanto a esse aspecto da Reforma".[2] A história dessa realização puritana prolonga-se por um século. Nos fins do século XVI, era costume dos ingleses, terminado o culto na igreja, passar o resto do domingo "frequentando peças teatrais obscenas, jogos, bebidas alcoólicas, festas e comemorações; ou então fumando cachimbo, dançando, jogando dados, jogando baralho, boliche, tênis, açulando cães contra ursos acorrentados, participando de brigas de galo, falcoaria, caçadas e coisas semelhantes; ou então frequentando feiras e mercados (...) ou indo a partidas de futebol e outros passatempos diabólicos".[3] Os crentes sérios (os "puritanos", no sentido popular) estavam cada vez mais preocupados com isso. O ponto de vista "puritano" sobre o assunto, que Dennison mostrou já ter sido firmado, em essência, pelos bispos Hooper[4] e Latimer,[5] pelo deão

---

1 Ver especialmente W. B. Whitaker, *Sunday in Tudor and Stuart Times* (Houghton Publishing Co, Londres, 1933), e James T. Dennison, Jr., *The Market Day of the Soul: The Puritan Doctrine of the Sabbath in England, 1532-1700* (University Press of America, Lanham, 1983).

2 Richard Baxter, *Works*, II:906 (George Virtue, Londres, 1838).

3 Philip Stubbes, *Anatomie of Abuses in England* (1583).

4 *Early Writings of John Hooper* (Parker Society, Cambridge, 1843), p. 342: "O domingo, que nós guardamos, não é um mandamento dos homens, mas, por intermédio de palavras claras, é ordenado que guardemos este dia como o nosso sábado, tal como nos declaram as palavras do apóstolo Paulo (I Co 16...)".

5 *Sermons by Hugh Latimer* (Parker Society, Cambridge, 1844), pp. 471-473: "Esse dia foi designado por Deus para que ouçamos a sua Palavra, aprendamos as leis e, consequentemente, o sirvamos. Deus

Edmund Bunny[6] e Gervase Babington,[7] recebeu sua primeira declaração formal, impressa, no livro do Dr. Nicholas Bound, *True Doctrine of the Sabbath* (A verdadeira doutrina a respeito do Dia do Senhor) (1595), embora pareça que a primeira exposição sobre a mesma doutrina a ser escrita foi a obra de Richard Greenham *Treatise of the Sabbath* (Tratado a respeito do Dia do Senhor), que circulou privativamente por alguns anos.

A Declaração de Esportes, do rei Tiago I (1618), estabeleceu que, à parte dos esportes com touros e ursos e do boliche, todos os jogos populares podiam ser realizados aos domingos, após a reunião na igreja. De fato, Tiago, por esse meio, "meramente reiterou o que já era lei do Estado e da igreja desde os primeiros dias da Reforma",[8] mas tal Declaração deixou consternado o grupo crescente de clérigos e leigos puritanos. Em 1633, Carlos I republicou-a e ordenou que os bispos determinassem que todo o clero a lesse em seus púlpitos; alguns recusaram-se a fazê-lo e, como resultado, perderam seus rendimentos. Podemos ver, por essas palavras de Baxter, como transcorriam as coisas no país, naquela época:

> Em minha juventude, um dos inquilinos de meu pai era o flautista da cidade, e o lugar das danças ficava a menos de cem metros de nossa porta; assim, no dia do Senhor, não podíamos ler um capítulo da Bíblia, ou orar, ou entoar um hino, ou catequizar, ou instruir um servo, senão

---

odeia a rejeição de seu dia, tanto agora quanto antes (na época do Velho Testamento) (...). Ele quer que guardemos o seu dia, tanto agora quanto antes".

6 Edmund Bunny, *The Whole Summe of Christian Religion* (1576), p. 47: "O quarto mandamento requer que o crente gaste todo o seu dia de descanso ou nos exercícios públicos, ou nos exercícios ordinários, na leitura de sermões, ou na meditação particular".

7 Gervase Babington, *A Very Fruitfull Exposition of The Commandments* (1583): "Uma das principais asseverações a respeito daquilo que a história conhece como a doutrina puritana do dia de descanso (...). O mandamento do sábado está perpetuamente ligado a todos os homens. Santificar o dia de descanso: 1) descansar de todos os labores; 2) reunir-se para a adoração; 3) descansar do pecado" (Dennison, op. cit., p. 29).

8 Whitaker, op. cit., p. 95.

com o barulho da flauta, do tamborim e dos gritos que, da rua, chegava continuamente aos nossos ouvidos; e éramos alvo das zombarias de todos, sendo apelidados de puritanos, rigoristas ou hipócritas, porque preferíamos ler as Escrituras a fazer o que eles faziam (...) E quando o povo, de acordo com o livro [ou seja, a Declaração de 1633], recebeu permissão de folgar e dançar, exceto no horário do culto público, tinha tanta dificuldade para interromper suas diversões que, muitas vezes, o leitor preferia esperar até que a flauta e os folgazões cessassem. Algumas vezes, os dançarinos folclóricos entravam nos templos, com todas as suas roupas, cachecóis e vestimentas extravagantes, acompanhados de suas folclóricas sinetas sonindo, penduradas em suas pernas, e, assim que terminava a leitura da oração, eles se precipitavam de novo para suas danças. Seria isso uma conduta celestial?[9]

Mas o ensino dos puritanos teve seus efeitos. Como resultado da atuação de Baxter em Kidderminster, aquela que antes havia sido uma comunidade de pessoas briguentas, viciadas no álcool e irreligiosas, foi de tal modo transformada que, "no dia do Senhor, não se via qualquer desordem em nossas ruas; pelo contrário, podia-se ouvir uma centena de famílias entoando salmos ou repetindo sermões quando passávamos pelas ruas".[10]

Reforma similar ocorreu em muitos lugares nos quais os pastores puritanos ministravam. O Parlamento e seus sucessores, impulsionados por convicções puritanas, decretaram uma série de determinações proibindo jogos, negócios e viagens aos domingos. Finalmente, em 1677, quando os puritanos já haviam perdido a autoridade, um Parlamento violentamente antipuritano assinou o Ato de Observância do Domingo, que reiterava e confirmava a legislação republicana (1649) sobre a questão. Esse ato prescrevia que ninguém

---

9 Baxter, *Works*, III:904, citado de *The Divine Appointment of the Lord's Day, Proved* (1671).
10 *Reliquiae Baxterianae*, editado por M. Sylvester (Londres, 1696), primeira paginação, p. 84.

deveria passar o domingo negociando, viajando, "trabalhando secularmente, em negócios ou ocupando-se em suas profissões", mas "exercitando-se nos deveres da piedade e da verdadeira religião, pública e particular". O significado dessa legislação é claro. A Inglaterra tinha chegado a aceitar, de modo generalizado, o ideal puritano acerca do domingo. Monarquistas e republicanos, conformistas e não conformistas, igualmente concordavam nesse ponto. O ensino dos mestres puritanos havia criado uma consciência nacional sobre o assunto; e isso apesar de os teólogos da época dos reis Carlos I e Carlos II terem feito oposição constante ao ponto de vista dos puritanos, como algo teologicamente incorreto.

3

Contra esse pano de fundo da história, voltamo-nos agora para o ensino propriamente dito dos puritanos.

1) *Significado do quarto mandamento* (Êx 20.8-11). Neste ponto, os puritanos foram à frente dos reformadores. Estes últimos haviam seguido Agostinho e, em geral, o ensino medieval, negando que o domingo fosse, em qualquer sentido, um dia de descanso. Eles afiançavam que o sábado, prescrito pelo quarto mandamento, era um mandamento tipicamente judaico, prefigurando o "descanso" proveniente do relacionamento com Cristo, pela graça e pela fé. Eis a explicação dada por Calvino:

> é extremamente apta a analogia entre o sinal externo e a realidade simbolizada, visto que nossa santificação consiste na mortificação de nossa própria vontade (...) Devemos desistir de todos os atos de nossa própria mente, a fim de que, operando Deus em nós, possamos descansar nele, conforme ensina o apóstolo (Hb 3.13; 4.3,9).[11]

---

11 John Calvin, *Institutes of the Christian Religion*, II:viii:29.

Mas agora, que Cristo já veio, o tipo foi cancelado, e seria um erro perpetuá-lo, tal como seria um equívoco continuar a oferecer os sacrifícios levíticos. Calvino apelava aqui para Colossenses 2. 16, que ele interpretava como uma alusão ao dia semanal de descanso. Ele admitia que, além e acima de sua significação típica, o quarto mandamento também ensina o princípio de que deve haver adoração pública e particular, além de servir de dia de descanso para os servos e empregados, pelo que a plena interpretação cristã seria tríplice:

> Primeiro, por toda a nossa vida podemos ter por alvo um constante descanso de nossas próprias obras, a fim de que o Senhor possa operar em nós por meio de seu santo Espírito; segundo, cada pessoa deveria exercitar-se, com diligência, em devota meditação nas obras de Deus e (...) todos devem observar a ordem legal determinada pela igreja para que se ouça a Palavra, para que se administrem as ordenanças e a oração pública; terceiro, devemos evitar oprimir aqueles que nos estiverem sujeitos.[12]

Calvino falava como se isso fosse tudo quanto aquele mandamento prescrevesse, nada encontrando nele, em seu sentido cristão, que proibisse trabalho ou diversão no domingo, após o tempo passado na igreja. A maior parte dos reformadores falava no mesmo tom. O que há de notável é que suas declarações, em outros contextos, mostram que "os reformadores, como um grupo, *defendiam* a autoridade divina e a obrigação de observar o quarto mandamento, requerendo que um dia em cada sete fosse empregado na adoração e no serviço de Deus, admitindo somente as obras de necessidade e de misericórdia, em favor dos pobres e aflitos".[13] É um quebra-cabeça, porém, porque

---

12 Ibid., II:viii:34.
13 Patrick Fairbairn, *The Typology of Scripture* (Smith and English, Filadélfia, 1854), III:142; ver Apêndice A, pp. 514-515, quanto à evidência.

nunca perceberam a incoerência entre afirmar isso em termos gerais e, ainda assim, apresentar a exegese de Agostinho sobre o domingo cristão. Podemos apenas supor que isso se deve ao fato de que não queriam entreter a ideia de que Agostinho poderia estar enganado, razão que os cegava para o fato de estarem montando dois cavalos ao mesmo tempo.

Eles, contudo, corrigiram essa incoerência. De forma literalmente unânime, insistiram que, embora os reformadores estivessem certos ao verem apenas um sentido típico e temporário em algumas das detalhadas prescrições do sábado judaico, havia o princípio de um dia de descanso, para efeito de adoração a Deus, pública e particular, após cada seis dias de trabalho, como uma lei da criação, estabelecida em benefício do homem e, portanto, obrigatória enquanto ele viver neste mundo. Também destacavam que, figurando entre nove leis indubitavelmente morais e permanentes do decálogo, o quarto mandamento dificilmente teria natureza apenas típica e temporária.

De fato, eles viam esse mandamento como parte integral da primeira tábua da lei, que aborda sistematicamente a questão da adoração: "O primeiro mandamento fixa o objeto; o segundo, o meio; o terceiro, a maneira; e o quarto, o tempo".[14] Também observaram que o quarto mandamento começa com as palavras "Lembra-te...", e isso nos faz olhar para trás, para antes da instituição mosaica. Observavam que o trecho de Gênesis 2.1 e seguintes representa o sétimo dia de descanso como o próprio descanso de Deus após a criação, e que a sanção atrelada ao quarto mandamento, em Êxodo 20.8 ss., olha de

---

14 Jonathan Edwards, sermão II, a respeito da "Perpetuidade e Mudança do Sábado", uma primorosa afirmação do ponto de vista puritano; em *Works*, editado por Henry Hickman (Banner of Truth, Edimburgo, 1974), II:95. A posição definitiva encontra-se na *Westminster Confession* XXI:vii: "Visto ser lei da natureza que, em geral, uma devida proporção do tempo seja separada para a adoração a Deus; assim, em sua Palavra, por meio de um mandamento positivo, moral e perpétuo, que obriga todos os homens, em todas as épocas, ele designou particularmente um dia em sete a fim de ser um dia de descanso, para ser santificado a ele. Esse dia, desde a criação do mundo até a ressurreição de Cristo, foi o último dia da semana; e, desde a ressurreição de Cristo, foi mudado para o primeiro dia da semana, que, nas Escrituras, é chamado o dia do Senhor e continuará, até o fim do mundo, como o sábado cristão".

volta para aquele fato, retratando o dia como um memorial semanal da criação, "a fim de ser observado para a glória do Criador, como o dever que temos de servi-lo e como um encorajamento para confiarmos naquele que criou os céus e a terra. Por meio da santificação do sábado, os judeus declaravam que eles adoravam ao Deus que criou a terra...". Assim falou Matthew Henry, aquele que posteriormente representou todos os puritanos, ao comentar sobre Êxodo 20.11. Henry também frisou que o mandamento afirma que Deus santificou o sétimo dia (ou seja, apropriou-o para si mesmo) e o abençoou (ou seja, "derramou bênçãos sobre ele, encorajando-nos a esperar bênçãos, ao guardarmos de forma religiosa aquele dia"); e que Cristo, embora tivesse reinterpretado a lei sobre o sábado, não a cancelou, mas, antes, firmou-a, observando-a ele mesmo e mostrando que esperava que seus discípulos continuassem a observá-la (cf. Mt 24.20).

Tudo isso, argumentavam os puritanos, mostrava que o descanso do sétimo dia era mais que um mandamento judaico; era um memorial da criação, parte da lei moral (a primeira tábua, que prescreve a adoração apropriada ao Criador), e, como tal, era perpetuamente obrigatória a todos os homens. Assim, quando o Novo Testamento nos diz que os cristãos se reuniam para adorar no primeiro dia da semana (At 20.7; 1 Co 16.2), guardando aquele dia como "o dia do Senhor" (Ap 1.10), isso só pode significar uma coisa: por preceito apostólico e, provavelmente, por injunção dominical durante os quarenta dias antes da ascensão, esse tornara-se o dia em que os homens, doravante, deveriam guardar o dia de descanso prescrito pelo quarto mandamento. Os puritanos notaram que essa mudança, do sétimo dia da semana (o dia que assinalara o fim da antiga criação) para o primeiro (o dia da ressurreição de Cristo, que assinalara o início da nova criação), não era excluída pelas palavras do quarto mandamento, que "meramente determina que devemos descansar e guardar, como descanso, cada sétimo dia, mas, de modo algum, determina onde deve começar a sequência de dias

(...) Não há, no quarto mandamento, qualquer orientação sobre como computar o tempo (...)".[15] Portanto, nada nos impede de supor que o Novo Testamento parece requerer que foram os apóstolos que fizeram a alteração. Nesse caso, torna-se claro que a condenação (em Cl 2.16) do sabatismo judaico nada tem a ver com a observância do dia do Senhor. Essas, em esboço, foram as considerações feitas pelos puritanos, com base na doutrina do dia do Senhor, a qual é bem sintetizada na *Confissão de Westminster* (XXI:vii-viii).

2) *O caráter do quarto mandamento*. Comentando sobre Marcos 2.27, Matthew Henry escreveu:

> O dia de descanso é uma sagrada e divina instituição; mas devemos recebê-lo e adotá-lo como um privilégio e um benefício, e não como uma tarefa ou uma carga enfadonha. Primeiro, Deus nunca planejou que o dia de descanso fosse uma imposição para nós, por isso não devemos transformá-lo em uma imposição (...). Segundo, Deus planejou-o para que fosse uma vantagem para nós, por isso devemos recebê-lo e aprimorá-lo. Ele teve consideração por nossos corpos, nessa instituição, para que possamos descansar. Ele teve muito mais consideração por nossas almas. Ele foi instituído como o dia de descanso somente para ser um dia de atividade santa, um dia de comunhão com Deus, um dia de louvor e ação de graças; assim, o descanso, depois das atividades seculares, é uma necessidade, a fim de podermos nos dedicar ao louvor e à ação de graça, passando todo o tempo nessas atividades, pública e particularmente (...) Vê-se aqui quão bom é o Senhor a quem servimos, porquanto a ele pertencem todas essas instituições que visam ao nosso benefício (...).

Essa citação resume com clareza a abordagem puritana quanto ao dia do Senhor. Queremos aqui meramente sublinhar três dos pon-

---

15 Ibid., II:96.

tos destacados por Matthew Henry, adicionando um quarto ponto, como resultado.

(a) Guardar o domingo significa ação, e não inércia. O dia do Senhor não é um dia de ociosidade. "A ociosidade é um pecado em qualquer dia, e muito mais no dia do Senhor."[16] Não se guarda o domingo permanecendo atirado em algum lugar, sem fazer nada. Convém que descansemos das atividades de nossos afazeres diários, ocupando-nos nas atividades próprias à nossa vocação celestial. Se não passarmos o dia ocupados nessas atividades, não o estaremos santificando.

(b) Guardar o domingo não é uma carga entediante, mas um jubiloso privilégio. O domingo não é um jejum, mas uma festa, um dia de regozijo nas obras do Deus gracioso, e a alegria deve ser nossa atitude durante todo esse dia (cf. Is 58.13). "A alegria nunca é tão própria a alguém como a um santo, tornando-se o domingo tanto um feriado quanto um descanso."[17]

> É dever e glória do crente regozijar-se no Senhor a cada dia, especialmente no dia do Senhor (...) Jejuar no dia do Senhor, dizia Inácio, é matar a Cristo; mas regozijar-se no Senhor nesse dia, e regozijar-se em todos os deveres do dia (...) isso é coroar a Cristo, isso é exaltar a Cristo.[18]

A alegria deve ser a tônica da adoração pública. Baxter, em particular, deplorava os cultos insípidos e monótonos. Não deveria haver tristeza no dia do Senhor. E aqueles que dizem que não podem achar alegria nos exercícios espirituais do domingo mostram que há algo gravemente errado consigo.

---

16 John Dod e Robert Cleaver, *A Plaine and Familiar Exposition of the Ten Commandments* (Londres, 1628), p. 143.

17 George Swinnock, *Works* (James Nichol, Edimburgo, 1868), I:239.

18 Thomas Brooks, *Works*, VI:299 (James Nichol, Edimburgo, 1867).

(c) Guardar o domingo não é um labor inútil; é um meio de graça.

> Por meio dessa instituição, Deus encarregou-nos de separar esse dia para uma busca especial por sua graça e bênção. E daí podemos argumentar que ele, de forma especial, confere sua graça sobre aqueles que o buscam (...) O domingo é um tempo oportuno, um dia de salvação, um período durante o qual Deus, em especial, aprecia ser buscado, amado e encontrado (...).[19]

Assim manifestou-se Edwards, enquanto Swinnock mostrou-se lírico ao elogiar a graça do domingo:

> Salve tu que és altamente favorecido por Deus; tu, pote de ouro da semana; tu, dia de feira da alma; tu, romper do dia de eterno resplendor; tu, rei dos dias; o Senhor seja contigo, bendito és entre os dias (...) Oh! Como homens e mulheres esvoaçam para cima e para baixo nos dias de semana, como a pomba faz por sobre as águas, mas não podem achar descanso para suas almas até chegarem a ti, que és sua arca, até estenderes a mão e recolhê-los para dentro! Oh! Como se assentam à tua sombra com grande deleite e acham teus frutos doces ao seu paladar! Oh! A mente a alçar-se, o coração a encantar-se de felicidade na consolação da alma, que em ti eles desfrutam no bendito Salvador![20]

(d) Não guardar o domingo atrai o castigo, o que também sucede ao abuso contra qualquer privilégio e meio de graça dados por Deus. Declínio espiritual e perda material têm sido colhidos por pessoas e comunidades por causa desse pecado. Os excelentes dons de Deus não podem ser desprezados sem impunidade. Thomas Fuller pensava que a Guerra Civil (e Brooks, sobre o incêndio de

---

19 Edwards, *Works*, II:102.
20 Swinnock, *Works*, I.

Londres) viera como juízo divino sobre a nação, por estar negligenciando o domingo.

O caráter evangélico e admiravelmente positivo dessa abordagem quanto ao dia do Senhor dificilmente poderá ser melhorado.

3) *Princípios práticos quanto à observância do dia do Senhor*. Os puritanos eram homens metódicos, que levavam em conta todos os pormenores; e achamo-los a dispensar cuidadosa atenção a esse aspecto de nosso assunto. Quatro princípios, em particular, precisam ser considerados aqui.

(a) Devem ser feitos preparativos para o dia do Senhor. Em primeiro lugar, os puritanos recomendavam que devemos perceber a importância do dia do Senhor, aprendendo a lhe dar o devido valor. Esse é um grande dia para a igreja e para o crente: "Um dia de feira para a alma", um dia para entrar nos próprios "subúrbios do céu", com orações e louvores coletivos. Portanto, nunca devemos permitir que nossos domingos tornem-se rotineiros; com tal atitude, logo os reduziremos a uma formalidade enfadonha. Todo domingo tem por desígnio ser um grande dia, e deveríamos nos aproximar dele com atitude de expectação, em plena consciência do fato. Portanto, cumpre-nos planejar nossa semana, para que possamos tirar o máximo proveito de nosso domingo. A falta de providência e o acaso eliminam nosso proveito aqui, tal como o fariam em qualquer outro empreendimento.

> Aquele cuidado que vemos nos homens naturais acerca de seus corpos, devemos aprender acerca de nossas almas; eles planejam e providenciam de antemão o que haverão de comprar e vender (...) Assim, se quisermos fazer bons negócios em favor de nossas almas, teremos [durante toda a semana anterior] de ir preparando nossos corações para que, então, não nos reste preocupação nem com o pecado nem com os cuidados deste mundo (...) Compete-nos eliminar todas

as distrações e empecilhos, elevando nossos corações contra a indiferença e o enfado, se quisermos passar o dia do Senhor na obra do Senhor, de maneira confortável e proveitosa.[21]

Preparar o coração reveste-se da maior importância possível, pois o dia do Senhor é, acima de tudo, um "dia de trabalho do coração".[22] Sob esse ângulo, a batalha por nosso domingo é ganha ou perdida na noite anterior, no sábado, quando devemos reservar algum tempo para o autoexame, a confissão e a oração em favor do dia seguinte.

A confraternização dos jovens, dirigida por Richard Baxter, costumava usar três horas, a cada noite de sábado, para se prepararem para o dia do Senhor. Swinnock garantiu: "Se quiseres deixar teu coração com Deus, no sábado à noite, então poderás achá-lo com ele na manhã do dia do Senhor".[23] A regra final para essa preparação veio de Richard Baxter, que tinha uma mente prática por excelência: "Recolhe-te ao leito ainda cedo, para que não estejas sonolento no dia do Senhor".[24]

(b) A adoração pública deve ocupar o lugar central no dia do Senhor. O dia deve girar em torno da adoração pública, pela manhã, à tarde e à noite ("os cultos públicos devem ocorrer pelo menos duas vezes a cada domingo").[25] As devoções particulares devem ocupar o segundo lugar, se tivermos de escolher entre o culto público e a devoção particular. Mas devemos levantar-nos na manhã do domingo com tempo suficiente para prepararmos o coração, a fim de louvar, orar e ouvir a pregação da Palavra de Deus, pois, "se chegarmos abruptamente na casa do Senhor, depois de termos brigado ou discutido, ou

---

21 Dod e Cleaver, op. cit., pp. 138-139.
22 Baxter, *Works*, I:470.
23 Swinnock, *Works*, I:230.
24 Baxter, *Works*, I:472.
25 Richard Greenham, *Works* (edição de 1611), p. 208.

assim que saímos da cama, a Palavra será cansativa e servirá somente para endurecer ainda mais nossos corações".[26]

Os cultos dirigidos pelos puritanos prolongavam-se por cerca de três horas; e os puritanos pouco simpatizavam com aqueles que se queixavam de quão longas eram suas reuniões. O comentário de Baxter foi que aqueles que pensavam que os cultos nas igrejas são entediantes, mas podiam passar muito mais tempo em algum bar ou entretenimento, sem se enfadarem, deviam ter corações maus; Baxter aproveitou a oportunidade para dizer uma oportuna palavra aos pregadores, sugerindo-lhes

> uma maneira mais honesta de curar o cansaço das pessoas. Prega com vida e despertamento sério (...) e com um método fácil e variedade de assunto atrativo, para que as pessoas nunca se cansem de ti. Derrama abundantemente o amor e os benefícios de Deus; abre diante das pessoas os privilégios da fé, as alegrias da esperança, a fim de que nunca fiquem iradas. Quantas vezes tenho ouvido as pessoas dizerem sobre tais pregadores: Eu poderia ouvi-lo o dia inteiro e nunca me cansaria! Elas ficam perturbadas com a brevidade dos sermões, desejando que fossem mais longos (...).[27]

(c) A família deve funcionar como uma unidade religiosa no dia do Senhor. O *Catecismo Maior de Westminster*, em sua pergunta 118, é enfático a esse respeito: "O mandamento de guardar o dia do Senhor (domingo) é especialmente dirigido aos chefes de família e a outros superiores, porque estes são obrigados, não somente a guardá-lo por si mesmos, mas a fazer com que seja observado por todos os que estão sob seus cuidados". Um chefe de família deve dirigir as orações domésticas, levar a família à igreja, examinar e ensinar a Bí-

---

26 Dod e Cleaver, op. cit., p. 145.
27 Baxter, *Works*, III:905.

blia às crianças e aos empregados depois do culto, certificando-se de que realmente absorveram o sermão ouvido. O princípio envolvido nesse ponto é que o chefe da família tem a inalienável responsabilidade de cuidar das almas daqueles de sua casa, e que é principalmente no dia do Senhor que ele deve exercer tal responsabilidade. Os pastores puritanos, distinguindo-se dos modernos pastores evangélicos, não planejavam atingir os homens por intermédio das mulheres e das crianças, mas faziam exatamente o contrário. Não eram eles, talvez, mais sábios, e também mais bíblicos?

(d) Devem ser evitadas as armadilhas do legalismo e do farisaísmo, no tocante ao dia do Senhor. Essas atitudes erradas são ameaçadoras nesse campo, como em todos os demais aspectos da vida espiritual. Não havia desacordo entre os puritanos, os quais, conforme se observa na pergunta 60 do *Breve Catecismo de Westminster*, afirmavam:

> O domingo deve ser santificado como um santo descanso o dia inteiro, incluindo atividades e recreações que são legítimas em outros dias; o crente deve passar todo o tempo nos exercícios públicos e particulares da adoração a Deus, excetuando aquilo que deve ser dedicado às obras necessárias e de misericórdia.

Contudo, existem maneiras certas e erradas de atingirmos os alvos, e o mais esperto de todos os mestres esforçou-se para advertir que tanto o legalismo (o hábito negativo que frisa o que a pessoa *não* deve fazer no dia do Senhor, sem dizer mais nada) quanto o farisaísmo (o hábito autojustificador que está sempre disposto a censurar outras pessoas, por lapsos reais ou imaginários quanto a essa questão) são, ambos, violações do espírito do evangelho. Baxter, como já seria de esperar, é quem mais tem a dizer sobre essas atitudes, contrabalançando-as com um construtivo princípio evangélico de julgamento:

> Primeiramente considerarei os deveres positivos de um homem no dia do Senhor: como ouve, lê, ora e passa o seu tempo, e como instrui e ajuda seus familiares. Se busca a Deus com diligência e efetua seus deveres espirituais, então serei mal-educado ao julgá-lo por causa de alguma palavra ou ato, sobre coisas terrenas corriqueiras (...).[28]

Aqui, por certo, vemos a sabedoria cristã.

4

As citações acima falam por si mesmas, não havendo necessidade de maiores comentários. As questões sobre bem-estar espiritual, que elas suscitaram, devem ser deixadas para cada leitor considerar por si mesmo. Encerramos com um testemunho e uma admoestação.

O testemunho é de Sir Matthew Hale, juiz do Supremo Tribunal inglês:

> Através de uma estrita e diligente observação, tenho descoberto que a devida observância dos deveres do dia do Senhor sempre se faz acompanhar por uma bênção sobre o resto de meu tempo, e que a semana assim iniciada tem sido abençoada e próspera para mim; por outro lado, quando me mostro negligente acerca dos deveres desse dia, o restante da semana tem sido um fracasso e tenho sido infeliz em minhas atividades seculares. Escrevo isso não de forma leviana e impensada, mas depois de longa e sã observação e experiência.[29]

A admoestação é aquela de Thomas Brooks:

> Para terminar, lembremo-nos de que não há crentes, em todo o mundo, que se comparem, quanto ao poder da piedade e quanto à excelência

---
28 Ibid., III:908.
29 *Works of Sir Matthew Hale*, editado por T. Thirlwell (1805), I:196.

nos terrenos da graça, da santidade e da comunhão com Deus, com aqueles que se mostram mais estritos, sérios, estudiosos e meticulosos na santificação do dia do Senhor (...). A verdadeira razão pela qual o poder da piedade tem caído a níveis tão baixos, tanto neste como em outros países, é que o domingo não está mais sendo observado de forma estrita e consciente (...) Oh! Que esses simples conselhos fossem tão abençoados pelo céu que nos impulsionassem a uma santificação mais constante, séria e meticulosa do dia do Senhor![30]

---

30 Brooks, *Works*, VI:305, 306.

Capítulo 14

Abordagem puritana à adoração

1

Algumas vezes, alega-se que os evangélicos não se interessam pela adoração. Isso pode ser verdade se, por adoração, entendermos as formalidades litúrgicas. Mas não suponho que eu seja o único evangélico a pensar que o verdadeiro ato de adoração – o erguer deliberadamente os olhos, deixando de contemplar o homem e seus erros, a fim de contemplar a Deus e à sua glória – vai ficando cada vez mais precioso com o passar do tempo, produzindo consolo e refrigério ao espírito, de um modo que nenhuma outra coisa é capaz de fazer.

Certamente, essa foi a experiência dos grandes puritanos; e agora quero deixar que eles a compartilhem conosco, levando-nos a usufruir mais profundamente dela. Daí a escolha do vocábulo "abordagem" em meu título. Devemos seguir os puritanos em sua abordagem à adoração, o que, conforme veremos, é uma abordagem a Deus. Minha principal preocupação, portanto, não é com as controvérsias a respeito da adoração que dividiram os puritanos tanto do clero anglicano quanto uns dos outros, mas com a visão da natureza da adoração e com os princípios que devem nortear sua prática, sobre aquilo com que, de fato, todos os puritanos concordavam.

As controvérsias deles sobre os aspectos formais e externos da adoração eram reais e contínuas, religiosamente motivadas e defendidas de forma apaixonada. Para firmar o direito que tenho de deixar essas coisas para trás, neste meu texto, trato-as de forma resumida. Não pretendo traçar detalhes históricos, nem tomar partido (não quero começar tudo de novo!), mas procurarei enfocar os problemas que ocasionaram aquelas controvérsias, a fim de demonstrar exatamente quanto o conflito dividiu as partes conflitantes. Os problemas propriamente ditos permanecem como questões vivas também para nós.

Três indagações fundamentais constituem a raiz de toda a argumentação.

1) *Em que sentido a Bíblia é autoritária quanto à adoração cristã?* Usualmente ouve-se que a regra de Lutero para a ordem na adoração pública consistia em permitir a continuação das tradições que não fossem contrárias à Bíblia e que pareciam úteis; a regra de Calvino era não admitir coisa alguma que não estivesse diretamente prescrita nas Escrituras; a Igreja da Inglaterra seguiu oficialmente o princípio baixado por Lutero, ao passo que os puritanos, dentro das fileiras anglicanas, preferiram o princípio ensinado por Calvino. Essa maneira de colocar as coisas dá a impressão de que Lutero e a Igreja Anglicana reformada não consideravam as Escrituras como se constituíssem uma regra de autoridade sobre a adoração, o que, naturalmente, foi a constante acusação feita pelos puritanos até a Guerra Civil. E também dá a impressão de que a crítica dos puritanos à adoração pública dos anglicanos representava uma reversão ao princípio e à prática de Calvino, em Genebra, o que, a bem da verdade, os próprios puritanos pensavam que era. Todavia, essas impressões estão equivocadas.

Uma maneira mais veraz de expor a questão seria dizer que a autoridade e a suficiência das Escrituras, em todas as questões da vida cristã e eclesiástica, serviam de base comum para ambos os lados do conflito, embora não estivessem de acordo sobre como aplicar esse princípio. Em outras palavras, o desacordo deles estava relacionado à interpretação e ao conteúdo das Escrituras, e não ao princípio formal da natureza e da extensão de sua autoridade. Por essa razão é que todos os grupos envolvidos no debate estavam certos de que sua posição era a posição bíblica correta.

Os reformadores alemães, suíços e ingleses adotavam os mesmos princípios básicos quanto à adoração. Eles concordavam que a adoração cristã deve expressar o recebimento e a resposta da parte dos homens à verdade do evangelho e também concordavam substancialmente quanto ao que seria essa verdade. Eles concordavam em analisar a adoração como um exercício da mente e do coração, sob a forma de louvor, ação de graças, oração, confissão de pecado, confiança nas promessas de Deus e atenção à Palavra de Deus, lida e pregada. Também concordavam quanto à natureza e ao número das ordenanças do evangelho, bem como ao seu papel na adoração da igreja. Tinham um mesmo ponto de vista sobre o ofício dos ministros cristãos, em liderar a adoração das congregações. Concordavam, igualmente, que cada igreja ou federação de igrejas (cada igreja particular ou nacional, conforme o artigo xxxiv) tem a responsabilidade de estabelecer os detalhes de sua própria adoração, de acordo com o princípio apostólico, o qual indica que tudo deve ser feito tendo em vista a "edificação" (1 Co 14.26); e que, como meio para essa finalidade, tudo deve ser feito "com decência e ordem" (v. 40). Finalmente, todos concordavam que cada igreja tem a liberdade (que é o pressuposto de sua responsabilidade) de praticar sua adoração da maneira que melhor se adapta à edificação de seus membros, à luz de sua condição, situação e necessidades, de tal modo que todos eles estavam certos de que as várias igrejas, em várias situações pastorais, se diferenciariam quanto aos detalhes. As únicas diferenças reais acerca da adoração, entre quaisquer das primeiras gerações de reformadores, diziam respeito ao juízo pessoal quanto ao que contribuiria ou não para edificar – diferenças do tipo daquela refletida no julgamento de Calvino de que o segundo *Livro de Oração* (1552) do rei Eduardo continha *multas tolerabiles ineptias* (muitas partes de insensatez toleráveis), ou daquela refletida nas agitações ocorridas em Frankfort, em 1554, quando o grupo de exilados seguidores de Richard Cox aderiu ao *Livro de Oração* de 1552 como suficientemente saudável e edificante, ao passo que os seguidores de John Knox sentiam-se na obrigação de abandonar tal livro, em favor do padrão estabelecido em Genebra.

A ideia de que uma base bíblica, sob a forma de preceito ou precedente, é exigida para sancionar cada item essencial incluído na adoração pública a Deus foi, na realidade, uma inovação puritana que se cristalizou no curso dos prolongados debates que se seguiram ao acordo elisabetano. Essa é uma ideia diferente daquela que dizia que as cerimônias maculadas, as quais ocultam dos adoradores a verdade e fomentam o erro supersticioso, deveriam ser abandonadas, pois tanto desonram a Deus quanto impedem a edificação espiritual. Quanto a esse último princípio, todos os reformadores ingleses concordavam desde o início, conforme mostra o prefácio sobre "as cerimônias" do *Livro de Oração*. Apesar disso, não concordaram com sua aplicação, razão pela qual, em 1550, Hooper entrou em choque com as autoridades por causa das vestes episcopais, e também porque, na década de 1560, aqueles que foram inicialmente chamados de puritanos sentiram-se forçados a fazer campanha contra o requisito do *Livro de Oração* que envolvia o uso de sobrepeliz, alianças de casamento, batismo com o sinal da cruz e o ajoelhar-se durante a ceia do Senhor. Esse novo princípio foi além, declarando que não havia justificativa para ritos e cerimônias extrabíblicas na adoração como meios convenientes para atingir fins bíblicos válidos (em outras palavras, diziam que a declaração no prefácio sobre "as cerimônias" estava errada); todas as cerimônias deveriam contar com o apoio bíblico direto, ou seriam intrusões ímpias.

O mesmo princípio foi aplicado ao governo eclesiástico. A tentativa de pôr o ideal puritano sobre a vida e a adoração da igreja conduziu a alguns argumentos curiosos, como a "prova" de que dois cultos eram obrigatórios aos domingos, com base em Números 28.9,10, que prescreve dois holocaustos a cada sábado; ou a "prova" de que o discipulado é um dever, com base em 2 Timóteo 1.13: "Mantém o padrão das sãs palavras"; ou a "prova" de que as formalidades litúrgicas são ilegítimas, com base em Romanos 8.26; ou a "prova" de que o ministro deve permanecer em um só lugar durante o culto, com base na declaração de Atos 1.15: "Levantou-se Pedro no meio dos irmãos"; ou a "prova" da necessidade das pregações controversas (reuniões de pregação sobre algum assunto, durante as quais vários ministros pregavam sucessivamente sobre uma mesma passagem bíblica), com base em 1 Coríntios 14.31: "Porque todos podereis profetizar, uns após outros, para todos aprenderem e serem consolados". Boa parte de tudo isso pode ser defendido de modo coerente, em termos do princípio de que todas as coisas devem ser feitas para a edificação, embora seja difícil considerar esses argumentos conclusivos.

Também devemos notar que, quando os puritanos ressaltaram alguns dos pontos do *Livro de Oração* como intoleráveis, quando desafiaram o princípio de que cada igreja tem a liberdade de adotar cerimônias extrabíblicas na adoração, em que essas coisas pareciam conduzir à edificação e à reverência; quando repudiaram todas as orações fixas; quando rejeitaram o ato de se ajoelhar durante a adoração pública; quando rejeitaram o ano cristão, a comunhão semanal e a prática da confirmação, então, na realidade, não se estavam revertendo aos ensinos de Calvino, mas afastando-se deles, ainda que, conforme disse Horton Davies,[1] talvez não tenham percebido isso.

Porém, mesmo que o tivessem notado, isso em nada teria alterado a posição deles; pois seu interesse básico não era conseguir a solidariedade reformada (ainda que valorizassem muito essa ideia em suas controvérsias); o interesse deles era simplesmente obedecer à autoridade da Palavra de Deus. Mas a questão em pauta era: Como deveria ser entendida a suficiência das Escrituras em relação à adoração? Os puritanos pensavam que o ponto de vista oficial da Igreja Anglicana era equivocado; porta-vozes anglicanos, como Hooker, criticaram como legalista e irracional a visão desenvolvida pelos puritanos. Quem estaria com a razão? A questão continua até hoje. Será que concordaríamos com John Owen, no sentido de que "a adoração a Deus não envolve pontos acidentais (...) tudo quanto pertence à mesma e à maneira de realizá-la é uma falsa adoração se não tem qualquer instituição divina em particular"? O problema não é simples, e muita coisa ainda pode ser dita em favor de ambos os lados da questão.

2) *Quais os regulamentos apropriados para a adoração cristã?* Havia e continua havendo três diferentes modos de dirigir a adoração pública: contar com uma liturgia fixa, como o *Livro de Oração*; ter um manual de orientação geral, como o *Westminster Directory*; ou deixar livremente nas mãos do ministro ou da congregação regulamentar sua própria adoração. Essas alternativas estão historicamente ligadas aos anglicanos, aos presbiterianos e aos independentes e quacres, respectivamente. Atualmente, qual é a alternativa preferida? Quão fortes são as objeções a cada uma delas? A adoração litúrgica necessariamente produz formalidade e indiferença? A oração de improviso é necessariamente desigual em sua qualidade? Realmente a adoração torna-se mais difícil se for seguida a alternativa congregacional ou

---

1 Horton Davies, *The Worship of the English Puritans* (Dacre Press, Londres, 1948), p. 48.

se for seguida alguma forma conhecida? Uma ordem regular, seguida domingo após domingo, abafa o Espírito? Seria mister, se uma congregação quisesse honrar ao Espírito Santo, que se recusasse a se limitar a algum padrão fixo de adoração, e, a cada reunião, simplesmente esperasse no Espírito por uma nova liderança? Quanto a essas indagações, os evangélicos exibem diferenças em nossos dias, tal como os puritanos diferiam uns dos outros em sua própria época. Baxter, por exemplo, tal como Calvino e John Knox, aprovava uma liturgia que desse lugar às orações espontâneas, segundo a orientação dos ministros; mas Owen sustentava que "todas as "liturgias, como tais, são falsas adorações, usadas para frustrar a promessa de Cristo quanto aos dons e quanto ao Espírito de Deus". Quem estaria certo? Novamente, tocamos aqui em uma questão que não é simples, nem pode ser considerada morta.

3) Qual disciplina é apropriada em conexão com a adoção? Sem dúvida, haveria uma anuência geral de que as tentativas sob Elizabeth e sob os Stuarts, para imporem estrita uniformidade nacional quanto ao *Livro de Oração*, foram deploráveis, produzindo mais males do que vantagens. Espera-se que ninguém defenderia o tipo de disciplina aplicado aos não conformistas pelos tribunais da Alta Comissão e pela Câmara Estelar, antes da Guerra Civil, ou pelos juízes e outras autoridades inglesas, durante os dias do Código de Clarendon. Contudo, permanece certo problema. Admitindo-se que a disciplina mencionada era ímpia em sua rigidez e na desconsideração pelas consciências, não deveria haver qualquer disciplina em conexão com a adoração pública? Atualmente, em algumas igrejas em que as orações fixas são a regra, foram introduzidos certos ritos e rezas próprios da missa romanista, e em outros grupos, nos quais as orações espontâneas são praticadas, os ministros alicerçam suas intercessões públicas sobre a heresia de que todos os seres humanos são filhos remidos de Deus. Em ambos os casos, a adoração

é espoliada mediante a aberração doutrinária dos ministros. Não haveria necessidade de disciplina nesses casos? Mas que espécie de disciplina? Quais passos são apropriados hoje em dia, em face de distorções desse tipo? Esse problema agitou os puritanos em seus dias; e seria vantajoso para nós se também nos agitasse em nossos próprios dias.

2

Mas esses problemas diziam respeito somente às formas e externalidades da adoração, ao passo que nosso interesse centraliza-se na realidade interna da adoração, conforme os puritanos entendiam essa realidade. E, quanto a isso, independentemente das diferenças, eles concordavam, e o material escrito que nos legaram é totalmente homogêneo, conforme mostraremos, mediante uma ampla variedade de citações. No que consiste a adoração? Consiste, essencialmente, em doxologia, uma atribuição de glória, louvor, honra e homenagem a Deus. No sentido mais lato da palavra, toda verdadeira piedade consiste em adoração. "A piedade é adoração", escreveu Swinnock:

> A adoração abrange todo aquele respeito que o homem deve e confere a seu Criador (...) É o tributo que pagamos ao Rei dos reis, o meio pelo qual reconhecemos sua soberania e nossa dependência dele (...) Toda a reverência e todo o respeito interiores, e toda a obediência e serviço externos para Deus, que a Palavra [por meio da piedade] nos impõe, estão embutidos nesta palavra: adoração.[2]

Geralmente, porém, os puritanos usavam essa palavra em seu sentido mais comum, a fim de indicar toda a nossa comunhão direta

---

2 George Swinnock, *Works*, I:31 (James Nichol, Edimburgo, 1868).

com Deus: invocação, adoração, meditação, fé, louvor, oração e o recebimento de instrução da parte da Palavra, pública e particularmente.

Conforme ensinou nosso Senhor, a adoração deve ser "em espírito e em verdade" (Jo 4.24). Os puritanos entendiam que, por um lado, a adoração deve ser uma questão interior, uma questão de "trabalho do coração", e, por outro, a adoração deve ser uma resposta à realidade revelada da vontade e da obra de Deus, aplicada ao coração do homem pelo Espírito Santo. Portanto, insistiam que a adoração deve ser simples e bíblica. Para eles, a simplicidade era a salvaguarda desse aspecto interior da adoração, tal como as Escrituras são a fonte da Verdade. A simplicidade austera da adoração puritana muitas vezes foi criticada como rude; mas, para os puritanos, essa simplicidade fazia parte essencial da beleza da adoração cristã. Isso pode ser percebido em dois sermões de Owen, sobre Efésios 2.18, intitulados "Natureza e beleza da adoração evangélica", nos quais o mais profundo de todos os teólogos puritanos formulou, à perfeição, o ideal puritano da adoração, em antítese ao formalismo de Laud, no *Livro de Oração* ("a beleza da santidade", conforme Laud gostava de chamá-lo).[3] Vale a pena citar, da exposição de Owen, um bom trecho. Owen começou argumentando que as verdadeiras "decência", "ordem" e "beleza" da adoração cristã jazem em seu caráter trinitário e evangélico, como um exercício da fé, por parte dos adoradores.

> Este é um princípio profundamente arraigado na mente dos homens: a adoração a Deus deve ser ordeira, decente, bela e gloriosa (...) E, de fato, qualquer adoração que fique aquém dessas qualidades bem pode levantar a suspeita de não ser segundo a mente de Deus. A isso, adicionarei somente esta afirmativa razoável: quanto à qualidade da adoração e do serviço que lhe são prestados, o próprio Deus é o Juiz mais apropriado. Se não podemos demonstrar que a adoração espiritual

---

3 John Owen, *Works*, IX:53-84 (ver capítulo 4, nota 43).

e evangélica, em sua própria e evidente simplicidade, sem qualquer postura externa, é ordeira, decente, bela e gloriosa, sendo o Espírito Santo, nas Escrituras, o Juiz, então nos contentaremos em buscar essas coisas, segundo dizem, onde quer que possam ser achadas.

Na adoração espiritual e evangélica, toda a bendita Triunidade, e cada Pessoa dela, individualmente, nessa economia e dispensação, onde elas atuam variada e peculiarmente na obra de nossa redenção, oferecem às almas dos adoradores uma distinta comunhão com elas mesmas. [Owen mostra como isso transparece em seu texto, que alude ao acesso ao Pai, através do Filho, por intermediação do Espírito.] Essa é a *ordem* geral da adoração evangélica, a grande *rubrica* de nosso serviço. Aqui jaz, de modo geral, sua *decência* (...) Se não fizermos assim através de Jesus Cristo, ou não o fizermos na força do Espírito Santo, ou não nos aproximarmos de Deus como um Pai, estaremos transgredindo todas as regras dessa adoração. Esse é o grande *cânon*, o qual, se for negligenciado, neutraliza a *decência* em tudo mais quanto for feito. E isso, de modo geral, é a sua *glória* (...) Pôr fé em Cristo, quanto à nossa admissão, e no Espírito Santo quanto à sua assistência, avançar na força dele e confiar em Deus Pai, quanto à nossa aceitação, essa é a obra da alma nessa adoração. Se há algo mais glorioso com que devemos nos familiarizar, isso é algo que ainda tenho de aprender (...).[4]

Owen, em termos similares, oferece-nos a substância teológica quanto à ideia da uniformidade na adoração:

Os santos têm acesso em "um Espírito", e aí está a origem de toda a *uniformidade* que Deus requer. Por isso o apóstolo nos disse que, quanto aos próprios dons [ou seja, habilidades para liderar a igreja na adoração coletiva], há diversidade e diferenças (1 Co 12.4-6).

---

4 Ibid., IX:56, 57.

Mas onde fica a uniformidade? (...) Paulo responde no verso 11: "Mas um só e o mesmo Espírito realiza todas estas cousas". Aí reside a uniformidade da adoração evangélica, pois, embora sejam vários os dons conferidos aos homens para realização da adoração pública, *um só Espírito* os confere a todos os crentes (...) um mesmo Espírito desvenda a vontade e a adoração a Deus a todos eles; um mesmo Espírito opera as mesmas graças nos corações de todos eles; um mesmo Espírito outorga os dons que são necessários para que haja a adoração evangélica nas assembleias públicas (...)E o que dizer se ele quiser distribuir variadamente seus dons, distribuindo-os "como lhe apraz, a cada um, individualmente"? Contudo, isso não impede, no tocante aos santos mencionados, que se aproximem de Deus por meio de um único Espírito, conferindo, assim, uniformidade à adoração deles, pelo mundo inteiro. Essa é uma uniformidade universal (...).[5]

Finalmente, Owen despreza a ideia de que edifícios ornados e ritos têm, ou podem ter, qualquer coisa a ver com a "beleza" que Deus busca e deve achar na adoração de seus fiéis. Ele nos faz lembrar que os crentes são o templo e a habitação de Deus e que a adoração autêntica, embora realizada em um corpo terreno, realmente é "efetuada no céu", visto que "aqueles que têm acesso até a presença imediata de Deus e ao trono da graça entram no próprio céu" (Owen usa como prova bíblica os trechos de Hb 6.20; 9.24; 10.19,21; Ap 4). Desse modo, fica provado como ridícula irreverência a ideia de que a ostentação no ritual dos cultos e na decoração dos templos enriquece a adoração. "Quão pouco pensam os homens sobre Deus e seus caminhos ao imaginarem que um pouco de tinta e de verniz torna uma glória e uma beleza aceitáveis!"[6]

---

5 Ibid., IX:76, 77.
6 Ibid., IX:77, 78.

Complementando a análise de Owen, temos uma anatomia da adoração, feita por Charnock, em seu sermão intitulado "Adoração Espiritual", com base em João 4.24.

> A adoração é um ato do entendimento que se concentra no conhecimento das excelências de Deus e nos pensamentos a respeito da majestade dele (...) Também é um ato da vontade, por meio do qual a alma adora e reverencia a majestade de Deus, encanta-se diante de sua amabilidade, abraça sua bondade, entra em comunhão íntima com esse mais amável dos objetos e deposita nele todos os seus afetos.[7]

Somente uma pessoa regenerada pode adorar a Deus de forma aceitável, disse Charnock, pois somente ela possui um coração que verdadeiramente o adora e se submete a ele. Portanto, "devemos achar cura nas asas de Cristo, antes que Deus possa perceber espiritualidade em nosso serviço cristão. Toda adoração que se origina na natureza morta é apenas serviço morto".[8]

Charnock prossegue a fim de mostrar que a adoração espiritual só pode ocorrer mediante a ajuda ativa do Espírito, visto que requer sinceridade e singeleza de coração ("unificação", conforme Charnock a denominou; "concentração" expressaria o que ele queria dizer). Isso envolve atos de fé, amor, humilhação e autodesconfiança, e deve ser a expressão do desejo que o coração tem por Deus. "Um adorador espiritual aspira por conhecer a Deus (...) Adorar, como uma finalidade em si, é uma carnalidade; mas ter o desejo de adorar como meio para alcançar o fim, externalizando esse desejo por meio de atos que visam à comunhão com Deus, é algo espiritual, sendo fruto da vida espiritual (...)".[9] Ademais, a adoração espiritual será jubilosa:

---

7 Stephen Charnock, *Works*, I:298.
8 Ibid., I:299.
9 Ibid., I:307.

A adoração evangélica é uma adoração espiritual; e o louvor, a alegria e o deleite, segundo está profetizado, são os grandes ingredientes que acompanham as ordenanças do evangelho (Is 12.3-5) (...). A aproximação é a Deus como um Ser gracioso, e não como um Deus irado; como um filho a um pai, e não como um criminoso a um juiz (...). Deleitar-se em Deus é uma atitude evangélica, por isso jubilosa e espiritual (...).[10]

Na adoração, precisamos buscar expressar de volta a Deus, mediante nossa reação, aquele conhecimento que temos recebido dele através de sua revelação.

> Deus é um Espírito infinitamente feliz, razão pela qual devemos aproximar-nos dele com bom ânimo; ele é um Espírito de infinita majestade, por isso devemos ir a ele com reverência; ele é um Espírito infinitamente elevado, razão pela qual devemos oferecer-lhe nossos sacrifícios com a mais profunda humildade; ele é um Espírito infinitamente santo, portanto devemos nos dirigir a ele com pureza; ele é um Espírito infinitamente glorioso, portanto devemos reconhecer sua excelência (...) ele é um Espírito infinitamente irado diante de nossos atos, portanto devemos lhe oferecer nossa adoração no nome de um Mediador e Intercessor pacificador.[11]

Owen escreveu: "Que todos os crentes verdadeiros, cujas mentes foram espiritualmente renovadas, deleitem-se de forma singular em todas as instituições e meios de adoração a Deus é algo plenamente evidente". Ele citou Salmos 42.1-4; 63. 1-5; 84.1-4, a fim de provar sua declaração.[12] Que os santos amam a adoração pública, esse é um

---

10 Ibid., I:308.
11 Ibid., I:315.
12 Owen, *Works*, VII:430, 431.

tema puritano constante. Por que se deleitam nela? Porque, na adoração, os santos não apenas buscam a Deus, mas também o encontram. A adoração não é somente uma expressão de gratidão, mas também um meio de graça, através do qual os famintos são alimentados, e os pobres são enriquecidos. Porquanto, "na adoração, Deus se aproxima do homem".[13] A presença de Deus em suas ordenanças é uma realidade; Deus faz-se essencialmente presente no mundo e graciosamente presente em sua igreja. Deus deleita-se em se aproximar dos homens, conversando com eles na adoração instituída no evangelho.[14] Os homens honram muito a Deus quando chegam à adoração famintos e em atitude de expectação, cônscios de sua necessidade, à espera de que Deus supra essa necessidade e os satisfaça.

A adoração cristã, declarou Owen, é "um meio de comunicação do senso do amor divino e supre a graça divina nas almas daqueles que creem". É "um meio de nossa aproximação com Deus" e "sempre devemos chegar-nos a Deus como quem chega a uma eterna fonte de bondade, graça e misericórdia, quanto a tudo que nossas almas carecem". "Pretender aproximar-se de Deus, mas não com a expectativa de receber boas e grandes coisas da parte dele, é desprezar a Deus." Um hábito de frequência à igreja sem alvo, descuidado e rotineiro não é racional nem reverente. Owen indaga, a respeito, com uma retórica cortante:

> Com qual finalidade os homens ouvem a Palavra de Deus? Acerca do que eles oram? O que esperam receber da parte de Deus? Eles se achegam a Deus como a eterna fonte das águas vivas; diante do Deus de toda graça, paz e consolação? Ou chegam-se à adoração sem qualquer desígnio, como a um espetáculo vazio e estéril? (...) Ou pensam que trazem alguma coisa para Deus e nada recebem da parte dele? (...) Es-

---

13 Charnock, *Works*, I:319.
14 Ibid.

peram nada receber dele, nem jamais se examinam se assim fizeram ou não? (...) Não é próprio das pessoas que andam dessa maneira obter o deleite no dever da adoração divina.[15]

A aplicação que Owen fez disso é desconfortavelmente perscrutadora:

> Muitos daqueles que melhor professam a religião são por demais negligentes quanto a essa questão. Não anelam, nem suspiram, no homem interior, por renovadas promessas do amor de Deus; não consideram sobre quanto carecem disso (...) não preparam suas mentes para receber tal bênção, nem se achegam com a expectativa de que elas lhes serão comunicadas; não fixam corretamente sua fé sobre essa verdade, a saber, que essas santas administrações e deveres foram determinados por Deus, antes de mais nada, como o caminho e o meio de transmitir seu amor e o senso desse amor às nossas almas. Daí originam-se a mornidão, a frieza e a indiferença para com os deveres da santa adoração, que vão aumentando entre nós.[16]

Não há dúvida de que temos aí um recado para nossa época.

3

As listas dos puritanos sobre as partes e atividades que constituem a adoração normalmente incluem os seguintes itens: louvor (em geral, o cântico de salmos), oração (confissão, adoração e intercessão), pregação, as ordenanças e também o discipulado e o exercício da disciplina eclesiástica. Em todas essas atividades, segundo diziam os

---

15 Owen, *Works*, VII:438, 439.
16 Ibid., VII:439.

puritanos, Deus vem ao encontro de seu povo reunido em nome de seu Filho, especialmente no caso da pregação.

A pregação é a mais solene e exaltada dessas atividades, sendo, portanto, o supremo teste do ministério de um homem. "Eles [os puritanos] afirmavam que o mais elevado e supremo ofício e autoridade do pastor é pregar solene e publicamente o evangelho à congregação, interpretando a Palavra escrita de Deus e aplicando-a mediante a exortação e a repreensão."[17] A pregação na igreja é a suprema ministração do Espírito, de modo que (concordava Richard Hooker) a mera leitura da Palavra nada poderia fazer, na opinião dos puritanos; portanto, esse é o supremo meio da graça. Foi assim que escreveu Thomas Goodwin:

> Não é a letra da Palavra que ordinariamente converte, mas seu sentido espiritual, uma vez revelado e exposto (...) Há a letra, a casca; e há o espírito, a polpa comestível. E quando, mediante a exposição da Palavra, abrimos a casca, então salta até nós a parte comestível. O sentido da Palavra é que é a verdadeira Palavra; seu sentido é sua alma (...) Ora, a pregação, de modo muito especial, revela a Palavra de Deus. Uma vez que se abra um vaso de unguento, então este exala seu perfume; e, quando o suco de alguma erva medicinal é espremido e aplicado, então processa-se a cura. Assim acontece ao sentido espiritual da Palavra; aplicado ao coração, esse sentido o converte e o faz voltar-se para Deus.[18]

Para as igrejas, pois, o ato de ouvir sermões é o evento mais momentoso de suas vidas, e os puritanos rogavam para que os adoradores apreciassem esse fato, dando ouvidos à Palavra pregada, com admiração, atenção e expectação. Baxter apresentou assim esse pon-

---

17 William Bradshaw, *English Puritanisme* (1605), p. 17.
18 Thomas Goodwin, *Works*, XI:364.

to, no capítulo "Orientações sobre como ouvir com proveito a Palavra pregada", no *Christian Directory*:

> Não vinde ouvir com um coração desatento, como se viésseis ouvir uma questão que pouco vos interessa, mas vinde com um senso da indizível importância, necessidade e consequência da Santa Palavra que viestes ouvir; e quando entenderdes quanto isso vos envolve, será de grande ajuda compreenderdes cada verdade em particular. (...)
>
> Esforçai-vos diligentemente por aplicar a Palavra, enquanto a estiverdes ouvindo (...). Não deixeis tudo ao encargo do ministro, como aqueles que não irão além do que forem empurrados (...). Tendes um trabalho a fazer, tanto quanto o pregador, e deveríeis estar tão ocupados quanto ele (...) deveis abrir vossas bocas, digerindo a Palavra, pois ninguém pode digeri-la em vosso lugar (...) logo, trabalhai o tempo todo, abominando o coração preguiçoso no ouvir, tanto quanto um ministro preguiçoso.
>
> Ruminai e recordai tudo ao chegardes em casa, em vossos quartos, e, mediante a meditação, pregai novamente a vós mesmos. Se a prédica foi exposta friamente pelo pregador, então pregai com maior vigor aos vossos próprios corações (...).[19]

Costumamos lamentar, hoje em dia, que os ministros não sabem pregar, mas não é igualmente verdadeiro que nossas congregações não sabem ouvir? Uma instrução para remediar a primeira dessas deficiências sem dúvida seria em vão, a menos que a segunda também fosse remediada. Entretanto, não é que ouvir sermões seja um fim em si mesmo, ou que ficar a absorver ardentemente os sermões, ou ficar a caçar pregadores, seja o máximo da devoção cristã. Thomas Adams falou severamente contra a suposição de que ouvir sermões é tudo que importa, lembrando-nos de que a pregação deve conduzir à oração e ao louvor:

---

19 Richard Baxter, *Works*, I:473, 475.

Muitos chegam a estes lugares santos e ficam tão tomados pelo desejo de ouvir que se esquecem do fervor da oração e do louvor a Deus (...) toda a nossa pregação tem por objetivo gerar vossas orações e instruir-vos quanto ao louvor e à adoração a Deus (...) Não me queixo de que nossas igrejas sejam auditórios, mas de não serem oratórios; não que venhais ouvir sermões (por favor, vinde com maior prontidão ainda), mas que negligenciais as orações públicas; como se fosse somente o dever de Deus abençoar os ouvintes, mas não o dever dos ouvintes bendizer a Deus (...) Amados, não vos enganeis. O crente não tem por única tarefa ouvir sermões; e um domingo não é bem aproveitado quando não gera outros aspectos do relacionamento com Deus (...) O serviço a Deus não se afunila no ato de ouvir, mas tem uma latitude bem maior; deve haver oração, louvor e adoração (...).[20]

Temos aqui uma palavra dirigida aos crentes de hoje.

4

Diziam os puritanos que há três esferas na adoração cristã: pública, na igreja; doméstica, no círculo familiar; e particular, no quarto. Dessas três, a adoração pública é a mais importante. David Clarkson mostrou-se totalmente típico ao pregar sobre Salmos 87.2, sob o título "Adoração pública preferível à particular", quando argumentou que "o Senhor é mais glorificado por meio da adoração pública", "há maior presença do Senhor na adoração pública", "temos ali as mais claras manifestações de Deus", "há maior vantagem espiritual a ser obtida na prática dos deveres públicos" e "a adoração pública é mais edificante".[21] De forma surpreendente

---

20 Thomas Adams, *Works* (James Nichol, Edimburgo, 1861), I:103.
21 David Clarkson, *Works*, III:190ss.

e peculiar (pois muitos outros salientaram o mesmo ponto), ele nos lembrou que a adoração pública é, entre aquelas que a terra conhece, "a que mais se assemelha ao céu", pois "no céu, até onde vão as descrições bíblicas, toda a adoração daquela gloriosa assembleia é pública (...). Eles perfazem uma congregação gloriosa, pelo que entoam unanimemente louvores àquele que está sentado no trono e louvores ao Cordeiro, ficando eternamente atarefados nessa adoração pública".[22] De igual modo, Swinnock insiste que, no dia do Senhor, a reunião na igreja deve ter preeminência, e tudo o mais deve girar em torno disso. "Valoriza os deveres em público como a principal atividade do dia, e que teus deveres secretos e particulares sejam efetuados de tal modo que tua alma seja preparada para tirar proveito dos deveres públicos."[23]

Para os puritanos, contudo, a adoração familiar também era vitalmente importante. Cada lar deveria ser uma igreja, e o chefe da família deveria ser seu ministro. Diariamente e, de fato, duas vezes ao dia, segundo recomendavam os puritanos, a família deveria ouvir a leitura da Palavra e orar a Deus. Domingo após domingo, as famílias deveriam procurar extrair aquilo que seus membros puderam aproveitar dos deveres públicos. Dia após dia, seus membros deveriam encorajar-se mutuamente no caminho de Deus. Os pais deveriam ensinar as Escrituras a seus filhos; todos os membros da casa deveriam dedicar tempo e lugar para a oração. Assim, de maneira informal, mas consciente, devem ser levados a efeito o culto e a adoração a Deus.

5

Ainda que esta pesquisa tenha sido necessariamente incompleta (nada dissemos, por exemplo, acerca das ordenanças), pelo menos es-

---
22 Ibid., III:194.
23 Swinnock, *Works*, I:234.

boçou os traços mais fortes dos ideais puritanos para os adoradores: reverência, fé, ousadia, anelo, expectação, deleite, dedicação, concentração, humildade e, acima de tudo, a grande vontade de encontrar e conhecer ao próprio Deus como um Pai amoroso, pela mediação do Filho. Esse ideal era comum a todos eles – àqueles que, como Sibbes e Usher, aceitavam a liturgia do *Livro de Oração*; e àqueles que, como Owen, julgavam ilegítimas todas as liturgias; e também àqueles que, como Baxter, sentiam-se felizes em alternar entre orações "fixas" e "espontâneas", ficando igualmente à vontade em ambos os casos. Aqui, no conceito deles sobre quais deveriam ser a atitude e o alvo dos adoradores, os puritanos mostravam-se unânimes; e talvez possamos aventurar-nos a julgar que a conformidade deles, quanto a esse particular, era mais significativa do que suas divergências e que é dentro dessa área de concórdia que seus ensinamentos mais podem ajudar-nos na atualidade.

Permanece, contudo, uma questão. Como podemos começar a sair de onde estamos para onde os puritanos mostraram que deveríamos estar, em nossa própria prática de adoração? Como podemos nós, frios de coração e formais como tantas vezes nos mostramos – para nossa vergonha – nos cultos das igrejas, avançar para mais perto do ideal puritano? Os puritanos teriam respondido à nossa pergunta com outra pergunta. Como nos *preparamos* para a adoração? O que devemos fazer para nos estimularmos à busca por Deus?

Talvez resida aqui nossa principal debilidade. Os puritanos inculcavam uma preparação específica para a adoração – não apenas para a ceia do Senhor, mas para todos os cultos – como um aspecto regular da disciplina interior do crente, para a oração e a comunhão com Deus. Estipula o *Westminster Directory*: "Quando a congregação tiver de se reunir para a adoração pública, todo o povo (*tendo antecipadamente preparado seu coração para a ocasião*) deve vir...". Contudo, negligenciamos em preparar nossos corações; pois, conforme os puritanos teriam sido os primeiros a nos dizer, trinta segundos de oração particular, quando nos assentamos no templo, não é tempo suficiente para essa preparação. É a isso que devemos dar mais atenção. O que precisamos no presente para aprofundar nossa adoração não é de novas formas litúrgicas, nem de novos hinos e corinhos; pelo contrário, precisamos de um preparatório "trabalho do coração" antes de começarmos o culto. Nada há de errado com novos hinos, corinhos e estilos de adoração – pode haver boas razões para essas coisas, mas, sem o antecipado "trabalho do coração", essas coisas em nada tornam mais frutíferas nossa adoração e as honras que prestamos a Deus; essas coisas meramente fortalecerão a síndrome que C. S. Lewis chamou de "inquietações litúrgicas". O "trabalho do coração" deve ter prioridade ou, espiritualmente falando, nossa adoração não chegará a lugar nenhum. Portanto, encerro com uma admoestação feita por George Swinnock acerca da preparação para o culto do dia do Senhor, a qual, apesar de toda a sua aparente esquisitice, conforme penso, é uma palavra oportuna para muitos de nós:

> Prepara-te para te encontrares com teu Deus, ó crente! Recolhe-te ao teu quarto no sábado à noite, confessa e lamenta tua infidelidade às ordens de Deus; envergonha-te e condena-te por teus pecados, roga a Deus que prepare teu coração para teus exercícios religiosos e te ajude nisso; passa algum tempo meditando sobre a infinita majestade, santidade, zelo e bondade do Deus, com quem tens de tratar nos teus deveres sagrados; pondera o peso e a importância de suas santas ordenanças (...). Reflete sobre a brevidade do tempo que te resta para desfrutar os domingos; e continua a meditar até que o fogo se inflame; nem podes imaginar o bem que poderás obter por tais pensamentos, nem quão agradável e proveitoso será o dia do Senhor após tal preparação. Por assim dizer, o forno de

teu coração, tendo cozido a massa durante a noite, poderá ser facilmente aquecido na manhã seguinte; as chamas que crepitavam tanto, quando te recolheste ao leito, serão mais facilmente atiçadas quando acordares pela manhã. Se quiseres deixar assim teu coração nas mãos de Deus, no sábado à noite, haverás de encontrá-lo com ele na manhã do dia do Senhor.[24]

---

24 Ibid., I:229, 230.

Capítulo 15

O matrimônio e a família segundo o pensamento puritano

A ideia generalizada de que os puritanos ingleses típicos eram ascetas solitários é tão errada quanto poderia ser. A palavra "asceta" aponta para a mentalidade maniqueísta, que despreza o prazer físico e o próprio corpo; decerto, era isso que, duas gerações atrás, muitos acusavam os puritanos de terem sido. Não há motivo para duvidar de que as linhas a seguir tenham sido compostas com toda a seriedade:

> O puritano, ao passar pelo doce jardim da vida,
> Arranca para si o espinho e rejeita a rosa;
> Espera agradar a Deus, mediante esse capricho,
> O Deus que o formou, e que tudo deu a ele.[1]

Mas o retrato está totalmente errado. Tal como Calvino antes deles, os puritanos afirmavam o dever de apreciarmos a bondade e os deleites da criação material, proibindo tão somente o gozo imodera-

---
1 Kenneth Hare, "The Puritan", citado de Gordon S. Wakefield, *Puritan Devotion* (Epworth Press, Londres, 1957), p. 1.

do e desordenado dos dons que afastam de seu Doador o coração do homem. Além disso, os puritanos não se sentiam solitários; davam valor aos amigos, cultivavam as amizades, escreviam cartas afetuosas uns aos outros e não preferiam o isolamento quando podiam juntar-se a um grupo de crentes. Finalmente, o ideal que tinham para o casamento e para a vida em família demonstra com bastante clareza quão sem fundamento é a ideia de que eram ascetas solitários.

Não foram eles que inventaram esse ideal; os reformadores foram seus originadores. Porém, ao ensinarem e insistirem sobre esse ideal, emprestaram-lhe tamanhos vigor, substância e solidez que isso lhes assegurou a fama de que, no mesmo sentido, motivados por Deus, foram os criadores do domingo cristão inglês, assim como foram os criadores do matrimônio cristão inglês, da família cristã inglesa e do lar cristão inglês.

O nobre propósito de santificar todas as atividades e relações envolvidas na vida neste mundo encontrou expressão perfeita no ensinamento deles sobre a vida familiar; e, embora não se possa provar que todos viviam à altura dos padrões estabelecidos, indiscutivelmente muitos assim viveram. (As provas disso encontram-se em seus sermões fúnebres, nas muitas e breves biografias que os puritanos escreveram uns sobre os outros, nos diários e nas obras literárias, como, por exemplo, a obra de Richard Baxter sobre sua falecida esposa: *Breviate of the Life of Mrs. Margaret Baxter*, Breve relato sobre a vida da Sra. Margaret Baxter.)

Esse padrão ocupará nossa atenção neste capítulo. Em uma época em que o matrimônio, mesmo entre os crentes, está se tornando cada vez mais frágil e instável; em que casamentos feitos e desfeitos, mediante uma sequência de divórcios, seguem o modelo, à luz do palco, deixado pelos principais astros e estrelas do mundo dos entretenimentos; em uma época em que relações sexuais ocasionais, entre adultos, não causam mais indignação; em que a fornicação entre os adolescentes é vista com indiferença, como se fosse um inevitável e universal fato da vida; em que a maioria das crianças cresce ignorando, segundo os moldes pagãos, tanto a Deus quanto às suas leis, muito temos para aprender ao delinearmos o ensino puritano acerca do casamento e da família.

1

Os puritanos, seguindo os reformadores, exaltavam o matrimônio em consciente contradição à noção medieval de que o celibato, praticado por padres, monges e freiras, é melhor – mais virtuoso, mais similar a Cristo, mais agradável a Deus – do que o casamento, a procriação e a vida em família.

O ensinamento de Tomás de Aquino sobre o papel das mulheres dera apoio a essa ideia medieval. Ele chegara ao extremo de dizer que o nascimento de uma menina resulta de alguma degeneração no embrião masculino; e que, se a esposa é uma conveniência para o homem, porquanto capacita-o a procriar e a evitar a concupiscência (a paixão ardente, que pode conduzir à promiscuidade), em tudo o mais um homem sempre será melhor companheiro e ajudante do que jamais poderia ser uma esposa ou qualquer outra mulher. Ademais, afirmava Aquino, as mulheres são mental e fisicamente mais fracas que os homens, mais tendentes ao pecado e, por natureza, sempre se submetem a algum homem. Os maridos poderiam corrigir suas mulheres mediante punições físicas, se necessário, e as crianças deveriam amar mais ao pai do que à mãe.[2] Pode-se dizer, sem medo de contradição, que os oráculos do grande teólogo sobre o sexo oposto são uma leitura bastante insatisfatória.

---

2 A evidência para o ponto de vista de Thomas está apresentada e sumariada por C. H. e K. George em *The Protestant Mind of the English Reformation 1570-1640* (Princeton University Press, Princeton, 1961), pp. 261-264, 280-283.

O negativismo de Aquino quanto a essa questão não era, de fato, uma falha inteiramente sua; não somente Aristóteles, que Aquino afirmava seguir em seus ideais cristãos, tinha as mulheres em conceito muito baixo, como também muitos dos pais ortodoxos, cujo ensino era requerido que Aquino seguisse, se haviam mostrado tão negativos e desprezadores das mulheres quanto ele, e até mais do que ele, no tocante às relações sexuais no casamento. Crisóstomo negara que Adão e Eva tivessem tido relações sexuais antes da queda no pecado; Agostinho admitia que a procriação era legítima, mas insistia que as paixões que acompanham o contato sexual são sempre pecaminosas. Orígenes inclinara-se à teoria de que, se o pecado não tivesse entrado no mundo, a raça humana se teria propagado não através da união sexual, mas de maneira angelical, independentemente de qual fosse essa maneira. E Gregório de Nissa estava certo de que Adão e Eva foram criados sem desejo sexual e que, não fora a queda no pecado, a humanidade se teria reproduzido por meio daquilo que Leland Ryken chamou gravemente de "alguma inofensiva modalidade vegetativa".[3]

O pano de fundo dos pais da igreja havia sido a decadente cultura greco-romana, que, sistematicamente, depreciou o casamento e as relações sexuais durante séculos, pelo que talvez os pais da igreja, igualmente, não deveriam ser acusados em demasia quanto a pontos de vista desse tipo. Todavia, é óbvio que um registro tão distorcido precisava ser corrigido com urgência, e isso os reformadores fizeram, seguidos de perto pelos puritanos.

O primeiro passo que deram foi celebrar o casamento como uma ordenança da criação, uma boa dádiva de Deus à humanidade, "instituída no paraíso e no jardim do prazer", conforme Miles Coverdale, o protopuritano tradutor da Bíblia, fez Heinrich Bullinger dizer, em sua tradução da obra deste *The Christian State of Matrimony* (A condição

---

3 Leland Ryken, *Santos no mundo* (Editora Fiel, São Paulo).

cristã do matrimônio) (1541).[4] Conforme eles diziam, o matrimônio não é uma segunda melhor alternativa; antes, pertence à vida humana ideal, conforme o Criador a planejou.

O segundo passo foi definir e descrever o matrimônio segundo os termos bíblicos. A declaração de Bullinger parece ter sido o arquétipo seguido tanto pelo *Livro de Oração* (1549, 1552), de Cranmer, quanto para os puritanos de forma geral. Essa declaração dizia:

> O matrimônio é a união de um homem e de uma mulher, aos quais Deus juntou de acordo com sua Palavra, com o consentimento de ambos, para, dali em diante, viverem juntos e passarem a vida em igual participação de todas as coisas que Deus lhes enviar, com o intuito de que produzam filhos no temor a Deus, de que evitem a prostituição e de que (de acordo com o beneplácito de Deus) um ajude e console o outro.[5]

A moderna teoria acerca do casamento, à semelhança de Gênesis 2.18 ("Não é bom que o homem esteja só"), frisa o companheirismo como de valor fundamental, e é notório que um bom número de puritanos colocava em primeiro plano esse aspecto do casamento. Thomas Becon, o reformador, cuja mentalidade muito se assemelhava à dos primeiros puritanos, manifestou isso em sua obra *The Boke of Matrimonye* (O livro do matrimônio) (1564), especificando que "evitar a solidão" foi a primeira das três razões pelas quais Deus criou o matrimônio. Bullinger e o *Livro de Oração* já haviam alistado essas razões pela ordem: filhos, castidade e conforto do companheirismo. No devido tempo, a *Confissão de Westminster* endossou a nova ordem, declarando: "O matrimônio foi ordenado para a ajuda mútua do marido e da mulher; para a multiplicação da humanidade, com uma prole legítima; da igreja, com uma semente santa; e para impe-

---

4 Bullinger, op. cit.

5 Op. cit.

dir a impureza". Os pregadores puritanos esforçaram-se ao máximo para proclamar quão bendito é que dois estejam unidos pelos laços do matrimônio; as declarações acerca do casamento são frequentes, singulares e dignas de citação. Eis alguns exemplos.

> A esposa foi designada para o esposo tal como uma pequena Zoar, uma cidade de refúgio; ele foge para ela em todas as suas dificuldades. E não há paz que se compare a ela, exceto a paz de consciência.[6]
>
> As mulheres são criaturas sem as quais não pode haver vida confortável para os homens (...) Aqueles que as desprezam e amesquinham são uma casta de blasfemadores, quando as chamam de *um mal necessário*, pois elas são *um bem necessário*.[7]
>
> Não há sociedade mais perfeita, mais completa, mais necessária, mais gentil, mais deleitosa, mais confortável, mais constante, mais contínua do que a sociedade entre um homem e sua mulher, a raiz central, a origem e a fonte de todas as demais sociedades.[8]
>
> Uma boa esposa é...
> A melhor companhia na riqueza;
> A mais apta e pronta ajudante no trabalho;
> O maior consolo nas cruzes e tristezas;
> E a maior graça e honra que pode haver
> para aquele que a possui.[9]
>
> Não existe na terra fonte de consolação que se compare ao matrimônio.[10]

---

6 John Dod e Robert Cleaver, *A Godly Forme of Householde Government* (1598), p. 125.
7 John Cotton, *A Meet Help* (1694), p. 15.
8 Thomas Gataker, *A Wife Indeed*, citado de Ryken, op. cit.
9 Thomas Gataker, *A Good Wife God's Gift* (1637), p. 166.
10 Thomas Adams, citado de C. H. e K. George, op. cit., p. 268.

É sinal de misericórdia termos uma amiga fiel que nos ame inteiramente (...) diante de quem podemos abrir nossa mente e comunicar-lhe nossos problemas (...). É uma misericórdia ter uma amiga tão próxima que nos ajude em nossa alma, para despertar em nós a graça de Deus.[11]

Deus, o Instituidor inicial do casamento, deu a mulher ao marido, a fim de que ela fosse não uma serva, mas sua ajudadora, conselheira e consoladora.[12]

O terceiro passo consistiu em apresentar, diante dos cônjuges, o ideal do amor mútuo e singular. Observou Matthew Henry, ao comentar sobre Gênesis 2.22: "*A mulher foi feita de uma costela tirada do lado de Adão*. Não foi feita de sua cabeça, para dominá-lo; nem de seus pés, para ser pisada por ele; mas de seu lado, para ser igual a ele, para ser protegida por seu braço; e de perto de seu coração, para ser amada". Assim, um marido deve demonstrar amor à sua mulher de modo constante, consciente e espontâneo, o que, para os puritanos, significava o ágape erótico de um matrimônio romântico,[13] e a mulher deve amar seu marido com a mesma intensidade. Richard Baxter traduziu isso lindamente, sob a forma de pergunta e resposta:

Digam-me meu dever para com minha esposa e o dever dela para comigo.
O dever mútuo entre marido e mulher é:
1. Amarem totalmente um ao outro; por isso, escolha alguém que seja verdadeiramente amável (...) e evite tudo que tenda a extinguir seu amor.

---

11 Richard Baxter, *A Christian Directory*, citado de Ryken, op. cit.
12 John Downame, *The Plea of the Poore* (1616), p. 119.
13 "O surgimento de um casamento romântico e sua aprovação pelos puritanos representam uma grande inovação dentro da tradição cristã" (Herbert W. Richardson, *Num, Witch, Playmate: the Americanization of Sex* (Harper and Row, Nova Iorque, 1971), p. 69. "A conversão do amor cortejante em amor monogâmico e romântico representou uma boa parte da obra de poetas puritanos" (C. S. Lewis, "Donne and Love Poetry in the Seventeen Century", em *Seventeen Century Studies Presented to Sir Herbert Grierson* (Oxford University Press, Oxford, 1938), p. 75.

2. Viverem juntos, desfrutarem um do outro, unindo-se fielmente na tarefa de educar os filhos, no governo da família, no gerenciamento de seus negócios seculares.
3. Ajudarem-se especialmente na santificação um do outro; despertarem, um ao outro, para a fé, o amor, a obediência e as boas obras; admoestarem-se e ajudarem-se mutuamente contra o pecado e todas as tentações; unirem-se na adoração familiar e também na adoração particular; prepararem-se mutuamente para a aproximação da morte e consolarem um ao outro na esperança da vida eterna.
4. Evitarem todas as dissensões e suportarem as fraquezas um do outro, que nenhum deles pode curar sozinho; amenizar e não provocar as paixões desordenadas; e, nas coisas legítimas, agradarem um ao outro.
5. Manterem a castidade e a fidelidade conjugal, evitando toda conduta imprópria e sem modéstia em relação a um terceiro, o que pode provocar o ciúme; e, ainda, evitarem todo ciúme injusto.
6. Ajudarem-se mutuamente a levar suas cargas (e não agravá-las, por sua impaciência). Na pobreza, nas dificuldades, nas enfermidades, nos perigos, consolarem-se e apoiarem-se mutuamente. Serem companhias agradáveis no amor santo, nas esperanças e nos deveres espirituais, quando falharem todos os confortos materiais.[14]

Agora, deve estar claro que, usando as palavras de Edmund Morgan, "os puritanos não eram nem pudicos nem ascetas. Eles sabiam como rir e como amar".[15] O realismo de suas afirmações sobre a afeição matrimonial teve origem no fato de terem recorrido

---

14 Richard Baxter, *Works*, IV:234 (*The Poor Man's Family Book*, 1674).
15 Edmund S. Morgan, *The Puritan Family* (Harper and Row, Nova Iorque, 1966), p. 64. Ver também Ryken, op. cit., cap. 3, "Sexo e casamento".

à Bíblia para entender esse relacionamento; ao livro de Gênesis, quanto à sua instituição; à epístola aos Efésios, quanto a seu pleno significado; ao livro de Levítico, quanto à sua higiene; ao livro de Provérbios, quanto à sua administração; a diversos livros do Novo Testamento, quanto à sua ética; e a Ester, Rute e Cantares de Salomão, quanto a ilustrações e amostras do matrimônio ideal. O poeta Milton expôs cerimoniosamente o fruto das pesquisas bíblicas dos puritanos, primeiro ao diferenciar os dois sexos e, então, em sua invocação do amor conjugal, na forma de hino, e, finalmente, em sua declaração sobre o bem espiritual que tal amor pode produzir. Damos, em primeiro lugar, a diferenciação:

> Não iguais, como o sexo deles não é igual;
> Ele, formado para ser corajoso e visto,
> Ela, para a meiguice e para a doce e atrativa graça,
> Ele, só para Deus; ela, para Deus nele.

Agora, a invocação:

> Salve, amor conjugal, lei misteriosa, verdadeira fonte
> Da prole humana, único proprietário,
> No paraíso, de todas as demais coisas.
> Por ti, a paixão adúltera foi expulsa dentre os homens,
> Para existir, a partir de então, entre as manadas bestiais; por ti,
> Fundadas na razão, leal, justa e pura,
> Caras relações e todas as relações de amor
> Entre pai, filho e irmão, foram conhecidas desde o princípio.
> Longe de mim que a ti atribua pecado ou culpa,
> Ou pense não mereceres o lugar mais santo;
> Fonte perpétua de doçuras domésticas,
> Cujo leito é considerado imaculado e casto.

E, finalmente, a maturação:

O amor refina
os pensamentos, e o coração aumenta, tem sua base
Na razão, e é judicioso.
É a escada pela qual ao amor celestial deves ascender.[16]

Os puritanos entendiam o amor conjugal com grande abrangência; e isso fica claro em passagens como esta, em que Daniel Rogers, filho de John Rogers, de Dedham, descreveu o que, em nossos dias, chamaríamos de apaixonar-se.

> (...) o amor conjugal é, muitas vezes, uma obra secreta de Deus, ligando o coração de uma pessoa a outra, por nenhuma causa conhecida; e, assim, quando esse poderoso ímã atrai um ao outro, nenhuma outra pergunta precisa ser feita, mas aceita-se que tal homem e tal mulher foram feitos, no céu, um para o outro, e que Deus mesmo os uniu.[17]

Rogers reconheceu que esse "ligar" do coração nem sempre ocorre, mas frisou, a exemplo de todos os puritanos, que um afeto constante por parte do homem e da mulher, em todos os casos, é uma questão de mandato divino. Portanto, diziam os puritanos, ao escolher um cônjuge, a pessoa não deve olhar necessariamente para alguém a quem ama, aqui e agora, no sentido altamente afetivo abordado por Rogers (alguém assim talvez não fosse um candidato apropriado para a vida em comum, por toda a vida), mas deve procurar por alguém que possa ser amado, sobre bases permanentes, com

---

16 John Milton, *Paradise Lost*, IV:296-299, 750-761; VIII:589-592.
17 Daniel Rogers, *Matrimoniall Honour* (1642), p. 148. L. L. Schuking, *The Puritan Family* (Schocken Books, Nova Iorque, 1970), p. 25, descreve Rogers como "um dos escritores mais generosos e cordiais que escreveram sobre os problemas do casamento, sendo também dotado de excepcional sentimento de delicadeza".

um afeto constante. Todos os tipos de atos de amor, incluindo o contato físico, haverão de amadurecer e aprofundar esse afeto, levando a um amor conjugal caloroso, como aquele que Thomas Hooker, o puritano de Cambridge que foi à Nova Inglaterra, retratava em seus sermões quando queria ilustrar o pacto de amor entre Deus e seu povo. Ali, desejando expor os benefícios do evangelho como provas de amor da parte do Senhor, Hooker delineou à esposa:

> Quando uma esposa manuseia as cartas de seu esposo, que está em um país distante, encontra muitos doces indícios do amor dele, e lê essas cartas diariamente e por muitas vezes, ela fala com seu marido, que está distante, e até o vê naquelas cartas. E diz ela: Ó, ele pensou nisto ou naquilo quando escreveu estas linhas, e então imagina que ele está falando novamente com ela; ela lê essas cartas apenas porque deseja estar com ele novamente, e conversa com ele por um pouco, por meio daquelas cartas, embora sem a presença dele. Assim também, os evangelhos são apenas cartas de amor do Senhor.[18]

E, destacando o amor constante e os cuidados de Deus por aqueles que lhe pertencem, Hooker delineou o esposo:

> O homem cujo coração está apaixonado por sua mulher, sonha com ela à noite, tendo-a sempre diante de seus olhos e de sua imaginação; quando se levanta, estando à mesa, medita sobre ela; quando viaja, anda com ela e conversa com ela em cada lugar aonde chega.[19]

> O marido cuida de sua esposa com o mais profundo afeto, acima de todas as outras criaturas mortais. Isso fica claro mediante suas expressões no sentido de que tudo quanto ele possui fica à disposição dela; tudo quanto ele faz é para melhorar o conforto e o bem-estar

---

18 Thomas Hooker, *The Soules Humiliation* (1638), pp. 73, 74.
19 Thomas Hooker, *The Application of Redemption* (1659), p. 137.

dela; ela jaz em seu peito e o coração dele confia nela, o que leva todos a confessarem que a correnteza de sua afeição, qual poderoso caudal, flui com toda a força e com todo o ímpeto.[20]

Enquanto insistiam que o amor ao Senhor deve vir em primeiro lugar, e que os afetos humanos só operam bem quando têm origem naquele amor, não nos fazendo desviar dele, os puritanos esperavam e ensinavam que o amor conjugal deveria ser ardente e forte. Embora autocontrolados, eram homens desinibidos e, com frequência, mostravam-se exuberantes na expressão de seu amor a Deus, tal como acreditavam que deveriam ser exuberantes na expressão de seu amor para com suas esposas. William Gouge condenou

> a disposição daqueles maridos que não amam suas esposas de forma calorosa (...) atitude essa em parte alguma sancionada pela Palavra. Os fiéis santos do Senhor não eram estoicos, destituídos de qualquer afeição. Não pensavam que seja impróprio que os maridos se deleitem, de maneira peculiar, em suas mulheres (o que é comprovado pelo fato de que Isaque brincava com sua esposa), porquanto esse é um privilégio que é pertinente ao estado do matrimônio.[21]

Os pregadores puritanos faziam uso constante de Provérbios 5.18,19: "Alegra-te com a mulher da tua mocidade, corça de amores e gazela graciosa. Saciem-te seus seios em todo o tempo; e embriaga-te sempre com suas carícias". De fato, os puritanos não equiparavam o amor conjugal ao desejo sexual, conforme se vê tão comumente hoje em dia. Milton, que, conscientemente, foi porta-voz do humanismo puritano, por meio de seus poemas, expressou isso de forma criteriosa, por intermédio do anjo Rafael, que ad-

---

20 Thomas Hooker, *A Comment upon Christ's Last Prayer* (1656), p. 187.
21 William Gouge, *Of Domestical Duties* (1634), p. 366.

moestou o recém-criado Adão quando pôs em foco sua primeira e avassaladora experiência de amar Eva. Diz Rafael:

> Mas, se o senso do tato, mediante o qual a humanidade
> se propaga, parece tão grande deleite,
> Acima de todos os outros, então imagine o mesmo senso dado
> a cada fera; o que, para eles, não se tornaria
>
> Algo comum ou divulgado, se o que
> Ali é desfrutado fosse digno de subjugar
> A alma do homem ou produzir nele a paixão.
> Qual maior bem, na associação com ela, tu achas
>
> Atrativo, humano, racional, próprio do amor:
> ao amá-la, fazes bem; mas não com paixão,
> pois não é nisso que consiste o verdadeiro Amor.[22]

Contudo, o ato sexual, embora não seja tudo que está envolvido na questão, é uma expressão necessária e importante do amor conjugal, que ficaria aleijado e atrofiado sem ele. Em conformidade com isso, os pregadores sempre salientaram que um dos cônjuges não pode negar-se ao outro quanto a essa particularidade.

2

Não deve ter escapado ao leitor que todas as opiniões dos puritanos, examinadas até aqui, eram cogitadas, em sua maior parte, se não totalmente, a partir de pontos de vista masculinos. A razão disso era parcialmente cultural: as mulheres, nos séculos XVI e XVII, desempenhavam papéis domésticos, não estavam emancipadas, nem, em sua

---

22 John Milton, *Paradise Lost*, VIII:579-589.

maioria, eram educadas além do mínimo de serem capazes de ler e escrever, além de usar os algarismos. Outra razão parcial era histórica: as mulheres gozavam de baixo conceito, compartilhado por Tomás de Aquino e pela teologia medieval como um todo, e também havia o baixo conceito a respeito do matrimônio, subentendido pelo sistema de celibato para todos os "religiosos" (padres, monges e freiras).

Embora seja triste afirmar-se, dificilmente deve ser tido como estranho que, por algum tempo após a Reforma, as perspectivas das mulheres não foram consideradas tão importantes quanto as dos homens. Do ponto de vista dos puritanos, porém, o motivo básico para pensarem na ética e na espiritualidade do casamento, em termos de liderança masculina, era a crença de que essa liderança masculina é ensinada na Bíblia; essa é uma conclusão exegética que praticamente todos os cristãos têm mantido, desde o século II d.C. até nosso século.

Nesse sentido, havia quatro argumentos, todos eles vistos como confirmações do direito de liderança do homem, conforme é esboçado no poema de Milton: "Ele somente para Deus; ela, para Deus nele".

O primeiro argumento era extraído da história da criação: o homem foi criado primeiro e, depois, a mulher, e a mulher foi feita para beneficiar o homem, como sua ajudadora idônea.

O segundo argumento era extraído do relato da queda: a mulher transgrediu primeiro, e Deus decretou, como punição, que, dali em diante, seu marido a governaria.

O terceiro argumento era tirado da declaração paulina (1 Co 11.3; Ef 5.23) de que o homem é a cabeça à qual a mulher deve obedecer, tal como Cristo é a Cabeça a quem a igreja deve obediência.

O quarto argumento alicerçava-se nas seguintes palavras: "Ou não vos ensina a própria natureza?" (1 Co 11.14). Na verdade, era um apelo ao princípio hierárquico, embebido no consenso cultural da época, e não um apelo à própria Bíblia. Porém, o pressuposto da subordinação funcional das esposas (isso, para os puritanos, era uma questão fechada) era a evidente crença deles, também baseada na Bíblia, de que homens e mulheres são iguais diante de Deus. Robert Bolton mostrou-se firme a esse respeito.

> "As almas não têm sexo", disse Ambrósio. Na melhor perspectiva, [esposo e esposa] são ambos homens. E se a alma de tua esposa fosse liberta da fragilidade própria de seu sexo, seria tão corajosa, tão nobre, tão entendida e tão excelente quanto a tua (...) Logo, que os maridos prezem suas esposas, pois as almas delas são, naturalmente, tão boas quanto as almas deles; somente a excelência dos atos naturais delas, algo abafado e debilitado pela fragilidade de seus corpos, com que a sábia providência de Deus revestiu-as, visando a um serviço mais conveniente e confortável... para o bem do homem. Por isso, afirmo que o homem deve esforçar-se mais ainda para tratar a esposa com toda honra e ternura, recompensando, por assim dizer, o sofrimento pelo qual ela passa por causa dele.[23]

Sibbes, por sua vez, observou:

> Em sua maioria, as mulheres são mais chegadas à religião, mostrando-se nisso mais empenhadas que os homens. A razão disso é: a religião está especialmente arraigada nos afetos; e as mulheres têm afetos doces e fortes. De igual modo, elas estão sujeitas à fraqueza, e Deus deleita-se em mostrar seu poder na fraqueza.[24]

Essa afirmação é de um tipo que as mulheres nunca recebem (por exemplo) nos contextos hinduístas ou islâmicos.

Quando um homem escolhe uma esposa – entenda-se, aqui, que é o homem quem escolhe, ou, pelo menos, podemos asseverar,

---

23 Robert Bolton, *Works* (1631-41), IV:245, 246.
24 Richard Sibbes, *Works*, VI:520.

é o homem quem caça –, ele precisa orar muito, refletir com cuidado e assegurar-se de seu sistema de valores estar claro e correto. É axiomático que um crente deve casar-se somente com outro crente; e outras qualidades, acima e além da fé compartilhada, são necessárias para um casamento bem-sucedido. A beleza da mente e do caráter vale mais do que a beleza do rosto e do corpo, e casar-se com uma mulher à qual falta a beleza da mente e do caráter é receita segura para o desastre. A avaliação do caráter, pois, deve ser o primeiro passo quando um homem pensa em uma possível companheira para sua vida; e trechos como Provérbios 31 e 1 Pedro 3.1-7 sugerem as perguntas que devemos fazer.

Os puritanos, certamente, teriam reputado perigoso formular a preferência masculina, conforme fez um seminarista há três décadas. Ao discutir sobre a posição dos puritanos, ele disse: "Quero uma Brigitte Bardot que possa dirigir uma classe bíblica" (Bardot = Marilyn Monroe = Madonna etc.). Pedir um sinal, conforme fez o servo de Abraão, é outro erro espiritualmente estúpido. Gataker conheceu um homem que "testava toda mulher que lhe interessava, perguntando-lhe, durante o sermão, onde ficava o texto-base no qual o ministro estava pregando. Se ela não só lhe dissesse o texto, como também lhe oferecesse sua Bíblia, essa seria a mulher que deveria ser a esposa dele".[25] Para Gataker, esse método parece tão irreverente quanto estúpido,[26] e é difícil discordar do veredicto dele.

Como deveríamos fazer uma avaliação do caráter? A maneira sábia de formar opinião sobre um possível cônjuge consiste em descobrir qual é sua reputação, observar como tal pessoa age na companhia de outras, como se veste e conversa, e notar a quem ela seleciona como seus amigos. "A reputação, a aparência, a maneira

---

25 Gaius Davies, "The Puritan Teaching on Marriage and Family", *Evangelical Quarterly*, XXVII.1 (janeiro de 1955), p. 19.
26 Thomas Gataker, *A Marriage Praier* (1624), p. 16.

de falar, a maneira de se vestir e suas companhias... são como as pulsações do corpo, que mostram se estamos com boa saúde ou não" (Henry Smith).²⁷ "Escolhe como companheira para tua vida aquela que tiver escolhido, como amigos, o mesmo tipo de pessoa que tu és" (Robert Cleaver).²⁸

Quanto a uma avaliação realista, as pessoas que estão pensando em se casar precisam "ver-se uma à outra comendo e andando, trabalhando e divertindo-se, conversando e rindo, e até mesmo ralhando; de outra forma, um terá no outro menos do que ele ou ela esperaram ou mais do que desejaram".²⁹ Os cônjuges deveriam ter idade, posição social, posição econômica e capacidade intelectual similares, e também contar com a boa vontade de seus respectivos pais acerca do casamento deles. Ademais, também deveriam ser capazes de ver que um laço afetivo se está desenvolvendo entre eles, com base na convicção de que Deus os deu um ao outro, a fim de glorificá-lo por meio de seu amor e serviço mútuos.

É óbvio o bom senso em tudo isso, não requerendo outro comentário salvo que essa combinação cuidadosa da sabedoria divina com a sabedoria humana, regada pela oração, e que busca a vontade de Deus mediante o discernimento de aptidões pessoais e circunstanciais, em todas as suas formas relevantes, era uma marca das decisões tomadas pelos puritanos em questões de qualquer natureza.

Na Inglaterra, o modo de proceder para o casamento consistia em: (1) Os esponsais, contrato correspondente ao moderno noivado, porém de natureza mais obrigatória, de tal modo que as relações sexuais com uma terceira pessoa, no período dos esponsais, eram classificadas como adultério; (2) publicação dos proclamas de casamento (um anúncio sobre a existência do contrato) em três domingos sucessivos,

---

27 Henry Smith, *Works* (James Nichol, Edimburgo, 1866-67), I:15.
28 Citado de Davies, *art. cit.*, p. 20.
29 Dod e Cleaver, op. cit., p. G:6.

na igreja; (3) execução do contrato de casamento, por meio de votos matrimoniais, diante de testemunhas, como parte de um culto especial; (4) celebração do evento com banquete e divertimento, geralmente na casa do noivo; (5) intercurso sexual. Os pastores puritanos aceitavam esse esquema e procuravam tirar dele o máximo proveito, em termos espirituais, pregando sermões de aconselhamento ao casal, tanto por ocasião dos esponsais (que estruturavam como um ato de adoração, com o cântico de salmos e orações) quanto por ocasião da própria cerimônia de casamento. Também publicavam vários tipos de manuais que os cônjuges podiam usar para orientação futura.[30] Exemplos da sabedoria contida nesses manuais são as exortações regulares, com base em Deuteronômio 24.5, para que os recém-casados evitassem ausências prolongadas um do outro, pelo menos no primeiro ano de casamento, enquanto ainda estivessem firmando seu relacionamento; ou o apelo feito por William Whateley (conhecido como "o Rapaz Rugidor de Banbury") para que os casais, ao iniciarem a vida a dois, não residissem no lar de quaisquer de seus pais.[31]

Alguns casamentos, mesmo entre crentes, infelizmente fracassam; tal como sucede hoje, sucedia no tempo dos puritanos. A legislação inglesa da época reconhecia apenas declarações de anulamento e separação judicial, mas os pensadores puritanos usualmente concordavam que o divórcio, com o direito subsequente de novo casamento, é algo permitido na Bíblia, no caso de adultério por parte de um dos cônjuges.

---

30 Exemplos, além dos sermões impressos a respeito de bodas e casamento, incluem Dod e Cleaver, op. cit., William Perkins, *Christian Oeconomie* (1590), Matthew Griffith, *Bethel: or, a Forme for Families* (1634), William Whateley, *Care-cloth: a Treatise of the Cumbers and Troubles of Marriage* (1624), William Gouge, *Of Domesticall Duties* (1634), Richard Baxter, *A Christian Directory* (1673), Part II: "Christian Economics" (*Works*, I:394-546).

31 "Como as abelhas jovens procuram, para si mesmas, outra colmeia, assim também o jovem casal deve procurar outra casa, para que, aconteça o que acontecer, eles nunca caiam naquela mais infeliz de todas as infelicidades: serem tormento para seus pais ou serem atormentados por eles"(Whateley, *Care-cloth*, prefácio, p. x).

A maioria dos puritanos seguia Perkins, ao considerarem que o abandono, o qual era amplamente interpretado como uma atitude que cobre todo o comportamento, na prática anulava os laços matrimoniais – "abandono malicioso", quando "exigem um do outro condições intoleráveis", "longa ausência", crueldade, condições de enfermidade e insanidade: todos esses eram motivos para idêntico veredicto, com direitos iguais para os homens e as mulheres.[32]

Essa posição claramente articulada por Perkins era, de fato, a mesma posição de Zwínglio e Bucer, em favor da qual John Hooper havia argumentado em 1550, e que Cranmer, em 1552, incorporou em seu código de leis canônicas, *Reformatio legum ecclesiasticarum*, que nunca foi promulgado. Lutero, Calvino e Beza não chegaram a esse ponto, admitindo, tão somente, sem qualquer especificação, que o abandono deliberado daria à parte inocente direito de se divorciar e casar de novo; isso era mais do que as leis dos ingleses toleravam, conforme já vimos, embora as leis tanto da Escócia quanto da Nova Inglaterra aceitassem o princípio de divórcio nos casos de adultério e de abandono. Todavia, conforme expressou Knappen, quanto a esse ponto Perkins era "uma voz que clamava no deserto".[33]

Devemos notar, contudo, que nenhum puritano teria aprovado a fraseologia de Knappen, pois, para os pastores puritanos, um mundo no qual o divórcio fosse fácil seria muito mais um deserto, moral e espiritualmente falando, do que o mundo que conheciam a seu redor. A *Confissão de Westminster* reflete a perspectiva deles sobre o divórcio, ao afirmar:

---

32 Perkins, *Works* (1616-18), III:690, 688, 683-684.
33 M. M. Knappen, *Tudor Puritanism* (Chicago University Press, Chicago, 1939), p. 461. Na Inglaterra, antes do Ato das Causas Matrimoniais, de 1857, não havia procedimento legal para o divórcio e o novo casamento, exceto o participar de um ato especial do Parlamento, tanto para um caso quanto para outro. Tal prática teve início em 1669.

> Embora a corrupção do homem seja tal que ele tenha por arquitetar argumentos que permitam indevidamente a separação daqueles que Deus juntou no matrimônio, coisa alguma, senão o adultério ou o abandono voluntário, o qual, de modo algum, possa ser remediado pela igreja ou pelos magistrados civis, é causa suficiente para a dissolução dos laços do casamento. E, para tanto, é mister observar um modo de proceder público e em boa ordem (...).

De qualquer modo, na Inglaterra não havia essa maneira de proceder, e é claro que os puritanos não viam isso com maus olhos. O dever deles, afinal, era ajudar os casais a construírem matrimônios duradouros, e todos os seus esforços se voltavam para esse alvo. E, realmente, eles ofereciam muitos conselhos sábios que visavam à manutenção do amor e da boa vontade, da honra e do respeito mútuos, da paz e do contentamento, dos propósitos comuns e dos compromissos compartilhados, dentro do estado conjugal.

3

Quando os puritanos falavam em "família", tinham em mente não só pais e filhos, mas também os servos (todos os lares, exceto os mais pobres, contavam pelo menos com um servo residente), parentes idosos que deveriam ser cuidados (pois, na época, não havia abrigos para pessoas idosas ou hospitais geriátricos) e, algumas vezes, outros residentes também – em suma, outras pessoas que não faziam parte do núcleo familiar.

Foi em alusão a esses grupos humanos que John Geree, em seu panfleto de 1646, "O caráter de um velho inglês puritano ou não conformista", escreveu: "De sua família, ele procurava fazer uma igreja, no tocante a pessoas e atividades, admitindo nela somente aqueles que temiam a Deus e cuidando para que aqueles que nela tivessem nascido também nascessem de Deus".[34]

---

34 Wakefield, op. cit., p. x.

Para os puritanos, a vida em família revestia-se de enorme importância, pois "uma família é o seminário da igreja e do Estado; e, se as crianças não receberem ali bons princípios de educação, tudo o mais fracassará".[35] Portanto, "mantende o governo de Deus em vossas famílias; as famílias santas devem ser as principais preservadoras do interesse da religião no mundo".[36]

Os puritanos batalharam por um alto conceito sobre a família, proclamando que se trata tanto de uma unidade básica da sociedade quanto de uma pequena igreja em si mesma – na qual o pai é o pastor e a mãe, sua auxiliar –, subordinada, de fato, a uma cadeia de comando, embora represente figura-chave na continuidade do processo pastoral. Na qualidade de chefe da família, o marido deve ser tratado com respeito na presença dos filhos e dos hóspedes. (Essa era a razão pela qual William Gouge aconselhava que a esposa não deveria chamar seu marido de "docinho", "queridinho" ou "amorzinho" quando outras pessoas estivessem presentes, dirigindo-se a ele como "Sr. Fulano", usando o sobrenome, como seus colegas de profissão o fariam.)

Fazia parte da responsabilidade do marido conduzir seus familiares nas atividades religiosas, levando-os à igreja no dia do Senhor, supervisionando no lar a santificação daquele dia, catequizando as crianças, ensinando-as acerca da fé, examinando todos os membros da família após cada sermão, averiguando quanto fora retido e entendido, bem como preenchendo quaisquer vazios que ainda restassem nesse entendimento. Também deveria liderar diariamente a família na adoração, idealmente duas vezes por dia, e dar sempre exemplo de sóbria piedade em todas as questões. Com essa finalidade, deveria

---

35 "Mr. Thomas Manton's Epistle to the Reader", *The Westminster Confession of Faith* (Free Presbyterian Publications, Glasgow, 1973), p. 8. A Bíblia de Genebra traz a seguinte nota em Gn. 17.23: "Os maridos, em suas casas, devem ser como pregadores às suas famílias, para que, do maior ao menor, obedeçam à vontade de Deus". O conceito de marido e pai como instrutor espiritual à sua família repete-se constantemente.

36 Baxter, *Works*, IV:229. Baxter escreveu *The Poor Man's Family Book* (1674) e *The Catechizing of Families* (1683) como instrumentos para o aspecto educativo do governo familiar.

estar disposto a dedicar tempo para aprender sobre a fé, a qual estava encarregado de ensinar.

> Por isso mesmo desejo que todos chefes de família primeiro estudem bem esta obra [os padrões de Westminster], para então ensiná-la a seus filhos e servos, de acordo com a capacidade de cada um. E então, se estes entenderem os fundamentos da religião, serão capazes de ler outros livros com maior entendimento, de ouvir sermões com maior proveito, de conversar de modo mais judicioso e apegar-se com maior firmeza à doutrina de Cristo do que poderiam fazê-lo por meio de qualquer outro curso de ação. Primeiro, que leiam e aprendam o *Breve Catecismo*, depois o *Catecismo Maior* e, finalmente, examinem a *Confissão de Fé*.[37]

Gaius Davies sumariou, de maneira admirável, os ideais puritanos acerca da educação dos filhos.

> Os pregadores destacam o amor como a fonte de todos os deveres dos pais. Mas os filhos não devem ser mimados; os pais não devem fazer como os símios, que matam seus filhotes com abraços. O exemplo dos pais é o maior estímulo à santidade, sobretudo no caso da mãe, cuja influência é maior nos primeiros anos de vida da criança.
>
> A educação deve começar o mais cedo possível e, embora a instrução precise ser completa, a piedade é mais importante que a erudição, e os professores devem ser escolhidos com esse alvo em mente. É preciso notar a aptidão ou os talentos das crianças, para que sejam treinados para alguma profissão apropriada. Devem ser lembradas as reivindicações do ministério cristão e, sempre que houver habilidade, um filho deve ser exortado a entrar no ministério.

---

37 Richard Baxter, citado anonimamente em "Mr. Thomas Manton's Epistle to the Reader", op. cit., pp. 9-10.

As primeiras instruções religiosas de uma criança devem ser adaptadas à sua idade, para que as receba com prazer. Desse modo, as sementes da piedade serão plantadas bem cedo.

A atitude dos puritanos para com as crianças, pois, diferia da de alguns evangélicos modernos, que esperam que a conversão de uma criança seja uma experiência dramática.[38]

E o comentário de conclusão, feito por Davies, sobre os pregadores, é justo.

Para aqueles homens, a piedade devia ser exibida nas tarefas diárias comuns, mais que em qualquer outra coisa. A santidade não devia ser buscada mediante o ato de fugir dos deveres diários para algum ascetismo espúrio ou à procura de experiências esotéricas. "A religião pura, que inspirava as leis domésticas", não era para eles alguma visão poética, mas um programa prático e, em muitos casos, um ideal atingido.[39]

4

Os puritanos encaravam todas as atividades da vida, deliberada ou circunstancialmente – o que, para eles, significava providencialmente – impostas, como chamadas (vocações) da parte de Deus. As chamadas *particulares* eram distinguidas da chamada *geral* de Deus para toda a humanidade, ao arrependimento e à fé no evangelho, e também diferenciava-se da chamada eficaz dos eleitos para a fé, por meio da obra do Espírito Santo, com base no evangelho. O conceito das chamadas particulares era fundamental para a ética puritana e, sobre esse conceito, como no caso de tantas outras questões, a obra que serviu de embrião foi a de Perkins. Assim, na obra *A Treatise of the Vocations*

---

38 Davies, *art. cit.*, p. 29.
39 Ibid., p. 30.

(Um tratado sobre as vocações) (1602), alicerçada em 1 Coríntios 7.20, em que Paulo orientou os crentes a permanecerem cada qual na vocação para que fora chamado, Perkins definiu uma chamada particular como "certa modalidade de vida, ordenada e imposta por Deus ao homem, visando ao bem comum".[40] Nessa obra, ele também insiste que os crentes devem buscar uma profissão legítima, para a qual tivessem sido dotados por Deus e na qual pudessem trabalhar para seu louvor. E todos os puritanos concordavam com isso.

Ora, para a mente puritana, o casamento e a vida em família constituíam uma chamada: a chamada doméstica de esposo e pai, e a chamada geral de esposa e mãe. Declaravam os puritanos que a maioria das pessoas é chamada para o matrimônio, tornando-se cônscias disso ao descobrirem as inconveniências e frustrações dos solteirões. Ademais, as pessoas casadas são chamadas para terem filhos, como um meio estabelecido por Deus para manter a raça humana e, dentro da raça, a igreja; e os pais são chamados a ensinar a seus filhos a obediência a Deus e aos pais (os puritanos não esperavam que houvesse a primeira coisa sem a segunda). Os filhos, por sua vez, são chamados, devendo ser ensinados que são assim chamados para aprender essa dupla obediência, desde os primeiros anos. Assim, o cumprimento das vocações era a fórmula para a santificação da vida em família, o que podia ser uma tarefa em tempo integral. "As chamadas particulares de uma família e as funções pertinentes a ela são aquelas para as quais os crentes são convocados por Deus", escreveu William Gouge. E prosseguiu:

> Isso deve ser observado para a satisfação de certas consciências fracas, as quais pensam que, se não têm qualquer chamada pública, também não têm chamada alguma (...) um consciente cumprimento dos deveres domésticos, no que tange à sua finalidade e ao seu fruto, pode ser reputado um trabalho público. Sim, se os deveres domésticos forem

---

40 Perkins, *Works*, I:750.

bem e completamente realizados, haverão de ocupar todo o tempo de um homem (...) De igual modo, uma esposa, se também for boa mãe e amar a seu esposo, achará muito o que fazer ao se esforçar por cumprir aquilo para o que foi chamada. Com relação às crianças que estão sob a autoridade de seus pais, ou aos servos em uma família, a chamada desses consiste na obediência a seus pais e a seus senhores, fazendo o que lhes é ordenado na Bíblia. Assim, se não têm qualquer chamada pública, então que se mostrem ainda mais diligentes na realização de suas chamadas particulares e, assim, serão aprovados pelo Senhor, como se tivessem algum ofício público.[41]

É evidente que Gouge se dirige àqueles a quem chamaríamos de damas e cavalheiros ociosos, que têm extraído da doutrina puritana a ideia de que é uma ociosidade pecaminosa quando uma pessoa saudável de corpo não se ocupa de qualquer "ocupação pública". Recomendava, pois, Gouge que cada qual se concentrasse no cumprimento de sua chamada doméstica – e, só nisso, já teriam muito a fazer.

Com frequência, pensa-se que a vida em família dos puritanos era, em princípio e na prática, árdua, sistematizada, legalista e tirânica, mas isso não é verdade. A verdade, porém, é que, primeiro, os puritanos consideravam "a religião uma convocação ao dever, acreditando que os melhores crentes eram os melhores esposos, as melhores esposas, os melhores filhos, os melhores senhores, os melhores servos, os melhores magistrados, os melhores súditos, a fim de que a doutrina não fosse blasfemada, mas adornada".[42] Segundo, os mestres puritanos pensavam que a vida familiar dos seres humanos, na qual o amor e a alegria cristãos encontrariam plena e livre expressão, não poderia realizar-se enquanto não fossem firmemente estabelecidos os

---

41 Gouge, op. cit., pp. 10-11.
42 Geree, *loc. cit.*

padrões que eles concebiam, ou seja, a estrutura de autoridade e a rotina diária. A paixão que tinham por agradar a Deus expressava-se sob a forma de ardor pela boa ordem; e a visão deles sobre a vida de bondade e piedade era um fluxo de atividades bem-concebido e planejado, no qual todas as obrigações eram reconhecidas e efetuadas, com tempo para tudo que realmente fosse importante: devoção pessoal, adoração doméstica, tarefas de casa, ganha-pão diário, intimidade com a esposa e comunhão com os filhos, descanso semanal e tudo o mais que a chamada ou as chamadas assim exigissem.

Os pastores puritanos sabiam que sempre é difícil conseguir um padrão de vida corretamente proporcionado, do tipo acima descrito, e que muitas pessoas nem ao menos tentam alcançá-lo, preferindo viver ao acaso, tencionando constantemente pôr suas vidas em boa ordem, algum dia, mas nunca chegando a concretizar seu objetivo. Os pregadores puritanos queixavam-se disso em sua época e teriam encontrado muitos motivos para amargas reclamações se pudessem inspecionar a vida em família no Ocidente moderno. Enfrentando situações, em nossa sociedade secularizada, em que as carreiras profissionais dos pais destroçam a família a ponto de fazerem os filhos sofrerem, alguns mestres cristãos de nossos dias procuram reverter as prioridades, insistindo que as preocupações domésticas devem ter precedência sobre o trabalho profissional, e não vice-versa. O método puritano, contudo, teria consistido em reconhecer que tanto as chamadas públicas quanto as domésticas derivam de Deus, pelo que teriam buscado um padrão de vida diária em que, mediante o uso disciplinado e racional do tempo, ambas essas reivindicações pudessem ser satisfeitas. Não há sabedoria no método empregado pelos puritanos? Sem dúvida, a pergunta merece nossa reflexão a esse respeito.

OS PURITANOS NO MINISTÉRIO

PARTE 6

Capítulo 16
A pregação dos puritanos

1

Então disse o *Intérprete*: "Entra e te mostrarei coisas proveitosas" (...) e o levou a um quarto particular, ordenando que seu criado abrisse uma porta. Quando isso foi feito, *Cristão* viu, pendurado na parede, o quadro de uma pessoa muito séria. Esta era sua aparência: seus olhos estavam voltados para o céu, o melhor dos livros em sua mão, a lei da verdade escrita sobre seus lábios, o mundo estava atrás de suas costas; e estava de pé, como se pleiteasse junto aos homens, e uma coroa de ouro estava sobre sua cabeça.

Então, indaga *Cristão*: "O que significa isso?"

Responde o *Intérprete*: "O homem de quem é este retrato é um entre milhares de homens. Ele pode gerar filhos, ter dores de parto com seus filhos e pode nutri-los quando nascem. Visto que o vês de olhos voltados para o céu, o melhor dos livros em sua mão e a lei da verdade inscrita sobre seus lábios, isso serve para te mostrar que seu trabalho consiste em tornar conhecidas e desvendar coisas obscuras diante dos pecadores. E, visto que também o vês de pé, como que pleiteando diante dos homens, e o mundo por detrás dele, e uma coroa em sua cabeça, isso serve para te mostrar que, desprezando e dando pouco valor às coisas presentes, devido ao amor que ele tem no serviço de seu Senhor, ele está a caminho do mundo por vir, para ter a glória como seu galardão". Ora, disse *Intérprete*, mostrei-te primeiro este retrato porque o homem de quem é este retrato é o único a quem o Senhor do lugar para onde estás indo tem autorizado para ser teu guia, em todos os lugares difíceis que chegares a encontrar pelo caminho.[1]

Foi assim que John Bunyan traçou o perfil do pregador evangélico ideal.

Esse mesmo ideal é projetado, de maneira complementar, pelo *Westminster Directory for the Publick Worship of God* (Manual de pública adoração a Deus), em sua seção sobre a atitude e a maneira como deve ser apresentada a pregação.

A pregação da Palavra, sendo o poder de Deus para a salvação e uma das maiores e mais excelentes obras que cabem ao ministro do evangelho, deve ser feita de tal modo que o obreiro não fique envergonhado, mas venha a salvar a si mesmo e aos seus ouvintes (...).

Ao servo de Deus, cabe realizar todo o seu ministério:

1. Com empenho, não fazendo a obra do Senhor com negligência.
2. De forma clara, para que os mais simples possam entendê-lo; apresentando a verdade não com palavras de sabedoria humana, mas na demonstração do Espírito e de poder, para que a cruz de Cristo não perca seu efeito; abstendo-se do uso sem proveito de línguas desconhecidas, frases estranhas e cadências de sons e palavras; citando raramente sentenças de escritores eclesiásticos ou seculares, antigos e modernos, ainda que elegantes em seu estilo.

---

1 John Bunyan, *The Pilgrim's Progress* (Oxford University Press, Oxford, Oxford Standard Authors Series, 1904), pp. 36-37.

3. Fielmente, visando à honra de Cristo, à conversão, à edificação, à salvação das pessoas, e não à sua própria glória e vantagem; nada ocultando que possa promover esses objetivos, dando a cada qual sua devida porção, conferindo respeito igual a todos, sem negligenciar os mais humildes, sem poupar os mais poderosos, em face de seus pecados.
4. Sabiamente, formulando bem todas as suas doutrinas, exortações e, sobretudo, suas reprimendas, de tal modo que venha a prevalecer; mostrando o devido respeito à pessoa e à posição de cada indivíduo, não misturando o que diz às suas próprias paixões ou amarguras.
5. Com seriedade, como convém à Palavra de Deus, evitando gestos, tons de voz e expressões que ocasionem corrupções humanas que levem as pessoas a desprezarem a ele mesmo e seu ministério.
6. Com amor, para que as pessoas vejam que tudo deriva de seu zelo piedoso, de seu profundo desejo em lhes fazer o bem.
7. Como alguém que foi ensinado por Deus e que está persuadido, em seu próprio coração, de que tudo quanto ensina é a verdade de Cristo; andando perante seu rebanho como um exemplo para todos seguirem; zelosamente, em particular e em público, recomendando seus labores à bênção divina; e vigiando cuidadosamente a si mesmo, bem como o rebanho sobre o qual Deus o tornou supervisor.

Assim a doutrina da verdade será mantida incorrupta e muitas almas serão salvas e edificadas, ao mesmo tempo que o próprio pregador receberá muitas consolações resultantes de seus labores nesta vida e, depois, a coroa de glória que o aguarda no mundo vindouro.[2]

---

[2] *The Westminster Directory* atualmente encontra-se impresso em *The [Westminster] Confession of Faith* (Free Presbyterian Publications, Glasgow; Banner of Truth, Edimburgo). A seção "Of the Preaching of the Word" encontra-se nas pp. 379-381. A citação aqui apresentada foi extraída da p. 381.

Uma terceira projeção desse ideal surgiu quando Richard Baxter falou a seus colegas de ministério sobre a pregação deles:

> Quão poucos pregadores pregam com todas as suas forças ou falam sobre as alegrias e os tormentos eternos, de tal modo que os homens creiam que eles são sinceros! Infelizmente, falamos tão gentil ou preguiçosamente que os pecadores indolentes não conseguem ouvir o que dizemos. O golpe bate tão suave que os pecadores de corações empedernidos não podem senti-lo. A maioria dos ministros nem ao menos alteia a voz ou se esforça por mostrar um falar sério. E, quando falam alto e com seriedade,[3] quão poucos falam com o fervor e o ardor que o assunto exige! No entanto, sem isso, a voz pouco bem consegue fazer; os ouvintes pensam tratar-se de meros berros, quando o assunto tratado não corresponde à seriedade da situação. Entristece-nos o coração ouvir quão excelente doutrina alguns ministros têm nas mãos, mas deixam tudo morrer em suas próprias mãos, por falta de uma aplicação vívida e apropriada (...).
>
> Ó, senhores, quão clara, firme e intensamente deveríamos entregar uma mensagem em tempos como os nossos... Em nome de Deus, irmãos, esforçai-vos por despertar vossos próprios corações antes de subirdes ao púlpito, para que possais despertar os corações dos pecadores. Lembrai-vos que eles terão de ser despertados ou ficarão condenados eternamente, e um pregador indolente dificilmente conseguirá despertar pecadores insensíveis. Embora possais atribuir, com vossas palavras, os mais elevados louvores a Deus, se o fizerdes de maneira fria, por vossa atitude parecereis estar contradizendo o que pregastes sobre a questão (...). É somente aqui e ali, mesmo entre bons ministros, que achamos um que tem uma grave, persuasiva e poderosa

---

3 Falar alto era característico dos pregadores puritanos. Pelo menos em uma ocasião, Thomas Hooker foi chamado de "Vociferador Hooker"; e William Whateley era conhecido como "o Rapaz Rugidor de Banbury".

maneira de falar, de tal modo que as pessoas percebem que ele está de fato pregando quando o estão ouvindo (...).

Embora eu não sugira que fiqueis gritando enquanto pregais (pois isso tornaria desprezível vosso fervor), cuidai para demonstrardes constante seriedade; e, quando o assunto assim o exigir (pelo menos na hora da aplicação), então elevai vossas vozes e não poupeis a vivacidade. Falai à vossa gente como a homens que precisam ser despertados, ou aqui ou no inferno. Olhai para eles com o olho da fé, com compaixão, e meditai no estado de alegria ou de tormento em que ficarão para sempre; e então, conforme penso, isso vos tornará zelosos, e vossos corações se comoverão diante da condição das pessoas. Oh, não proferi uma única palavra fria ou descuidada acerca de tão grande assunto como o céu ou o inferno.

Confesso que devo falar para meu rebanho, com base em uma lamentável experiência, sobre as agitações de minha própria alma. Quando permito que meu coração esfrie, então minha pregação é fria (...) e assim, por muitas vezes, tenho podido observar nos mais atentos entre meus ouvintes que, quando esfrio na pregação, eles também esfriam; e as orações que fazem, depois de me terem ouvido, assemelham-se muito à minha prédica (...). Ó, irmãos, vigiai, pois, vossos próprios corações; conservai longe as concupiscências e as paixões, bem como as inclinações mundanas; antes, mantende a vida de fé, de amor e de zelo; senti-vos à vontade, bem perto de Deus (...) um ministro deve cuidar bem de seu próprio coração antes de se dirigir à sua congregação. Se o coração estiver frio, como poderá o ministro aquecer os corações de seus ouvintes? Por conseguinte, ide especialmente a Deus, para dele receberdes vida (...).[4]

A pregação dos puritanos tem sido mal interpretada pela imprensa em nossos dias. A caricatura é que os sermões dos puritanos

---

4 Richard Baxter, *The Reformed Pastor* (Banner of Truth, Londres, 1974), pp. 147, 148, 61, 62.

frequentemente eram longos, obscuros e enfadonhos. Na verdade, eles pregavam, em geral, por uma hora; a real substância de seus sermões era a exposição bíblica, tendo em vista a vida diária; e uma marca regular do estilo deles era a vivacidade. A pregação dos puritanos prolongava a equilibrada vivacidade de exposição, com quadros verbais, ilustrações e frequentes alusões aos relatos bíblicos, conforme exibiam os sermões de Hugh Latimer; e isso, provavelmente, representa uma tradição estilística que remonta aos lolardos e aos frades. Entretanto, era mais a substância e menos o estilo que faziam a pregação puritana ser o que era.

Os puritanos pregavam a Bíblia de modo sistemático e completo, com constante aplicação à vida pessoal, pois falavam como quem acredita no que diz; pregavam como quem procura, por meio de suas maneiras, tornar o assunto crível e convincente, capaz de gerar convicção de pecado e de converter. A retórica dos puritanos era serva do biblicismo deles; no púlpito, a paixão dos puritanos era produto do desejo de serem, para a congregação, uma transparente personificação daquilo que eles queriam comunicar, ou seja, a verdade revelada por Deus acerca da graça e da piedade, da vida e da morte, do céu e do inferno. "Na pregação, há uma comunhão de almas, uma comunicação de algo, da alma do pregador para a alma dos ouvintes."[5] Se quisermos compreender a pregação dos puritanos, então teremos de começar com essa percepção puritana acerca da tarefa do pregador.

2

O estilo dos sermões puritanos retrocede pelo menos até o dia, em 1519, em que Huldreich Zwínglio começou a pregar, versículo após versículo, o Evangelho de Mateus, em Zurique. Mas Cambridge foi o lugar do verdadeiro nascimento desse estilo.

---

5 Ibid., p. 149.

A tradição puritana quanto à pregação foi criada em Cambridge, na passagem do século XVI para o século XVII, pelos líderes do primeiro grande movimento evangélico naquela universidade: William Perkins, Paul Baynes, Richard Sibbes, John Cotton, John Preston, Thomas Goodwin e seus colegas. O puritanismo que tinham em comum não era um programa de reformas eclesiásticas. Quanto a tal programa, de fato nem todos concordavam entre si; Perkins e Baynes sonhavam, juntamente com Cartwright, em dar um tom presbiteriano à igreja estabelecida; Cotton e Goodwin tornaram-se independentes; Preston era um anglicano não conformista; e Sibbes continuou a ser um manso conformista. Antes, o puritanismo deles consistia em uma profunda piedade calvinista e na preocupação urgente com a religiosidade vital que foi descrita nos capítulos anteriores. Os princípios que seguiam na pregação, inicialmente formulados por Perkins, em sua obra *Arte of Prophecying* (A arte de profetizar), encontraram sua melhor e bem equilibrada expressão no livro da Assembleia de Westminster, intitulado *Directory for the Publick Worship of God* (Manual de pública adoração a Deus), e talvez tenham atingido seu clímax de desenvolvimento nos sermões pastorais e evangelísticos de Richard Baxter.

No final do século XVII, a estrutura dos sermões puritanos já se havia simplificado bastante em relação àquilo que fora no auge do puritanismo. Foi então que nasceu a moderna divisão do sermão em três pontos, mas os herdeiros dos puritanos conservaram, nessa nova forma, o antigo interesse prático.

No século XVIII, os dissidentes afirmavam apegar-se à letra da tradição puritana, mas foram os evangélicos calvinistas da igreja anglicana (os quais devoravam a teologia puritana como se fosse sua dieta de subsistência) que melhor mantiveram a intenção original. Charles Simeon reafirmou os princípios básicos da tradição, sob uma forma mais precisa e vigorosa, em sua edição da obra de Claude, *Es-*

say on the Composition of a Sermon (Ensaio sobre a composição de um sermão); Simeon também ilustrou esses princípios com os 2.536 esboços de sermões em sua obra de 21 volumes, *Horae Homileticae*. Charles Spurgeon, J. C. Ryle e Alexander Whyte, herdeiros confessos dos puritanos, conservaram a tradição, já nos fins do século XIX. O dr. Martyn Lloyd-Jones, praticamente sozinho, fez essa tradição entrar em nosso século XX. Atualmente, prevalecem outros modelos e estilos nos púlpitos, e a pregação nos moldes puritanos entrou em eclipse. Todavia, espera-se que as páginas que se seguem confirmem a convicção deste escritor de que o bem-estar da igreja moderna depende, em grande parte, do reavivamento da pregação segundo o molde puritano.

3

Quatro axiomas sublinham todo o pensamento puritano a respeito da pregação. Já nos encontramos com eles, mas convém que os apresentemos de novo aqui.

Primeiro, a crença na *primazia do intelecto*. Era uma máxima puritana que "toda graça entra por meio do entendimento". Deus não impele os homens à ação mediante violência física, mas dirige-se à sua mente por intermédio da Palavra, requerendo uma resposta de consentimento deliberado e de obediência inteligente. Segue-se que o primeiro dever de todo homem, em relação à Palavra de Deus, consiste em compreendê-la; e o primeiro dever de todo pregador consiste em explicá-la. O único caminho para o coração que o pregador está autorizado a tomar passa pela cabeça das pessoas. Portanto, o ministro que não cumpre com seu principal dever – ensinar a Palavra de Deus, a tempo e fora de tempo – não está cumprindo com sua tarefa; e todo sermão, independentemente do que mais ele possa ser, se não expõe as Escrituras, não é digno desse nome.

Segundo, a crença *na suprema importância da pregação*. Para os puritanos, o sermão era o clímax litúrgico da adoração pública. Diziam que coisa alguma honra tanto a Deus quanto a fiel declaração e o ouvir obediente da verdade dele. A pregação, em quaisquer circunstâncias, é um ato de adoração, devendo ser realizada como tal. Outrossim, a pregação é o principal meio da graça para a igreja. "As mais maravilhosas coisas que atualmente são feitas na terra ocorrem nos cultos públicos", declarou David Clarkson, durante um sermão intitulado "A adoração pública é preferível à adoração particular".

> Aqui os mortos ouvem a voz do Filho de Deus, e aqueles que a ouvem vivem (...). Aqui ele cura as almas enfermas com uma palavra (...). Aqui ele desapossa a Satanás (...). Essas são maravilhas, e assim devem ser consideradas, ainda que sejam obras comuns do ministério público. É fato que o Senhor não se confinou a fazer essas maravilhas em público; contudo, o ministério público é o meio mais comum pelo qual ele costuma operar essas coisas.[6]

A pregação, pois, é um empreendimento muito solene e importante. Tanto o ministro quanto a congregação deveriam reconhecer que seus sermões de domingo são os eventos mais importantes e significativos da semana. Sem importar o que mais venha a ser negligenciado, os sermões não podem ser negligenciados.

Logo, o ministro que conhece suas prioridades planejará a semana em torno do tempo marcado para a preparação do sermão. E terá o cuidado de não ser negligente em sua preparação. Ocasionalmente, quando estamos entre estudantes que começam a pregar, ouvimos a ideia de que, após algum tempo, se andarem fielmente com Deus, os sermões começarão a vir naturalmente, quando, então, irá dimi-

---
6 David Clarkson, *Works*, III:193, 194.

nuindo cada vez mais a necessidade de uma preparação especial. Os pregadores da tradição puritana, contudo, não pensavam assim, nem jamais puderam comprovar tal coisa.

No século XVII, havia um grande número de zelotes que julgavam ser desnecessário preparar seus sermões, mas os líderes puritanos repeliam essa ideia. "Enquanto alguns homens só pregam de forma improvisada e sem estudo prévio", dizia Thomas Goodwin, "Paulo ordenou a Timóteo que meditasse e estudasse".[7] Baxter expôs esse princípio em termos positivos:

> Se conferirmos à razão, à memória, ao estudo, aos livros, aos métodos, às formas etc. o lugar que merecem, em sujeição a Cristo e ao seu Espírito, descobriremos que, em vez de abafarem o Espírito, são imprescindíveis em seu devido lugar; de fato, esses são os meios de que precisamos, se esperamos receber a ajuda do Espírito.[8]

A maioria dos puritanos escreveu por extenso cada palavra de seus sermões, até o fim da vida. Acerca dos sermões de Simeon, o bispo Daniel Wilson, em um tributo póstumo, escreveu: "Poucos sermões lhe custaram menos de 12 horas de estudo, muitos sermões duas vezes esse tempo; e alguns, diversos dias. Certa vez, ele declarou a este escritor que havia recomposto a estrutura de um sermão trinta vezes".[9] Preparar bons sermões pode tomar muito tempo, mas quem somos nós, a quem Deus separou para o ministério, para lamentarmos o tempo gasto nesse propósito? Nunca realizaremos tarefa mais importante do que a pregação. Se não estivermos dispostos a dedicar tempo à preparação dos sermões, então não estaremos aptos a pregar, nem teremos lugar no ministério da Palavra.

---

7 Thomas Goodwin, *Works*, IX:378, 379.
8 Baxter, *Works*, I:726.
9 W. Carus, *Memoirs of... the Rev. Charles Simeon* (3ª. edição, 1848), p. 595.

Terceiro, a crença *no poder que as Escrituras têm para dar vida*. A Bíblia não contém meramente a Palavra de Deus, como um bolo contém passas; antes, a Bíblia é a Palavra de Deus, o testemunho escrito que o Criador dá de si mesmo. E, como tal, é luz para os olhos e alimento para a alma. Ao reconhecerem esse fato, os puritanos insistiam que a tarefa dos pregadores consiste em apascentar suas congregações com o conteúdo da Bíblia – não com a palha ressecada de sua própria imaginação, mas com a Palavra de Deus, que transmite vida. Eles nos diriam que é muito melhor não pregar que pregar ultrapassando o que a Bíblia diz, ou pregar sem a total e óbvia confiança no poder vivificador e nutriente da mensagem bíblica. A reverência pela verdade revelada e a fé em sua total suficiência às necessidades humanas deveriam caracterizar toda a pregação. Como podemos esperar que nossa pregação venha a gerar reverência e fé em outras pessoas se não reflete em nós mesmos essa atitude?

Cumpre-nos notar que, exatamente pelo fato de que pregar é alimentar os homens com o pão da vida, os puritanos definiam o trabalho pastoral, acima de tudo, em termos de pregação. Nosso hábito é pensar no trabalho pastoral apenas como uma questão de visitar e lidar com as pessoas, fazendo contraste com a pregação pública da Palavra. Alguns dizem que um homem pode ser um mau pregador, mas ser um bom pastor. No entanto, para os puritanos, a pregação fiel era o ingrediente fundamental em um bom pastorado. Visto que esse conceito é importante, trazemos uma declaração de John Owen:

> O primeiro e principal dever de um pastor é apascentar o rebanho mediante a diligente pregação da Palavra. É uma promessa relacionada ao Novo Testamento que Deus daria à sua igreja pastores segundo seu coração, e que eles haveriam de apascentá-los com conhecimento e com inteligência (Jr 3.15). Isso ocorre por meio da pregação ou do ensino da Palavra, e não de outro modo qualquer. Esse apascentar é

> a essência do ofício de um pastor (...) Com o nome de "apascentar", o cuidado com a pregação do evangelho foi entregue a Pedro, e nele a todos os verdadeiros pastores da igreja (Jo 21.15,16). De acordo com o exemplo dado pelos apóstolos, os pregadores devem desvencilhar-se de todos os obstáculos, para que se dediquem totalmente à Palavra e à oração (At 6). Seu trabalho consiste em se afadigar "na palavra e no ensino" (1 Tm 5.17), apascentando, assim, o rebanho sobre o qual o Espírito Santo os tornou superintendentes (At 20) (...). Portanto, esse trabalho e esse dever, como já dito, são essenciais ao ofício de um pastor (...) Também não se requer apenas que ele pregue vez ou outra, conforme lhe sobrar tempo, mas que ponha de lado todas as outras atividades, ainda que legítimas, e todos os seus outros deveres na igreja, a fim de se dedicar à pregação, pois entregar-se a outras atividades e outros deveres de modo constante poderia desviá-lo de sua tarefa (...). Sem isso, nenhum homem poderá prestar contas, de forma satisfatória, de seu ofício pastoral, no último dia.[10]

O único pastor digno desse nome, em suma, é o homem cuja principal preocupação é alimentar seu povo por meio de sua pregação, com as vivificadoras verdades da Palavra de Deus.

Quarto, a crença *na soberania do Espírito Santo*. Os puritanos insistiam que a eficácia final da pregação está fora do alcance do pregador. A tarefa do pregador é simplesmente ser fiel no ensino da Palavra; o trabalho de Deus é convencer os homens sobre a verdade da Palavra e gravá-la em seus corações. Os puritanos teriam criticado o moderno apelo evangelístico, com sua insistência por "decisões", como uma infeliz tentativa de o homem intrometer-se na área de atividade do Espírito Santo. Cabe a Deus, e não ao homem, fixar o momento da conversão. "Deus nunca impôs sobre ti converter aqueles aos quais ele te envia. Não. Teu dever é proclamar o evangelho (...). Deus não

---

10 John Owen, *Works*, XVI:74, 75.

julga o trabalho de seus servos por meio do sucesso de seus labores, mas por sua fidelidade em entregar a mensagem dele", assim dizia Gurnall, e falava por todos eles.[11] Quando um pregador termina suas instruções, aplicando e exortando, seu trabalho de púlpito terá terminado. Não compete a ele inventar artifícios para arrancar "decisões". Ele se mostraria mais sábio se saísse e orasse para Deus abençoar o que ele acabou de pregar. É prerrogativa soberana de Deus tornar eficaz sua Palavra, e o comportamento do pregador, no púlpito, deve ser governado pelo reconhecimento da soberania divina quanto a essa questão e pela sujeição a essa soberania. Passamos agora a descrever o tipo de pregação que resultou dessas convicções.

1) A pregação dos puritanos era *expositiva em seu método*. O pregador puritano considerava-se porta-voz de Deus e servo da Palavra. Cumpria-lhe falar de acordo com "os oráculos de Deus". Sua tarefa não consistia em impor sobre os textos bíblicos sentidos que não contêm, nem em fazer justaposições, ou seja, usar o texto bíblico como um gancho para sustentar alguma homilia desvinculada dele (Simeon dizia: "Aceite o sentido dado pelo escritor, não como se fosse um lema"). Antes, a tarefa do pregador consistia em fazer exposição, ou seja, extrair dos textos bíblicos aquilo que Deus ali embutiu. Simeon dizia: "Nunca prego a menos que me sinta seguro de que captei a mente de Cristo com relação ao sentido da passagem".[12] "Meu esforço consiste em extrair das Escrituras *o que se encontra ali* (...). Sempre tenho grande cuidado para nunca falar nem mais nem menos do que creio ser a mente do Espírito no trecho que estou expondo." Assim, "quando você não puder obter o sentido real e pleno de uma passagem, deixe-a de lado".[13] O método puritano de "abrir" um texto (um bom termo

---

11 William Gurnall, *The Christian in Complete Armour* (Banner of Truth, Londres, 1964), segunda paginação, p. 574.
12 A. W. Brown, *Reflections of the Conversation Parties of the Rev. Chas. Simeon* (1862), p. 177.
13 Ibid., p. 183.

que eles usavam com regularidade) era primeiramente explicá-lo em seu contexto. (Eles teriam concordado com J. H. Jowett: "Um texto sem o contexto é apenas um pretexto".) Em seguida, eles extraíam do texto uma ou mais observações doutrinárias que incorporavam à sua substância. Também ampliavam, ilustravam e confirmavam, com base em outros trechos bíblicos, as verdades dali derivadas. E, por fim, mostravam suas implicações práticas aos ouvintes.

Os puritanos apreciavam uma exposição contínua, pelo que nos legaram magníficas coletâneas de sermões expositivos sobre capítulos ou mesmo livros inteiros da Bíblia, como também sobre textos isolados. A maior parte do admirável *Commentary* (Comentário), de Matthew Henry, por exemplo, foi inicialmente pregada a seu próprio rebanho, em Chester.

2) A pregação dos puritanos era *doutrinária em seu conteúdo*. Os puritanos recebiam a Bíblia como uma revelação que contém a mente de Deus em si mesma e que interpreta a si mesma. De acordo com eles, essa revelação, o "corpo de teologia", conforme eles a chamavam, forma uma unidade para a qual cada porção do "melhor dos livros" entra com sua própria contribuição. Segue-se daí que o sentido de textos isolados não pode ser devidamente discernido enquanto esses textos não forem vistos em sua relação com o restante do "corpo" e, vice-versa; quanto melhor alguém for capaz de entender o sentido do todo, maior significação poderá ver em cada parte constitutiva. Para alguém ser um bom expositor, portanto, é necessário que primeiro seja um bom teólogo. Teologia – a verdade acerca de Deus e do homem – é aquilo que Deus injetou nos textos das Escrituras, e teologia é aquilo que os pregadores devem extrair desses textos. Diante da pergunta "Devemos pregar doutrina?", os puritanos respondiam: "Ora, e existe alguma outra coisa a ser pregada?".

Os pregadores puritanos não receavam apresentar, em seus púlpitos, as verdades teológicas mais profundas, se disso dependesse a salvação de seus ouvintes; nem hesitavam em exortar que homens e mulheres aplicassem suas mentes para dominarem a teologia, e sempre diagnosticavam a má vontade para fazê-lo como um sinal de insinceridade. Sem dúvida, a pregação doutrinária deixa os hipócritas enfadados, mas somente a pregação doutrinária é capaz de salvar as ovelhas de Cristo. A tarefa do pregador consiste em pregar a fé, e não em prover entretenimento aos incrédulos. Em outras palavras, alimentar as ovelhas, e não divertir os bodes.

3) A pregação dos puritanos era *ordeira em seu arranjo*. Aqueles pregadores conheciam o valor de títulos claros e, deliberadamente, permitiam que transparecessem os esboços de seus sermões. Peter Ramus, acadêmico huguenote morto no massacre da noite de São Bartolomeu, em 1572, havia formulado uma teoria educacional segundo a qual a análise torna-se a chave para a compreensão, e os puritanos tiravam proveito dessa teoria, pelo menos até se certificarem de que o esboço e a estrutura de suas mensagens eram tão claros e lógicos quanto possível. A importância disso está clara quando nos lembramos que os puritanos ensinavam suas congregações a memorizarem os sermões que ouviam, a examinarem as referências e a fazerem anotações, se isso fosse necessário, a fim de poderem "repetir" as mensagens posteriormente, meditando sobre elas durante a semana. O ministério da Palavra, por conseguinte, tornava-se uma atividade cooperativa, na qual os leigos trabalhavam tão arduamente para aprender quanto os ministros labutavam para ensinar. Um sermão que fosse desnecessariamente difícil de lembrar, por essa exata razão, era tido como um mau sermão.

4) A pregação dos puritanos, embora profunda em seu conteúdo, era *popular em seu estilo*. Os primórdios do século XVII foram a grande era da pregação *espirituosa*. Pregadores eruditos competiam uns com os outros, recheando seus sermões com aquilo que Thomas Goodwin chamou de "a mais eminente miscelânea de todas as espécies de

floreios perspicazes que se encontram em quaisquer dos pais, poetas, histórias, símiles ou qualquer peça literária elegante".[14] Dessa forma, a pregação acabou se degenerando em um entretenimento sofisticado para os cultos, como também uma ocasião de exibicionismo para os pregadores. Baxter falou em prol dos puritanos quando condenou a pregação "espirituosa" como uma "orgulhosa insensatez, com sabor de leviandade, tendendo a evaporar as verdades mais profundas". E também queixou-se de que seus praticantes "atuam no púlpito mais como jogadores do que como pregadores". Toda prédica que exalta o pregador, sentenciavam os puritanos, não edifica e é uma pregação pecaminosa. Na passagem que acabamos de citar, Baxter prosseguiu a fim de lançar o princípio que determinava o próprio tom homilético dos puritanos: "As palavras mais simples são a oratória mais proveitosa quanto às questões mais importantes".[15]

Tomando por empréstimo a frase autobiográfica de Ryle, os puritanos "crucificavam o estilo elegante de que eram capazes". Sistematicamente, eliminavam qualquer exibição retórica que pudesse desviar, de Deus para si mesmos, a atenção dos ouvintes; assim, falavam às suas congregações em um inglês simples, direto e familiar. Sua linguagem não era desmazelada nem vulgar. Seu ideal era falar em uma simplicidade digna, ou em uma clareza estudada, conforme disse certo puritano. De fato, a "clareza estudada", característica da prédica puritana, muitas vezes revestiu-se de eloquência contundente e bem peculiar – aquela eloquência natural que surge quando as palavras são tratadas não como brinquedos do orador, mas apenas como servas de um sentido nobre. De imediato, lembramo-nos aqui de Bunyan e de Baxter.

5) A pregação dos puritanos era *cristocêntrica em sua orientação*. O veterano Richard Sibbes, certa vez, disse ao novato Thomas

---

14 Goodwin, *Works*, II:1xiv, 1xv.
15 Baxter, *Works*, II:399.

Goodwin: "Jovem, se você quiser fazer o bem, então deverá pregar o evangelho da graça gratuita de Deus em Cristo Jesus".[16] A pregação dos puritanos girava em torno de "Cristo, e este crucificado", visto que aí está o eixo da Bíblia. A chamada do pregador consiste em anunciar todo o conselho de Deus; e a cruz é o centro desse conselho. Os puritanos sabiam que quem viaja pelas paisagens da Bíblia se perderá no caminho assim que perder de vista a colina do Calvário. Os sermões de Simeon tinham três metas declaradas: humilhar o pecador, exaltar o Salvador e promover a santidade. E era a segunda dessas metas que dava respaldo à primeira e significado à terceira. Nisso, Simeon mostrou-se tão puritano quanto é possível que um homem seja.

6) A pregação puritana era *experimental em seus interesses*. Aqueles pregadores tinham por intuito supremo conduzir os homens ao conhecimento de Deus. A pregação deles era declaradamente "prática", interessada na experiência com Deus. O pecado, a cruz, o ministério celeste de Cristo, o Espírito Santo, a fé sem hipocrisia, a segurança da salvação ou sua ausência, a oração, a meditação, a tentação, a mortificação, o crescimento na graça, a morte e o céu eram seus temas constantes. O *peregrino*, de Bunyan, serve como ilustração do conteúdo dos sermões dos puritanos. Ao manusear esses assuntos, mostravam-se profundos, completos e autoritários. Falavam como crentes santos e experientes, que sabiam do que estavam tratando. A regra deles fora formulada por David Dickson, quando recomendou a um jovem ministro, em sua ordenação ao pastorado, que estudasse dois livros ao mesmo tempo: a Bíblia e seu próprio coração.

Os puritanos viam, como uma questão de consciência, provar, por si mesmos, o poder salvífico do evangelho que recomendavam aos outros. Conforme John Owen afirmou, eles sabiam que "um homem só prega bem um sermão a outros quando prega para sua própria alma (...). Se a Palavra não residir poderosamente *em nós*, não será

---

16 Goodwin, *Works*, II:lxxi.

poderosamente comunicada *por nós*".¹⁷ Robert Bolton não foi o único que "nunca ensinou qualquer assunto espiritual se não o tivesse experimentado em seu próprio coração".¹⁸ O exaustivo exercício deles, na meditação e na oração, a sensibilidade deles para com o pecado, sua total humildade, sua paixão pela santidade e sua ardente devoção a Cristo equipavam-nos como grandes médicos da alma. Assim, um abismo chamava outro abismo, quando eles pregavam, pois falavam das profundezas ocultas e dos mais elevados cumes da experiência cristã, com base em sua própria experiência. Um antigo crente, depois de ouvir o jovem Spurgeon, quando este ainda era jovem, comentou acerca dele, quase em admiração: "Ele é tão experiente como se já tivesse cem anos de fé". Essa era a marca de toda a pregação puritana.

7) A pregação puritana *transpassava em suas aplicações*. Além das aplicações generalizadas, os pregadores puritanos focavam seus holofotes homiléticos nas situações específicas de carência espiritual e, então, falavam a respeito delas de forma precisa e detalhada. Já percebemos como Perkins, em seu livro *Art of Prophecying* (A arte de profetizar), distinguiu as diferentes classes de pessoas às quais um pregador poderá esperar dirigir-se em qualquer congregação: os que ignoram e que são contrários ao ensino, que precisam do equivalente a uma bomba debaixo de seus assentos; os que ignoram, mas podem ser ensinados e precisam de uma série de instruções acerca do que consiste a fé cristã; os que têm conhecimento, mas não são humildes, e precisam receber o senso de seu pecado; os humildes e desesperados, que precisam ser firmados no evangelho; os crentes que avançam com Deus e precisam ser edificados; e os crentes que caíram em algum erro, intelectual ou moral, e precisam de correção. Outras subcategorias afloram à nossa mente quando começamos a

---

17 Owen, *Works*, XVI:76.

18 Edward Bapshawe, "Life and Death of Mr. Bolton" (juntamente com M(r). Bolton's Four Last Things, 1632), p. 13.

pensar nas congregações, como os desencorajados, os magoados e os deprimidos (os que sofrem de "melancolia", como os puritanos os classificavam). Talvez Perkins tivesse em mente alguns desses quando, um tanto misteriosamente, identificou como seu último grupo "um povo misto; as assembleias de nossas igrejas compõem-se de um povo misto".[19] (Será que "misto", nesse caso, significa "confuso"?) A Palavra de Deus, pois, deve ser aplicada a todos esses diferentes grupos de ouvintes.

À lista de Perkins, com diferentes classes de ouvintes, devemos agora adicionar a relação dos tipos de aplicação, que figura no *Westminster Directory for Publick Worship of God* (Manual de pública adoração a Deus).[20] Este postula que um pregador, após aclarar e estabelecer uma verdade, deve "inculcá-la nas mentes para um uso específico, aplicando-a a seus ouvintes", embora "seja uma tarefa de grande dificuldade para o pregador, que exige grande prudência, zelo e meditação, ao mesmo tempo que é algo muito desagradável ao homem natural e corrupto". Esse *Directory* especifica seis tipos de aplicações (usos):

> 1) Instrução ou informação quanto ao conhecimento de alguma consequência de sua doutrina. 2) Refutação de doutrinas falsas. 3) Exortação quanto aos deveres. 4) Dissuasão, repreensão e admoestação pública. 5) Consolo adequado. (6) Autoexame (que é muito proveitoso...), por meio do qual os ouvintes podem sondar a si mesmos, para que, de acordo com tal exame, sejam ou despertados e impulsionados ao cumprimento do dever, ou humilhados diante de suas falhas e pecados, ou despertados quanto ao perigo ou fortalecidos com encorajamento, conforme a condição deles, após o exame, venha a requerer.

---

19 William Perkins, *Works* (1609), II:665, 666.
20 Ibid., pp. 380, 381.

Todos esses tipos de aplicação são pastorais e evangelísticos; o pregador deveria "escolher sabiamente entre tais aplicações, à medida que vai descobrindo, por conversar e conviver com seus ouvintes, quais delas são mais úteis e oportunas; e, entre elas, aquelas que possam atrair suas almas a Cristo (...)". Quanto à sua forma, essas aplicações são inferenciais e lógicas, sendo assim estruturadas: Visto que "isso" é verdadeiro ("isso" é a verdade que acabara de ser ensinada), deveis: a) estar certos quanto às verdades implícitas nessa verdade ensinada; b) renunciar aos erros que essa verdade denuncia; c) fazer estas ou aquelas coisas boas que essa verdade requer; d) evitar ou parar de fazer as coisas más que essa verdade proíbe; e) aceitar o encorajamento que essa verdade oferece; f) indagar de vós mesmos onde vos encontrais, espiritualmente falando, à luz dessa verdade, e até onde estais vivendo de acordo com ela. A qualidade de um pregador depende, em última análise, segundo a estimativa dos puritanos, da clareza, da sabedoria, da autoridade e da capacidade de sondagem que os ouvintes encontram nas aplicações do pregador.

Naturalmente, não é possível a qualquer pregador fazer todos os seis tipos de aplicação a todos os sete tipos de ouvintes, em um único sermão. Quarenta e duas aplicações distintas haveriam de exigir um dia inteiro! Mas os pregadores puritanos passavam a metade ou mais da metade do tempo de pregação desenvolvendo aplicações, e qualquer pessoa que faça um inventário de seus sermões publicados logo encontrará exemplos de todas as 42 aplicações específicas, frequentemente desenvolvidas com grande força retórica e moral. O vigor nas aplicações era, em certo sentido, a mais notável característica da pregação dos puritanos, e é possível afirmar que seu ensino sobre as aplicações discriminadas é o mais valioso legado que os pregadores puritanos deixaram àqueles que querem pregar com eficiência, hoje em dia, a Bíblia e o evangelho bíblico.

8) A pregação dos puritanos era *poderosa em sua maneira de ser*. O puritano anelava a unção no púlpito. Ele desejava ser aquilo que Baxter chamou de "um pregador direto, simples e inculcador", que fala com um coração repleto de "zelo fervoroso, com vida, luz e vigor". Ele procurava pregar (conforme dito, em certa ocasião, sobre um ministro puritano) "como se a morte estivesse às suas costas" ou nas palavras de Baxter:

> Sem a certeza de pregar novamente,
> Como um homem moribundo a homens moribundos.

Segundo o conceito puritano, a menos que o Espírito estivesse sobre o pregador, de modo que este sentisse o Espírito falando, tal pregação dificilmente seria considerada verdadeira. Evangélicos de tempos posteriores têm concordado com isso. Simeon assinala:

> É fácil a um ministro tagarelar no púlpito, mas pregar não é fácil, levar a congregação sobre os ombros, por assim dizer, até o céu; chorar com eles, orar por eles, entregar a verdade com um coração que chora em oração; e, se um ministro tiver graça para tanto, vez ou outra, deve mostrar-se muito agradecido.[21]

Conforme vimos no início, essa era a razão pela qual Baxter insistia que

> um ministro deveria tratar com cuidados especiais seu próprio coração antes de se dirigir à sua congregação, pois, se ele estiver frio, como poderá aquecer o coração de seus ouvintes? Portanto, dirige-te especialmente a Deus, pedindo-lhe vigor; lê algum livro que te desperte e anime, ou medita sobre a importância do assunto sobre o qual queres

---

21 Brown, op. cit., pp. 105-106.

falar, e sobre a grande necessidade das almas de tua gente, para que possas pregar impulsionado pelo zelo do Senhor.[22]

Assim era a pregação puritana, e assim tem sido, até bem recentemente, a pregação evangélica. Foi uma pregação desse tipo que tornou grandioso, no passado, o movimento evangélico, e pouca possibilidade parece haver de que esse movimento volte a ser grande sem um retorno a esse tipo de pregação. As igrejas evangélicas ocidentais, no presente, estão confusas acerca de como se pode fazer a pregação tornar-se espiritualmente significativa para as congregações modernas e estão encarando o problema, primariamente, como uma questão de traçar técnicas apropriadas. Naturalmente, a técnica é uma necessidade na pregação, e não seria falso afirmar que a técnica puritana de exposição e aplicação foi nosso tema neste capítulo. Mas os puritanos seriam os primeiros a insistir que algo mais do que mera técnica está envolvido na pregação significativa, mesmo que pensemos na técnica da aplicação. Parece próprio encerrarmos permitindo que, uma vez mais, Richard Baxter, o "Sr. Pastor Reformado", conforme poderíamos designá-lo, fale, a fim de ressaltar, diante de seus colegas pregadores, o ponto – ou melhor, um punhado de pontos – que a igreja moderna tende a esquecer.

> Todo o nosso trabalho deve ser realizado de modo espiritual, como homens dirigidos pelo Espírito Santo. Na pregação de alguns homens, há certo toque espiritual proeminente, que os ouvintes espirituais podem discernir e apreciar (...) Nossos argumentos e ilustrações sobre a verdade divina também precisam ser espirituais, extraídos das Santas Escrituras (...) Perder a apreciação pela excelência da Bíblia é sinal de um coração desanimado, pois, no coração espiritual, há apego à Palavra de Deus, visto que essa foi a semente que regenerou aquele

---

22 Richard Baxter, *O pastor aprovado* (PES, São Paulo).

coração. A Palavra é o selo que deixou todas as impressões santas que existem nos corações dos verdadeiros crentes, e que estampou sobre eles a imagem de Deus; e, por essa razão, eles precisam ter elevada apreciação por ela, enquanto viverem (...).

Nossa obra deve ser levada a efeito sob um profundo senso de nossa própria insuficiência e de nossa total dependência a Cristo. Nele, que nos envia a trabalhar, precisamos buscar luz, vida e força (...) Nosso trabalho deve envolver a oração, tanto quanto a pregação; pois aquele que não ora intensamente por seu povo não consegue pregar com ardor a ele. Se não prevalecermos com Deus, para que dê aos ouvintes arrependimento e fé, jamais prevaleceremos diante deles, para que se arrependam e creiam.[23]

---

23 Ibid., pp. 120-123.

Capítulo 17

O evangelismo dos puritanos

Em 1918, uma comissão oficial da Igreja Anglicana definiu assim o evangelismo: "Apresentar de tal modo a Cristo Jesus, no poder do Espírito Santo, que os homens venham a depositar sua confiança em Deus, por meio de Cristo, aceitando-o como seu Salvador e passando a servi-lo como seu Rei, na comunhão de sua igreja". Se trocarmos apenas a palavra "venham" por "possam" (de modo que o evangelismo seja definido em termos de propósito, e não de resultado), essa definição torna-se um ótimo ponto de partida para o presente estudo.[1]

Será que os puritanos realmente se envolveram na obra de evangelismo? À primeira vista, pode parecer que não. "Evangelismo" (um termo do século XX) não fazia parte do vocabulário deles. No que diz respeito aos "evangelistas" mencionados no Novo Testamento, eles concordavam com Calvino, considerando-os uma ordem de ajudantes dos apóstolos, ordem essa agora extinta; e também, no que diz respeito a "missões", "cruzadas" e "campanhas",

---

1 Em *Evangelização e soberania de Deus* (Edições Vida Nova, São Paulo), tenho discutido essa definição, bem como a mudança necessária.

eles desconheciam tanto essas atividades quanto esses substantivos. Não devemos nos enganar, porém, acreditando que o evangelismo não fosse uma de suas principais preocupações. Na verdade, era. Muitos deles foram notadamente bem-sucedidos como pregadores enviados aos perdidos.

Richard Baxter, o apóstolo de Kidderminster, talvez seja o único entre eles que é lembrado até hoje. Mas, no século XVII, era comum ler declarações como esta, a respeito de Hugh Clark: "Ele gerou para Deus muitos filhos e filhas"; ou esta, sobre John Cotton: "A presença do Senhor coroava seus labores com a conversão de muitas almas".[2] Os puritanos foram os inventores da literatura evangelística. Precisamos apenas lembrar a obra de Richard Baxter *Call to the Unconverted* (Convite para viver – Editora Fiel), ou a de Joseph Alleine *Alarm to the Unconverted* (Um guia seguro para o céu – PES), ambas notáveis pioneiras dessa classe de escrito. A maneira prática e elaborada com que os puritanos abordavam o assunto da conversão, em seus livros, era considerada pelo resto do mundo protestante do século XVII algo de valor ímpar. Dois líderes puritanos escreveram:

> Uma das glórias da religião protestante é que ela fez reviver as doutrinas da *conversão salvadora* e da *nova criatura* que daí resulta (...). Porém, de um modo ainda mais ilustre, Deus deixou essa honra para os ministros e pregadores desta nação, os quais são famosos no estrangeiro por sua acurada pesquisa e por suas descobertas nessa área.[3]

A verdade é que dois conceitos e dois tipos distintos de evangelismo têm-se desenvolvido na cristandade protestante no curso de sua história. Podemos chamá-los de "evangelismo puritano" e

---

2 Samuel Clarke, *Lives of Fifty-two... Divines* (1677), pp. 131, 222.
3 Thomas Goodwin e Philip Nye, prefácio a Thomas Hooker, *The Application of Redemption*, 1956.

"evangelismo moderno". Hoje em dia, estamos tão acostumados com o evangelismo moderno que quase nem reconhecemos o outro tipo como evangelismo. A fim de que possamos apreender mais plenamente o estilo do evangelismo puritano, quero apresentá-lo em contraste com o moderno, que, em nossa época, ultrapassou quase totalmente o evangelismo puritano.

1

Comecemos caracterizando o evangelismo moderno. Este parece pressupor que a vida da igreja local consiste em um ciclo alternado de conversão e consolidação. O evangelismo quase adquire o caráter de uma campanha periódica de recrutamento. Torna-se uma atividade extraordinária, ocasional, adicional e complementar ao funcionamento regular de uma igreja. Reuniões especiais são preparadas e pregadores especiais geralmente são convidados para trazer as mensagens. Em geral, são chamadas de "reuniões", e não de "cultos"; em alguns lugares, recebem o nome de "reavivamentos". Em qualquer caso, tais reuniões são vistas como separadas e distintas da adoração regular a Deus.

Nelas, tudo visa garantir, da parte dos não convertidos, um ato de fé imediato, consciente e decisivo em Jesus Cristo. Ao final dessas reuniões, solicita-se àqueles que tiverem respondido ao apelo ou que desejem fazê-lo que venham à frente receber conselhos, ou levantar a mão, ou preencher um cartão, ou fazer algo similar, como um ato de testemunho público quanto às suas novas resoluções. Segundo afirma-se, isso é bom para aqueles que se decidem, visto que ajuda a tornar definitiva a "decisão" tomada por eles e tem a vantagem adicional de fazê-los se apresentarem com a finalidade de "acompanhamento". Tais pessoas são então aconselhadas e trazidas às igrejas locais, dali em diante, como pessoas convertidas.

Esse tipo de evangelismo foi criado por Charles G. Finney na década de 1820. Ele também criou a "reunião demorada" (ou seja, a campanha evangelística intensiva), bem como o "assento dos interessados". Esse assento, o precursor da sala de aconselhamento, era um banco deixado vago à frente dos demais, onde, terminada a reunião, "os interessados podem vir para que se converse particularmente com eles (...) e, algumas vezes, individualmente". No fim de seus sermões evangelísticos, Finney costumava dizer: "Aqui está o assento dos interessados; venha à frente e tome a resolução de passar para o lado do Senhor".[4] Essas eram as "novas medidas" de Finney, que sofreram muita oposição.

Finney, que antes havia sido professor e advogado, converteu-se aos 29 anos e entrou imediatamente no trabalho de evangelização. Brilhante e enérgico, eloquente e dominante, zeloso e independente, ele se aferrava à filosofia de Edwards acerca dos avivamentos como visitações cíclicas de Deus, ao mesmo tempo que desafiava o pressuposto de Edwards de que o homem não pode causar avivamento. Finney também repelia decididamente a asserção de Edwards a respeito da crença agostiniana-reformada-puritana sobre a total incapacidade do ser humano: a crença de que a pessoa perdida é totalmente incapaz de se arrepender, de crer ou de fazer qualquer coisa espiritualmente boa, sem a graça renovadora.

Finney reconhecia a – de fato, ele insistia na – depravação humana no sentido de uma constante tendência ao pecado, mas se mostrava perspicaz e franco pelagiano em suas enfáticas declarações de que qualquer pessoa é capaz de se voltar, de todo coração, para Deus, uma vez convencida de que essa é a coisa certa, apropriada e necessária a ser feita. Em conformidade com isso, Finney concebia toda a obra do Espírito Santo, na conversão, em termos de persuasão moral, ou seja, de tornar vívidas para a mente as razões

---

4 Charles G. Finney, *Revivals of Religion* (Oliphants, Londres, 1928), cap. XIV, p. 304.

para depor as armas rebeldes e render-se a Deus. O homem sempre teria liberdade para rejeitar essa persuasão. "Os pecadores podem ir para o inferno, apesar dessa obra de Deus." Mas, quanto mais poderosa fosse a persuasão, maior seria a probabilidade de se obter sucesso na quebra da resistência humana. Por conseguinte, todo recurso para aumentar o impacto da verdade sobre a mente humana – maior estímulo emocional, maior despertamento das emoções, maior comoção do sistema nervoso nas reuniões evangelísticas – seria legítimo. Finney expressou isso na primeira de suas preleções sobre avivamento:

> Esperar promover a religião sem despertar as emoções é algo absurdo e não filosófico (...) enquanto não houver no mundo um princípio religioso capaz de abafar os impulsos não religiosos, será inútil tentar promover a religião, exceto por meio de estímulos contrários (...). Deve haver estímulo suficiente para despertar a capacidade humana dormente (...).[5]

Além disso, visto que qualquer um, se ao menos despertar seus "poderes morais dormentes", pode submeter-se a Deus em qualquer ocasião e tornar-se crente, faz parte do trabalho e da tarefa do evangelista pregar tendo em mira as decisões e os compromissos imediatos. Finney afirmou a respeito de um sermão evangelístico ideal: "Procurei encurralá-los, apresentando-lhes o arrependimento e a fé, como aquilo que Deus requeria deles (...) para uma urgente e imediata aceitação de Cristo".[6] Não parece ser exagero dizer que, para Finney, a pregação evangelística era uma batalha de vontades entre ele mesmo e seus ouvintes, na qual sua tarefa consistia em trazê-los ao ponto de quebrantamento.

---
5 Ibid., cap. I, p. 3.
6 Finney, *Autobiography* (Salvation Army Book Dept.), p. 64.

Ora, se é correta a doutrina de Finney sobre o estado natural do homem pecaminoso, então seus métodos de evangelização também precisam ser considerados corretos, porque, conforme muitas vezes insistiu, as "novas medidas" eram meios bem adaptados ao fim visado. "É através de práticas semelhantes a esta que o sistema de Pelágio se expressa naturalmente, ao se tornar agressivamente evangelístico", observou B. B. Warfield.[7]

Por outro lado, se o ponto de vista a respeito do homem, sustentado por Finney, laborava em erro, então seus métodos evangelísticos devem também ser postos em dúvida; e essa é uma questão importante em nossa época, porquanto os métodos de Finney, ainda que modificados e adaptados, caracterizam boa parte do evangelismo atual. Não estou sugerindo que todos que recorrem a esse método sejam pelagianos, mas questiono se a adoção desse método é realmente coerente com qualquer outra doutrina, a não ser a de Finney. Procurarei mostrar que, se a doutrina de Finney é incorreta, esse método é inadequado até certo ponto e, de fato, prejudicial à verdadeira obra de evangelização. Seria possível alegar que os resultados justificam a adoção desse método, mas a verdade é que a maioria dos "convertidos" de Finney desviou-se e apostatou, o que também parece ter sucedido no caso daqueles que, desde os dias de Finney, tiveram suas "decisões" asseguradas por meio desse método. A maioria dos evangelistas modernos parece ter desistido de esperar que uma grande porcentagem de seus "convertidos" sobreviva. Portanto, fica obscurecido o fato de que os resultados justificam a adoção dos métodos criados por Finney. Mais adiante, abordo a sugestão de que esses métodos tendem, naturalmente, a produzir uma colheita de falsos convertidos, o que, evidentemente, tem acontecido.

---

7 B. B. Warfield, *Perfectionism* (*Works of B. B. Warfield*, vol. VIII, reimpresso por Baker Book House, Grand Rapids, 1981), II:34.

2

Por outro lado, na prática, o evangelismo puritano era, e continua sendo, uma expressão coerente na convicção puritana de que *a conversão de um pecador é uma obra soberana e graciosa do poder divino*. Quero esclarecer.

Os puritanos não usavam as palavras "conversão", "novo nascimento" e "regeneração" como termos técnicos, e o uso varia levemente entre eles. A maioria usava as palavras como sinônimos do processo para o qual o nome técnico era *chamada eficaz*. Chamada é o termo bíblico que se refere a esse processo em Romanos 8.30, 2 Tessalonicenses 2.14 e 2 Timóteo 1.9; o adjetivo *eficaz* foi adicionado para distinguir essa chamada da chamada externa e ineficaz, mencionada em Mateus 20.16 e 22.14. A *Confissão de Westminster* põe a "chamada" em sua perspectiva teológica, por meio de uma paráfrase interpretativa do trecho de Romanos 8.30:

> Todos aqueles que Deus predestinou para a vida, somente desses ele se agrada, no tempo por ele determinado e apropriado, chamá-los eficazmente, por meio de sua Palavra e seu Espírito, tirando-os daquele estado de pecado e morte, no qual se acham por natureza, para a graça e a salvação por meio de Jesus Cristo.

O *Breve Catecismo de Westminster*, em sua resposta 31, oferece a seguinte análise:

> A chamada eficaz é aquela obra do Espírito de Deus mediante a qual, convencendo-nos de nosso pecado e miséria, iluminando-nos a mente quanto ao conhecimento de Cristo e renovando a nossa vontade, ele nos persuade e nos capacita a aceitar a Jesus Cristo, o qual nos é gratuitamente oferecido no evangelho.

Acerca dessa *chamada eficaz*, três coisas precisam ser ditas, para que entendamos o ponto de vista puritano.

1) Ela é uma *obra da graça divina*. Não se trata de algo que o homem pode fazer por si mesmo ou por outrem. É o primeiro estágio na aplicação da redenção àqueles para quem a redenção foi conquistada. É o evento por meio do qual os pecadores eleitos são levados pelo Espírito Santo a uma união real, vital e pessoal com seu Cabeça e Remidor, com base na relação representativa, federal e eterna entre Cristo e os remidos, estabelecida pela eleição e pela redenção. Portanto, a chamada eficaz é uma obra da misericórdia gratuita por parte de Deus.

2) Ela é *uma obra do poder divino*. É efetuada pelo Espírito, o qual age indiretamente, por meio da Palavra, na mente do homem, conferindo-lhe entendimento e convicção, e também diretamente por meio da Palavra, nas profundezas do coração, implantando vida nova e poder, destronizando, de modo eficaz, o pecado e tornando o pecador capaz de – e disposto a – responder positivamente ao convite do evangelho. Assim, a obra do Espírito é tanto moral, mediante a persuasão (conforme afirma a posição dos arminianos e pelagianos), quanto física, mediante o poder (isso, eles negam). "Física", nesse caso, significa "que termina em nosso ser pessoal, em um nível abaixo da consciência", e não "que termina no corpo, em distinção ao eu pessoal, ou seja, a alma". Owen escreveu:

> Não há apenas uma operação *moral*, mas também uma operação *física*, da parte do Espírito (...) sobre as mentes ou almas dos homens, na regeneração deles (...). A obra da graça, na conversão, é constantemente expressa por meio de palavras que denotam uma real eficácia interna, tais como criar, vivificar, formar e dar um novo coração (...). Sempre que a obra se refere à eficácia ativa, é atribuída a Deus. Ele nos *recria*, ele nos *vivifica*, ele nos *gera* por sua própria vontade; mas, quando essa

obra é referida com relação a nós, então é expressa no passivo: somos criados em Cristo Jesus, somos feitas *novas criaturas*, somos *nascidos de novo* e coisas semelhantes. *Basta essa observação para derrubar toda a hipótese arminiana a respeito da graça.*[8]

"Os ministros batem à porta dos corações dos homens, o Espírito chega com uma chave e abre a porta."[9] A operação do Espírito na regeneração, prossegue Owen, é "infalível, vitoriosa, irresistível, ou seja, sempre eficaz"; essa operação "remove todos os obstáculos, vence toda oposição e produz, de forma infalível, o efeito tencionado".[10] A graça é *irresistível* não porque arraste os pecadores até Cristo, contra a vontade deles, mas porque transforma o coração dos homens de tal modo que eles vêm "com total liberdade, pois a graça divina os torna dispostos".[11]

Os puritanos apreciavam falar muito sobre o conceito bíblico do poder divino, que se manifesta de modo criativo na chamada eficaz. Goodwin, regularmente, descrevia isso como "um milagre permanente" na igreja. Eles concordavam que a conversão, de modo geral, não é uma realização espetacular, mas Goodwin notou que, algumas vezes, é precisamente isso que ocorre, afirmando que, por meio dela, Deus nos mostra, em um caso que serve de modelo, quão grande exercício de poder está envolvido na chamada eficaz de cada crente. Goodwin escreveu:

> Na chamada de alguns, logo se destaca uma *eleição-conversão* [assim eu costumava chamá-la]. Por assim dizer, vemos como a eleição toma posse de um homem, atrai aquele homem com grande poder, estampa sobre ele a natureza divina, anula a natureza corrupta desde as suas

---

8 John Owen, *Works*, III:316, 317.
9 Thommas Watson, *A Body of Divinity*, p. 154.
10 Owen, *Works*, III:317, 318.
11 *Westminster Confession*, X:i.

raízes, arranca o amor-próprio, insufla nele o princípio do amor a Deus e torna-o uma nova criação desde o primeiro momento (...). Assim sucedeu com Paulo e, desde então, não faltam exemplos idênticos na conversão de outras pessoas.[12]

Tais conversões dramáticas, diz Goodwin, são

sinais visíveis da eleição, os quais são operados por meio da obra da chamada de tal modo que todos os poderes do céu e da terra não poderiam ter operado sobre a alma de um homem, nem poderiam transformar um homem tão subitamente, exceto aquele poder divino que criou o mundo e ressuscitou a Cristo dentre os mortos.[13]

A razão pela qual os puritanos magnificavam o poder de Deus na vivificação da alma é evidente nas passagens citadas; eles aceitavam com muita seriedade o ensino bíblico de que o homem está morto no pecado (Ef 2.1,5; Cl 2.13), espiritualmente impotente (Jo 3.3,5; 6.45; Rm 8.7; 1 Co 2.14), radicalmente depravado e escravizado ao pecado (Rm 3.9; 6.20-22). O pecado exerce um poder tal, afirmavam eles, que somente a onipotência pode lhe quebrar as algemas; somente o autor da vida pode ressuscitar os mortos. A incapacidade total requer a total soberania para vencê-la.

3) A chamada eficaz é *uma obra da liberdade divina*. Somente Deus pode realizá-la, e ele o faz de acordo com sua boa vontade. "Assim, pois, não depende de quem quer ou de quem corre, mas de Deus usar sua misericórdia" (Rm 9.16). Owen frisou esse aspecto da chamada eficaz em um sermão sobre Atos 16.9: "Uma visão de misericórdia gratuita e imutável, ao enviar os meios da graça a pecadores que nada merecem".[14] Antes de tudo, ele estabelece o princípio:

---

12 Thomas Goodwin, *Works*, IX:279.

13 Ibid.

14 Owen, *Works*, VIII:5-41.

Todos os eventos e resultados, especialmente os envolvidos na propagação do evangelho e na igreja de Cristo, são, em sua maior variedade, regulamentados pelo propósito e conselho eternos de Deus.

Em seguida, ele ilustrou que o evangelho é enviado a alguns, mas não a outros.

> É proibido que se pregue o evangelho na Ásia ou na Bitínia. E, por sua providência, o Senhor continua restringindo o evangelho em muitas regiões do mundo, enquanto o envia a outras nações (...) como em meu texto, a Macedônia; e a Inglaterra (...).

Owen pergunta: Por que essa discriminação? Por que somente alguns ouvem o evangelho? E, quando o evangelho é ouvido, por que vemos

> vários resultados: enquanto alguns continuam impenitentes, outros se achegam, com sinceridade, a Jesus Cristo? (...) Também na obra eficaz da graça, visando à conversão e à salvação (...) de onde pensais que ela deriva sua regra e determinação (...) que ela tenha beneficiado a João, e não a Judas, a Simão Pedro, e não a Simão, o mago? De onde, senão desse conselho divino discriminador, desde a eternidade? (...) O propósito eletivo de Deus é a regra por meio da qual é dispensada a graça salvadora.[15]

Jonathan Edwards, um evangelista puritano nascido fora do tempo, muitas vezes enfatizou o mesmo ponto. Em uma passagem típica de um sermão sobre Romanos 9.18, ele alistou as seguintes ocasiões em que a soberania divina (definida como "o direito divino e absoluto de dispor de todas as suas criaturas de acordo com sua determinação") manifesta-se nas distribuições de sua graça:

---

15 Ibid., VIII:14-16.

1) Na chamada de uma nação ou povo, conferindo-lhe os meios da graça, mas negando esses meios a outras populações. 2) Nas vantagens que ele confere a certos indivíduos [por exemplo, um lar cristão, uma igreja com um pregador poderoso, influências espirituais objetivas etc.] (...) 3) Na concessão da salvação a alguns que têm gozado de poucas vantagens [por exemplo, filhos de pais ímpios, ao passo que os filhos dos piedosos nem sempre são salvos]. 4) Na chamada de alguns para a salvação, alguns que têm sido horrivelmente perversos, e na rejeição de outros, que são pessoas muito morais e religiosas (...). 5) Na salvação de alguns daqueles que buscam a salvação, mas não de outros [ou seja, trazendo à fé salvadora alguns que são convictos de seus pecados, enquanto outros jamais obtêm tal fé].[16]

Essa demonstração da soberania divina, afirmava Edwards, é gloriosa: "Ser soberana é uma das glórias da misericórdia divina".

Talvez nenhum pregador da tradição puritana tenha frisado tanto a soberania de Deus como o fez Edwards. Todavia, sua pregação foi evangelisticamente frutífera. O avivamento envolveu sua igreja durante seu ministério. E, durante esse avivamento, ele afirmou:

> Penso ter visto que nenhum sermão é mais notavelmente abençoado do que aquele em que se insiste sobre a doutrina da absoluta soberania de Deus, no tocante à salvação dos pecadores, juntamente com sua justa liberdade com relação a responder às orações e vencer as dificuldades dos homens naturais.[17]

Sem dúvida, temos aqui nutrientes para o pensamento. A soberana liberdade de Deus também aparece na questão do tempo da conversão. Goodwin afirmou que as Escrituras e a experiência mostram que

---

16 Jonathan Edwards, *Works*, II:849, 850.
17 Ibid., I: 353.

o grande Deus, com santos e gloriosos propósitos, mas, de um modo ainda mais especial (...) com o propósito de ressaltar seu amor e bondade, sua misericórdia e graça, determinou que muitos de seu povo eleito deveriam permanecer, por algum tempo, em uma condição de pecado e ira, para somente então renová-los para si mesmo.[18]

Sempre é Deus quem determina quando um pecador eleito chegará a crer, e nunca o homem.

Quanto à *maneira* da conversão, Deus também é soberano. Os puritanos ensinavam que, em uma pessoa, o reconhecimento e a convicção de pecado, em sua culpa, corrupção e repugnância, bem como o desprazer de Deus diante do pecado, devem preceder a fé, visto que ninguém pode vir a Cristo, a fim de ser salvo do pecado, enquanto não reconhecer de quais pecados precisa ser salvo. Temos aí a "preparação" para a fé, postulada pelos puritanos, frequentemente mal compreendida, como se fosse uma restrição para se chegar a Cristo, quando, de fato, isso somente abre a porta de acesso a ele.

Os puritanos também afirmavam que deve haver *contrição* diante dos próprios pecados, no exato sentido medieval da palavra (ou seja, tristeza e ódio para com os próprios pecados, como algo que desonra a Deus e corrompe o pecador, de tal modo que a pessoa anela ser liberto dessas coisas). De outro modo, ninguém pode vir a Cristo de maneira genuína, sincera e de todo o coração, para ser salvo da pena e do poder do pecado; pois, isso é o que a chamada do evangelho, ao arrependimento e à fé, requer que a pessoa faça. Os pregadores e conselheiros sábios não evitam o processo preparatório essencial, mas continuam a pressionar a consciência da pessoa interessada, mostrando-lhe a pecaminosidade de seus pecados e quão profunda é sua necessidade de ser não apenas perdoada, mas também levada à santificação, até perceber que realmente perdeu sua paixão pelo peca-

---
18 Goodwin, *Works*, VI:85.

do; somente então, eles devem apontar na direção do Salvador. Esse, diziam os puritanos, é o procedimento pastoral ditado pelo reconhecimento da maneira como Deus opera para levar alguém à conversão.

Para os puritanos, o pior conselho possível seria dizer a uma pessoa perturbada que parasse de se preocupar com seus pecados e confiasse imediatamente em Cristo, enquanto não tivesse enfrentado os pontos específicos de sua pecaminosidade e ainda não tivesse atingido o ponto de, com lucidez, desejar abandonar inteiramente seus caminhos pecaminosos, a fim de se santificar. Também ensinavam que dar tal conselho, antes de o coração ser desprendido do pecado, seria um modo de se criar uma falsa paz e uma falsa esperança, produzindo os chamados "hipócritas do evangelho"; esta é a última coisa que um conselheiro cristão deveria estar disposto a fazer.

Mas, durante todo o processo de preparação, a livre soberania de Deus precisa ser reconhecida. Deus não converte ninguém sem essa preparação e, dentro desse padrão, há certo número de variações: "Deus não quebranta por igual modo os corações de todos os homens".[19] Algumas conversões, segundo Goodwin, são repentinas em todos os seus aspectos; a preparação ocorre rapidamente. Outras conversões são demoradas, passando-se anos antes que o interessado encontre Cristo e a paz, como foi o caso de Bunyan. Nenhuma regra pode ser estabelecida quanto ao tempo e à intensidade com que Deus açoita cada pecador com o látego da convicção e antes que a contrição e a conversão resultem de tudo isso.

A obra da chamada eficaz prossegue com a rapidez determinada pela vontade de Deus, e não mais depressa que isso; o papel do conselheiro assemelha-se ao de uma parteira, cuja tarefa consiste em acompanhar o que estiver sucedendo, ajudando de modo apropriado em cada estágio do parto, mas incapaz de predizer e, muito menos, de planejar de antemão quão rápido será o trabalho de parto.

---

19 *Reliquiae Baxterianae*, editado por M. Sylvester (Londres, 1696), primeira paginação, p. 7.

3

Os praticantes do evangelismo puritano eram pastores com audiência cativa (pois a frequência à igreja fazia parte da vida nacional naqueles dias), e, para eles, a evangelização daqueles que se sentavam regularmente nos bancos era uma parte importante de sua tarefa central de edificar em Cristo toda a congregação.

O programa deles, como evangelistas, não era mais especializado do que isto: ensinar e aplicar as Escrituras de maneira completa e paciente, abrangendo todo o conselho de Deus, mas repisando sempre três temas.

O primeiro era o comprimento, a largura, a altura e a profundidade da necessidade que todos têm de se converter e ser salvos. O segundo era o comprimento, a largura, a altura e a profundidade do amor de Deus, o qual enviou seu Filho à cruz em favor dos pecadores, e do amor de Cristo, o qual, de seu trono celeste, chama agora, para si mesmo, almas sobrecarregadas a fim de serem salvas. O terceiro eram os altos e baixos, os obstáculos e os ardis que temos de enfrentar no caminho que vai da complacência ignorante, acerca de nossa condição espiritual, à fé em Cristo; e essa fé é bem-informada, inteligente e, de todo o coração, leva-nos a perder a confiança em nós mesmos.

A maneira puritana de desenvolver o terceiro tema consistia em enfatizar continuamente quatro grandes verdades: o *dever* de receber a Jesus Cristo como Salvador e Senhor; o perigo de aceitar uma religião menos abrangente do que isso; a *impossibilidade* de alguém vir a Cristo sem receber a graça renovadora; e a *necessidade* de se buscar essa graça no próprio Cristo. Formalmente, no púlpito, e informalmente, no aconselhamento pessoal, os puritanos salientavam o dever dos não convertidos buscarem a Cristo; mas não entendiam isso como se alguém tivesse a capacidade de receber a Cristo como Salvador; por isso ninguém os encontra a dizer que todos os incrédulos "decidam-se por Cristo" (a expressão moderna comum) imediatamente, ou a afirmar que estavam "dando oportunidade" para os ouvintes "tomarem uma decisão". Como é óbvio, os pregadores puritanos não criam que Deus os enviara, ou que envia a quem quer que seja, para dizer às pessoas que exige que todos recebam a Cristo, ao terminarem de ouvir um sermão.

Esse foi o ponto no qual o pelagianismo traiu Finney, e o exemplo de Finney tem traído muita gente, desde os seus dias. Crendo que está ao alcance de qualquer um receber a Cristo a qualquer momento, Finney equiparava a resposta imediata que o evangelho requer da parte de todos com a conversão instantânea de todos. Todavia, ao fazer essa equiparação, ele não pôde evitar causar danos a muitas almas. Se dissermos às pessoas que elas têm a obrigação de receber a Cristo imediatamente, e exigirmos, em nome de Deus, uma decisão imediata, alguns que ainda estão espiritualmente despreparados virão à frente, aceitarão todas as orientações, concordando com elas, e irão embora, pensando terem recebido Cristo, quando, na realidade, não estavam ainda capacitados a tanto. Daí resulta uma colheita de falsas conversões, por causa desses métodos errôneos. Pressionar as pessoas a tomarem uma "decisão" pode, realmente, impedir e distorcer a obra do Espírito Santo no coração delas. Quando um evangelista toma sobre si a tarefa de tentar colher o fruto antes de estar maduro, geralmente isso resulta em uma falsa conversão e em um coração endurecido. As técnicas de "conversão rápida" no evangelismo sempre tendem a produzir esses resultados; e seu efeito, no longo prazo, é a esterilidade. Não foi em vão que um dos locais em que Finney trabalhou, no início de sua carreira, foi apelidado de "distrito árido". O finneyismo, que procura quebrar o solo não cultivado, resulta em endurecimento do solo, uma situação em que a taxa de respostas favorável ao evangelho diminui, ao invés de aumentar.

Certamente, sempre houve pessoas – o próprio Finney, Richard Baxter, George Whitefield, John Wesley, D. L. Moody, Charles Spurgeon, John Sung, Billy Graham, Luis Palau são nomes em que pensamos imediatamente – cujos dotes e qualidades pessoais Deus tem usado de forma especial para levar muitos, por meio da preparação necessária, a uma fé consciente em Cristo. Esses homens, com muita razão, são chamados "evangelistas". Mas a posse do dom de evangelista não força ninguém a adotar princípios falsos e modos de proceder falhos, no cumprimento da tarefa de evangelização. Não é preciso fazermos tudo que Finney fazia só porque ele fazia, nem supormos que os métodos que distinguiram Finney sejam a melhor opção, simplesmente porque ele assim pensava. A obra de evangelização precisa começar de novo a cada geração, e metade da raça humana permanece não evangelizada até hoje. Enquanto vai definhando o liberalismo nas igrejas, o evangelicalismo vai adquirindo cada vez maior força; e, dentro do evangelicalismo, o zelo evangelístico está se acentuando no presente. Por tudo isso, devemos agradecer a Deus. Mas nossa crescente preocupação com o evangelismo torna ainda mais necessário que pensemos cuidadosamente a respeito dos princípios e modos de proceder que devemos usar no futuro. Os fatos que devemos ponderar, quando pensamos acerca dessa questão, incluem os que mencionaremos a seguir.

Nos últimos cem anos, o atraente método de Finney – o evangelismo em grande escala, de curta duração, de esforço concentrado, de "campanhas" ou "cruzadas" a pleno vapor, tem sido largamente exportado da América do Norte, naquilo que parece ser o equivalente evangélico ao slogan popular: "O que é bom para a General Motors é bom para o mundo". Mas esse procedimento tem recebido muitas críticas, tal como as apresentadas neste capítulo; e isso tem levado alguns de seus praticantes (embora não todos) a cuidarem para que não pareçam estar concordando com o pelagianismo evangélico, que, naturalmente, é subentendido nessa ênfase ao comprometimento instantâneo durante a evangelização. No entanto, Deus, que, graciosamente, abençoa a verdade, mesmo quando o erro lhe corre paralelamente, tem usado, com muita constância, as técnicas de Finney para levar a decisões autênticas e duradouras pessoas que já haviam sido afetadas pelo ministério da Palavra, na igreja, ou pelo testemunho de amigos crentes.

Assim, embora o número de falsas conversões seja trágico e escandalosamente elevado, as "reuniões demoradas", aos moldes de Finney, têm produzido ganhos espirituais suficientes no mundo inteiro, de uma maneira ou de outra, para mostrar que não estão sob a maldição divina. E Billy Graham, que emprega uma versão modificada do método de Finney, tem-se mostrado uma das mais expressivas figuras no palco do mundo cristão nos anos recentes. (Sem deixar de afirmar que melhores modos de proceder poderiam ter sido planejados na evangelização, também cumpre-nos reconhecer, agradecidos, que tem havido muitas conversões verdadeiras por meio da evangelização em massa; mas não devemos imaginar que as pessoas envolvidas nunca se teriam convertido de outra maneira.) À luz desses fatos, parece que as seguintes conclusões impõem-se à nossa consideração.

Primeiro, o evangelismo moderno só é frutífero, em circunstâncias normais, quando seus ouvintes estavam expostos à pregação do evangelismo puritano – um evangelismo mais demorado, com bases mais amplas, mais perscrutador, centralizado na igreja, na comunhão e no companheirismo, mais orientado à adoração e menos ao entretenimento. De forma geral, o evangelismo moderno só consegue colher frutos onde o evangelismo puritano primeiramente semeou.

Segundo, em todos os lugares o evangelismo puritano é sempre essencial, pois esse tipo de evangelismo se manifesta por meio da pregação e do ensino fiel do evangelho, por um período de tempo, com aplicações que reconhecem os vários estágios mediante os quais uma pessoa, em geral, chega à fé. Tal evangelismo é sustentado pela confiança de que Deus dará o fruto à sua própria maneira e no tempo certo. O evangelismo moderno é forçado a justificar sua existência (se é que existe justificativa) como um suplemento racional ao evangelismo puritano, e não como um método alternativo.

Terceiro, os praticantes do evangelismo puritano, que, na obra de atrair pessoas à fé, submetem-se à soberania de Deus, algumas vezes parecem não se preocupar em ver conversões resultantes de seu ministério. Por outro lado, os adeptos do evangelismo moderno algumas vezes parecem imaginar que nenhum pregador, a não ser eles mesmos, busca obter conversões. Essas duas atitudes devem ser estigmatizadas como deploráveis. Precisam ser renunciadas: a primeira, por ser uma atitude ímpia, e a segunda, por não ser verdadeira.

Por último, quando são preparadas as campanhas de evangelismo "intensivo", os pregadores e conselheiros se mostrarão mais sábios se, ao mesmo tempo que estiverem enfatizando a urgência de se buscar a Cristo e se tornar um crente autêntico, também dirigirem os interessados a classes de catecúmenos, a grupos de instrução bíblica e à adoração nas igrejas, ressaltando esses envolvimentos como a maneira apropriada de as pessoas exprimirem sinceridade de contrição e comprometimento, em vez de permitirem parecer que tudo quanto se faz necessário é uma "decisão", como um ato isolado, para que esteja resolvida para sempre a questão do destino eterno.

Não duvidamos de que a confiança em Cristo, a qual procede de um coração transformado, não resolva a questão para sempre; mas é que nem todos os interessados terão chegado ao ponto no qual já podem exercer aquela confiança sob a forma de uma "decisão" autêntica, embora talvez pensem que já estão preparados para tanto. Dessa forma, é necessário prover estruturas nas quais as pessoas possam receber instruções e ajuda que as levem a uma conversão mais profunda, tanto quanto estruturas de "acompanhamento", cujo alvo é confirmar os convertidos na fé. Porém, a adoção do erro pelagiano pode cegar as pessoas quanto a essa necessidade, e não há dúvida de que isso tem ocorrido constantemente nos círculos em que o evangelismo do tipo moderno tem sido praticado, nos últimos cem anos.

4

Princípios parecem revestir-se de maior poder para nós quando os vemos incorporados em pessoas que admiramos. Por isso, quero terminar minha recomendação sobre os princípios puritanos de evangelismo mencionando, uma vez mais, o mais distinguido e notável, e, felizmente, também o mais acessível dos evangelistas puritanos, Richard Baxter.

Já nos referimos ao ministério de Baxter, em Kidderminster.[20] Brilhante, enérgico, eloquente, honesto, homem de coração franco, perspicaz e totalmente dedicado à glória de Deus e ao bem do próximo, Baxter ocupa lugar ao lado de Agostinho, Lutero, Bunyan, Wesley e Finney (para não mencionar outros) em sua habilidade para escrever de forma íntima, transparente e altruísta. No relato sobre seus dias em Kidderminster, cinco ou seis anos depois de haver deixado a cidade, ele escreveu: "Para o louvor de meu Redentor (...) para aqueles que desejam ter acesso às experiências de outros homens, no pastorado de comunidades ignorantes e pecaminosas".[21] Em sua obra clássica dirigida às congregações, *The Reformed Pastor* (O pastor aprovado), Baxter também compartilhou generosamente sua experiência.[22] Vamos conhecê-lo um pouco melhor.

"Richard Baxter, cavalheiro. Nasceu em 12 de novembro de 1615, em Rowton, Salop. Educou-se na Donnington Free School,

---

20 Ver capítulo 3.
21 *Reliquiae Baxterianae*, primeira paginação, pp. 83, 86.
22 Richard Baxter, *O pastor aprovado* (PES, São Paulo).

Wroxeter, e também estudou em particular. Foi ordenado diácono pelo bispo de Worcester, no advento de 1639. Tornou-se diretor da Escola Richard Foley, em Dudley, em 1639; foi pastor de Bridgnorth, em 1639 e 1640; foi preletor em Kidderminster, 1641 e 1642; foi capelão do exército em Coventry, 1642-1645, e também do regimento Whalley (Novo Exército Modelo), em 1645-1647; foi pastor de Kidderminster em 1647-1661 e participou da Conferência de Savoia, em 1661. Morou em – ou perto de – Londres, de 1662 a 1691 (Moorfields, 1662-1663; Acton, 1663-1669; Totteridge, 1669-1673; Bloomsbury, 1673-1685; Finsbury, 1686-1691). Casou-se com Margaret Charlton (1636-1681), em 1662. Foi aprisionado por uma semana em Clerkenwell, em 1669, e por 21 meses em Southwark, de 1685 a 1686. Faleceu em 8 de dezembro de 1691. Foi autor de *The Saints' Everlasting Rest* (O descanso eterno dos santos) (1650), *The Reformed Pastor* (O pastor aprovado) (1656), *A Call to the Unconverted* (Convite para viver) (1658), *A Christian Directory* (O diretório cristão) (1673), além de outros 131 títulos, impressos durante a sua vida, sem falar da autobiografia *Reliquiae Baxterianae*, editada por M. Sylvester, em 1696), de cinco outros livros publicados postumamente e de muitos tratados que nunca foram publicados, sobre interesses especiais, cuidados pastorais, unidade cristã, diversões, medicina, ciência e história." Assim, no estilo de "Quem é quem?", apresento Richard Baxter, o mais extraordinário pastor, evangelista e escritor sobre temas práticos e devocionais produzido pelo puritanismo.

Baxter foi um grande homem, grande o bastante para ter muitas faltas e cometer grandes erros. Foi um parlamentar brilhante, de grande erudição, dotado de uma incrível capacidade para a análise imediata, para a argumentação e para o apelo. Era capaz de enfrentar qualquer adversário em um debate, embora nem sempre tivesse podido utilizar-se de seus grandes dotes da maneira mais certa. Por exemplo, na teologia, conforme já vimos,²³ ele inventou um conceito eclético e intermediário entre as doutrinas reformada, arminiana e católica romana a respeito da graça. Interpretava o reino de Deus em termos das ideias políticas contemporâneas, por isso explicava a morte de Cristo como um ato de redenção universal (penal e vicária, mas não estritamente substitutiva), em virtude da qual Deus teria criado uma nova lei, oferecendo perdão e anistia aos penitentes. O arrependimento e a fé, sendo manifestações de obediência a essa lei, constituíam a justiça pessoal e salvadora do crente. Baxter, um puritano conservador, via esse estranho conceito legalista como a súmula do evangelho puritano e neotestamentária, e também como a base comum, a respeito da graça de Deus, realmente ocupada pelas teologias trinitarianas que, em seus dias, estavam em conflito (calvinista, arminiana, luterana e católica romana).²⁴ Mas outras pessoas percebiam que o "baxteriarismo" (ou "neonomianismo", como também era apelidado, por causa de sua ideia central de uma "nova lei") alterava o conteúdo do evangelho, ao mesmo tempo que seu "método político", se fosse levado a sério, era lamentavelmente racionalista. O tempo mostrou que estavam com a razão, pois o fruto das sementes plantadas por Baxter foi o Moderatismo Neonominiano, na Escócia, e o Unitarianismo Moralista, na Inglaterra.²⁵

Além disso, Baxter não se saía bem na vida pública. Embora sempre respeitado por sua piedade e bravura pastoral e sendo um homem que buscava honestamente a paz doutrinária e eclesiástica, sua maneira combativa, crítica e pedagógica de proceder com seus colegas assegurava, de antemão, que ele fracassaria em seus propósitos pacíficos. Durante mais de um quarto de século, depois das expulsões de 1662,

---

23 Ver capítulo 9.

24 Ver Richard Baxter, *Catholick Theologie: Plain, Pure, Peaceable: for the Pacification of the Dogmatical Word-Warriors* (1675).

25 Ver capítulo 9.

ele foi o principal porta-voz dos não conformistas; e, em dúvida, o grande ideal que ele defendia era próprio de um estadista,[26] embora, dificilmente, possamos chamá-lo como tal. Admitindo que seu hábito de total e imediata franqueza ("abordagem direta"), em todas as questões de teologia e ministério, era uma compulsão da consciência, e não apenas uma forma de compensar um complexo de inferioridade (de fato, podia haver um pouquinho de cada coisa), uma estranha fraqueza dele era sua constante incapacidade de ver que, entre pessoas do mesmo nível, uma maneira de agir triunfalista era contraproducente.

Um exemplo disso se deu em 1669, ao se dirigir ao grande John Owen, com quem antes tivera conflitos teológicos e políticos. Baxter teve uma atitude que lhe era característica e que nos deixa admirados, pois teve a esperança de obter solidariedade e cooperação daquele líder independente no conflito eclesiástico que então se desenrolava. O que também lhe era característico, porém menos admirável, foi o que Baxter declarou ao se referir ao encontro com Owen: "Eu precisava conversar francamente com ele, pois, ao pensar no que ele havia feito anteriormente, eu muito temia que alguém que fora tão combativo agora poderia ser um instrumento de ajuda", embora Baxter se regozijasse em ver que Owen, em seu livro mais recente, havia desistido de "dois dos piores princípios de popularidade". Mas realmente notável é o fato de, após esse episódio, Baxter ter ficado surpreso, desapontado e magoado porque Owen, embora professasse boa vontade, não tomou qualquer providência![27]

O fato indiscutível é que Baxter insultava as pessoas, tratando-as como tolas, e essa nunca foi uma boa maneira de se fazerem amigos. Não há certeza se um comportamento diferente ou a omissão da parte de Baxter teriam alterado os eventos lamentáveis que ocorreram

---

26 A respeito das ideias eclesiásticas de Baxter, ver Irvony Morgan, *The Non-conformity of Richard Baxter* (Epworth Press, Londres, 1946), e A. Harold Wood, *Church Unity without Uniformity* (Epworth Press, Londres, 1963).

27 *Reliquiae Baxterianae*, segunda paginação, pp. 61-69.

(rejeição, expulsão e perseguição dos pastores puritanos) entre a Restauração (1660) e o Ato de Tolerância (1689), porquanto a paixão, o interesse e a desconfiança dominavam todo o cenário. Contudo, permanece o fato de que as bem-intencionadas mas censuradoras intervenções de Baxter foram aprofundando cada vez mais as divisões. Um exemplo disso foi a publicação de seu livro *The Scripture Gospel Defended* (A defesa do Evangelho), em 1690, para impedir que os sermões de Tobias Crisp causassem mais dificuldades, mas que serviu apenas para arruinar a chamada "Feliz União" entre os presbiterianos e os independentes, pouco antes de haver começado.[28]

Como evangelista pastoral, contudo, Baxter era incomparável. Seu feito em Kidderminster causava admiração. A história ainda não tinha visto um ministério como aquele, e, no fim da década de 1650, Baxter já se havia tornado um pastor-modelo aclamado por toda a Inglaterra puritana. A cidade de Kidderminster continha cerca de oitocentas residências e dois mil adultos, quase todos residentes na área urbana, e Baxter considerava-se espiritualmente responsável por todos eles. Parece que a maioria deles chegou a uma sólida fé cristã, sob o ministério de Baxter. Como tudo isso aconteceu? Tem-se dito que há três regras para o sucesso no pastorado de um homem: a primeira é ensinar; a segunda é ensinar; a terceira é ensinar! Baxter foi notável exemplo de um homem que observava essas regras. Sendo um mestre-escola por instinto e experiência anterior, Baxter usualmente chamava a si mesmo de professor de sua gente, e, de acordo com sua maneira de pensar, ensinar era a principal tarefa de um pastor.[29] Portanto, ele se dedicava a essa incumbência mediante uma série de maneiras complementares.

---

28 Ver Peter Toon, *The Emergence of Hyper-Calvinism in English Nonconformity 1689-1765* (The Olive Tree, Londres, 1967), cap. 3; *Puritans and Calvinism* (Reiner, Swengel, 1973), cap. 6.

29 "... o ministro do evangelho encontra-se na igreja, assim como o professor encontra-se em sua escola, para ensinar e pastorear cada um em particular; e todos os crentes devem ser discípulos ou eruditos em alguma dessas escolas" (*O pastor aprovado*, PES, São Paulo).

Em seus sermões regulares (um a cada domingo e terça-feira, cada qual com a duração de uma hora), ensinava o cristianismo básico.

> Aquilo que eu lhes expunha e, com toda a insistência, procurava imprimir em suas mentes era o grande princípio fundamental do cristianismo contido na aliança batismal deles, ou seja, um correto conhecimento, fé, sujeição e amor a Deus Pai, Deus Filho e Deus Espírito Santo, bem como o amor para com todos os homens e a harmonia na igreja e de uns com os outros (...). É preciso muito tempo para explicar o verdadeiro e proveitoso método do credo (a doutrina da fé), a oração do Pai-Nosso (aquilo que desejamos) e os dez mandamentos (a lei da prática); a abordagem desses assuntos fornece matéria adicional para o conhecimento da maioria dos que se professam cristãos. E, uma vez feito isso, eles precisam ser levados adiante (...) não a ponto de se deixarem os mais fracos para trás, mas sempre ensinando o que é subserviente aos grandes pontos da fé, da esperança e do amor, da santidade e da unidade, noções que precisam ser constantemente inculcadas, como o começo e o fim de tudo.[30]

Esse era o programa de ensino traçado por Baxter.

Além disso, semanalmente, Baxter mantinha um foro pastoral para discussão e oração.[31] Também distribuía bíblias e livros evangélicos (15 por cento de cada edição de seus livros lhe eram entregues gratuitamente, como direitos autorais, para que ele distribuísse). Ensinava por meio de aconselhamento pessoal e catequese, dando uma hora aos membros de cada uma das sete famílias diferentes que vinham à sua casa (sete horas ao todo), às segundas e terças-feiras à tarde e à noitinha; assim, conseguia catequizar e aconselhar qua-

---

30 *Reliquiae Baxterianae*, primeira paginação, pp. 93-94.

31 "Todas as quintas, à noite, meus vizinhos reuniam-se em minha casa e apresentavam suas dúvidas a respeito do sermão ou de qualquer outra questão de consciência; eu lhes esclarecia as dúvidas. Depois de tudo, eu incentivava ou um, ou outro, a orar" (Ibid., p. 83).

se todas as famílias da cidade uma vez por ano. (Algumas famílias recusavam-se a visitá-lo com esse propósito, mas eram poucas.) Ele insistia que os crentes devem vir conversar regularmente com seu pastor, trazendo-lhe seus problemas e permitindo-lhe averiguar a saúde espiritual deles,[32] e os ministros deveriam catequizar regularmente suas congregações inteiras.[33]

Assim, a principal contribuição de Baxter ao desenvolvimento dos ideais puritanos quanto ao ministério foi fazer com que a prática da catequese pessoal, que antes havia sido uma disciplina preliminar para crianças, se tornasse um ingrediente permanente no evangelismo e no cuidado pastoral por pessoas de todas as faixas etárias. A origem de seu livro *The Reformed Pastor* (O pastor aprovado – PES) foi precisamente sua dedicação à catequese.

Os membros da Associação de Worcestershire, a fraternidade clerical da qual Baxter era o impulsionador, haviam-se comprometido em adotar a norma da catequese paroquial sistemática, de acordo com o plano de Baxter. Estabeleceram, então, um dia de jejum e oração para buscar a bênção de Deus sobre o empreendimento; e pediram que Baxter pregasse. Mas, chegado o dia marcado, Baxter estava por demais adoentado para ir. Por isso, mais tarde, publicou o material que havia preparado, uma ampla exposição e aplicação do trecho de Atos 20.28. Por causa de sua franqueza em repreender e exortar seus colegas de ministério, intitulou sua obra *Gildas Salvianus* (os nomes de dois escritores dos séculos V e VI que também não se haviam mostrado indecisos no que concerne a renunciar ao pecado), adicionando, como subtítulo, *The Reformed Pastor*. Porém, na capa da primeira edição,[34] é a palavra "Reformed", no subtítulo, que

---

32 Richard Baxter, *O pastor aprovado* (PES, São Paulo).
33 Em *O pastor aprovado* (PES, São Paulo), Baxter descreve sua prática em detalhes.
34 Em sua edição de *The Reformed Pastor*, p. 51, J. T. Wilkinson reproduziu-o de forma oposta (Epworth Press, Londres, 1939).

se destaca, impressa em um tipo gráfico maior e em negrito, como nenhuma outra palavra, conforme, sem dúvida, Baxter queria que fosse. Todavia, nesse caso, "reformado" não significava calvinista no que dizia respeito à doutrina (embora Baxter fosse uma espécie de pregador calvinista e quisesse que outras pessoas compartilhassem de suas crenças, quanto a esse particular). O que ele queria dizer era renovado e avivado na prática. Disse ele: "Se Deus reformar o ministério, estimulando os pastores a seus deveres de modo zeloso e fiel, o povo certamente será reformado. Todas as igrejas levantam-se ou caem conforme o ministério de seus pastores ergue-se ou cai, não quanto às riquezas ou à grandiosidade secular, mas no conhecimento, no zelo e na habilidade em seu trabalho".[35] O que Baxter almejava era esse "soerguimento" do ministério.

The Reformed Pastor é a suprema transcrição do coração de Baxter, como evangelista puritano, e é pura dinamite. O evangelismo como expressão do amor cristão por meio do labor pastoral é seu assunto; sua honestidade, integridade, energia e franqueza espirituais são quase desalentadoras. Com frequência e com justiça, tem-se dito que qualquer crente que pense seriamente que, sem Cristo, os homens estão perdidos e que ama de verdade a seus semelhantes não será capaz de descansar diante da ideia de que pessoas, a seu redor, estejam indo para o inferno; por isso se entregará, de forma irrestrita, a buscar a conversão de outras pessoas como a principal tarefa de sua vida. E qualquer crente que deixa de se comportar desse modo arruína a credibilidade de sua fé, pois, se não pode levar isso a sério, a ponto de estabelecer prioridades para sua própria vida diária, por que alguém haveria de levar isso a sério como fonte de orientação para sua própria vida? Mas *The Reformed Pastor* silencia tais pensamentos; ali, na pessoa de Richard Baxter, encontramos um crente terrivelmente franco e zeloso, uma pessoa que pensava, falava e se conduzia com perfeita coerência quanto a esse ponto e que aceitava

---

35 *Reliquiae Baxterianae*, primeira paginação, p. 115.

qualquer grau de desconforto, pobreza, trabalho árduo e perda de bens materiais, contanto que almas fossem salvas. Quando alguém sabe que será enforcado dentro de 15 dias, dizia o dr. Johnson, isso passa a influenciar sua mente de forma maravilhosa; e, conforme aconteceu com Baxter durante a sua vida adulta, quando alguém vive às portas da morte, isso lhe traz uma admirável clareza sobre seu senso de valores (sobre o que é importante e o que não é) e também sobre sua percepção acerca do que é e do que não é coerente com o que a pessoa professa acreditar.

Baxter clamou a seus colegas (e os leigos também fariam bem em escutar):

> Senhores, por certo se tivésseis todos conversado com aquela vizinha, a Morte, por tantas vezes como me tem sucedido, já tendo por muitas vezes sido sentenciado à morte, então teríeis uma consciência intranquila, se não mesmo uma vida renovada, no tocante à diligência e à fidelidade ministeriais. E também haveria algo dentro de vós que, vez ou outra, faria perguntas como estas: Essa é toda a tua compaixão pelos pecadores perdidos? Não farás nada a mais para buscá-los e salvá-los? (...) Morrerão eles e irão para o inferno, antes de falares com eles uma séria palavra para impedir tal coisa? Permitirás que ali eles te amaldiçoem para sempre por não teres feito mais para salvá-los enquanto havia tempo? Esses gritos da consciência soam diariamente em meus ouvidos, embora, como o Senhor sabe, eu tenha atendido tão pouco a esses gritos (...). Como poderíeis, enquanto depositais um cadáver na sepultura, não pensardes: "Aqui jaz o corpo; mas onde está a alma? E o que eu fiz por ela antes que se fosse? Fazia parte de meu dever; que prestação de contas poderei dar diante disso?" Ó, senhores, será questão de somenos terdes de responder a perguntas como essas? Talvez pareça ser assim agora, mas chegará a hora em que não mais parecerá sê-lo (...).[36]

---

36 Richard Baxter, *O pastor aprovado* (PES, São Paulo).

Ninguém pode dizer que Baxter não era autêntico; e quem porá em dúvida a necessidade que temos de tal autenticidade hoje em dia, sobretudo no ministério?

Da mesma forma que aquele livro manifesta *realidade*, também serve de modelo de *racionalidade* em relação ao evangelismo. Baxter mostrou-se totalmente meticuloso em desenvolver meios para alcançar esse objetivo. À semelhança de Whitefield e Spurgeon, ele sabia que os homens estão espiritualmente cegos, surdos e mudos, e que somente Deus pode convertê-los. Mas novamente, a exemplo de Whitefield e Spurgeon, ele sabia que Deus opera através de meios e que devemos aproximar-nos dos homens, que são racionais, de maneira racional.

Baxter também reconhecia que a graça chega ao homem por meio do entendimento e que, a menos que um evangelista faça tudo para dar credibilidade à sua mensagem, essa mensagem não conseguirá convencer a muitos. Por isso, ele insistia que os ministros devem pregar sobre as questões eternas como homens que sentem o que estão dizendo, mostrando-se zelosos, conforme as questões da vida e da morte assim exigem. Baxter também insistia que os pastores devem pôr em prática a disciplina eclesiástica, a fim de mostrarem que são sérios ao afirmarem que Deus não tolera o pecado; e que os ministros precisam fazer o "trabalho pessoal", tratando com as pessoas uma a uma, porquanto a pregação, por si mesma, com frequência deixa de convencer as pessoas comuns. Baxter mostrou-se muito franco quanto a isso.

> Que aqueles que mais se têm esforçado em público examinem sua gente, averiguando se muitas pessoas não são quase tão ignorantes e descuidadas como se jamais tivessem ouvido o evangelho. De minha parte, planejo para falar com o máximo de clareza e emoção que posso (...) e, no entanto, por muitas vezes tenho encontrado pessoas que têm sido minhas ouvintes por oito ou dez anos e não sabem se

Cristo é Deus ou homem, e que se maravilham quando lhes conto a história de seu nascimento, vida e morte, como se nunca a tivessem ouvido antes (...) Porém, a maior parte deles tem uma fé sem base em Cristo; esperam que ele os perdoe, justificando-os e salvando-os, ao mesmo tempo que o mundo é o senhor de seus corações e eles vivem para a carne. Eles presumem que essa confiança seja a fé que justifica! Tenho visto, por experiência própria, que algumas pessoas ignorantes, que desde há muito são ouvintes que nada aproveitam do que ouvem, têm obtido maior conhecimento e maior remorso depois de um diálogo pessoal de meia hora do que obtiveram após ouvirem a pregação pública por dez anos. Eu sei que a pregação pública do evangelho é o meio mais excelente, visto que falamos com muitas pessoas ao mesmo tempo. Todavia, às vezes é muito mais eficaz pregar pessoalmente a um pecador por vez (...). [37]

Portanto, a catequese e o aconselhamento pessoal, além da pregação, fazem parte dos deveres de todo pastor; pois são o método mais racional e um bom meio para se alcançar o fim desejado. Assim sucedia nos dias de Baxter. Não seria a mesma coisa agora?

Um dos infelizes subprodutos do processo de institucionalização que produziu o evangelismo moderno é a propagação da ideia de que a evangelização é uma habilidade especial, limitada a uma minoria de crentes. Admitimos que alguns pastores são mais usados por Deus que outros, no ministério da conversão de pessoas; mas Baxter insistia que todo pastor deve estudar a difícil arte de ganhar almas. Ele escreveu:

Desafortunadamente, quão poucos sabem tratar com uma pessoa ignorante e mundana, com vistas à sua conversão! Chegar até a alma dela e conquistá-la; adaptar nossa linguagem às suas condições e ao seu

---

37 Ibid., pp. 186-187.

temperamento; escolher os assuntos mais apropriados, e acompanhá-los com uma santa mistura de seriedade e terror, amor e mansidão, e atrativos evangélicos. Ó! Quem é idôneo para essas coisas? Falo com seriedade e por experiência própria que é tão difícil conversar com uma pessoa carnal, tendo em vista a sua transformação, quanto é difícil pregar (...) Todas essas dificuldades deveriam despertar-nos para tomarmos uma santa resolução, preparação e diligência (...).[38]

A fórmula puritana de Baxter era: todo pastor é um evangelista que lida com as pessoas acerca de suas almas. Alguns farão isso com maior êxito que outros, mas esse é um ministério ao qual todos os pastores são chamados, e no qual devem engajar-se. Esse é o desafio do evangelismo puritano.

The Reformed Pastor faz os ministros modernos defrontarem-se com, pelo menos, estas questões: 1) Creio no evangelho que Baxter cria (como também Whitefield, Spurgeon e Paulo), o evangelho bíblico e histórico, que fala em ruína, redenção e regeneração? 2) Compartilho do ponto de vista de Baxter sobre a necessidade vital da conversão? 3) Sou tão autêntico quanto deveria, permitindo que esse ponto de vista molde minha vida e meu trabalho? 4) Sou tão racional quanto deveria ao escolher meios para alcançar a finalidade que desejo, e estou empenhado em buscar a conversão de todos aqueles de quem sou pastor? Tenho-me dedicado, tal como Baxter, a encontrar a melhor maneira de criar situações nas quais, com regularidade, posso falar pessoalmente com minha gente a respeito de sua vida espiritual? A maneira de fazermos isso hoje tem de ser planejada de acordo com as atuais circunstâncias, que são muito diferentes das que Baxter conhecia e descreveu.[39] Mas a pergunta que Baxter nos faz é: Não deveríamos estar tentando alcançar esse objetivo como algo constante

---

38 Ibid., p. 193.
39 Ibid., pp. 173ss., 221-246.

e extremamente necessário? Se ele nos convencer de que devemos, certamente não estará fora de nosso alcance procurar descobrir um método de assim o fazermos, um método que se adapte à nossa situação; pois, onde houver boa vontade, sempre haverá um jeito!

O princípio básico de Baxter era que o evangelismo deve ter sempre a prioridade na vida de uma igreja. Ele desdobrou esse princípio dentro do sistema clerical que os puritanos herdaram da Idade Média e que os levou a fazerem oposição à anarquia liderada pelos leigos, conforme eles viam os fatos, nesse interregno. Por isso, como é óbvio, ele limitou sua discussão ao ministério dos pastores, enfatizando que o evangelismo à congregação e a seus membros individualmente é responsabilidade exclusiva do pastor.

O evangelismo concebido por Baxter era catequético e altamente didático, e essa ênfase reflete a profunda ignorância doutrinária que, na época, caracterizava o povo leigo da região rural de Worcestershire, à exceção de algumas poucas pessoas de sua própria congregação. Atualmente, porém, as coisas são diferentes: as igrejas ocidentais são minorias encravadas em comunidades seculares; o evangelismo concentra-se naqueles que ainda não frequentam uma igreja, e os leigos capazes compartilham dessa tarefa, conforme devem fazer.[40] Ao fazermos a abordagem de Baxter pesar sobre a situação atual, não podemos perder de vista essas diferenças. Mas as coisas sobre as quais Baxter escreveu – a necessidade de os pastores se vigiarem, descobrindo seriamente as necessidades espirituais de cada membro

---

40 De fato, o envolvimento dos leigos surgiu espontaneamente em Kidderminster: "Outra vantagem de que desfrutei, por causa do zelo e da diligência do piedoso povo de Deus, que anelava pela salvação de seus vizinhos e que, em particular, eram meus assistentes. Estes, dispersando-se por toda a cidade, estavam prontos, em todas as localidades, a reprimir palavras enganadoras, a recomendar a piedade e a convencer, repreender e exortar os homens de acordo com suas necessidades, ensinando-os também a orar e ajudando-os a santificar o dia do Senhor. As pessoas que não tinham ninguém em suas famílias que pudessem orar ou repetir os sermões se dirigiam à casa de seus vizinhos que podiam fazê-lo e ajuntavam-se a eles, de modo que algumas casas (dos homens mais capazes), em cada rua, enchiam-se com tais pessoas, que podiam fazer pouco ou nada por si mesmas" (*Reliquiae Baxterianae*, primeira paginação, p. 87).

de seu rebanho e ministrando a cada um, esforçando-se por garantir, acima de tudo, que aqueles membros sejam totalmente convertidos e verdadeiramente regenerados – continuam aplicáveis. E é nisso que o evangelismo dos moldes puritanos encontra sua ênfase, tanto em nossa época quanto em qualquer outra.

G. K. Chesterton afirmou: "Não é que o cristianismo tenha sido sondado e achado em falta, mas é que tem sido achado difícil e não tem sido colocado em prática". Sentimo-nos honestamente compelidos a dizer a mesma coisa a respeito do evangelismo dos puritanos?

Capítulo 18

Jonathan Edwards e o reavivamento

1

Jonathan Edwards, santo, erudito, pregador, pastor, metafísico, teólogo, calvinista e líder avivalista, viveu entre 1703 e 1758. Era um homem alto, reservado, de voz suave, mente privilegiada e coração modesto. Em 1727, após cinco anos no ministério, tornou-se copastor de uma grande e elegante igreja em Northampton, estado de New Hampshire, onde seu avô, Solomon Stoddard, o grande e idoso homem de vida eclesiástica do vale do Connecticut, então um patriarca com 83 anos de idade, vinha ministrando desde 1669.

Northampton era uma cidade de aproximadamente dois mil habitantes, e sua igreja era a mais conhecida e influente da Nova Inglaterra, excetuando-se a de Boston. Stoddard era quase idolatrado pela congregação, pois a maioria dos membros havia crescido sob o seu ministério. Dois anos mais tarde, em 1729, a morte de Stoddard pôs fim a seu pastorado de sessenta anos; desde então, Edwards passou a pastorear sozinho aquela igreja. Nos anos de 1734-1735 e entre 1740-1742, ele testemunhou notáveis movimentos do Espírito de

Deus em sua congregação, sendo que no segundo período também por toda a região da Nova Inglaterra.

Entretanto, a partir de 1743, Edwards, por diversas razões, esteve em desacordo com sua igreja. Por fim, em 1750, foi desligado do pastorado por insistir em restaurar a exigência, que Stoddard havia abandonado, de se fazer uma confissão de fé pessoal como condição indispensável para que alguém se tornasse um membro em comunhão com a igreja. Edwards, então, mudou-se para um posto missionário no povoado próximo a Stockbridge; ali, escreveu seus grandes tratados intitulados *Freedom of the Will* (A liberdade da vontade) e *Original Sin* (Pecado original). Em 1757, foi eleito presidente do Princeton College. Viajou para Princeton a fim de ocupar seu novo cargo, em fevereiro de 1758. Sua primeira providência foi tomar vacina contra a varíola. Porém, a própria inoculação transmitiu-lhe uma febre. No mês seguinte, ele faleceu.

2

Edwards foi um *puritano nascido fora de tempo*. Não é exagero afirmar, conforme o fez um escritor recente, que o puritanismo é o que Edwards foi. Todas as suas raízes estavam arraigadas na teologia e na postura dos pais fundadores da Nova Inglaterra, homens como Hooker e Shepard, Cotton e Davenport. Ele foi um autêntico puritano, antes de tudo, em sua *devoção à Bíblia*, labutando, por toda a vida, destemida e incansavelmente, por entendê-la e aplicá-la. Suas obras escritas (exceto, talvez, aquelas sobre profecia) revelam uma perspicácia exegética comparável às de Calvino, Owen, Hodge ou Warfield. Por toda a vida, alimentou sua alma com a Bíblia; por toda a vida, alimentou seu rebanho com a Bíblia.

De igual modo, foi um verdadeiro puritano quanto às suas *convicções doutrinárias*. Em uma época em que, tal como na Inglaterra, um latitudinarianismo racionalista – a postura "livre e católica" de Charles Chauncy e seus amigos – estava corroendo a herança puritana, Edwards firmou-se como um sobrenaturalista calvinista, que não hesitava nem se envergonhava disso, diagnosticando como arminianismo a posição então em moda e opondo-se a ela, tal como os puritanos se haviam oposto ao arminianismo de seus dias, por causa de suas implicações religiosas. Edwards argumentava que o arminianismo, em qualquer de suas formas – ou seja, em qualquer forma que ensine que a convicção sobre a verdade espiritual é uma obra de Deus, mas que a conversão é obra do próprio indivíduo –, golpeia profundamente a verdadeira piedade. Isso reduz Deus a menos que Deus; está no fim do caminho para o deísmo, e a meio caminho para o ateísmo. Destrói a devida reverência a Deus, visto que nega nossa total dependência dele. Corteja o orgulho humano ao apresentar o ato decisivo de nossa salvação como se fosse tudo feito por nós mesmos. Desse modo, introduz na religião cristã um princípio de autodependência. Isso, por sua vez, faz a religião cristã tornar-se irreligiosa, alicerçando uma mera forma de piedade sobre a negação de sua eficácia. Esses eram pontos doutrinários dos puritanos; e, ao expô-los, Edwards mostrou-se um legítimo herdeiro da tradição teológica puritana.

Edwards também foi um verdadeiro puritano quanto ao seu ponto de vista sobre *a natureza da piedade cristã*. Em essência, Edwards afirmava que a piedade é uma questão de glorificar ao Criador, mediante uma humilde dependência e uma grata obediência a ele. Em termos cristãos, isso significa reconhecer nossa completa dependência de Deus, tanto no tocante à vida e à saúde quanto no tocante à graça e à glória; amando-o, louvando-o e servindo a ele por tudo que nos tem dado gratuitamente por meio de seu Filho. Edwards fez soar essa nota em 1731, em seu primeiro sermão publicado, um discurso sobre 1 Coríntios 1.29-31, intitulado "Deus é glorificado na dependência do homem". O tema do sermão dizia que "Deus é glorificado na obra da redenção, pelo fato de que nela transparece uma absoluta e universal dependência dos remidos a ele". E Edwards conclui:

> Sejamos exortados a engrandecer somente a Deus, atribuindo-lhe toda a glória da redenção. Esforcemo-nos por obter e aprimorar uma sensibilidade de nossa grande dependência a Deus (...) a mortificar qualquer tendência à autodependência e à justiça própria. O homem, naturalmente, é muitíssimo inclinado a exaltar a si mesmo e a depender de seu próprio poder ou bondade (...). Mas essa doutrina deveria ensinar-nos a exaltar somente a Deus, mediante a confiança, a dependência e o louvor. "Aquele que se gloria, glorie-se no Senhor." Tem algum homem a esperança de que é convertido e santificado... de que seus pecados lhe foram perdoados e de que foi recebido no favor divino e exaltado à honra e à bem-aventurança de ser filho de Deus, e de que é um herdeiro da vida eterna? Então que dê a Deus toda a glória, pois só Deus pôde fazê-lo diferir do pior dos homens neste mundo ou do mais miserável dos condenados ao inferno (...) Algum homem destaca-se na santidade e é abundante em boas obras? Então, que nada tome da glória para si mesmo, mas atribua tudo àquele de quem somos "manufatura... criados em Cristo Jesus para as boas obras".[1]

A ideia da completa dependência a um Deus livre e onipotente controlava toda a visão religiosa de Edwards, atuando como o princípio norteador de toda a sua teologia.

Para Edwards, por conseguinte, a verdadeira religião é mais do que mera ortodoxia, ou ética, ou mesmo as duas coisas juntas. Edwards não tolerava a crença fácil, ou o moralismo, ou qualquer variedade de formalismo. Para ele, a verdadeira piedade é um dom sobrenatural, dinâmica em seu caráter e intensamente experimental

---

1 Jonathan Edwards, *Works*, editado por Henry Hickman (Banner of Truth, Edimburgo, 1974), II:7; o sermão inicia na página 3.

em suas manifestações. De fato, trata-se de uma comunhão concreta com Deus, por intermédio de Cristo, realizada pelo Espírito Santo e expressa mediante atividades e emoções responsivas.

A raiz da piedade, afirmava Edwards, é uma forte convicção (em suas palavras, um "senso cordial") sobre a realidade e a glória das coisas divinas e celestes, referidas no evangelho. Tal convicção envolve mais que uma apreensão intelectual das noções teológicas, ou que uma aceitação automática das verdades cristãs, sob a pressão constrangedora da opinião da comunidade; antes, resulta da direta iluminação divina, que acompanha a Palavra de Deus, falada ou escrita, conforme Edwards explicou em 1734, em seu segundo sermão publicado, baseado em Mateus 16.17 e intitulado "Uma luz divina e sobrenatural conferida à alma, de forma imediata, pelo Espírito de Deus, sendo essa uma doutrina tanto bíblica quanto racional".

A iluminação divina, pois, resulta na conversão.

> Essa luz é tal que influencia, de modo eficaz, a tendência e modifica a natureza da alma. Assemelha nossa natureza à natureza divina (...) Esse conhecimento nos desliga do mundo e eleva nossa inclinação quanto às coisas celestes. Faz o coração voltar-se para Deus, como a fonte do bem, a fim de que o escolhamos como nossa única porção. Essa luz, e somente ela, leva a alma a se aproximar de Cristo e ser salva; molda o coração segundo o evangelho, mortifica sua inimizade e oposição ao plano de salvação ali revelado; leva o coração a aceitar as boas-novas, aderindo e aquiescendo à revelação de Cristo como nosso Salvador, fazendo a alma toda concordar e entrar em sintonia com isso, apegando-se com toda disposição e afinidade, e dispõe eficazmente a alma para que se dedique totalmente a Cristo. Quando atinge o fundo do coração e muda a natureza, assim também se inclina eficazmente à obediência total. Mostra que Deus é digno de ser obedecido e servido. Atrai o coração em um amor sincero a Deus...

e convence da realidade daquelas gloriosas recompensas que Deus tem prometido aos que lhe obedecem.²

Dessa renovação do coração, mediante a luz vivificadora, vinda de Deus, derivam boas obras e santas emoções. O ceticismo dos racionalistas e as ilusões dos "entusiastas" acerca das emoções tipicamente cristãs forçaram Edwards a devotar atenção especial a esse assunto; e, em seu *Treatise Concerning Religious Affections* (Tratado sobre as emoções religiosas), publicado em 1746 e originalmente pregado como uma série de sermões em 1742-1743, ele entregou ao mundo o fruto de seus estudos. Começou argumentando que, visto que as emoções são funções fundamentais da vontade, a fonte da ação, forçosamente, é que a "verdadeira religião, em grande parte, consiste em santas emoções". E explica:

> Como as emoções não só necessariamente pertencem à natureza humana, mas também são uma importantíssima parte dela, assim (visto que a regeneração renova todo o homem) as santas emoções não só pertencem necessariamente à verdadeira religião, mas também são uma importantíssima parte da religião. Visto que a verdadeira religião é prática e que Deus constituiu a natureza humana de tal modo que as emoções servem de molas impulsionadoras dos atos dos homens, isso também nos mostra que a verdadeira religião deve consistir, em grande parte, de emoções.³

Tendo declarado isso, Edwards passou a caracterizar as "emoções verdadeiramente graciosas e santas", fazendo-o com uma perspicácia pastoral e teológica que garantiu, para seu livro, lugar indisputável entre os clássicos de todos os tempos, sobre discipulado e devoção. Em

---

2 Ibid., II:17; o sermão inicia na página 12.
3 Ibid., I:237, 238.

tudo isso, o que Edwards estava fazendo era esclarecer e vindicar o conceito puritano da religião experimental, em contraste com o moralismo frio da escola de Tillotson. Edwards escrevia como o herdeiro espiritual de Shepard, Flavel e Stoddard, todos citados constantemente em suas notas de rodapé (especialmente o último). Junto com eles, insistia que o cristianismo verdadeiro e vital é uma religião tanto da mente quanto do coração, e buscava mostrar, o mais exatamente possível, como o coração deve envolver-se nela. Esse foi um interesse peculiar dos puritanos, e Edwards, ao seguir tal posição, mostrou sua harmonia com os puritanos.

Edwards foi um autêntico puritano em sua abordagem à pregação. Tal como seus antecessores do século XVII, ele pregava com um alvo tríplice: levar os homens a entenderem, sentirem e responderem à verdade do evangelho. À semelhança dos puritanos, esboçava seus sermões de acordo com esse tríplice "método" de proposição, prova e aplicação – "abertura, doutrina e aplicação", conforme os puritanos o chamavam. Como eles, Edwards demonstrava simplicidade de estilo, ocultando sua erudição por trás de uma clareza deliberadamente simples. Algumas vezes, tem-se imaginado que, por ler, no púlpito, seus sermões escritos, com voz constante e calma, evitando olhar para seus ouvintes enquanto falava, ele não compartilhava do interesse puritano de pregar de forma direta, autoritária e poderosa – interesse que Baxter expressava ao falar sobre seu desejo de ser um "pregador claro, que convencesse com franqueza" seus ouvintes, como alguém que pregasse

> sem a certeza de pregar novamente,
> Como um homem moribundo a homens moribundos.

Mas esse é um equívoco, pois Edwards dizia que "o principal benefício obtido da pregação vem das impressões feitas sobre a mente no momento, e não dos efeitos que surgem mais tarde, mediante o ato de lembrar aquilo que fora pregado".[4] Quando o zelo e a veemência evangelística de Whitefield e de Tennents, durante o avivamento de 1740, foram atacados pelos latitudinários, que viam essas atitudes como um lamentável lapso que tendia ao "entusiasmo" no sentido de uma fantasia fanática, Edwards correu em defesa daqueles pregadores:

> Penso que um modo extremamente emotivo de pregar sobre os grandes temas cristãos não tende a gerar falsas apreensões desses temas; mas, pelo contrário, tende a gerar maior compreensão deles, mais que uma maneira moderada, monótona e indiferente de falar sobre eles (...). Se o assunto, por sua própria natureza, merece grande emotividade, então falar sobre ele de modo emocional harmoniza-se bem com a natureza desse assunto (...) e assim tende a gerar ideias verazes a respeito (...). Penso que faz parte de meu dever despertar tanto quanto possível a emotividade de meus ouvintes, contanto que sejam afetados somente pela verdade (...). Sei que há muito é moda desprezar a pregação zelosa e sincera; e que muitos só valorizam os pregadores que exibem maior erudição, maior poder de raciocínio e maior exatidão de método e de linguagem. Mas penso, humildemente, que é por falta de entendimento ou por não considerar devidamente a natureza humana que tal pregação tem sido aceita como a mais bem-sucedida (...). O aumento do conhecimento especulativo no campo teológico não é exatamente aquilo de que mais precisa a nossa gente. Os homens podem desfrutar de muito dessa luz, mas sem se sentirem aquecidos (...). Nossa gente precisa não tanto que suas mentes sejam abastecidas com informações, mas que seus corações sejam tocados; e eles têm grande necessidade do tipo de pregação que mais tende a esse fim.[5]

---

4 Ibid., I:394.
5 Ibid., I:391.

O fato é que Edwards pregava com elevado grau de poder. Humanamente falando, ele era dotado de um dom único de fazer as ideias adquirirem vida, por meio da brilhante precisão com que as expunha. Ele ia desdobrando, diante das mentes, uma série de raciocínios com uma exatidão lenta e suave, quase hipnótica, em seu poder de captar a atenção dos ouvintes sobre os sucessivos desdobramentos da verdade. Se Edwards tivesse sido apenas um mestre perito em economia, sem dúvida se teria destacado nesse campo nos salões de conferência. No púlpito, a esse compelidor poder de exposição, era acrescentada extrema reverência, que expressava seu temor a Deus, temor este que não se afastava de seu espírito; e o resultado era uma pregação à qual as audiências não podiam resistir e da qual não conseguiam esquecer. Edwards podia fazer duas horas parecerem vinte minutos enquanto penetrava na consciência de seus ouvintes com as antigas e claras verdades sobre pecado e salvação; e a calma majestade de sua inexorável análise era tão usada por Deus, para fazer os homens sentirem a força da verdade, quanto a rapsódica veemência de George Whitefield. Um de seus ouvintes, ao ser indagado se Edwards era um pregador eloquente, retrucou:

> Se por eloquência entendermos o que usualmente é entendido em nossas cidades, então ele não tinha essa habilidade. Ele não apresentava uma estudada variação no tom de voz, nem apresentava forte ênfase. Ele quase não gesticulava, nem se movia; não fazia qualquer tentativa, mediante eloquência de estilo ou beleza de figuras, para satisfazer o gosto estético ou fascinar a imaginação. Porém, se entendermos eloquência como a capacidade de apresentar uma verdade importante diante dos ouvintes, com avassalador poder de argumentação e grande intensidade de sentimentos, de modo que a alma inteira do orador se empenha em cada porção dos conceitos e da pregação, de modo que a solene atenção de toda a audiência

fica presa às suas palavras, do começo ao fim, fazendo com que as impressões não possam ser apagadas, então o Sr. Edwards foi o mais eloquente homem do qual já ouvi falar.⁶

Hopkins, seu primeiro biógrafo, escreveu: "As palavras dele muitas vezes exibiam grande fervor interior, sem muito barulho e sem emoção externalizada, caindo com grande peso sobre a mente de seus ouvintes; ele falava de modo a revelar as fortes emoções de seu próprio coração, as quais tendiam, de maneira natural e eficaz, a comover e afetar outras pessoas".⁷ Essa emocionante comunicação da verdade era, de fato, precisamente aquilo que os puritanos tinham em mente quando falavam em uma pregação "poderosa".

Como alguém que amava a Bíblia, sendo calvinista, um mestre da religião do coração, um pregador do evangelho dotado de grande unção e poder, e, acima de tudo, um homem que amava a Cristo, odiava o pecado e temia a Deus, Edwards foi um puritano autêntico; de fato, um dos mais puros e maiores de todos os puritanos. Recentemente, os historiadores da cultura norte-americana redescobriram Edwards como um dos que mais contribuíram para a herança filosófica e literária da América do Norte. Desejamos que os crentes evangélicos de nossos dias redescubram, eles mesmos, a importante contribuição que esse puritano do século XVIII deu à elucidação da fé bíblica.

3

Os evangélicos do século XIX, de modo geral, admiravam Edwards, ainda que lhe causassem tríplice prejuízo. Primeiro, acusavam-no de que era muito difícil ler seus escritos. Mas basta que alguém faça essa experiência para perceber que não é exatamente assim. Essa acusação

---

6 Ibid., I:ccxxxii (de *Dwight's Memoirs of Edwards*).

7 *Loc. cit.*

era feita mais aos moldes da trave e do cisco no olho. É verdade que Edwards não apreciava o feitio floreado que as pessoas daquele século consideravam essencial a um bom estilo, mas isso deve ser levado a seu crédito, e não o contrário. Hoje em dia, é muito mais fácil ler seus escritos do que os escritos de muitos de seus críticos daquele século. A única coisa que pode ser dita contra ele é que, ocasionalmente, em seu afã por atingir a precisão de linguagem, escreveu sentenças longas e complexas demais para fácil assimilação a uma primeira leitura. Mas essa é sua única falha de estilo, e acontece pouco em seus escritos; na maioria das vezes, escreveu de modo claro, exato e incisivo.

Segundo, no século XIX, Edwards era reputado essencialmente como um teólogo-filósofo, especialmente em face de seu livro *The Freedom of the Will* (A liberdade da vontade). É verdade que Edwards tinha talento para o raciocínio abstrato e que, nesse tratado em particular, apelou plenamente para esse talento. Todavia, devemos lembrar que tipo de tratado foi esse. Não era uma obra de teologia, mas um ensaio polêmico e elaborado, dirigido àquilo que Edwards via, com razão, como uma posição essencialmente especulativa e filosófica – a do arminianismo racionalista, que edifica tudo sobre o axioma de que o controle divino sobre os atos humanos é incompatível com a responsabilidade moral do homem, e por isso não pode ser um fato. Edwards escolheu obviamente a maneira mais chocante para lidar com tal posição, fazendo com que voltasse as armas contra si mesma, ao lhe conceder algumas vantagens para, em seguida, derrotá-la. Mas *The Freedom of the Will* (A liberdade da vontade) foi uma realização ocasional, não servindo para caracterizar o restante da obra de Edwards. Fica evidente, de suas anotações e memorandos particulares, que a especulação metafísica o fascinava e era, de fato, seu passatempo. No entanto, ele jamais deixou que a filosofia lhe ensinasse sua fé ou o desviasse da Bíblia. Ele filosofava a partir da fé, e não acerca da fé; também não julgava que a especulação é necessária à salvação, e seus sermões nunca chegaram a ser maculados por seus interesses filosóficos. Ele extraía da Bíblia suas convicções, e sua verdadeira estatura deve ser aquilatada como um teólogo bíblico.

Finalmente – e aí temos o mais grave dos prejuízos –, os admiradores de Edwards, no século XIX, não deram o devido valor à inovadora contribuição de Edwards à teologia, ou seja, sua elucidação pioneira quanto ao ensino bíblico sobre os avivamentos. Essa falha talvez seja perdoável, visto que as ideias de Edwards sobre a questão foram apresentadas em partes em cinco de suas primeiras obras, as quais compôs após os 30 anos: *A Narrative of a Surprising Work of God in the Conversion of Many Hundred Souls in Nothampton and the Neighbouring Towns and Villages* (Uma narrativa da surpreendente obra de Deus na conversão de centenas de almas em Northampton e nas cidades e vilas vizinhas) (1735); *A History of the Work of Redemption* (Uma história sobre a obra de redenção) (sermões pregados em 1739 e publicados em 1744); *The Distinguishing Marks of a Work of the Spirit of God* (As distintas marcas da obra do Espírito de Deus) (1741); *Thoughts of the Revival of Religion in New England in 1740* (Pensamentos sobre o avivamento religioso na Nova Inglaterra em 1740) (1742); e *Treatise on the Religious Affections* (Tratado sobre as emoções religiosas) (sermões pregados em 1742-1743, publicados em 1746).

Todas essas obras, de um modo ou de outro, à exceção da segunda, buscavam defender os dois avivamentos que o próprio Edwards havia testemunhado, contra a acusação, então corrente, de que haviam sido meras explosões de fanatismo. O fato de essas obras terem sido escritas com esse alvo parece limitar seu interesse quanto a gerações de leitores posteriores. No entanto, há um relato bastante completo do avivamento como uma obra divina – em outras palavras, uma teologia de avivamento –, mais completo do que qualquer narrativa composta antes da época de Edwards, revestindo-se, assim, de valor permanente. Talvez seja essa a mais importante contribuição de Edwards para o pensamento evangélico de nossos dias.

É notável que o interesse pelo assunto do avivamento esteja aumentando na atualidade. Basta ver o aumento, nas denominações protestantes, de diversos tipos de conferências sobre avivamento. Cada vez mais espalha-se a convicção de que só uma visitação do alto pode alcançar as necessidades de nossas igrejas. Porém, a maioria dos crentes continua incerta quanto ao que seja, exatamente, um avivamento, ou o que se deve esperar caso venha um avivamento. Há dois equívocos específicos aos quais todos nós tendemos.

O primeiro é a *falácia sobre os tempos antigos*. Somos vítimas desse erro quando formamos um conceito de avivamento com base na história de um avivamento particular do passado; e, então, após termos formado esse conceito, estabelecemos um padrão para qualquer movimento de avivamento futuro. Fazer isso é expor-nos a um duplo perigo.

Por um lado, predispomo-nos a ser muito apressados, identificando como avivamentos meras explosões de entusiasmo religioso, as quais exibem certas características externas que marcaram alguns avivamentos do passado – prostrações, visões, cânticos espontâneos ou outros fenômenos que nos tenham impressionado. É preciso lembrar que o diabo pode produzir as formas externas de entusiasmo religioso, tanto quanto o Espírito de Deus; e, de fato, por muitas vezes Satanás tem lançado o caos na igreja, por meio de movimentos de fanatismo autoiludidos, que se proclamam, sem dúvida na boa-fé, como movimentos do Espírito Santo em avivamento. Precisamos de um critério que diferencie as duas coisas; de outra forma, Satanás terá a liberdade de nos enganar como bem quiser, satisfazendo a fome humana por avivamento, através de ilusões "entusiásticas". E um precedente – "a observação prévia", segundo Edwards chamava – não serve de critério suficiente para esse propósito. Nas palavras de Edwards, "aquilo a que a igreja está afeita não serve de regra pela qual devamos julgar" esses casos, nem de um modo nem de outro.⁸ Precisamos de um critério melhor do que esse para distinguir o espúrio do verdadeiro.

Mas, por outro lado, ao concebermos um avivamento inteiramente em termos de algum avivamento passado, dificultamos para nós mesmos o reconhecimento de qualquer avivamento futuro que Deus nos envie, pois não é hábito de Deus repetir a si mesmo. Não há base para supormos que os aspectos externos do próximo avivamento terão os mesmos aspectos do anterior, tal como não se deve esperar que duas pessoas passem exatamente pela mesma sequência de experiências em sua conversão. Aqueles que só admitem que Deus está agindo quando o veem repetir precisamente algo que já foi feito, segundo nos disse Edwards, "limitam Deus onde ele não tem limitado a si mesmo. E isso é especialmente irracional nesse caso [ou seja, no caso do avivamento]". Ele prossegue:

> Todo aquele que pesou bem os admiráveis e misteriosos métodos da sabedoria divina, ao efetuar a obra da nova criação – ou ao levar adiante a obra da redenção, desde a primeira promessa ao descendente da mulher até hoje –, facilmente pode observar que, durante todo o tempo, a maneira de Deus tem sido a de abrir novas cenas, expondo, aos nossos olhos, coisas novas e maravilhosas, para o espanto do céu e da terra (...).⁹

O segundo erro que nos ameaça é *a falácia romântica*. Caímos nesse erro quando imaginamos que o avivamento, quando vem, deve funcionar como o último capítulo de uma história de detetives: a solução de nossos problemas, a eliminação de todas as dificuldades surgidas na igreja, o que nos deixa em um estado idílico de paz e contentamento, sem quaisquer aborrecimentos no futuro.

---

8 Ibid., II:261.
9 Ibid., I:369.

Um estudo de Jonathan Edwards sobre o avivamento adverte-nos, de antemão, para ambos esses erros. Em primeiro lugar, Edwards resguarda-nos da falácia sobre os tempos antigos, ensinando-nos os princípios bíblicos para determinarmos se está havendo ou não um derramamento do Espírito de Deus em algum movimento de entusiasmo religioso. "Dispomos de uma norma bem próxima de nós", asseverava ele, "um Livro sagrado que o próprio Deus pôs em nossas mãos, com sinais claros e infalíveis, suficiente para resolver coisas dessa natureza".[10] Então, esforça-se por nos mostrar, em detalhes, quais são esses sinais.

Em segundo lugar, Edwards resguarda-nos da falácia romântica ao dirigir constantemente nossa atenção para os problemas que acompanham o avivamento. Avivamento significa renovação da vida, e vida significa energia. É verdade que um avivamento livra a igreja dos problemas criados pela apatia e pela indiferença; mas também é verdade que todo avivamento mergulha a igreja em uma boa variedade de novos problemas, criados pelo fluxo torrencial de uma vitalidade espiritual desordenada e indisciplinada. Em um avivamento, os santos são subitamente despertados de um estado de indiferença e letargia, por meio de uma nova e avassaladora consciência da realidade das coisas espirituais e de Deus. São como pessoas que até pouco tempo atrás dormiam e agora estão meio cegas por causa do resplendor do sol. Por alguns instantes, nem ao menos sabem onde estão. Em certo sentido, agora veem tudo como nunca viram; mas, em outro sentido, por causa do brilho da luz, quase não podem ver. São levadas pela influência do momento e perdem o senso de equilíbrio. Assim, são vítimas do orgulho, das ilusões, do desequilíbrio, de uma linguagem censuradora e de maneiras extravagantes de agir. Pessoas não convertidas são arrebatadas pelos acontecimentos; elas sentem o poder da verdade, embora seus corações permaneçam sem renovação; essas pessoas tornam-se "entusiastas", ilu-

---

10 Ibid., I:375.

didas e autoconfiantes, duras e amargas, ferozes e cheias de vanglória, fanáticas e encrenqueiras, discutidoras e cismáticas. Além disso, às vezes caem em algum pecado espetacular, apostatando definitivamente; ou então permanecem na igreja escandalizando os outros, por asseverarem, em bases perfeccionistas e dogmáticas, que aquilo que fazem seria pecado em outras pessoas, mas não é pecado nelas mesmas. Satanás (o qual, segundo Edwards observou, foi "treinado no melhor seminário teológico do universo") segue a um passo de Deus, pervertendo ativamente e caricaturando tudo que o Criador está fazendo.

Um avivamento, então, é uma obra de Deus acompanhada de desfiguramentos. E, quanto mais poderoso for um avivamento, mais desfiguramentos aparecerão, e estes deixarão muitas pessoas escandalizadas. Essa é a razão para não nos admirarmos se os avivamentos acabarem sofrendo a oposição de membros de igreja respeitáveis, dotados de discernimento espiritual limitado, por causa dos excessos ocorridos. Nem podemos surpreender-nos com isso, pois é normal que muitos ministros se mantenham afastados dos avivamentos, chegando mesmo a pregar contra eles e a tentar suprimi-los, alegando não se tratar absolutamente de um fenômeno espiritual.

Edwards precisou enfrentar essa questão em sua própria experiência e também nos faz enfrentá-la. "Nunca podemos esperar uma obra de Deus sem pedras de tropeço", escreveu, com tristeza, em 1741. E continuou: "Provavelmente veremos novas instâncias de apostasia e de grosseira iniquidade entre os cristãos professos".[11] Não. Embora um avivamento seja uma obra expurgadora e purificadora, mandada por Deus, jamais estará isenta dos desfiguramentos que a acompanham. Basta que leiamos o Novo Testamento para perceber isso. Todavia, isso não nos deve cegar ao fato de que o avivamento é uma obra de Deus real e gloriosa, uma bênção que

---

11 Ibid., II:273.

deve ser intensamente desejada quando a vitalidade da igreja estiver diminuída. Passemos agora a examinar a explicação teológica de Edwards a esse respeito.

4

Examinaremos seu ensinamento sob três divisões principais.

1. *Princípios acerca da natureza de um avivamento*

Temos aqui três proposições a considerar, das quais a primeira é a mais importante e fundamental, ocupando nossa atenção por mais tempo.

Primeiro, *o avivamento é uma extraordinária obra de Deus, o Espírito Santo, revigorando e propagando a piedade cristã em uma comunidade*. O avivamento é uma obra extraordinária, visto que marca a reversão abrupta de uma tendência e de um estado de coisas fixas entre aqueles que professam ser povo de Deus. Pensar em Deus a avivar sua igreja é pressupor que a igreja antes perdeu o vigor e se pôs a cochilar. Afirmar que Deus derrama de seu Espírito através de um despertamento, como fez Edwards, seguindo a Bíblia, é subentender que Deus faz algo de súbito e decisivo a fim de alterar um estado de coisas em que a influência vivificante do Espírito e um senso vívido da realidade espiritual mostravam-se notáveis por sua ausência.

O avivamento é uma obra de revigoramento e propagação da piedade cristã. Embora seja através do conhecimento da verdade bíblica que o Espírito efetua sua obra avivadora, o avivamento não consiste apenas, nem mesmo primariamente, na restauração da ortodoxia. Antes, essencialmente, é uma restauração da religião cristã. Temos visto que Edwards concebia a religião cristã como uma familiaridade experimental com as divinas realidades expostas no evangelho e como uma reação prática, de todo o coração, para com essas realidades. É isso que diminui no período de sonolência e esterilidade que antecede um avivamento, e é isso que é renovado pelo derramamento do Espírito. Daí advêm "as marcas distintivas de uma obra do Espírito de Deus", ou seja, de um avivamento, todas em consonância com o aprofundamento da piedade experimental. Podemos citar a exposição de Edwards sobre essas marcas, no esplêndido e pequeno tratado sobre 1 João 4, que tem a frase acima como título. Tudo que aí se diz está ligado ao nosso assunto, e a passagem toda é um excelente exemplo do estilo expositivo de Edwards.

> Limitar-me-ei àqueles sinais dados pelo apóstolo no capítulo no qual está meu texto, no qual esse assunto é particularmente tratado, de modo mais claro e pleno do que em qualquer outra parte da Bíblia. Apresentarei esses sinais na ordem em que os encontro nesse capítulo.
>
> 1) Quando a operação é tal que exalta aquele Jesus que nasceu da virgem e foi crucificado fora das portas de Jerusalém; e quando a operação parece confirmar e firmar a mente das pessoas na verdade daquilo que o evangelho nos declara acerca de ser ele o Filho de Deus e o Salvador dos homens, esse é um sinal seguro de que tal operação vem da parte do Espírito de Deus. O apóstolo nos dá esse sinal no segundo e no terceiro versículos, [os quais falam da] confissão de que não só existiu uma pessoa que apareceu na Palestina, tendo feito e tendo sofrido aquilo que se diz a seu respeito, mas também que essa pessoa era Cristo, ou seja, o Filho de Deus, ungido para ser Senhor e Salvador, como fica implícito no nome Jesus Cristo (...).
>
> O diabo está na mais intensa e implacável inimizade contra essa Pessoa, especialmente no caráter de Cristo como o Salvador dos homens. O diabo odeia mortalmente o relato e a doutrina da redenção em Cristo e jamais gera nos homens quaisquer pensamentos honrosos sobre ele (...).
>
> 2) Quando o Espírito age contra os interesses do reino de Satanás, que busca encorajar e firmar o pecado e fomentar as paixões munda-

nas nos homens, esse é um sinal seguro de que temos aí um espírito verdadeiro, e não falso. Esse sinal é dado no quarto e quinto versículos (...) por "o mundo", o apóstolo, como é claro, indica qualquer coisa que diga respeito aos interesses do pecado, envolvendo todas as corrupções e concupiscências dos homens, todos aqueles atos e objetos mediante os quais essas paixões são satisfeitas.

Assim, podemos determinar, com segurança, com base no que disse o apóstolo, que o espírito que assim atua entre um povo, diminuindo, dessa forma, a paixão dos homens pelos prazeres, lucros e honrarias do mundo, tirando de seus corações o afã por essas coisas, levando-os a uma profunda preocupação com o estado futuro e a eterna felicidade (...) e o espírito que os convence do horror do pecado, da culpa que o pecado produz e da miséria a que o pecado expõe forçosamente deve ser o Espírito de Deus.

Não podemos supor que Satanás queira convencer os homens quanto ao pecado e despertar suas consciências (...).

3) O espírito que opera dessa forma, dando aos homens grande consideração pelas Sagradas Escrituras e firmando-os mais na veracidade e na divindade delas, certamente é o Espírito de Deus. A regra é dada pelo apóstolo no sexto versículo: "Somos de Deus", ou seja, "nós, apóstolos, fomos enviados por Deus e nomeados por ele para anunciar e ensinar ao mundo aquelas doutrinas e instruções que devem servir de regra"; "aquele que conhece a Deus nos ouve". O argumento do apóstolo, nesse caso, também atinge todos aqueles que, no mesmo sentido, são "de Deus", ou seja, todos aqueles que Deus designou e inspirou para dar à sua igreja a norma de fé e prática, todos os profetas e apóstolos (...) em suma, todos os autores das Escrituras Sagradas. O diabo jamais tentaria gerar nas pessoas consideração pela Palavra divina (...) Um espírito iludidor nunca inclinaria as pessoas a buscarem orientações da Palavra de Deus (...). O espírito do erro, a fim de enganar os homens, haveria de gerar neles elevada opinião sobre a regra

infalível, inclinando-os a lhe terem grande estima e a se familiarizarem com ela? O príncipe das trevas haveria de conduzir os homens à luz do sol, a fim de promover seu reino de trevas?

4) Outra regra para medirmos os espíritos pode ser extraída do sexto versículo se, observando o modo de operar de um espírito que atua entre um povo, vemos que ele atua como um espírito da verdade, conduzindo pessoas à verdade, convencendo-as daquelas coisas que são verdadeiras (...) por exemplo, se observarmos que o espírito atuante torna os homens mais sensíveis do que costumavam ser, quanto ao fato de que Deus existe e que ele é um grande Deus que odeia o pecado; que a vida é breve e incerta; que há outro mundo; que os homens têm almas imortais e terão de prestar conta de si mesmos a Deus; que são excessivamente pecaminosos por natureza e prática; que são impotentes em si mesmos; e se o espírito atuante confirma os homens em outras coisas que concordam com alguma sã doutrina, então o espírito que assim atua é um espírito da verdade, apresentando as coisas segundo realmente são (...) Portanto, poderemos concluir que não é o espírito das trevas que assim está descobrindo e manifestando a verdade (...).

5) Se o espírito que age entre um povo opera como um espírito de amor a Deus e ao próximo, esse é um sinal seguro de que se trata do Espírito de Deus. O apóstolo insiste nesse sinal desde o sexto versículo até o fim do capítulo, falando de modo expresso sobre o amor a Deus e aos homens; sobre o *amor aos homens* nos versículos 7, 11 e 12; sobre *o amor a Deus* nos versículos 17, 18 e 19; sobre ambos, nos dois versículos finais (...) O espírito que gera neles um senso de admiração e deleite quanto à excelência de Jesus Cristo, conquistando e atraindo o coração para o amor, através daqueles motivos sobre os quais o apóstolo fala, a saber, o admirável amor gratuito de Deus, ao dar seu Filho unigênito para que morresse por nós, e o admirável amor de Cristo, ao se dispor a morrer por nós, que não tínhamos qualquer amor

a ele, mas, ao contrário, éramos seus inimigos, esse Espírito tem de ser o Espírito de Deus (...). O espírito que faz dos atributos de Deus, conforme nos são revelados no evangelho e manifestados em Cristo, objetos deleitáveis de contemplação, que leva a alma a anelar por Deus e por Cristo – pela presença deles e pela comunhão com eles, pela familiaridade e pela conformidade com eles –, fazendo-a viver a fim de agradar e honrar a eles; o espírito que pacifica desavenças entre os homens, que confere atitude de paz e de boa vontade, que desperta atos de bondade externa e que deseja ansiosamente a salvação das almas. Essa é a maior evidência da influência do verdadeiro Espírito divino.[12]

Edwards argumenta que é onde aparecem esses frutos que o Espírito de Deus está operando; assim, esses são os sinais que infalivelmente indicam se um irrompimento de um entusiasmo religioso, desordenado e até mesmo lamentável, trata-se ou não de uma obra de avivamento. O critério de um avivamento não é a agitação e o tumulto das reuniões, mas o fruto do Espírito – fé e amor ao Pai e ao Filho, às Escrituras e ao seu ensino, bem como boas obras em benefício de outros homens. Quando esses frutos começam a surgir em uma igreja ou comunidade, após algum tempo de esterilidade, é porque ali começou, em algum grau, o avivamento, independentemente de quais desfiguramentos possam aparecer também.

A substância da religião cristã, conforme Edwards a concebia (ao enfatizar isso, ele se mostrou um autêntico puritano), é a comunhão consciente com Deus, sendo que, sob a intensa influência do derramamento do Espírito, em um tempo de avivamento, o senso da presença de Deus por parte das pessoas, bem como a absorção no conhecimento dele e a alegria na certeza de seu amor, podem intensificar-se em níveis notáveis. Edwards pôde ver boa parte disso entre seu povo, mas nenhum caso parece ter sido mais notável do que o de

12 Ibid., II:266-269.

sua própria esposa, cuja experiência ele descreveu em detalhes (sem dizer sobre quem falava) no livro *Thoughts on the Revival* (Pensamentos sobre o avivamento), em uma seção que intitulou apenas como: "A natureza da obra em uma ocasião particular". Essa descrição merece ser lida na íntegra. No entanto, dispomos de espaço para citar apenas algumas sentenças. A experiência de Sarah Edwards, escreveu seu marido, incluía os seguintes elementos:

> Visões da glória das divinas perfeições e das excelências de Cristo, de modo frequente e por períodos longos, de tal modo que a alma se sentia subjugada de modo pleno, arrebatada em luz e amor, em doces consolações, em um descanso e alegria de alma totalmente indizíveis (...). Esse grande regozijo era acompanhado por tremor, com profundo e vívido senso da grandeza e da majestade de Deus, bem como da ilimitada pequenez e vileza da criatura (...). As coisas já mencionadas eram acompanhadas porum senso notável da augusta majestade, grandeza e santidade de Deus (...). As energias do corpo muitas vezes eram sugadas devido à profunda lamentação pelo pecado, cometido contra um Deus tão santo e bom (...). Também havia um profundo senso da certeza das grandes verdades reveladas no evangelho e um senso avassalador da glória da obra da redenção e do caminho da salvação por meio de Jesus Cristo (...). A pessoa sentia grande deleite em entoar louvores a Deus e a Jesus Cristo, anelando que esta vida fosse, por assim dizer, um contínuo cântico de louvor a Deus. Segundo a pessoa expressava, havia o anelo de se sentar e gastar o resto desta vida entoando cânticos; e um prazer dominante na ideia de passar a eternidade nesse exercício (...).[13]

Esse é o âmago da comunhão com Deus, a verdadeira e pura piedade cristã, para onde estão sendo conduzidos todos os santos de Deus, em maior ou menor profundidade, mediante a obra vivifica-

---

13 Ibid., I:376, 377.

dora do Espírito Santo. Edwards escreveu, com fina ironia: "Se tais coisas são mero entusiasmo, frutos de um cérebro confuso, então que meu cérebro seja para sempre possuído por essa feliz confusão!" Experiências desse tipo, afirmava ele (e, sem dúvida com justiça), são provas positivas de que o Espírito Santo de Deus está operando nos movimentos religiosos que produzem essas experiências.

Finalmente, ainda em relação a esse assunto, devemos frisar que, para Edwards, o avivamento significava a restauração da piedade cristã *em uma comunidade*. O objetivo de um avivamento é a igreja, e o efeito da bênção é espalhar a fé aos incrédulos, que ainda estão fora da igreja. O avivamento é uma questão coletiva. Foi sobre o grupo dos discípulos que o Espírito se derramou no dia de Pentecoste; e é à igreja que Deus confere despertamento (cf. Is 51.17 e 52.1). Como é óbvio, isso não nega que um crente individual possa ser espiritualmente vitalizado, ao mesmo tempo que a igreja à sua volta permanece amortecida; mas afirmamos que a obra característica de Deus, que estamos discutindo agora, sob o nome de avivamento, é uma obra que tem por objetivo, em certo sentido, a igreja toda, e não apenas um crente individualmente.

Segundo, *os avivamentos ocupam lugar central nos propósitos revelados por Deus*. Edwards declarou: "A finalidade com que Deus criou o mundo foi preparar um reino para seu Filho (pois ele foi nomeado herdeiro do mundo)".[14] Essa finalidade haverá de se concretizar, antes de tudo, mediante a realização da redenção no Calvário, por parte de Cristo, e então através das vitórias obtidas por seu reino. "Todas as dispensações da providência de Deus, dali em diante (desde a ascensão de Cristo), até a consumação final de todas as coisas, visam dar a Cristo seus galardões e cumprir sua finalidade naquilo que fez e sofreu sobre a terra".[15] O domínio universal foi prometido a Cristo e,

---
14 Ibid., I:584.
15 Ibid., I:583.

nesse ínterim, antes da consumação final, o Pai está cumprindo essa promessa, em parte, mediante sucessivos derramamentos do Espírito, os quais comprovam a realidade do reino de Deus diante de um mundo cético, servindo para ampliar suas fronteiras entre aqueles que outrora eram inimigos de Cristo.

> Quando Deus se manifesta com tão glorioso poder, em uma obra dessa natureza [como o avivamento da Nova Inglaterra], ele parece especialmente resolvido a honrar seu Filho, cumprindo aquilo que lhe jurara: que faria todo joelho dobrar-se diante dele. Deus sempre teve em seu coração, desde a eternidade, glorificar a seu querido Filho unigênito; e há alguns períodos especiais que ele determina para essa finalidade, manifestando-se com onipotência, a fim de cumprir sua promessa (...) a ele. Ora, esses são tempos de notável derramamento de seu Espírito, fazendo progredir seu reino; assim ocorre em um dia de seu poder (...).[16]

Edwards foi além disso, asseverando:

> Desde a queda do homem até hoje, a obra da redenção, em seus efeitos, tem sido efetuada principalmente através de notáveis comunicações do Espírito de Deus. Embora haja influência mais constante do Espírito de Deus, que sempre acompanha suas ordenanças, o caminho pelo qual têm sido efetuadas as coisas mais notáveis que levam essa obra avante sempre foram efusões extraordinárias, em períodos especiais de misericórdia (...).[17]

Com base no pressuposto de que toda renovação de piedade vital entre o povo de Deus indica um derramamento do Espírito, Ed-

---

16 Ibid., I:380. Edwards se refere, no contexto, a Salmos 2 e 110.
17 Ibid., I:539.

wards buscou mostrar que essa generalização é válida no tocante à história bíblica, e que não temos razão para duvidar de que até hoje seja válida. Edwards, como pós-milenista, esperava a conversão do mundo; e predisse, com toda a confiança, que isso decorreria de um poderoso avivamento por toda a igreja, levando a uma ofensiva missionária sem precedentes, em todas as regiões do globo.

De acordo com isso, quando a vida da igreja declina, os juízos divinos começam a cair sobre ela e a obra missionária esmorece, os crentes devem esperar por um derramamento do Espírito que reverta esse estado de coisas. E também têm motivos para cultivar tal esperança, expressando-a em suas orações: orações que não são motivadas por qualquer dignidade da parte da igreja, mas que são alicerçadas por Deus Pai, desde a eternidade, a fim de glorificar ao Filho, em seu reino.

Terceiro, *os avivamentos são a mais gloriosa de todas as obras de Deus neste mundo*. Edwards insistia nesse ponto, envergonhando aqueles que não professavam interesse no despertamento divino que ocorreu na Nova Inglaterra, os quais insinuavam, por suas atitudes, que uma mente cristã poderia ocupar-se de outras coisas mais proveitosas.

> Tal obra, em sua natureza e tipo, é a mais gloriosa dentre todas as outras obras de Deus [protesto de Edwards]. É a obra da redenção (o grande alvo de todas as demais obras de Deus, diante da qual a obra da criação foi apenas uma sombra) (...) é a obra da nova criação, infinitamente mais gloriosa do que a antiga criação. Tenho ousadia em dizer que a obra de Deus na conversão de uma única alma é mais gloriosa do que a criação de todo o universo (...).[18]

Segue-se daí, conforme Edwards concluiu, que o tema do avivamento é um assunto doce e envolvente para o cristão dotado de uma

---

18 Ibid., I:379.

mente bem-formada, cujo coração se regozija ao ver a glória de Deus, e que um crente professo que não se interessa pela questão deve estar em péssima condição espiritual.

2. *Princípios concernentes à forma externa dos avivamentos*

Podemos ser breves aqui, pois já expusemos como Edwards encarava a questão. Ele mesmo alinhou todos os pontos que cabem nesse título, com aplicação particular ao despertamento havido na Nova Inglaterra, embora os apresentemos aqui de forma mais geral.

O avivamento, diz-nos Edwards, é uma obra *mista*. A cada passo, o joio de Satanás intromete-se entre o trigo de Deus. De certo ponto de vista, isso torna mais evidente a glória da obra de Deus.

> A glória do poder e da graça de Deus aparece com maior brilho mediante o que, ao mesmo tempo, transparece a fraqueza do vaso terreno. O prazer de Deus é manifestar a fraqueza e a indignidade de seu súdito, ao mesmo tempo que exibe a excelência de seu próprio poder e as riquezas de sua graça.[19]

Deus contenta-se em permitir que a fraqueza e o pecado humano interfiram nos tempos de avivamento, a fim de tornar evidente, acima de qualquer dúvida, que os frutos espirituais do movimento derivam não de quaisquer excelências das pessoas envolvidas, mas unicamente de sua própria obra graciosa. Por isso, Edwards escreveu novamente que

> não surpreende a maneira como Deus trata com seu povo, permitindo muito erro e tolerando que apareçam as fraquezas de seu povo, no início de uma obra gloriosa de sua graça, visando à felicidade deles, ensinando-lhes aquilo que eles são, humilhando-os e preparando-os para aquela gloriosa prosperidade para a qual ele está prestes a fazê-

---

19 Ibid., I:380.

-los avançar, e, mais ainda, assegurando para si mesmo a honra de tão gloriosa obra. Pois, pelo fato de transparecer no começo a grande fraqueza humana, torna-se evidente que o avivamento divino não se baseia na força e na sabedoria humanas.[20]

De acordo com isso, Satanás não é impedido de agir nos tempos de avivamento. E ele dispõe de uma estratégia característica, empregando-a nessas ocasiões.

> Quando ele descobre que não pode continuar a manter os homens tranquilos e seguros, então empurra-os para excessos e extravagâncias. Tanto tempo quanto possível, impede-os de avançar, mas, quando não pode mais retê-los, então os empurra e, se possível, os faz tropeçar.[21]

Desse modo, Satanás procura desviar os crentes avivados ao explorar a força de seus sentimentos, tentando-os ao orgulho, à censura e à impaciência diante da boa ordem na igreja; levando-os a crer, de forma persistente, que o Espírito tem maior liberdade para agir quando os crentes abandonam-se em um estado de desorganização e quando os ministros pregam sem se importar em preparar seus sermões; como se a espontaneidade do momento fosse a forma ou a condição suprema da espiritualidade. Ele também procura iludir os crentes avivados por meio de sugestões e inspirações imediatas, seduzindo-os a concluir que todos os pensamentos e textos que sobem às suas mentes são mensagens da parte de Deus. Por esse e outros meios, ele procura levá-los a todo o tipo de imprudência, no ardor do zelo deles. Esse é seu modo normal de proceder quando um avivamento está em curso. Edwards delineou amplamente esse assunto na quarta parte de sua obra *Thoughts on the Revival* (Pensamentos sobre o avivamento).

---

20 Ibid., I:374.
21 Ibid., I:397.

Por essa razão, insistia Edwards, é tão vitalmente importante julgarmos os movimentos espirituais não através de seus fenômenos imediatos ou de subprodutos, mas de seu efeito final na vida das pessoas envolvidas. Se nos concentrarmos nos fenômenos, sempre poderemos encontrar muita coisa espúria, mal considerada, mal direcionada, extravagante, fanática; então, seremos tentados a concluir que, naquele movimento, não há qualquer manifestação divina. Como já vimos, porém, a maneira correta de aquilatar o que está sucedendo consiste em ver se, em meio a todo o tumulto e a toda a desordem, estão aparecendo "as marcas distintivas da obra do Espírito de Deus". Nesse caso, poderemos concluir que Deus está agindo.

Não seremos sábios se concluirmos precipitadamente que Edwards não tem uma mensagem para nós. Seríamos tolos se imaginássemos que, se Deus derramasse hoje seu Espírito, prontamente seríamos capazes de reconhecer o que estaria sucedendo. O avivamento sempre ocorre de forma inesperada, por intermédio de pessoas inesperadas e, muitas vezes, não bem-aceitas. Não devemos eliminar a possibilidade de, algum dia, nós mesmos estarmos envolvidos em um entusiástico e agitado movimento espiritual, indagando se aquilo vem de Deus e sentindo-nos fortemente impelidos a rejeitá-lo, por nossa aversão instintiva às suas cruezas e excentricidades na teologia, na adoração, na moral, para não dizermos mais. Em ocasiões tais, não poderemos esquecer aquilo que Edwards nos disse acerca do caráter misto dos avivamentos e dos princípios de julgamento que devem ser aplicados.

3. *Orações pedindo avivamento*

É parte da vontade de Deus, escreveu Edwards,

> através de sua maravilhosa graça, que as orações de seus santos sejam um dos grandes e principais meios de concretizar os desígnios do reino de Cristo no mundo. Quando Deus tem algo de grandioso a ser

efetuado em favor de sua igreja, é sua vontade que isso seja antecedido por orações extraordinárias de seu povo. Isso fica claro em Ezequiel 36.37: "Ainda nisso permitirei que seja eu solicitado pela casa de Israel" [ver o contexto]. E também foi revelado que, quando Deus está prestes a realizar grandes coisas por sua igreja, ele começa derramando, de forma notável, o Espírito de graça e de súplicas (Zc 12.10).[22]

Desse modo, os crentes que desejam o avivamento têm forte incentivo para orar por ele. Isso ainda não é tudo; os crentes têm o dever de orar com essa finalidade. Edwards procurou provar isso em sua obra intitulada *Modesta tentativa de promover uma união viável e explícita entre o povo de Deus, em orações extraordinárias em favor do avivamento religioso*. Esse tratado, que circulou por toda a comunidade cristã de fala inglesa em 1746, foi escrito em favor de um memorial da autoria de certos ministros escoceses, que pediam que se fizessem orações "extraordinárias" nas noites de sábado, nas manhãs de domingo e na primeira terça-feira de cada trimestre, por um período de sete anos, solicitando a conversão do mundo. Edwards argumentou sobre o dever de se fazerem tais orações com base nas predições e promessas bíblicas sobre a ampliação da igreja, as quais se mostram em harmonia com a vontade de Deus que os crentes orem pelo avivamento mundial, nos termos da oração do Pai-Nosso e também com base na indubitável necessidade de avivamento da igreja como um todo, nos dias de Edwards. (O despertamento da Nova Inglaterra havia cessado em 1742.) Citamos duas passagens que nos levam a refletir:

> Se examinarmos toda a Bíblia e observarmos todos os exemplos de oração ali registrados, não encontraremos tantas orações pedindo qualquer outra forma de misericórdia, senão livramento, restauração e prosperidade da igreja e o avanço da glória e do reino da graça no mundo (...). A maior parte do livro de Salmos compõe-se ou de ora-

---

22 Ibid., I:426.

ções pedindo essa forma de misericórdia ou de profecias e louvores proféticos a respeito (...).

A Bíblia não só manifesta com abundância que é dever do povo de Deus orar intensamente por essa grande misericórdia, como também contém múltiplas considerações que o encorajam nesse sentido (...) Talvez não exista outra coisa que a Bíblia prometa tanto, a fim de encorajar a fé, a esperança e as orações dos santos, quanto isso. E esse fato fornece ao povo de Deus a mais clara evidência de que é dever deles orarem muito por essa misericórdia. Pois, se Deus, de forma abundante, faz disso o assunto de tantas promessas, então, sem dúvida, o povo de Deus deve, de forma abundante, fazer disso o assunto de suas orações.[23]

É natural indagarmos o que resultou da convocação à oração, feita em 1746. Obviamente, não podemos saber quantas orações foram feitas nos sete anos que se seguiram, nem se essas orações "extraordinárias" continuaram depois de 1753, entre aqueles que haviam formado esse hábito. Certamente, no início nada sucedeu capaz de chamar a atenção. Pouco depois da admirável década de 1735-1745, o avivamento evangélico na antiga Inglaterra esfriou, e a Nova Inglaterra esteve espiritualmente seca por uma geração após o Grande Despertamento. Mas, a partir de 1770, pregadores metodistas na Grã-Bretanha e na América do Norte assistiram a um grande crescimento e, ocasionalmente, condições de um renovado avivamento.

O segundo Grande Despertamento floresceu na década de 1790; e a mesma década presenciou o avivamento na Noruega, sob Hauge, e na Finlândia, sob Ruotsalainen, sem falarmos no início do movimento missionário protestante, o qual, no espaço de uma geração, concedeu ao cristianismo evangélico posição de vanguarda em todas as partes do mundo então conhecido. Essa nova explosão de energia espiritual vital estaria relacionada às orações contínuas que

---
23 Ibid., II:291.

haviam sido feitas algumas décadas antes? Isso teria ocorrido sem tais orações? É fascinante tentar adivinhar, embora a adivinhação continue a ser mera adivinhação, depois de tudo já ter sido dito e feito.

Mas, independentemente do que tenha ocorrido, eis aí uma tarefa para todo o povo de Deus, em todos os séculos: orar para que Deus edifique Sião, fazendo sua glória aparecer nela, mediante a bênção do avivamento. Faríamos bem em gravar no coração as palavras de Edwards e, com elas, as observações finais daquele seu tratado, com que encerramos este capítulo:

> Minha esperança, quanto aos que estão convencidos sobre seu dever de anuir a esse desígnio e encorajá-lo, é que se lembrem de que não só devemos orar urgentemente diante do Senhor, buscando essa misericórdia, como também fazê-lo de modo constante. Em nossa prática, devemos unir essas duas coisas, que nosso Senhor uniu em seu preceito: ORAR e NÃO DESISTIR. Se assim continuássemos a fazer por alguns anos e nada de notável aparecesse para mostrar que Deus ouvira e respondera, agiríamos como crentes muito fracos, se, diante disso, ficássemos desencorajados, inertes e desanimados na busca de tão grande misericórdia da parte de Deus. É aparente pela Palavra de Deus que, com frequência, ele quer testar a fé e a paciência de seu povo, que clama a ele por alguma grande e importante misericórdia; muitas vezes, ele nega, por algum tempo, essa misericórdia, e não somente isso; ele também faz com que, a princípio, aumentem as trevas. No entanto, sem dúvida, obtêm sucesso aqueles que continuam insistentes em oração, e que pedem com toda a perseverança, e que "não o deixarão ir-se sem que ele os abençoe (...). Quaisquer que sejam nossas esperanças, devemos contentar-nos em ignorar tempos e épocas que o Pai reservou para sua própria autoridade; devemos estar dispostos a deixar que Deus responda às nossas orações e cumpra suas próprias promessas gloriosas no tempo por ele determinado.[24]

---
24 Ibid., II:312.

Conclusão

Nos capítulos anteriores, procuramos considerar os puritanos homens de Deus. Em outras palavras, esses capítulos representam pesquisas históricas sobre a espiritualidade deles. O objetivo era considerar aspectos das crenças e da conduta dos puritanos de uma forma que nos capacite a ver a graça de Deus na vida deles e nos permita ver algo que possamos aprender com eles.

Comecei esta obra sobre os puritanos comparando-os com as sequoias da Califórnia, árvores imensas que, em alguns aspectos, não são atrativas, mas cujos troncos são retos, fortes e sólidos. As evidências expostas, segundo creio, mostram que essa comparação é justa. Agora, sem muitos pormenores, vamos dar uma última olhada nos puritanos, para termos a certeza de que os estamos vendo de forma nítida e completa. Queremos refletir, de modo breve, sobre três perguntas finais.

A primeira é uma indagação histórica: No que, real e essencialmente, consistia um puritano? O que, no nível mais profundo, era o puritanismo? A essa disputada questão, que já examinamos, podemos dar agora a seguinte resposta:

Os puritanos foram cidadãos ingleses (alguns deles, inclusive, foram para a América do Norte) que abraçaram, de todo o coração, um tipo de cristianismo que exibia uma combinação especial de interesses biblicistas, pietistas, eclesiásticos e seculares. O biblicismo era o de William Tyndale, o tradutor da Bíblia; isso levou os puritanos a, juntamente com Tyndale, lutarem pela reforma da doutrina da justificação pela fé. Mas eles foram além da doutrina de Tyndale, por acreditarem nessa doutrina de acordo com a explicação agostiniana-calvinista a respeito da graça soberana de Deus, a qual, de pecadores espiritualmente impotentes, faz surgir a fé, o amor e a santidade.

O pietismo era o de John Bradford, o mártir da rainha Maria, pioneiro da disciplina puritana de manter um diário como uma espécie de confessionário particular, a fim de encorajar a si mesmo a fazer o "trabalho do coração", que consistia em autoconhecimento, autovigilância, arrependimento diário pelas falhas diárias, louvor e oração metódicos.

O interesse eclesiástico era o de João Calvino, para quem a glória de Deus, na vida coletiva de sua igreja, sempre foi o alvo; Calvino labutava para que fossem preservadas a fé, a ordem e a fidelidade nas igrejas, tanto em sua pátria como no estrangeiro.

O interesse secular era o de John Knox, o qual via a bênção da reforma nacional como algo que envolvia a chamada de Deus para se conformarem à piedade coletiva, para que todos a vissem, e também vissem a ameaça divina de juízo, se isso não fosse feito. A essência do puritanismo era um empenho de todo o coração na busca desses quatro interesses, mediante pregação e oração, mediante propaganda e distribuição de panfletos, mediante programas de aprimoramento da igreja e uma educação tendente a soerguer a consciência das pessoas, em todos os níveis, desde a família e a escola da aldeia até a universidade. Tudo isso ficou refletido na declaração de um folheto anônimo do século XVI: "Os protestantes mais radicais são chamados de puritanos".

Os puritanos, como um grupo, compartilhavam de todos os quatro interesses acima alistados; eles os viam de um ponto de vista holístico, como itens integrais e inseparáveis da santificação social com que sonhavam, ainda que, entre os nobres, clérigos, educadores, advogados, políticos, tecelões, negociantes e outros, sem nos esquecermos das mulheres, que faziam parte do puritanismo, os alvos específicos e a ênfase sobre as questões eclesiásticas e comunitárias variassem de pessoa para pessoa.

Quanto às questões de liturgia e ordem na igreja, em particular, o acordo sobre o que precisava ser abolido ultrapassava em muito aquilo que deveria ser deixado intacto. Mas os puritanos mostravam-se unânimes em procurar honrar e agradar a Deus através da mortificação do pecado, de bons hábitos da graça, da guarda do domingo, do governo familiar, do domínio das doutrinas bíblicas, do trabalho árduo na profissão de cada um, da prática da pureza, da justiça e da filantropia em todos os relacionamentos, e, finalmente, da manutenção da comunhão com Deus mediante a oração constante e regular; tanto mais ainda porque essas eram as coisas que seus pregadores mais frisavam. Eles tinham em seu coração um forte senso de serem chamados por Deus para praticar e promover a santidade, aonde quer que fossem, e para lutarem juntos pela transformação moral e espiritual da Inglaterra; eles davam grande valor a uma constante instrução quanto à religiosidade pessoal, por parte dos pregadores, com a finalidade de restaurar sua visão a respeito de Deus, renovando seu entendimento sobre a graça e recarregando seu vigor espiritual para as tarefas que tinham à frente. Eles gostavam de ouvir a pregação expositiva, "clara", em alto e bom som, dramática, desinibida, realista, de coração a coração, capaz de rasgar as consciências e de exaltar a Cristo. Essa era a marca de autenticação de todos os púlpitos puritanos. Para eles, essa parecia ser a única maneira certa de um homem falar quando o assunto eram as questões da eternidade.

O amor por essa maneira de pregar era, de fato, um laço que os unia tão fortemente quanto qualquer outro, e isso basta para nos revelar muita coisa sobre seus hábitos mentais. Na qualidade de crentes bem organizados, sérios, despretensiosos, humildes, sóbrios e sempre confiantes em Cristo, justos e equitativos em todas as suas negociações, intransigentes quando a verdade e a glória de Deus estivessem em jogo, dispostos a aceitar a impopularidade e a sofrer por terem de assumir uma posição firme, eles foram os mais impressionantes ingleses de sua época. No curto prazo, eles perderam as batalhas e não conseguiram impor seus propósitos reformistas; no longo prazo, porém, fizeram tanto pelo cristianismo bíblico da Inglaterra (para não dizermos da América do Norte) quanto qualquer outro grupo de agentes modificadores jamais fez; e o ministério deles, para seus sucessores, ainda não parece ter terminado.

Poderíamos classificar a piedade dos puritanos como um monasticismo reformado. Aqueles que buscavam o claustro ou o deserto, mil anos ou mais antes de os puritanos surgirem, assim o fizeram porque queriam viver totalmente para Deus (pelo menos esse era o desígnio dos melhores dentre eles, e talvez até mesmo da maioria deles) e, com esse fim, dispunham-se a aceitar rigorosas rotinas disciplinares, para a vida toda. Os puritanos, que, de certa forma, eram medievais, assim como, por outro ângulo, também eram modernos, aceitavam rigorosas rotinas disciplinares, no longo prazo, e pelas mesmas razões. Mas, à semelhança dos reformadores, eles criam que Deus chama seus santos a fim de servi-lo no âmbito da família, da igreja e do mundo, e não sob qualquer forma fechada de sociedade celibatária.

Assim, pensavam e ensinavam sobre a responsabilidade dos "deveres" (palavra-chave dos puritanos) na vida dos crentes, em termos dessas três esferas de relacionamento. Para eles, o monasticismo clássico envolvia votos impróprios e embaraçadores de celibato e pobreza, e eles teriam ficado horrorizados se sua própria vereda de devoção e dever fosse confundida com tais perversões. De fato, o alvo deles era "andar pelo deserto deste mundo" (expressão de Bunyan) com uma rotina bem cadenciada de vida diária, comparável a qualquer regra monástica já requerida; portanto, é esclarecedor observarmos esse paralelismo.

No que tange à piedade, que era central no puritanismo, podemos dizer o seguinte:

Quatro qualidades se destacam, mostrando o temperamento deles.

A primeira era a *humildade*, cultivada insignificância de uma criatura pecaminosa que está sempre na presença de um Deus grande e santo e que só pode viver diante dele se estiver sendo constantemente perdoada.

A segunda era a *receptividade*, significando a disposição da pessoa em ser ensinada, corrigida e dirigida por meio das descobertas que fizesse na Bíblia; incluía a disposição de se deixar disciplinar pelas trevas do desapontamento e do senso interior de abandono, mas também de ser encorajada pela feliz providência divina; havia também a prontidão para crer que a boa mão de um Deus fiel e gracioso, que está fazendo seus filhos amadurecerem para a glória futura, está moldando tudo, incluindo tanto a aspereza quanto a delicadeza.

A terceira é a *doxologia*, a paixão em reduzir tudo à adoração e, assim, glorificar a Deus por meio de todas as palavras e feitos da pessoa.

A quarta é o *vigor*, aquele vigor espiritual da autêntica ética protestante a respeito do trabalho, em que a preguiça e a passividade são condenadas como atitudes irreligiosas, visto que tanta coisa precisa ser feita antes que o nome de Deus seja santificado no mundo, do modo como deve ser.

É óbvio que todas essas quatro qualidades faziam parte da perspectiva puritana acerca de Deus: quem ele é e o que ele faz. E também é óbvio que, juntas, constituem uma unidade de coração e mente que, uma vez formada, nada pode intimidar ou destruir. Na combinação dessas quatro qualidades, jazia o segredo da indômita e inexaurível força interior dos puritanos.

Poderíamos dizer mais. Para todos os puritanos, o panorama da piedade – ou seja, um quadro retratando a vida espiritual do povo de Deus, nas diversas situações da vida – era determinado por quatro realidades, sobre as quais, conforme seus livros mostram, muito falaram em suas pregações. Essas realidades eram *a soberania* e *a santidade* de Deus, sob cujos olhos vivemos, em cujas mãos estamos e cujo propósito de nos tornar santos, como ele é santo, explica a maneira de ele lidar conosco; eram a dignidade e a depravação dos seres humanos, feitos para Deus mas arruinados pelo pecado, agora carentes de total renovação mediante a graça; eram *o amor* e *o senhorio de Cristo*, o Mediador, o Rei-Salvador do crente; e, finalmente, *a luz* e *o poder do Espírito Santo*, o qual convence, vivifica, regenera, testifica, guia e santifica.

Então, ao traçarem a senda da piedade, os puritanos enfocavam quatro áreas de interesse particulares, às quais constantemente retornavam em seus sermões, a saber: *os primeiros passos* (convicção e conversão mediante o arrependimento e a fé em Cristo, que resultam na segurança de salvação); *a luta* (contra o mundo, a carne e o diabo, quando o crente busca avançar para mais perto de Deus); *a comunhão* (companheirismo com Deus, por meio da oração, e entre uns e outros, mediante o ato de compartilhar); e *o fim* (morrer bem, na fé e na esperança, com todos os preparativos consumados e com a consciência limpa e tranquila, quando o crente está prestes a ir àquele encontro final com o Pai e o Filho).

Quatro outras ênfases permeavam todo ensino prático dos puritanos: a necessidade de os crentes se verem como guerreiros-peregrinos, a caminho da casa do Pai; a necessidade de os crentes educarem, sensibilizarem e ouvirem suas consciências em todas as questões que Deus revela como sendo um dever; a necessidade de os crentes santificarem todos os seus relacionamentos, tratando-os de forma responsável, benévola e criativa, agradando, assim, a Deus, que nos chama para amar o próximo; e a necessidade de os crentes se deleitarem em Deus, louvando-o jubilosamente durante todo o tempo. Esta era a piedade dos puritanos: fiel, racional, ativa e jubilosa. Assim podemos entender por que, para muitos evangélicos, desde o século XVIII, chamar a alguém de "puritano" tem sido considerado um elogio.

Passemos agora à segunda indagação, que é de natureza avaliativa e espiritual. Comparei os grandes puritanos a árvores gigantescas; deixei entendido que eles eram santos de grande estatura, diante dos quais os crentes modernos, pelo menos os ocidentais, são meros pigmeus. O que havia neles de grandioso para merecer esse veredicto? Temos quatro especificações, apresentadas de forma generalizada, embora não idealizada, segundo penso.

Primeiro, os puritanos foram grandes *pensadores*. O movimento puritano foi conduzido principalmente por parte de ministros, e a maior parte desses ministros era composta por homens eruditos, eloquentes, professores de universidade. (Baxter e Bunyan são duas exceções significativas; com o passar do tempo, Baxter tornou-se um erudito maior que muitos, embora não fosse um homem dos círculos universitários.) Era uma época de efervescência intelectual em muitas áreas, e os puritanos tinham de estar a par de muitos assuntos: a exegese bíblica, que, então, estava sendo praticada em um nível de competência muito mais elevado do que se costuma reconhecer; os detalhes da teologia reformada, conforme vinha sendo debatida, na Inglaterra e em outros países, ou propagada sob a forma escrita, usualmente em latim, nos grandes volumes que os teólogos do continente produziam em abundância; as controvérsias romanista, arminiana e sociniana, sem falar nas aberrações de seitas que surgiram na época da República; e, acima de tudo, a herança da teologia prática, pastoral e devocional que Greenham, Perkins e seus seguidores haviam começado a desenvolver, mas que outros aumentaram sem cessar na era puritana.

Todos os principais teólogos puritanos – Owen, Baxter, Sibbes, Preston, o próprio Perkins, Charnock e Howe – alcançaram imponente e adorável simplicidade quando falavam sobre Deus; isso mostra intenso estudo reflexivo, profunda experiência cristã, regada com muita oração, e um agudo senso de responsabilidade coletiva para com a igreja, para com os leitores e ouvintes, individualmente, e para com a verdade propriamente dita. Essa qualidade empresta aos escritos teológicos dos puritanos um sabor – ou poderíamos chamar isso uma unção – que é difícil de encontrar em outros escritos. O dizer de Lutero, de que há três coisas que fazem um teólogo – a oração, o senso da presença de Deus e o conflito, externo e interno (*oratio, meditatio, tentatio*) –, parece que se cumpriu na vida dos grandes puritanos. Quando os lemos, sentimos um poder de reflexão e uma autenticidade espiritual em seus escritos que poucos têm conseguido igualar. Em contraste, boa parte da comunicação evangélica, em nossos próprios dias, parece superficial, simplista e diluída.

Segundo, os puritanos eram grandes *adoradores*. Os puritanos serviam a um Deus grande, o Deus da Bíblia, não subestimado por qualquer linha de ideias sobre ele, conforme tanto se vê em nossos dias. As únicas linhas de ideias que diminuíam a Pessoa de Deus, na teologia protestante do período dos puritanos, eram: o arminianismo, que limitava a soberania de Deus, e o socinianismo, que, além dessa limitação, negava as doutrinas da Trindade e da graça interior.

Os puritanos repudiavam violentamente esses erros, pois a Bíblia lhes dava a visão de um Criador transcendental, que governa e fala, o Deus de quem, por meio de quem e para quem são todas as coisas, em quem vivemos, nos movemos e existimos, o Deus santo que odeia e julga o pecado, mas que, por seu incompreensível amor, enviou seu Filho para tomar sobre si a maldição do pecado, na cruz, para que, assim, os pecadores culpados sejam justificados e salvos com toda a justiça.

As Escrituras também lhes mostravam Cristo, o Mediador, agora glorificado e reinando, chamando para si mesmo e, de modo eficaz, as almas cegas, surdas, impotentes, espiritualmente mortas, mediante a ação secreta de seu Espírito, enquanto os mensageiros de Deus – pastores e pais, amigos e irmãos – labutam para inculcar a mensagem da lei e do evangelho. Finalmente, a Bíblia falava-lhes sobre a relação de pacto eterno entre Deus e os crentes, aquele compromisso total da parte dele, que garante as bênçãos eternas e dá direito aos crentes de chamarem seu Criador de "meu Deus, meu Pai", da mesma maneira que cada um deles chama Jesus de *"meu Salvador, meu Senhor e meu Deus"*.

A *Confissão de Westminster* é uma declaração de fé puritana, e não é por acaso que se tornou uma expressão clássica da teologia do pacto. A percepção dos puritanos acerca da glória e da grandeza de Deus, de Cristo e do pacto da graça deixava seus corações constrangidos, produzindo neles ardente e transbordante espírito de adoração. Assim, pelo menos nos dias de jejum, quando lhes sobrava tempo, alguns pastores chegavam a orar improvisadamente, durante o culto, até por quase uma hora.

É um fato da história cristã que aqueles que adoram conscientemente a um grande Deus não se sentem enfadados com os cultos de adoração que se prolongam por duas ou três horas; pelo contrário, tais cultos são cheios de deleite. Isso era verdadeiro no século XVII e é verdadeiro em nossos dias. Em contraste, a moderna paixão ocidental por cultos que não durem mais de sessenta minutos levanta a suspeita de que tanto nosso Deus quanto nossa própria estatura espiritual são bastante pequenos.

Terceiro, os puritanos eram *cheios de esperança*. Uma das forças notáveis dos puritanos, que os distingue dos crentes ocidentais de nossos dias, era a firmeza com que se apegavam ao ensino bíblico sobre a esperança do céu. Um ponto básico em seus cuidados pastorais era sua compreensão da atual vida cristã como uma viagem para o lar celeste; eles encorajavam, de forma acentuada, o povo de Deus a olhar para o futuro, banqueteando seus corações com a felicidade do porvir. As obras clássicas sobre o tema foram o grande livro de Richard Baxter, *Saints' Everlasting Rest* (O descanso eterno dos santos), escrito para mostrar como a esperança da glória, analisada mediante o estudo bíblico e internalizada através da meditação, deve conferir aos crentes energia e direção para a vida presente; e o livro de Bunyan *O peregrino*, que se encerra no clímax da travessia do Jordão para a Cidade Celeste. Segundo quaisquer padrões, a nitidez da visão de Baxter e de Bunyan a respeito do céu é notável. Uma imaginação santificada empresta realidade e brilho à percepção teológica, resultando em extraordinário poder de comunicar ao coração dos crentes o resplendor da glória do porvir.

O ponto ensinado pelos puritanos, antes de tudo, era frisado pelo Novo Testamento, ou seja, de que os crentes deveriam saber qual é sua esperança e extrair daí a capacidade de resistir a quaisquer desencorajamentos e distrações que as circunstâncias atuais possam produzir. O despreparo para a dor e a morte, que os crentes ocidentais tão frequentemente exibem, contrasta, infelizmente, com o realismo e a jubilosa esperança que os mestres puritanos inculcavam em seus ouvintes, a fim de preparar os santos para deixarem este mundo em paz quando a ocasião chegasse.

Quarto, os puritanos foram grandes *guerreiros*. Eles encaravam a vocação cristã, sob certo ponto de vista, como uma interminável luta contra o mundo, a carne e o diabo, e armavam-se para tal conflito. "Ele reputava sua vida inteira como uma guerra, na qual Cristo era seu capitão, e suas armas eram as orações e as lágrimas", disse Geree a respeito de um velho puritano inglês. Um dos maiores clássicos de todos os tempos na literatura puritana é o livro de William Gurnall *The Christian in Complete Armour; A Treatise of the Saints' War against the Devil* (O cristão em sua armadura completa; um tratado sobre a guerra santa contra o diabo). Trata-se de uma obra com mais de oitocentas mil palavras, que C. H. Spurgeon descreveu como "incomparável e sem preço". John Newton declarou que, se tivesse de ler apenas um livro além da Bíblia, leria esse livro.

O peregrino, de Bunyan, por sua vez, é a história de uma luta quase constante, verbal e física. E o pastor puritano ideal, Sr. Grande-Coração, que age como guia, instrutor e protetor do grupo de Cristiana, também figura no papel de matador de gigantes, tendo lutado contra e destruído os gigantes Cruel e Desespero, no decorrer da narrativa. Quando o grupo de peregrinos se encontra com outro personagem puritano ideal, o Sr. Valente-pela-Verdade, tendo "seu rosto todo ensanguentado", pois acabara de ser espancado por três assaltantes, Cabeça-Doida, Sem-Respeito e Pragmático, então se passa o seguinte diálogo:

> Disse Grande-Coração ao Sr. Valente-pela-Verdade: "Tu tens te conduzido com dignidade – deixa-me ver tua espada". E ele lhe mostrou. Tendo-a tomado em sua mão, olhou para ela por algum tempo e disse: "Ah! É realmente uma lâmina de Jerusalém".
>
> *Valente-pela-Verdade*: "É verdade. Se um homem tem uma dessas lâminas, brandindo-a em sua mão habilidosa, poderá atirar-se contra um anjo. Ele não precisará temer segurá-la, se ao menos souber onde colocá-la. Seu fio nunca ficará embotado. Cortará carne, ossos, alma, espírito e tudo o mais".
>
> *Grande-Coração*: "Lutaste por muito tempo. Não estarás cansado?"
>
> *Valente-pela-Verdade*: "Lutei até que minha espada grudou em minha mão. Mas, quando a mão e a espada ficaram unidas, como se a espada fosse uma continuação do meu braço, e quando o sangue me escorria pelos dedos, então passei a lutar ainda com mais coragem".
>
> *Grande-Coração*: "Fizeste bem. Resististe até o sangue, na luta contra o pecado".

À margem, ao lado da segunda fala de *Valente-pela-Verdade*, Bunyan inseriu "A Palavra" (a espada), "a Fé" (a espada e a mão unidas) e "o Sangue" (o preço de batalhar por Deus). Os puritanos lutavam pela verdade e contra o erro; pela santidade pessoal e contra a tentação ao pecado; pela sabedoria bem organizada e contra a insensatez caótica; pela pureza da igreja, pela justiça nacional e contra a corrupção e a hostilidade em ambas essas áreas.

Uma das facetas de sua grandeza era a hostilidade contínua contra todos os males que se interpunham no caminho da piedade e da verdadeira fé; e, embora muito amassem a paz, estavam prontos a sair em campo na luta contra esses erros e a continuar lutando enquanto houvesse esses males.

A terceira indagação é de ordem prática: Onde os crentes de hoje ficam aquém dos puritanos? O que nos convém aprender deles com vistas a nosso próprio futuro?

Conta-se que o falecido Louis Armstrong, ao ser interrogado, no término de uma apresentação musical, sobre o que era o *swing*, respondeu: "Senhora, se até agora ainda não sabe o que é, não adianta tentar explicar-lhe".

Assim, à luz de tudo que já foi dito, penso que é melhor deixar que o leitor atencioso responda por si mesmo a essa pergunta. Creio que, na providência divina, algumas épocas têm uma mensagem especial para outras épocas, e que, assim como a época do Novo Testamento provê um modelo para a vida de todas as igrejas e para todos os crentes de todos os lugares, também a época dos puritanos tem algumas lições particulares para o mundo evangélico ocidental de hoje. Mas isso é algo sobre o que os leitores terão de decidir. Se minha visão acerca dos puritanos como gigantes sábios e de nós mesmos como pigmeus simplórios ainda não convenceu o leitor, então nunca conseguirei fazê-lo. Mas, se você está convencido disso, então já sabe como responder à terceira pergunta. Portanto, deixo o assunto aqui.

FIEL
MINISTÉRIO

O Ministério Fiel visa apoiar a igreja de Deus, fornecendo conteúdo fiel às Escrituras através de conferências, cursos teológicos, literatura, ministério Adote um Pastor e conteúdo on-line gratuito.

Disponibilizamos em nosso site centenas de recursos, como vídeos de pregações e conferências, artigos, e-books, audiolivros, blog e muito mais. Lá também é possível assinar nosso informativo e se tornar parte da comunidade Fiel, recebendo acesso a esses e outros materiais, além de promoções exclusivas.

Visite nosso site

www.ministeriofiel.com.br

Offset 75g/m²
Impresso pela Gráfica Viena
Outubro de 2020